우초신지 1

虞初新志

The New Selections of 'Yú-Chú'

옮긴이 이민숙(李玟淑)은 중국 문언소설과 필기문헌을 전공했다. 한국외국어대학교에서 「기윤의 『열미초당필기』 연구」로 박사학위를 받았으며, 현재 한국외국어대학교와 경희대 등에서 강의를 하고 있다. 쓰고 번역한 책으로는 『한자콘서트』(공저), 『열미초당필기』, 『태평광기』(전21권, 공역)가 있고, 기윤과 『열미초당필기』에 관련된 연구논문이 있다.

옮긴이 이주해(李珠海)는 중국 唐宋時代의 고전 산문과 문체이론을 전공했다. 國立臺灣大學에서 『唐代古文家의 문체혁신 연구』로 박사학위를 받았다. 논문으로는 「雜文과 唐代古文運動과의 관계」, 「悲士不遇 문학전통과 韓愈의 設論體 辭賦」 등이 있고, 옮긴 책으로는 『태평광기』 권9~21(공역) 『한유문집』 1~2 및 조선문인 홍길주 문집(『현수갑고』, 『표롱을첨』, 『항해병함』, 공역) 등이 있다.

옮긴이 박계화(朴桂花)는 중국문언소설과 필기문헌을 전공했다. 연세대학교에서 『청초문언소설의 서사특징 연구』로 박사학위를 받았으며, 현재 성균관대학교 동아시아학술원 대동문화연구소의 연구원으로 있다. 논문으로는 「18세기 조선 문인이 본 중국염정소설－『欽英』을 중심으로」, 「소송사회의 필요악 訟師－명청대 문언소설 속에 나타난 訟師의 형상과 법률문화」 등이 있고, 번역서로 『역사에서 허구로』, 『태평광기』가 있다.

옮긴이 정민경(鄭暋暻)은 중국 문언소설과 필기문헌을 전공했다. 중국사회과학원에서 「단성식의 『유양잡조』 연구」로 박사학위를 받았으며, 현재 이화여자대학교 중국문화연구소 전임연구원으로 있다. 쓰고 옮긴 책으로는 『청 모종강본 삼국지』(상 · 하), 『태평광기』, 『옛이야기와 에듀테인먼트 콘텐츠』가 있고, 이외에도 唐代소설과 明代문학에 관한 연구논문이 있다.

우초신지虞初新志 1

1판 1쇄 인쇄 2011년 7월 20일 **1판 1쇄 발행** 2011년 7월 25일

옮긴이 이민숙 · 이주해 · 박계화 · 정민경 **펴낸이** 박성모 **펴낸곳** 소명출판
등록 제13-522호 **주소** 137-878 서울시 서초구 서초동 1621-18 (란빌딩 1층)
대표전화 (02) 585-7840 **팩시밀리** (02) 585-7848
이메일 somyong@korea.com **홈페이지** www.somyong.co.kr

ISBN 978-89-5626-601-5 94820 값 21,000원,
ISBN 978-89-5626-600-8 (전4권)

이 번역도서는 2005년도 정부재원(교육인적자원부 학술연구조성사업비)으로 한국연구재단의 지원에 의하여 연구되었음.

우초신지 1

이민숙 · 이주해 · 박계화 · 정민경 옮김

虞初新志

◆ 일러두기

1. 본 번역은 필기소설대관본(筆記小說大觀本; 上海 進步書局의 『우초신지』)을 저본으로 하여 역주하였다.
2. 참고서목
   ① 『우초신지』, 신안(新安) 사람 산래(山來) 장조(張潮)가 집(輯)하고, 경해(瓊海) 사람 양호번부(梁湖樊夫) 황국정(黃國政)이 교점(校點)한, 인민일보출판사(人民日報出版社) 출판본.(민국24년 上海 開明書店 鉛印本을 排印함)
   ② 『우초신지』, 문학고적간행사(文學古籍刊行社), 1954.
   ③ 『우초신지』, 하북인민출판사(河北人民出版社), 1985.(민국24년 상해개명서점 연배본을 배인)
3. 『우초신지』는 다음의 원칙에 의해 번역되었다.
   ① 작가 소개는 일괄적으로 모아서 수록한다.
   ② 처음 나오는 고유명사는 괄호 안에 한자를 넣어주고, 그 뒤로는 가급적 생략한다.
   ③ 연호는 흥국연간(興國年間 : 976~983)과 같이 표기한다.
   ④ 원문에는 없으나, 번역의 필요로 인해 첨가한 문장은 [ ] 안에 넣는다.
   ⑤ 작품 제목은 풀어주는 것을 원칙으로 한다.
   예) '記老神仙傳'의 경우 '노신선의 일을 기록하다[記老神仙傳]'
   ⑥ 각주에서는 표제어를 제시한다. 각주의 내용이 길 경우 " …… "를 이용해 어디부터 어디까지에 관련된 주석인지를 밝힌다.
   ⑦ 책이름은 『 』로, 작품명은 「 」로 표기한다.
   ⑧ 【 】 안에 작은 글씨로 되어 있는 것은 『우초신지』에 실려 있는 원주(原註)다.
   ⑨ 원문과 번역문의 부호는 통일을 원칙으로 한다.

해 제

1

『우초신지(虞初新志)』는 명말청초(明末淸初) 시기의 문학가인 장조(張潮)가 편찬한 책으로, 출판 당시 집집마다 한 부씩 가지고 있을 정도로 인기가 있던 중국 강남문사들의 애독물이었다. 특히 이민족인 청조(淸朝)의 지배를 받게 된 한족에게는 울분과 향수의 대상으로 널리 애독되었다.

『우초신지』는 조선과 일본에도 전래되었는데, 특히 조선후기 문인들의 『우초신지』에 대한 관심은 대단했다. 먼저 유만주(兪晩柱 : 1755~1788)는 자신의 독서일기 『흠영(欽英)』에서 『우초신지』를 1755년 처음 접한 이래로 향후 5년 남짓 동안 틈틈이 이 책을 읽었고, 1784년에는 『우초신지』의 신간본(新刊本)을 또 접했다고 밝혔다. 유득공(柳得恭 : 1748~1807)은 1776년 연경(燕京)에 사신 가는 사람에게 '절묘한 문장'으로 이루어진 『우초신지』를 꼭 구해줄 것을 당부했으며, 김려(金鑢 : 1766~1821)와 김조순(金祖淳 : 1765~1832)은 『우초신지』를 몹시 애호하여 이와 유사한 작품들을 짓고 그 작품들을 모아 1792년 무렵 『우초속지(虞初續志)』를 만들기도 했다. 대학자인 정약용(丁若鏞)도 『우초신지』를 접한 바 있다고 하였다. 19세기의 유명한 여항시인인 유최진(柳最鎭 : 1791~1869)은 1846년에 자신이 평소 애호하던 명청시대의 글을 뽑아 『학산수초(學山手抄)』라는 제목으로 필사해 놓았는데, 이 책의 가장 많은 편수를 차지하는 것이 바로 『우초신지』의 작품들이었다.

2

장조는 자가 산래(山來), 호가 심재(心齋)이며 안휘성(安徽省) 흡현(歙縣) 사람이다. 여러 차례 과거에 응시했으나 모두 낙방하여 청초 문인인 공상임(孔尙任), 모벽강(毛辟疆), 진유숭(陳維崧) 등과 교유하면서 벼슬길에 나가지 않은 채 독서와 저술에 매진했으며 서적 출판을 낙으로 삼았다. 그 결과 많은 책들을 간행했는데, 그가 편집한 책으로는 명말 작가들의 소품문(小品文)을 모아놓은 『단궤총서(檀几叢書)』, 청초 학자들의 저작들을 모아놓은 『소대총서(昭代叢書)』 그리고 친구들이 장조에게 보낸 편지들을 모아놓은 『우성집(友聲集)』 등이 있다. 장조는 이들 책을 편찬하면서 실생활에 도움이 되는 쓸모 있는 문장만을 수록하고자 했다. 이러한 그의 출판 경향은 『우초신지』 편찬에도 그대로 드러난다. 그는 '새로움(新)'이라는 가치를 표방하며 이전의 우초 시리즈와 차별화되는 새로운 내용을 첨가했는데, 「자서(自敍)」에서도 밝히고 있듯이 그는 당시 명사(名士)들의 이야기를 직접 채록하여 명말청초에 살았던 인물들이 직접 겪은 기이한 이야기 위주로 기록하였다.

『우초신지』「범례」에서 장조는 자신이 그윽하고 기이한 것을 좋아하며, 가슴속에 감정과 울분이 많아, 신선과 영웅호걸 고사를 통해 자신이 품은 뜻을 기탁했고, 외사씨(外史氏)가 지은 기이한 문장을 통해 자신의 마음을 적었다고 밝혔다. 실의한 채 혼란의 시대를 살아야 했던 장조는 시대의 변화에 부응하여 출세와 영달을 꿈꾸기 보다는, 체제 반항적인 지식인들과 의식을 공유하며 자신의 분(憤)을 발산했던 것이다. 이 점은 장조가 편집 대상으로 삼은 작가들의 성향을 보아도 알 수 있다. 이들의 경력과 처세 등을 살펴보면, 대부분이 청대에 들어와 관직에 나가지 않고 은거하거나, 세상에 구속됨 없이 뜻 맞는 사람과 교유하며 자유분방하게 살았던 자들이다. 관직에 나갔더라도 주양공(周亮工)과 왕사정(王士禎) 등은 명나라 유민들과 교유하는 것을 좋아했고, 전겸익과 오위업(吳偉業) 등은 관직에 나갔다가 후에 자신의 행동을 후회하며 고국지정(故國之情)을 토로했다. 오위업, 후방역(侯方域), 장명필(張明弼)과 같은 이들은 명대 복사(復社)의 일원으로 정치적 비판에 적극적이었는데, 특히 후방역은 엄당(閹黨)의 완대성(阮大鋮)을 비판하다가 심한 탄압을 받은 것으로 유명하다. 그가 지은 「마령전(馬伶傳)」도 위충현(魏忠賢)과 한 패인 재상 고병겸(顧秉謙)을 빗대어 비판한 작품이다. 또 이들 문인들은 청조의 박학홍유 정책 등 유화책에도 동조하지 않았으며, 강압책 하에서는 저서가 금서조치 당하거나 과장안(科場案), 주소안(奏銷案), 남산집안(南山集案) 등 문자옥에 연루되는 수난을 당했다. 이러한 상황으로 볼 때, 장조는 정치적, 사회적으로 평탄치 않은 삶을 산 이들의 작품 속에서 자신이 느끼는 곤궁함과 근심, 분노를 읽어냈다고 할 수 있다.

한편 장조는 「범례」에서 "[나의 이 선집은] 책을 읽은 여가에 펼쳐보면 머리를 식힐 수 있을 것이고, 휴식을 취한 여가에 뒤적이다 보면 눈이 저절로 뻥 뚫릴 것이다"라 하면서 자신의 작품을 '소일거리로서의 소설'로 위치 지우고 있다. 이것은 『점교우초지(點校虞初志)』「서(序)」에서 소설의 오락적 가치를 인정한 탕현조(湯顯祖)의 소설관(小說觀)을 계승한 것이라고도 할 수 있다.

기이하고도 황당하고, 사라질 것도 같고 없어질 것도 같고, 재밌기도 하고 놀랍기도 한 이야기들로 읽는 사람의 마음을 열어주고 머리를 맑게 해주어 몸이 날아갈 듯, 눈썹이 춤을 출 듯 만든다. 비록 웅장하고 고상한 맛은 『사기』나 『한서』보다 못하고, 간략하고 담박한 맛은 『세설신어』보다 못하지만, 아름답고 매끄러운 것이 진실로 소설가의 보물선이다.

以奇僻荒誕, 若滅若沒, 可喜可愕之事, 讀之使人心開神釋, 骨飛眉舞. 雖雄高不如『史』·『漢』, 簡澹不如『世說』, 而婉縟流麗, 洵小說家之珍珠船也.

소설의 미적 기능이 독자들을 즐겁게 해주는 데 있으며, 딱딱한 고문(古文)보다 더 큰 감동과 영향을 줄 수 있다는 탕현조의 관점은 이전 소설가와 비평가들이 소설의 기능을 도(道)와 연결시켜 교화적 측면에서 오락성을 언급한 것과는 차별화 된다. 탕현조와 장조는 모두 소설의 오락적 기능을 문학적 가치로 인정하였던 것이다. 이와 같은 소설관은 『우초신지』의 편집 의도와 직접적으로 연결된다. 즉 "기뻐할 만하고, 놀랄 만하고, 노래할 만하고, 눈물 흘릴 만한" 일사(軼事)들은 옛날에만 있었던 것이 아니라 지금 세상에도 널리 존재하므로, 이처럼 "사람의 마음을 사로잡는 농담과 우스갯소리, 기이하고 괴상한 이야기들"을 일종의 소일거리로써 독자들에게 제공하고자 했던 것이다.

장조는 「원서(原敍)」에서 『우초신지』에 수록된 문장들을 소개하면서 대부분 "기이하고 상세하고 훌륭하고 정교하다"고 평하였다. 형상의 묘사가 생동감 있고 핍진하기 때문에 독자들에게 더 큰 "재미"를 부여할 수 있다는 것이다. 그러나 기교적 측면을 강조함과 동시에, 내용적으로도 생활의 진실성을 담아내야 한다고 주장했다. 기존의 패관소설들은 "즐겁지도 않은데 억지로 웃고, 슬프지도 않은데 억지로 울며, 말을 어지러이 늘어놓고 이어 붙였을 뿐"인데 반해, 『우초신지』의 글들은 우리네 삶 속에 "있을 법도 하고, 그럴 리가 없을 것 같은데 실제로는 존재하는" 그런 내용들로 점철되어 있기 때문에 읽으면 "괜히 즐겁고 괜히 놀라고 괜히 노래하고 싶고 괜히 울고 싶어진다"는 것이다. 이러한 일련의 견해들을 통해, 장조는 작가의 감정과 현실을 반영함과 동시에 오락적 기능을 지닌 소설의 미감을 자각하고 있었음을 알 수 있다.

3

『우초신지』는 '우초'라는 제목에서 알 수 있듯이 우초시리즈 중의 하나이다. 우초시리즈는 『우초주설(虞初周說)』에서부터 시작되는데, 한나라 무제(武帝) 때의 방사(方士)인 우초가 『주서(周書)』에 근거해서 『주설』 즉 『우초주설』을 지은 데서 비롯되었다. 『우초주설』은 반고(班固)의 『한서(漢書)・예문지(藝文志)』에 소설 15가(家) 중 하나로 기록되어 있고 장형(張衡)의 「서경부(西京賦)」에도 소설이 우초에서 시작되었다고 언급하고 있다. 그러나 장조 자신이 「범례」에서 밝히고 있듯, "우초의 이름으로 책 이름을 삼은 것은, 지괴류의 책이 늘 『제해(齊諧)』라고 이름 붙이고, 기이한 것을 모아 놓은 책이 늘 『이견(夷堅)』이라 이름 붙이는 것과 같은 맥락"에서이다. 즉 우초 시리즈에서의 '우초'는 이미 방사의 이름이 아닌 소설의 대명사가 되어 하나의 소설 체재를 상징하고 있는 것이다.

우초 시리즈가 등장한 것은 중국 고대 문언소설의 총집이 왕성하게 편찬되던 명대부터이다. 우초시리즈는 당시 이지(李贄), 탕현조(湯顯祖), 풍몽룡(馮夢龍), 원굉도(袁宏道) 등 문인들이 문학방면의 문헌들을 점교(點校)하거나 선별하여 편찬하는 분위기 속에서 출현하게 되었다. 우초시리즈의 문을 연 작품이 바로 『우초지(虞初志)』인데, 『우초지』는 당대(唐代)의 유명한 전기(傳奇)나 지괴(志怪) 작품 등을 선별하여 수록해 놓은 선집이다. 『우초지』가 나온 이후에 『우초지』에서의 소설 선별 기준과 체제에 근거하여 이를 모방한 속작들이 대량 쏟아져 나오면서 우초시리즈를 형성하기에 이르렀다. 대표적인 작품으로는 육씨(陸氏)의 『우초지(虞初志)』, 탕현조의 『속우초지(續虞初志)』, 등교림(鄧喬林)의 『광우초지(廣虞初志)』 등이다. 『우초지』 계열은 『우초주설』과는 다르게 개인의 소설집이 아니라 유명한 작가의 소설들을 선별하여 만든 소설총집이라고 할 수 있다.

명대에 유행했던 『우초지』 계열이 청대에 들어오면 새로운 체제로 다시 태어나게 되는데, 이것이 바로 『우초신지』이다. 『우초지』가 명대 이전의 유명한 소설 작품들을 선별하여 수록했다면 『우초신지』는 청대 당시 사람들의 전기(傳奇)나 전기(傳記) 작품을 선별하여 수록했다고 할 수 있다. 바로 장조가 중시했던 현실 중시 사상이 반영된 것이다. 『우초신지』는 명말청초의 문인들의 필기(筆記)와 시문집에 들어 있는 전기(傳奇), 지괴(志怪), 지인(志人) 등 당시 80여 명의 작품 150여 편을 수록하고 있다. 이렇게 『우초신지』는 『우초지』의 틀을 깨뜨리고 새로운 체제와 내용을 추구함으로써 당시 사회에서 반향을 일으켰다. 『우초신지』의 출현 이후 계속해서 속작들이 만들어졌는데, 청대 정성우(鄭醒愚)의 『우초속지(虞初續志)』, 황승증(黃承增)의 『광우초신지(廣虞初新志)』는 물론이고, 근대에도 『우초근지(虞初近志)』, 『우초지지(虞初支志)』, 『증광우초지(增廣虞初志)』 등이 계속해서 나와 그 영향력을 과시하고 있다.

4

『우초신지』「자서」와 「총발(總跋)」 및 장조의 서신 모음집 『척독우성(尺牘友聲)』과 『척독우존(尺牘偶存)』 등의 자료에 의하면, 『우초신지』는 대략 강희(康熙) 22년(1683)에 편집되기 시작해 1684년 무렵 8권의 형태로 간행되고, 이후 4권 씩 증간하여 「총발」을 쓴 강희 39년(1700) 이후 1704년 무렵 현재의 20권 분량으로 완결 간행된 것으로 보인다. 「범례」에서 본인 스스로 밝히고 있듯, 먼저 입수하는 순서대로 그때그때 간행했기 때문에 그 안에서 일관된 체례(體例)를 찾아보기는 어렵다.

출판된 이후 매우 유행했던 것으로 보아 그 판본 역시 다양해 보이는데, 함께 수록된 작가 중의 한 사람인 전겸익(錢謙益 : 1582~1664)의 문집이 1769년 청조로부터 공식 훼판(毁板)당하는 사건 등으로 인해 『우초신지』의 이후 출간은 복잡한 양태를 띠게 되었다.

현재 중국에 남아있는 판본으로는 강희 39년(1700)각본, 건륭(乾隆) 병신(1760) 이청당중간수진본(詒清堂重刊袖珍本) 등이 있고, 현재 통행되는 것으로는 필기소설대관본(筆記小說大觀本) 등이 있다. 최근에 나온 것으로는 민국24년 상해개명서점(上海開明書店)의 연인본(鉛印本)을 배인(排印)한 인민일보출판사(人民日報出版社) 간행본 『우초신지』, 1954년 문학고적간행사(文學古籍刊行社) 간행본 『우초신지』, 1985년 민국24년 상해개명서점(上海開明書店)의 연배본(鉛排本)을 배인(排印)한 하북인민출판사(河北人民出版社) 간행본 『우초신지』, 그리고 민국57년(1968) 대만 광문서국(廣文書局)에서 간행한 『우초신지』 등이 있다. 각 판본마다 작품의 출입이 있고, 같은 작품 내에서도 문자의 출입이 보이는데, 이번 번역본은 필기소설대관본을 기본 텍스트로 하되 기타 판본들까지 널리 참고하여 오자를 고치고 내용을 추가하는 등, 보다 완전한 모습을 재현해내고자 심혈을 기울였다.

5

『우초신지』의 내용과 특징에 관해 간략히 소개하고자 한다.

『우초신지』에 가장 많이 보이는 것은 편찬자 장조가 직접 밝혔듯이 황당하고 기이한 이야기들이다. 따라서 귀신 이야기, 영험한 짐승 이야기, 불가사의한 현상에 대한 이야기, 도인들에 관한 이야기, 예언에 관한 이야기가 주류를 이룬다. 하지만 이러한 것들 이외에도 『우초신지』에는 의미심장한 내용의 글들이 다수 실려 있는데, 그 대략을 나누어보면 다음과 같다.

앞에서도 밝혔듯이 『우초신지』는 명말청초라는 시대를 배경으로 하기 때문에 그 시대를 들여다보는 훌륭한 창구(窓口)가 되어준다. 특히 강남 문사들의 교유와 그들이 형성했던 문화, 위충현(魏忠賢)과 완대성(阮大鋮)을 위시한 엄당(閹黨)의 핍박하에서 지식인들이 겪었던 고초, 이자성(李自成)의 난과 청군(淸軍)의 남하 등 시대의 동란으로 인해 신음하고 유리되었던 민초들의 삶 등이 『우초신지』라는 한 권의 책 속에 고스란히 녹아있다. 따라서 이 책은 흥미와 고도의 기교를 지닌 문학작품일 뿐만 아니라 한 시대사를 읽어내는 고귀한 사료로서의 의미도 지닌다. 「강정의 선생전(姜貞毅先生傳)」이나 「손문정, 황석재의 일사[孫文正黃石齋兩逸事]」, 「척삼랑의 일을 적다[書戚三郎事]」, 「주시어의 일을 기록하다[紀周侍御事]」 등의 작품이 대표적이다.

그 다음으로 흥미로운 것은 기인들에 관한 기록이다. 『우초신지』에 등장하는 기인들은 그 기이함의 내면에 시대의 아픔이 서려있다. 그들이 '정상인'의 삶을 버리고 기행(奇行)을 일삼는 '기인'의 길을 선택한 데는 나라를 잃은 울분이 잠재해 있다는 것이다. 일표자(一瓢子), 팔대산인(八大山人), 애철도인(愛鐵道人), 구피도사(狗皮道士), 소옹(嘯翁), 유주(劉酒). 이들은 시대와 타협하기 싫어 기행을 일삼았고, 또 그 기행을 통해 정상인을 비

웃고 시대를 비웃었다. 이는 개인의 아픔이자 곧 시대의 아픔이었던 것이다.

『우초신지』에는 금릉(金陵)을 중심으로 발달했던 기루(妓樓) 문화가 많이 소개되어 있다. 특히 권20의 「판교잡기(板橋雜記)」는 그것의 집대성이라 이를 만하다. 남조의 땅 금릉 진회하(秦淮河), 진(晉)나라 왕헌지(王獻之)와 애첩 도엽(桃葉)이 애틋한 사랑을 나누던 도엽나루 일대를 중심으로 펼쳐지는 명사(名士)와 기녀들의 사랑 이야기를 통해, 강남 풍류사(風流事)를 간접 체험할 수 있다. 뿐만 아니라 기녀들에 의해 형성된 음식과 의복과 장식과 기물 등, 독특한 기방 문화가 다양하게 소개되어 있어 당시의 금릉의 사치스럽던 단면을 읽어내는 데 많은 도움을 준다. 또 한 가지 주목할 점은 남성의 부용(附庸)으로 등장하던 기녀들이 여기서는 주체성을 지닌 인격체로 묘사된다는 점이다. 「모희 동소완전(毛姬董小宛傳)」에 나오는 모벽강(毛辟疆)의 애첩 동소완, 「유부인 소전(柳夫人小傳)」에 나오는 전겸익(錢謙益)의 애첩 유여시(柳如是), 「이희전(李姬傳)」에 나오는 후방역(侯方域)의 애첩 이향군(李香君) 등은 시를 지어 남편과 창화하고, 먹을 갈아 남편을 시중들며, 남편이 정치적 지조를 잃지 않도록 조언해준다. 때에 맞춰 술을 담그고, 매화 필 때면 꽃꽂이를 하며, 금을 뜯으며 노래를 한다. 한 사람 한 사람 서로 다른 개성과 아름다움을 지닌 인격체로 묘사된다. 생동감 있고 핍진한 묘사에, 그들의 그림자가 지면에 어른거리는 듯한 느낌을 받을 수 있다.

『우초신지』에는 「남유기(南遊記)」라는 장편의 유기(遊記)가 수록되어 있다. 실의한 마음을 달래려 여행을 시작한 작가는 중원 일대를 몇 달에 걸쳐 유람하면서, 중국 각지의 풍물을 접하고 사람을 접하고, 그러는 과정 속에서 자신의 정체성을 찾는다. 「서하객전(徐霞客傳)」은 비록 유기의 형태를 띠고 있지는 않지만 중국이 낳은 위대한 여행가 서하객의 일생을 통해, 그가 체험했던 '여행'과 그것이 지니고 있는 문화적 함의가 무엇인지 우리에게 보여주고 있다. 부득이한 '이동'으로 인해 여정을 기록한 것이 아니라, 목적의식을 갖고 여행을 시작한 이들의 자아 탐색 과정이, 장편의 여정 속에 잘 드러나 있다.

『우초신지』에서 가장 많이 다루고 있는 문체는 주지하다시피 전(傳)이다. 그만큼 '사람'을 대상으로 한 글이 많다는 이야기이다. 앞에서 이야기했던 '기인'이나 '명사'들 이외에 『우초신지』에 소개되어 있는 인물들은 다양함의 극치를 보여준다. 그중 가장 두드러진 것은 "개장수나 술파는 사람 사이에 섞여 지내던" 현자(賢者)들이다. 이들은 술을 팔기도 하고(賣酒者傳), 꽃을 팔기도 하며(「賣花老人傳」, 「花隱道人傳」), 남의 종살이를 하기도 하고(郭老僕墓誌銘), 나무꾼 노릇을 하기도 한다(「髯樵傳」). 이들은 어리석게 우직하게 한 세상을 살아갔지만, 그들의 삶속에는 지극히 고귀한 존엄과 인생철학이 있다. 장조는 이러한 이들의 전기를 통해 세속에 묻힌 사람들에게 삶의 지표를 제시하고자 한 것이다.

현자들 못지않게 많이 등장하는 것이 바로 회재불우(懷才不遇)한 재자(才子)들이다. 고금을 막론하고 재주를 품고도 세상에 쓰이지 못하는 자가 얼마나 많겠는가? 『우초신지』에 등장하는 탕비파(湯琵琶)와 성차공(盛此公)의 일생은 독자들의 심금을 울리기에 족하다. 회재불우와는 유형이 좀 다르지만 고귀한 품성을 지니고 자신을 몸을 깨끗이 지켰으나, 끝내 박복하여 요절하고 만 가인(佳人)들에 대한 내용도 「소청전(小青傳)」이나 「산산전(姍姍傳)」 등에서 볼 수 있다.

『우초신지』를 통해 가장 두드러지게 읽을 수 있는 것은 바로 명말청초의 문화 양태일 것이다. 『우초신지』에는 매우 다양한 문화 형태가 소개되어 있다. 과학자로서 수많은 기구를 발명한 황이장(黃履莊)을 통해 당시에 고도로 발달했던 과학 수준을 짐작할 수 있고, 「구우 제방에서 각저희 구경한 것을 기록하다[九牛壩觀牴戲記]」를 통해서는 당시에도 오늘날의 서커스와 흡사한 공연이 펼쳐졌음을 알 수 있으며, 「장남원전(張南垣傳)」을 통해서는 당시 성행했던 정원(庭園) 문화, 가산(假山) 축조기법 등을 알 수 있다. 「복숭아씨 염주에 대해 기록하다[記桃核念珠]」 및 「핵공기(核

工記)」의 세밀한 묘사를 통해서는 당시 고도로 발달했던 조각 예술의 극치를 맛볼 수 있다. 이밖에도 민간에서 유행했던 설서(說書), 구기(口技), 부계점(扶乩占) 및 바둑, 전각(篆刻), 악기 등 다양한 문화 양태가 소개되어 있어서 한 시대 문화를 이해하는 보고라 가히 칭할 만하다.

6

마지막으로 『우초신지』 번역이 지니는 의의에 대해 설명하겠다.

첫째, 『우초신지』 연구에 기초자료를 제공할 수 있다. 특히 『우초신지』 작품 말미에는 "장산래가 말한다[張山來曰]"로 시작하는 장조의 평점이 있다. 이것은 "태사공왈(太史公曰)"에서 비롯된 사찬어(史贊) 혹은 사평(史評)의 전통이 전(傳)으로 이어지고 전기(傳奇)의 의론으로 이어지고, 이것이 다시 소설로 이어져 정착된 것인데, 여기에 당시 유행하던 평점의 특징이 가미되면서 장조만의 독특한 평어 체제를 형성하고 있다. 장조, 즉 장산래는 한 작품을 기록하고 난 뒤 자신의 감상이나 비평을 짤막하게 적기도 하였고, 이와 비슷한 다른 이야기가 있으면 첨부하여 소개하기도 하였으며, 때론 문학 평론의 관점에서 그 글의 묘미를 가장 잘 나타낸 글자 혹은 구절이 무엇인지를 지적해내기도 하였다. 때론 역사적 맥락에서 윗대의 어느 글과 비슷하다거나 참조하여 읽을 만하다고 설명하기도 하였다. 특히 주목할 점은 장조의 거침없고 분방한 성격을 여과없이 보여주었다는 것인데, 사지(四肢) 없이 태어났지만 멀쩡히 남자 구실을 하고 살았던 기인에 관한 이야기 뒤에, "누가 시집왔을지 모르겠다"고 평을 단 것이나, "방구들에서 남편이나 잡을 줄 알았지, 가서 도둑 잡을 줄은 모른다"는 남편의 핀잔에 어쩔 수 없이 뛰쳐나가 도둑을 처치

하고 돌아온 협객 아내 이야기를 기록한 뒤에, "이 여자가 도둑 잡는 것은 보았으니, 방구들에서 남편 잡는 모습을 보고 싶다"고 평을 단 것이나, 시커먼 털보와 서생처럼 얼굴 뽀얀 남자가 몸뚱이가 서로 바뀐 채 죽었다 다시 살아온 이야기를 적은 뒤, "뽀얀 남편과 살던 여자가 시커먼 털보랑 자고 싶었을까?"라고 평을 단 것이나, 지극히 대담하고 거침없다. 음식남녀(飮食男女)에 대해 관대하기 이를 데 없던 시대적 분위기와 장조의 사상이 고스란히 배어 나오는 평어를 통해 『우초신지』의 문학성은 한 층 더 고조되었다.

둘째, 『우초신지』의 작가들은 명말 청초의 혼란한 시기에 생활하며 청나라 조정에 응하지 않던 명의 유민이 대다수이고, 유민은 아니더라도 이들과 주로 교류했던 인사들이 대부분이다. 지금까지 유민문학(遺民文學)에 대한 연구는 주로 유민시(遺民詩)에 치중되어 있으며 대부분 역사학에서 잠시 거론하고 있는 정도인데, 『청시기사초편(淸詩紀事初編)』 등에 실린 명 유민으로서 『우초신지』에 작품이 실린 문인은 18명이나 된다. 이들과 교유관계가 있던 문인들까지 포함하면 더 많은 수의 사람이 유민과 관련이 있으므로 『우초신지』의 대체적인 경향으로 명 유민의식을 간과할 수 없다. 따라서 『우초신지』의 번역은 유민문학 연구에도 일조할 수 있을 것이다.

셋째, 『우초신지』의 문학적 장르 경계의 불명확성에 대한 고찰을 시도해 볼 수 있을 것이다. 다양한 산문 형태들, 즉 우언(寓言), 소품(小品), 유기(遊記), 필기(筆記) 등과 소설인 전기(傳奇)와 필기소설이 뒤섞여 있는데, 이것을 고문의 소설화라는 특징과 장르의 한계를 극복하고자 하는 시도로서 설명할 수 있을 것이다.

넷째, 『우초신지』와 조선 후기 소품문 유행과의 관계이다. 조선의 많은 학자 문인들은 명청의 교체를 보면서, 만명(晩明) 문학을 망국(亡國)을 초래한 문학이라 하여 의도적으로 접하기를 꺼려했다. 특히 청의 문학은 오랑캐의 것이라 하여 수용을 거부했다. 그러다 18세기 초 김창협(金昌協)

일파를 비롯한 서울 경기 지역의 문인들을 중심으로 만명 문학의 수용이 본격화되었고, 18세기 중엽 이후로는 청대 문학과 문화가 적극 수용되기 시작해 조선의 문학은 다양한 양태로 변모해갔는데, 그 가운데 『우초신지』가 자리 잡고 있었다. 『우초신지』는 명말청초 인물 기사 소품문의 근원이자 후대 이런 성향의 글들의 표준 역할을 한 중요한 책으로, 여기에 실린 다양한 인물들의 기이한 형상은 조선후기 인물 전(傳)이나 기사문(記事文)의 발달에 적지 않은 영향을 끼쳤다. 따라서 『우초신지』의 번역은 중국 필기소설과는 또 다른 형태의 소품문 필기에 대한 이해를 높이고, 동시에 조선 후기 소품문의 많은 산재한 문제들을 해결하는 데 실마리를 제공할 수 있을 것이다.

우초신지 1_ 차례

우초신지 권4

우초신지 권5

우초신지 전체 차례

총발(總跋)

나는 이 책의 편집을 끝내고 나서 탄식을 금치 못하며 말했다.

"아! 옛 사람이 말하기를 곤궁과 근심을 겪어보지 않으면 저서를 남겨 후세에 자신을 드러낼 수 없다고 하였다. 그러나 곤궁과 근심으로 인해 책을 짓는다면, 그 책에는 대부분 답답하고 울적한 뜻이 깃들게 마련이니, 독자들이 이처럼 원망하는 듯, 그리워하는 듯, 우는 듯, 하소연하는 듯한 소리를 즐겨 듣겠는가?"

나는 불행히도 기묘년(1699)에 그만 함정에 빠지고 말았는데,[1] 절친한 사람이 중산랑(中山狼)[2]처럼 곤궁함을 면하게 해주기는커녕 오히려 늘 물

1 기묘년에 …… 말았는데 : 강희(康熙) 38년(1699)에, 장조는 쉰의 나이에 감옥에 갇히게 되었는데, 여기서는 이 일을 가리키고 있다.

2 중산랑(中山狼) : 명나라 마중석(馬中錫 : 1466~1512?)의 「중산랑전(中山狼傳)」은 동곽선생(東郭先生)이 북쪽 중산으로 가는 도중 이리를 한 마리 구해주지만 도리어 이리에게 잡혀 먹힐 뻔했다는 이야기이다. 이야기를 통해 이리의 흉폭하고 의리 없는 성격을 나타내고, 동곽 선생의 겸애(兼愛)를 근본으로 하는 묵가적(墨家的) 도를 비

고 뜯었다. 덕망 있는 어른이 도와주고 편들어주는 일도 없었을 뿐더러, 울며 호소할 만한 섭은낭(聶隱娘)[3] 같은 호협의 무리도 만나지 못한 채, 잠시 인욕파라밀다(忍辱波羅密多)[4]를 배워 내세를 기약할 뿐이었다. 이때 만약 한두 권의 기이한 책을 얻어 소일하지 않았다면, 그 상황을 어찌 견디었으랴? 그러니 나는 오직 독서를 빌어 곤궁과 근심을 견뎌냈을 뿐, 곤궁과 근심으로 인해 저술하였다고는 감히 말할 수 없다.

곤궁하고 근심스러울 때에도 책을 빌어 마음을 풀어 보고자 하거늘, 하물며 거처 편안하고 마음에 여유가 있으며 깨끗한 책상 밝은 창 아래 향을 사르며 조용히 글을 읽는다면, 그 즐거움이 어떠하겠는가! 이에 여기에 글을 덧붙임으로써 내 책을 읽는 세상 사람들이 내 처지를 알고 나를 불쌍히 여겨주기를 바라는 바이다. 세상에 정 깊은 사람이 적지는 않겠지만, 감히 바라지는 않겠다.

강희 경진년(1700) 초여름 삼재도인(三在道人) 장조(張潮)가 쓰다

予輯是書竟, 不禁喟然而歎也, 曰: "嗟乎! 古人有言, 非窮愁不能著書, 以自見於後世. 夫人以窮愁而著書, 則其書之所蘊, 必多抑鬱無聊之意以寓乎其間, 讀者亦何樂聞此如怨如慕如泣如訴之音乎?"

予不幸, 於己卯歲誤墮坑井中, 而肺附中山不以其困也而貫之, 猶時時相嘬囓. 旣無有有道丈人相助擧手, 又不獲遇聶隱娘輩一泣愬之, 唯暫學羼提波羅蜜, 俟之身後而已. 於斯時也, 苟非得一二奇書消磨歲月,

---

판했다. 동곽 선생은 고지식한 사람, 중산랑은 배은망덕한 자의 대명사로 쓰인다.

3 섭은낭(聶隱娘): 당대 배형(裵鉶)이 지은 전기 「섭은낭전」의 주인공이다. 섭은낭은 어렸을 때 실종되었다가 홀연히 돌아온 뒤 뛰어난 무예 솜씨를 가진 여협(女俠)이 된다.

4 인욕파라밀다(忍辱波羅密多): 원문은 '찬제파라밀(羼提波羅蜜)'이다. '찬제'는 육도(六度)의 하나로 인욕을 뜻하며 '파라밀'은 피안(彼岸)에 이른다는 뜻의 범어 파라밀다(Paramita)를 번역한 것이다. 보시·지계(持戒)·인욕·정진·선정(禪定)·지혜 등을 완성하는 것을 말하는 육파라밀다(六波羅蜜多) 중 하나이다.

其殆將何以處此乎? 然則予第假讀書一途以度此窮愁, 非敢曰唯窮愁始能從事於鉛槧也.

夫窮愁之際, 尙欲藉書而釋, 況乎居安處順, 心有餘閑, 几淨窗明, 焚香靜讀, 其樂爲何如乎! 因附記於此, 俾世之讀我書者, 兼有以知我之境遇而憫之. 世不乏有心人, 然非予之所敢望也.

康熙庚辰初夏 三在道人 張潮識

범례(凡例)

문인들은 상세히 파고들고 연구하는 것은 모두가 경전(經傳)이나 제자백가의 서적 혹은 사서(史書)뿐이고, 학사들이 정신이 팔려 두루 섭렵하는 것은 대부분이 『세설(世說)』이나 패관소설 부류다. 짧은 노래나 장가(長歌)가 놀이거리라 일컬어질 만하고, 사(詞)나 잡극(雜劇)에 갖은 해학이 담겨있지만, 자주 보다보면 식상하게 되고, 또 일상적인 이야기라 자주 반복되게 마련이다. 이 책은 『우초(虞初)』를 모방하여 집록하였고, 약사(若士) 탕현조(湯顯祖)[1]의 평점 방식을 모방하였다. 황당하고 기이한 이야기는 대부분이 실제 있었던 사건이며, 신기하고 불가사의한 이야기를 찾아냈지만 기존의 것과 결코 비슷하지 않다. 옛것을 새롭게 변화시켰으니, 나중 나온 것이 오히려 전에 것보다 낫다고 감히 말할 수 있지 않을까.

『우초지』 원본에는 작품을 뽑은 사람의 이름이 실려 있지 않다. 탕임

1 탕현조(湯顯祖) : 명나라의 희곡작가다. 약사는 그의 호. 또한 그가 임천(臨川 : 지금의 江西省 撫州) 사람이기 때문에 탕임천이라 부르기도 했다.

천(湯臨川 : 탕현조)의 『속우초지(續虞初志)』에도 작자의 이름이 없으니, 모두 유감스런 일이며 간혹 빠진 문장도 있다. 『위완여편(委宛餘編)』[2]에 실려 있는 바에 따르면, 우초는 한나라 무제(武帝) 때의 하급관리인데, 누런 옷을 입고 수레를 타고 천하를 돌며 기이한 소문을 채집하였다 한다. 그의 이름으로 책 이름을 삼은 것은, 지괴류(志怪類)의 책이 늘 『제해(齊諧)』라고 이름을 붙이는 것이나, 기이한 것을 모아 놓은 책이 『이견(夷堅)』에 근거하여 제목을 붙이는 것과 같은 맥락이다.

모든 선집가(選集家)들은 대체로 작가들의 시대를 기준으로 삼고, 모든 평어(評語)의 순서 또한 그 일이 발생한 시대를 기준으로 삼지 않는다. 예를 들어 『사기(史記)』는 삼대(三代) 이전의 일까지 소급해서 기록하고 있는데, 『사기』의 글을 선별해서 기록해놓은 책을 보면 그저 "한나라"라고만 적을 뿐이다. 때문에 책 안에 기록된 내용은 전 시대의 것이지만, 이를 기록한 사람은 지금 사람일 수도 있다. 이러한 작품 또한 마땅히 선집에 넣어야지, 어떻게 빠뜨릴 수 있겠는가?

하나의 사건이 두 곳에 보이는 경우, 줄거리에는 차이가 없다 하더라도 행간에는 상세하고 소략함의 차이가 있다. 예를 들어, 「대철추전(大鐵椎傳)」은 영도(寧都) 사람 위숙자(魏叔子 : 魏禧)의 선집에도 보이고, 신안(新安) 사람 왕불암(王不庵)의 선집에도 보인다. 두 사람의 문장은 진실로 조씨(趙氏)의 벽옥(璧玉)과 수후(隋侯)의 구슬처럼 서로 막상막하라 할 수 있다. 단지 위숙자의 작품은 상세하고 왕불암의 작품은 간략하기 때문에 위숙자의 작품을 싣고 왕불암의 작품은 뺐을 뿐이다. 그저 읽기 편리하라고 그리한 것이지, 감히 우열을 가르고자 한 것은 아니다.

뇌고당(賴古堂)의 『장기집(藏棄集)』·『결린집(結隣集)』[3] 등의 선집을 보면, 문인들의 글을 모아서 해당 성명 아래 붙여놓았다. 조기재(蜩寄齋)[4]의 『척

2 『위완여편(委宛餘編)』: 명나라 왕세정(王世貞)이 지은 책이다.

3 뇌고당(賴古堂)의 『장기집(藏棄集)』·『결린집(結隣集)』: 주양공(周亮工)이 편한 척독선집이다.

독신어(尺牘新語)』 3편(編)은 문장의 부류대로 나누어 해당 쪽수에 나누어 서술하였다. 때문에 매우 가지런하게 느껴지며 엉성한 느낌이 없다. 지금 나의 이 선집은 순서가 뒤죽박죽이고, 마치 아무런 연관도 없는 것처럼 보이지만, 기록된 사건 또한 황당무계한 것들이라 분류할 필요가 없었다. 그저 책을 읽은 여가에 펼쳐보면서 머리를 식힐 수 있을 것이고, 휴식을 취한 여가에 뒤적이다 보면 눈이 저절로 뻥 뚫릴 것이다.

지위대로 배열하고 나이대로 배열하는 것은 이제껏 선집의 편집자[5]가 채택한 적 없는 방법이라, 앞에 둘지 뒤에 둘지는 늘 서신 담겨오는 대나무 통의 순서에 따랐을 뿐이다. 빈 대나무 통을 기다릴 수도 없고, 축지법을 써서 구해올 수도 없으니, 도착하는 대로 평을 달고, 바로 판각하는 장인에게 넘길 뿐, 편지를 보내고 명함을 보내고, 서로 주거니 받거니 하는 수고로움은 필요 없다. 따라서 순서에 너무 집착해서는 안 되니, 교분에 따라 명칭을 정했을 따름이다.

소명태자(昭明太子) 이후로 선집이라는 것이 생겨났고,[6] 책에는 광형(匡衡)과 정현(鄭玄)[7] 이후로 점차 주석이 많아졌다. 아마도 책에 푹 빠져 감상하다가, 손 가는대로 평을 달고, 아울러 그 뜻을 밝혀 드러냄과 동시에 가슴속 생각을 모두 쏟아낸 것이리라.

이 선집은 작품을 읽고 감상하다가 작품 끝에 아무렇게나 몇 마디를 붙이기도 했고, 붓을 휘두르고 책상을 치면서 갑자기 편폭의 여백에 몇 마디 군더더기를 붙이기도 했다. 내용에 대해 평을 하면서 비분강개하기도 하고, 문장을 감상하면서 감탄하고 탄성을 지르기도 하였는데, 감히 견해를 밝히고, 마음속 흥취를 펼치면서 스스로 즐기기도 하고 함께 토

---

4 조기재(蜩寄齋) : 왕기(汪淇)의 서재 이름이다. 왕기는 자가 우자(右子)이고, 호는 담의자(憺漪子)・잔몽도인(殘夢道人)이다.

5 선집의 편집자 : 원문은 '선정(選政)'으로 선집에 넣을 문장을 고르는 편자를 말한다.

6 소명태자(昭明太子) …… 생겨났고 : 남조 양(梁)나라 소명태자 소통(蕭統)이 편한 『문선(文選)』을 가리킨다.

7 광형(匡衡)과 정현(鄭玄) : 『시경』에 전(箋)을 단 한나라 경학자들이다.

론하기를 원하기도 하였다고 말할 수 있다.

나라는 사람은 그윽하고 기이한 것을 좋아하며, 가슴속에 감정과 울분이 많다. 그래서 신선과 영웅호걸 고사를 통해 내가 사방을 품고자 했던 뜻을 기탁했고, 외사씨가 지은 기이한 문장을 통해 내 마음을 적었다. 【나는 전에 재자가인, 영웅신선 및 「사회시(四懷詩)」와 「정선외사계(征選外史啓)」를 지었다.】

나는 평생 비본(秘本)을 만난 적이 드물어서, 빌려다가 베끼는 일을 마다하지 않았다. 가끔 이서(異書)를 보면 반드시 구입하고자 했다. 다만 부끄럽게도 그다지 널리 수집하지 못했고, 특히 변별하여 채록한 것은 더더욱 많지 않다. 새로운 문장이 있으면 속히 볼 수 있기만을 바랐고, 이웃에게 부탁해 내게 달라고 하였으니, 내가 아는 것 중에서 채록하여도 안 될 것은 없는 것이다.[8]

이 선집은 일사(軼事)를 드러내고 기이한 문장을 널리 알리는 데 뜻이 있지, 이것으로 명예를 낚는 첩경으로 삼거나 기이한 것을 가지고 이익을 탐하고자 하지 않았다. 이미 선집에 들어간 작가들 중에는 전혀 알지 못하는 사람이 수두룩하고, 앞으로 간행될 작품의 작가라 하더라도 반드시 내가 아는 사람이라는 법은 없다. 인쇄에 들어가는 비용은 스스로 감당하면서, 누가 판각 자금을 대줄 것을 기대하지 않는다. 그래야 세상에 영합하지 않을 수 있고 주옥같은 작품을 잃지 않을 수 있다.

나라 안 명가들의 작품 중에 전해지지 않는 것이 많은데, 시장에 나도는 정본(定本)들은 모두 자주 보는 책들뿐이다. 유심한 사람은 본디 기이한 것을 탐방하길 좋아하고, 기이한 것을 고증하는 일에 특히 탐닉한다. 이 선집 이외에도 『사선고세설(嗣選古世說)』·『고문우아(古文尤雅)』·『고문사법전집(古文辭法傳集)』·『포속집(布粟集)』·『장유편람(壯游便覽)』 등의 책이

8 내가 …… 없는 것이다: 원문은 '거이소지(擧爾所知)'로, 『논어』 「자로(子路)」에 나오는 말이다. "네가 아는 인재를 등용하면, 네가 모르는 인재라고 해서 다른 사람들이 버려 두겠는가(擧爾所知, 爾所不知人其舍諸?)"

있는데, 차례대로 완성되어 교정을 마쳤다. 무릇 오류가 있거든, 가르침의 말씀을 내려주시길.

심재주인(心齋主人)이 광릉(廣陵)의 이청당(詒淸堂)에서 쓰다

文人銳志鉆研, 無非經傳子史, 學士馳情漁獵, 多屬『世說』·稗官. 雖短詠長歌允稱游戲, 卽塡詞雜劇備極滑稽, 未免數見而不鮮, 抑亦常談而多復. 玆集仿『虞初』之選輯, 仿若士之點評. 任誕矜奇, 率皆實事, 搜神拈異, 絶不雷同. 庶幾舊調翻新, 敢謂後來居上.

『虞初志』原本不載選者姓名. 湯臨川『續編』, 未傳作者氏號, 俱爲憾事, 或屬闕文. 載考『委宛餘編』, 虞初爲漢武帝時小吏, 衣黃承輜, 采訪天下異聞. 以是名書, 亦猶志怪之帙, 卽『齊諧』以爲名, 集異之書, 本『夷堅』而著號.

一切選家, 必以作者年代爲準, 百凡評次, 鮮以其事時世爲衡. 如『史記』追溯三代以前, 而選文止稱一字曰"漢"是也. 故志中之事, 或屬前時, 而紀事之人實生當代. 自應入選, 詎可或遺?

一事而兩見者, 叙事固無異同, 行文必有詳略. 如「大鐵椎傳」, 一見於寧都魏叔子, 一見於新安王不庵. 二公之文, 眞如趙璧隋珠, 不相上下. 顧魏詳而王略, 則登魏而逸王. 只期便於覽觀, 非敢意爲軒輊.

賴古堂『藏棄』·『結隣』諸選, 匯其人之文, 專繫於姓名之下. 蜩寄齋『尺牘新語』三編, 別其文之類, 分叙於卷頁之中. 固云整整齊齊, 未覺疏疏落落. 今玆選錯綜無次, 庶不涉於拘牽, 且其事荒誕不經, 無庸分夫門類. 讀書之暇, 展卷盡可怡神, 倦息之餘, 披翻自能豁目.

序爵序齒, 從來選政所無, 或後或先, 總以郵筒爲次. 不能虛簡以待, 亦難縮地以求, 隨到隨評, 卽付剞劂之手, 投函投刺, 勿煩酬酢之勞. 次第未可拘拘, 知交定稱爾爾.

文自昭明而後, 始有選名, 書從匡·鄭以來, 漸多箋釋. 蓋由流連欣賞, 隨手腕以加評, 抑且闡發揄揚, 并胸懷而迸露.

玆集觸目賞心, 漫附數言於篇末, 揮毫拍案, 忽加贅語於幅餘. 或評其事而慷慨激昂, 或賞其文而咨嗟唱嘆, 敢謂發明, 聊抒興趣, 旣自怡悅, 願共討論.

鄙人性好幽奇, 衷多感憤. 故神仙英傑, 寓意四懷, 外史奇文, 寫心一啓【予向有才子佳人, 英雄神仙, 「四懷詩」及「征選外史啓」.】

生平罕逢秘本, 不憚假抄. 偶爾得遇異書, 輒爲求購. 第愧搜羅未廣, 尤采辨輯無多. 凡有新篇, 速祈惠教, 幷望乞隣而與, 無妨擧爾所知.

是集只期表彰軼事, 傳布奇文, 非欲借逕沽名, 居奇射利. 已經入選者, 盡多素不相知, 將來授梓者, 何必盡皆舊識. 自當任剞劂之費, 不望惠梨棗之資. 免致浮沉, 早郵珠玉.

海內名家尙多未傳之作, 坊間定本俱爲數見之書. 幽人素嗜探奇, 尤耽考異. 此選之外, 尙有『嗣選古世說』·『古文尤雅』·『古文辭法傳集』·『布粟集』·『壯游便覽』諸書, 次第告竣, 就正有道. 凡有繆盭, 幸賜教言.

心齋主人識於廣陵之詒淸堂

원서(原敍)

고금의 소설가들이 늘어놓은 이야기는 손가락으로 꼽을 수 없을 만큼 많은데, 인물을 잡다하게 늘어놓고 기쁘고 슬픈 일을 엮은 내용이 편마다 장마다 가득하다. 이야기가 상세하고 풍성하긴 하지만 우맹(優孟)이 손숙오(孫叔敖)를 흉내 낸 것처럼[1] 비슷한 것만 얻었지 그 정수를 전수 받지는 못했다. 기쁘지도 않은데 억지로 웃고, 슬프지도 않은데 억지로 우니, 어찌 기이한 것을 탐닉하는 선비의 마음과 뜻을 탁 트이게 하고 희색이 만연하게 할 수 있겠는가? 천지간에는 호방한 기운이 건혔다 펴졌다 격렬히 요동치면서 천태만상으로 탈바꿈한다. 온갖 황당 기괴하고 기뻐할 만하고 놀랄 만하고 노래할 만하고 눈물 흘릴 만한 일들이, 예전에

---

1 우맹(優孟)이 …… 것처럼: 우맹은 춘추시대 초(楚)나라 예인인 맹(孟)으로 골계와 풍간에 뛰어났다. 초나라 재상 손숙오가 죽은 후 그의 아들이 나무를 해서 생계를 이어갈 정도로 곤궁한 것을 본 우맹이 손숙오의 옷과 모자를 쓰고 노래 부르며 그의 흉내를 냈다. 이에 손숙오가 다시 살아난 줄 알고 크게 놀란 초나라 장왕(莊王)은 우맹의 풍간을 듣고 마침내 손숙오의 아들에게 토지를 하사했다고 한다.

있었다고 해서 지금 없으란 법도 없고, 예전에 없었는데 지금 갑자기 있을 수도 있다. 따라서 『이견지(夷堅志)』[2]나 『염이편(豔異編)』[3]에 실린 것과 같이 날아다니는 신선이나 의로운 도적, 소의 머리를 한 귀신이나 뱀의 몸을 한 신만이 기이한 것은 아니다.

이 『우초(虞初)』라는 책은 임천(臨川) 사람 탕현조(湯顯祖)[4]가 소설가의 '진주선(珍珠船)'이라고 칭하며 표점을 찍고 교정하여 세상에 전한 것인데, 참으로 많은 이야기를 채록했으나, 원본에서 서술하고 있는 것은 모두 당(唐)나라 사람들의 일사(佚事)이고 당나라 이후의 것은 전해지는 것이 없었다. 이에 탕현조가 속편을 지어 총 열두 권으로 만들었다. 그 안에 적힌 농담과 우스갯소리, 기이하고 괴상한 이야기 등은 한결같이 사람의 마음을 사로잡는다. 그럼에도 분량이 많지 않고 수집 범위도 그다지 넓지 않아, 내 이를 탄식하며 『우초후지(虞初後志)』를 편집하게 되었다. 세월이 흘러 비로소 책이 완성되었기에 우선 『우초신지(虞初新志)』라는 이름으로 간행해 세상에 내놓았다. 안에 실린 내용은 대부분 가까운 시대의 일이고 그 문장은 대부분 지금의 현사(賢士)들 것이다. 내용은 기이

2 『이견지(夷堅志)』: 송나라 홍매(洪邁 : 1123~1202)가 엮은 지괴(志怪) 소설집으로 송나라 초기부터 그의 생존 당시까지 민간에서 일어난 괴이한 이야기를 모은 책이다. 당시의 사회, 풍속 따위의 자료가 풍부하며 모두 420권이던 것이 흩어지고 없어져서 오늘날은 약 절반만 전한다. 홍매는 자가 경로(景廬), 별호가 야처(野處)이며 파양(鄱陽 : 지금의 江西省 鄱陽縣) 사람이다. 소흥(紹興) 15년(1145)에 진사가 되어 단명전학사(端明殿學士)를 지냈으며 저서에 『용재수필(容齋隨筆)』 등이 있다.

3 『염이편(豔異編)』: 명나라 전기(傳奇) 소설집으로 『천경당서목(千頃堂書目)』 소설류에는 왕세정(王世貞 : 1526~1590)이 편찬했다고 기록되어 있다. 그러나 『판서우기속편(販書偶記續編)』에는 45권 본 3종만 기록되어 있을 뿐 편찬자의 이름이 보이지 않는다.

4 탕현조(湯顯祖 : 1550~1617) : 명나라 희곡작가이다. 자는 의잉(義仍), 호는 약사(若士)로 강서성(江西省) 임천(臨川) 사람이었기에 당시 사람들은 그를 탕임천(湯臨川)이라고도 불렀다. 1583년에 진사가 되었으며, 남경(南京)의 태상시박사(太常寺博士)·예부주사(禮部主事)를 지냈다. 그 후 순탄치 않은 관직 생활 끝에 권세가의 미움을 사서 면직되었으며, 임천의 옥명당(玉茗堂)에서 살면서 희곡 창작에 전념했다. 전기(傳奇) 작품으로 '옥명사몽(玉茗四夢)'으로 일컬어지는 「모란정(牧丹亭)」(일명 「還魂記」)·「남가기(南柯記)」·「한단기(邯鄲記)」·「자차기(紫釵記)」가 유명하다.

하고 상세하며, 문장은 훌륭하고 정교하다. 형상을 묘사한 것이 매우 생동적이고, 흉내 낸 것도 매우 핍진하다. 진실로 이른바 '예전에 있었다고 지금은 없으란 법이 없고, 예전에 없었다고 지금도 없으란 법도 없으며, 이치로 따지자면 있을 수 없지만 뜻밖에 그러한 일이 있을 수 있다'는 그런 것이다. 읽으면 괜히 즐겁고, 괜히 놀랍고, 괜히 노래하고 싶고 울고 싶게 만드니, 참으로 그 진실을 얻었지 비슷함만 얻지 않았다. 그러니 즐겁지도 않은데 억지로 웃고, 슬프지도 않은데 억지로 울며, 말을 어지러이 늘어놓고 이어붙인 여타 패관소설들과 같이 두고 이야기 할 수 있겠는가! 학사대부(學士大夫)들이 손님 응대를 하다 남는 시간에, 혹은 글을 읽다 쉬는 틈에 이 책을 들고 훑어본다면 번뇌와 권태로움을 없앨 수 있을 뿐만 아니라, 행동이 거침없고 마음이 탁 트여 달관의 자세를 가지고 넓은 아량을 내보이게 될 것이다.

강희(康熙) 계해년(1683) 초가을에 심재(心齋) 장조(張潮) 지음

古今小說家言, 指不勝僂, 大都飳飣人物, 補綴欣戚, 累牘連篇. 非不詳贍, 然優孟叔敖, 徒得其似, 而未傳其眞. 强笑不歡, 强哭不戚, 烏足令耽奇攬異之士心開神釋, 色飛眉舞哉? 況天壤間, 灝氣卷舒, 鼓蕩激薄, 變態萬狀. 一切荒誕奇僻可喜可愕可歌可泣之事, 古之所有, 不必今之所無, 古之所無, 忽爲今之所有. 固不僅飛仙盜俠・牛鬼蛇神, 如『夷堅』・『豔異』所載者爲奇矣.

此『虞初』一書, 湯臨川稱爲小說家之'珍珠船', 點校之以傳世, 洵有取爾也, 獨是原本所撰述, 盡摭唐人佚事, 唐以後無聞焉. 臨川續之, 合爲十二卷. 其間調笑滑稽, 離奇詭異, 無不引人著勝. 究亦簡帙無多, 搜采未廣, 予是以慨然, 有『虞初後志』之輯. 需之歲月, 始可成書, 先以『虞初新志』授梓問世. 其事多近代也, 其文多時賢也. 事奇而核, 文雋而工. 寫照傳神, 仿摹逼肖. 誠所謂'古有而今不必無, 古無而今不必不有, 且爲理之所無, 竟爲事之所有'者. 讀之令人無端而喜, 無端而愕, 無端而欲歌欲泣, 誠得其眞, 而非僅得其似也. 夫豈强笑不歡, 强哭不戚, 餖飣補綴之稗官小說可同日語哉! 學士大夫酬應之餘, 伊吾之暇, 取是篇而瀏覽之, 匪惟滌煩祛倦, 抑且縱横俯仰, 開拓心胸, 具達觀而發曠懷也已.

康熙 癸亥 新秋 心齋 張潮撰

우초신지 권1

강정의선생전(姜貞毅先生傳)

빙숙(氷叔) 위희(魏禧)

강정의 공은 이름이 채(埰),[1] 성이 강(姜), 자가 여농(如農)이며 산동(山東) 내양현(萊陽縣 : 山東省 東部에 위치) 사람이다. 고조부 강회(姜淮)는 외적을 무찌른 공으로 회원장군(懷遠將軍)[2]에 임명되었다. 부친 강사리(姜瀉里)는 제생(諸生)[3]이었다. 숭정(崇禎) 계미년(1643), 북병(北兵 : 淸兵)이 내양현을 침략했을 때, 강사리는 성을 사수하다 죽었으며, 막내아들과 셋째 며느리, 큰딸도 순절하였다. 이 일이 알려지자 황제는 강사리를 광록시경(光祿寺卿)[4]

1 채(埰) : 명말청초 시기 시인인 강채(姜埰 : 1607~1673)로 자는 여농(如農) 또는 경서(卿墅)이다. 숭정 4년(1631) 진사가 되었고 관직은 예과급사중(禮科給事中)에 이르렀다. 이후 직언을 하여 하옥되었다가 선주위(宣州衛)의 수자리로 귀양 갔다. 명나라가 망한 후 소주(蘇州)에 거주하며 삭발하고 승려가 되어 스스로 '경정산인(敬亭山人)' 또는 선주노병(宣州老兵)이라 칭했다. 사후 문인(門人)들이 '정의선생(貞毅先生)'이라는 시호를 붙여주었다. 저서로 『경정집(敬亭集)』 10권이 있다.

2 회원장군(懷遠將軍) : 명나라 무관 품계 중의 하나이다. 직위만 있고 직무가 없는 산관(散官)으로 종3품에 해당된다.

3 제생(諸生) : 명청 시기 학교에 입학한 생원(生員)을 이르던 말이다.

에 추증하고 장사지내 준 뒤 충숙(忠肅)이라는 시호를 내렸다.

공이 태어나려 할 때 조모 이씨(李氏)가 기이한 꿈을 꾸었는데, 그가 태어났을 때 보니 태막이 모두 흰 색이었다. 공은 세 살 때 어머니를 여의었다. 어머니인 태유인(太孺人) 양씨(楊氏)는 침대 맡에 박주(薄酒)를 놓아두고 밤마다 일어나 마셨는데 한 동이가 금방 바닥나곤 하였다. 만력(萬曆) 을묘년(1615)에 산동에 큰 기근이 들어 도적들이 벌떼 같이 일어났다. 당시 아홉 살이었던 공이 형 강기(姜圻)와 함께 밤에 책을 읽고 있었는데, 책 읽는 낭랑한 소리가 끊이지 않자 도적이 그 문 앞에 이르렀다가 탄식하며 가 버렸다. 스무 살 때 일등 제생으로 보충되었다. 이듬 해 향시에 참가하여 명경과(明經科)에 급제하였으나 오책(五策)으로 최정수(崔呈秀)[5] · 위충현(魏忠賢)[6]을 질책하였다는 이유로 주고관(主考官)에게 내침을 당했다. 숭정 경오년(1630) 향시에 합격한 후 외사촌 이독배(李篤培)를 찾아 갔다. 청렴하고 공정하기로 이름났던 이독배는 공에게 이렇게 말했다.

"자네가 부귀하다고 해서 대단할 것이 뭐 있겠는가? 사대부에게 있어서 입신이란 반드시 조정을 위해 큰일을 맡아 하는 것이라야 하네!"

공은 삼가 그의 말을 받들었다. 이듬해 진사에 합격하여 문정공(文正公) 예원로(倪元璐)[7]의 문하에 들어갔다. 전시(殿試)에서 동진사출신(同進士出身)

---

4 광록시경(光祿寺卿) : 광록시의 장관으로 종3품에 해당된다. 광록시에서는 국가의 큰 제사, 장례, 혼례, 조정의 연회 등에 쓰이는 용품과 음식 등을 관장한다.

5 최정수(崔呈秀 : ?~1627) : 명나라 말기의 관리로 계주(薊州 : 지금의 天津市 薊縣) 사람이며 엄당(閹黨)의 인물로 유명하다. 신종(神宗) 만력연간(萬曆年間 : 1573~1619)에 진사가 되었고 희종(熹宗) 천계연간(天啓年間 : 1621~1627)에 어사(御史)가 되어 회(淮) · 양(揚) 일대를 돌면서 부를 축척했다. 도어사 고반룡(高攀龍)이 그 죄상을 폭로하는 바람에 삭탈관직 되었다. 후에 궁핍하여 살 길이 없자 위충현(魏忠賢)을 찾아가 눈물을 흘리며 그의 양자가 되길 청했다. 최정수는 이때부터 엄당의 중견이 되어 사리사욕을 채웠다.

6 위충현(魏忠賢 : 1568~1627) : 명나라 때 환관으로, 하간(河間) 숙녕(肅寧 : 河北省 중남부) 사람이다. 희종(熹宗) 때 조정을 휘어잡고 정권을 좌지우지하여 그 폐해가 천하에 널리 이르렀다. 후에 봉양(鳳陽)에 유배되어 죄 값을 치르게 되자 자살했다.

7 예원로(倪元璐 : 1593~1644) : 자는 여옥(汝玉) 혹은 옥여(玉汝)라고도 하고 호는 홍보(鴻寶)이며 절강성(浙江省) 상우(上虞) 사람이다. 천계 2년(1622) 진사로, 글과 그

이 되어 밀운현(密雲縣 : 지금의 北京市 동북부) 지현(知縣)으로 임명 되었는데, 그곳으로 가기 전에 의징현(儀徵縣 : 江蘇省 揚州市 儀徵縣) 지현으로 바뀌었다.

공은 청렴하고 어질게 정사를 돌보아서 [지현으로 있던] 십년 동안 백성을 수탈한 적도, 청탁을 받은 적도 없었다. 그래서 어떤 객이 다녀가면서 관사 벽에 "백성은 자식처럼 사랑하고, 객은 원수처럼 미워하네"라고 적었다. 한번은 자신의 봉급을 덜어내어 상부에 부탁함으로써 사주(泗州 : 지금의 安徽省과 江蘇省 경계의 天長·盱眙·明光·泗洪 일대) 하천 보수에 동원된 일꾼 500명의 노역을 면해 준 적이 있는데, 백성들은 이 사실을 알지 못했다. 또 수문을 통과하는 양곡 선박의 인부를 없앨 것을 청하여 그대로 실행되기도 하였다. 소금 검사를 할 때 의징현령은 관례적으로 모두 뇌물을 받아왔는데, 공만은 이를 거절했다. 상인들은 이에 감격하여 하천 보수 비용으로 은 1만 냥을 대신 마련해 주었다. 임지에 처음 부임하던 날, 무뢰배 동기(董奇)·동구공(董九功) 등을 조사하여 법대로 처리하고, 그 무리까지 일망타진하여 폐해를 없앴다. 원계함(袁繼咸)[8]은 양주(揚州)에서 군대를 정비하던 중 공과 만나자 당에서 내려와 읍하며 말했다.

"가끔 진주(眞州)에 갔다가 선생께서 송사를 듣고 판결하는 것을 보고 저도 모르게 진심으로 탄복했습니다!"

신사년(1641), 공은 예부(禮部) 의제사(儀制司)의 주사(主事)가 되었다. 이듬해, 남직예(南直隸)[9] 순무(巡撫)로 있던 주대전(朱大典)[10]이 상소를 올려 공의

림에 뛰어났다. 이자성(李自成)이 북경으로 들어오자 목매달아 자살했다.

8 원계함(袁繼咸 : 1593~1646) : 자는 계통(季通)이고 호는 임후(臨侯)이다. 명나라의 대신으로 천계 5년(1625)에 진사가 되었다. 숭정 7년(1634)에 상소를 올려 권신들을 공격했다가 도리어 재산을 축척하고 법을 어겼다는 누명을 쓰고 도성으로 끌려와 죄를 받았다. 이때 산서(山西) 출신 생원 100여 명이 도성으로 들어와 전단을 돌리며 그의 무고함을 알렸고, 조야의 신하 1000명이 연명하여 그의 무고함을 알렸다고 한다. 그는 특히 문청상(文天祥)·사방득(謝枋得)과 함께 '강우삼산(江右三山)'으로 불렸다.

9 남직예(南直隸) : 명나라 때 행정단위다. 청나라에 와서 강남성(江南省)으로 바뀌었다. 범위는 지금의 강소성과 상해시, 그리고 안휘성 일대에 해당된다.

10 주대전(朱大典 : 1581~1646) : 자는 연지(延之)이고 호는 미해(未孩)이며 명말 금화현

현명함과 노고를 치하했다. 황제는 일제히 시험을 통해 관리 선발할 것을 명령하고, 이어 신하들을 보고 말했다.

"이와 같은 신하가 있는데도 등용하지 않는다면 이는 짐의 과실이다!"

3월에 황제는 홍정문(弘政門)으로 나가 공을 불러 만났다. 공의 응대가 매우 흡족하여 예과급사중(禮科給事中)으로 발탁하고 좋은 음식을 하사했다.

공은 관직을 제수 받고 5월 중에 30조목의 상소를 올렸는데, 황제는 매번 공의 뜻을 받아들였다. 11월, 동쪽 지방에서 구원을 요청하자 공은 조서를 받고 덕승문(德勝門)을 맡아 수비했다. 공신 이하 모든 관리들은 공의 눈치를 보며 돌아가 쉬지도 못했다. 당시에 재상이 매우 탐욕스러웠는데, 도어사(都御史) 유종주(劉宗周)[11]가 「장안에 황금이 귀하다[長安黃金貴]」라는 상소를 올리자 재상은 이를 두려워해 죄를 언관(言官)[12]에게 뒤집어씌우고 역적 수보(首輔) □□[13]까지 끌어들여 안팎으로 온갖 간악한 짓을 했다. 이에 공은 상소를 올려 죄는 대신에게 있지 언관에게 있지

(金華縣) 백사향(白沙鄉) 장산촌(長山村) 사람이다. 만력 44년(1616)에 진사가 되어 장구현(章丘縣) 지현이 되었다. 천계 2년(1622)에 병과급사중(兵科給事中)으로 승진했으며 환관 위충현의 무리를 반대했다.

11 유종주(劉宗周 : 1578~1642) : 자는 기동(起東)이고 호는 염대(念臺)이며 절강성 산음(山陰) 사람이다. 만력 29년(1601)에 진사가 되어 천계연간 초에 예부주사(禮部主事)가 되었다. 그는 위충현을 탄핵한 죄로 관적을 삭탈당하고 귀향했다. 숭정연간 초에 순천부윤(順天府尹)으로 기용되었으나, 주청한 내용이 받아들여지지 않자 병을 이유로 사임하고 돌아갔다. 다시 기용되어 공부시랑(工部侍郎)에 임명되고 좌도어사(左都御史)에 발탁되었으나 다시금 강채와 웅개원(熊開元)을 구명하다가 면직되어 돌아갔다. 복왕(福王)이 나라를 맡자 다시 기용되었는데, 시정의 폐단을 논하고 마사영(馬士英)·유공소(劉孔昭)·유택청(劉澤淸)·고걸(高傑) 등을 탄핵했으며, 완대성(阮大誠)을 써서는 안 된다고 쟁론하였으나 받아들여지지 않자 영영 귀향해버렸다. 항주(杭州)가 함락되자 그는 23일간 식음을 전폐하다가 세상을 떠났다. 문인들끼리 정의(正義)라는 시호를 내렸고 청나라 때 충개(忠介)라는 시호를 받았다. 증인서원(証人書院)을 짓고 집산(蕺山)에서 강학했다 하여 집산선생(蕺山先生)이라고도 부른다. 저작 또한 풍부하여 『유집산집(劉蕺山集)』 17권, 『주역고문초(周易古文鈔)』·『논어학안(論語學案)』·『성학종요(聖學宗要)』 등이 세상에 전한다.

12 언관(言官) : 이때 강채가 예과급사중(禮科給事中)으로 언관의 일을 맡고 있었다.

13 □□ : 이것은 이름을 피휘하기 위해 □□ 처리한 것이다.

않다고 극력 주장했다. 또 탁주(涿州) 지주(知州) 유삼빙(劉三聘)이 주소를 올려 □□를 추천한 일까지 언급함으로써 수보의 분노를 샀다. 공은 또 상소에서 "폐하께서는 '남을 대신해 책임을 전가시키고, 남을 위해 결원이 생기게 한다'고 말씀하셨는데, 폐하께서는 과연 무엇을 보고 그렇게 말씀하시는 것입니까?" 또 "이십사기(二十四氣)에 관한 유언비어가 궁궐 안에 떠들썩한데, 이는 분명 언관이 자신에게 불리할까봐 꺼리는 마음에서 간신과 악당들이 저지른 일일 것입니다"라고 적었다.[14] 황제는 크게 노하여 윤11월 23일 황극문(皇極門)에 뭇 신하들을 불러 모아 놓고 말했다.

"강채는 오만 방자하게도 감히 짐에게 무엇을 보았냐고 따져 물었다. [또한] 이십사기에 관한 이야기는 그가 대체 어떤 사람과 어떤 일을 가리키는지 모르겠다. 그의 관직을 삭탈하고, 금의위(錦衣衛)는 북진무사(北鎭撫司)에게 그를 호송하여 고문토록 하라!"

당시 행인사부(行人司副)[15] 웅개원(熊開元)이 면전에서 수보 주연유(周延

---

14 상소에서 …… 적었다 : 이 이야기는 『명사(明史)』 「열전」 권146 「강채전」에 자세히 보인다. "폐하께서는 언관을 중히 여기시기에 이토록 엄히 책망하셨을 것입니다. 그러나 유지에서 '남을 대신해 책임을 전가하고 남을 위해 결원이 생기게 한다'고 하셨는데, 신 감히 그런 일을 한 적은 없사옵니다. 폐하께서는 무엇을 보고 그리 말씀하셨는지요? 게다가 이십사기의 유언비어는 필히 저 세도 높은 간신들이 언관이 자신들에게 불리할까봐 중상모략하고자 지존의 노여움을 격발시키고 언관의 입을 막으려 했던 것입니다. 그러나 사람들이 모두 입을 닫으면, 천하의 일에 대해서는 누구와 더불어 이야기 나누시렵니까(陛下視言官重, 故責之嚴. 如聖諭云'代人規卸, 爲人出缺'者, 臣敢謂無其事. 然陛下何所見而云? 倘如二十四氣蜚語, 此必大奸巨憝, 恐言者不利己, 而思以中之, 激至尊之怒, 箝言官之口. 人皆喑默, 誰與陛下言天下事者]?" 이는 숭정제(崇禎帝) 당시 일어난 당쟁의 가장 대표적인 사례이다. '이십사기'는 북경시내에 돌아다니던 익명의 유인물로, 당시 관리 24명을 비방한 명단이다. 이 명단에서는 주연유(周延儒)를 영수로 한 '남당(南黨)'의 인물과 오신(吳甡)을 영수로 한 '북당(北黨)'의 인물 모두를 비방하고 있으니, 이 유인물을 작성한 사람이 두 당간의 이간질을 위해 만들어낸 것이다. 이때 숭정제가 대신들의 결당을 반대해 특별히 조서를 내려 언관들을 꾸짖었는데, 강채는 이때 언관의 직책을 수행하고 있었기에 언관에 대한 숭정제의 처사에 불만을 품고 숭정제를 비판했다.

15 행인사부(行人司副) : 관서명이다. 명나라 홍무(洪武) 13년(1380)에 관서를 설치하여 정9품의 행인(行人)과 종 9품의 좌 · 우 행인을 두었다. 후에 행인은 사정(司正)으로, 좌 · 우 행인은 좌 · 우 사부(司副)로 개칭하고, 행인 345명을 따로 두었는데, 주로 어

儒)[16]를 탄핵하였으나, 후에 상소한 내용이 [애초에 탄핵했던 말과] 일치하지 않아 [강채와] 동시에 하옥되었으며, 거의 죽게 된 후에야 같이 사면되었다.

북진무사에 하옥되었을 때, 공은 사흘 동안 물 한 모금도 마실 수 없었다. 엄동설한에 흙방에 뻣뻣하게 굳은 채 누워있었는데, 이불도 없이 몸은 형구에 묶여 피가 차꼬에 흘러내렸다. 중앙관서의 대신들이 여러 차례 그를 구명하기 위한 상소를 올렸으나 응답이 없었다. 【이곳에 22자가 빠졌음】 규정에 의하면 손가락 조이기 50번, 주리 틀기 50번, 곤장 20대를 일러 '한 벌'이라고 하였다. 공이 이 형벌을 다 받았는데도 옥리는 기어코 죄인 24명의 이름을 알아내 위에 보고하려고 했다. 공은 그 사람들이 모두 바른 인물들인데 화가 끊임없이 미칠까 걱정하여 죽음을 무릅쓰고 그들의 이름을 말하려 하지 않았다. 숨이 거의 끊어질 지경에 이르러서도 손가락에 입안의 피를 묻혀 오직 '사(死)'자만 쓰고는 계단 아래 쓰러졌다. 반나절 만에 깨어나자 진무(鎭撫) 양청굉(梁淸宏)은 부하에게 술 한 사발 끼얹고 끝까지 심문하게 했다. 그러나 공은 끝내 인정하지 않았다.

상소가 들어가자 황제는 크게 노여워하며, 고문이 느슨해 아직 진상을 밝히지 못한 것이라 여겨 위사관(衛司官)을 힐책했다. 또한 다시금 심문하도록 하면서 손가락 조이기와 주리 틀기 각각 80번, 곤장 30대를 치

지(御旨)를 전달하거나 책봉(冊封)의 일을 맡아했다.

16 주연유(周延儒 : 1593~1644) : 자는 옥승(玉繩)이고, 호는 읍재(挹齋)이며 의흥현(宜興縣 : 지금의 江蘇省 의흥현) 사람으로, 만력 41년(1613)에 진사가 되었다. 숭정 14년(1641) 9월에 다시 수보가 되었고, 재차로 재상이 된 뒤에 동림당(東林黨)을 등용하여 전대의 폐단을 없애고 백성들의 세금을 면제해주며 명망 있는 신하들의 정책을 받아들여 조야에서 어진 재상이라는 칭찬이 자자했다. 숭정 16년(1643)에 청병(淸兵)이 산해관(山海關)으로 들어오자 직접 군대를 이끌고 통주(通州)에서 주둔하면서 전쟁은 하지 않고 막료들과 술을 마시고 놀았다. 또한 숭정제에게 전적을 거짓으로 보고했으나, 숭정제는 내막을 모르고 주연유에게 포상하였다. 후에 금의위(錦衣衛) 지휘사(指揮使) 낙양성(駱養性)이 상소를 올려 진상을 폭로했으며, 다른 관원들도 줄줄이 탄핵하는 바람에 변경으로 쫓겨났다. 얼마 지나지 않아 숭정제가 조서를 내려 주연유에게 자진할 것을 명했고 그 가산을 몰수했다. 저서로는 『주읍재고(周挹齋稿)』와 『편야당시(片野堂詩)』 등이 있다.

도록 하였다. 얼마 지나지 않아 작은 종이에 밀지를 내렸다.

"강채와 웅개원은 바로 죽이되, 병고로 처리하라."

보위하던 신하 낙양성(駱養性)[17]이 상주하였다.

"두 신하가 죽어 마땅하다면 폐하께서는 어찌하여 담당관에게 그 죄를 작성하게 하여 천하 사람들에게 두 신하의 죄를 명백히 알리지 않으십니까? 만약 사람을 죽이고 살리는 일을 저희가 마음대로 주관했다면, 천하 후세 사람들이 폐하를 어떠한 군주로 여기겠습니까?"

낙양성은 이 일을 여러 대신에게 몰래 말해주었다. 그리하여 도어사 유종주는 대전에 나아가 힘써 논쟁하며 진시(辰時 : 오전 7시~9시)부터 오시(午時 : 오전 11시~오후1시)까지 물러나려 하지 않았다. 황제는 그의 고집스러움이 군주를 대하는 예가 아닌 것에 노하여 담당관에게 내려 보내 죄를 다스리게 했다. 그러나 그의 연로함을 불쌍히 여겨 관직만 삭탈하고 고향으로 돌려보냈다. 첨도어사(僉都御使) 김광신(金光宸)은 유종주가 청렴하고 정직하다고 상주하며 자신이 유종주의 벌을 대신 받게 해달라고 청했다. 황제는 김광신이 유종주에게 부화뇌동하여 자신을 기만한 것에 노하여 그 역시 삭탈관직하고 폄적시켰다. 그러나 병부시랑(兵部侍郎) 마원표(馬元飆), 도급사(都給事) 오인징(吳麟徵)이 대의를 펼치며 완곡한 말로 권고하자, 황제는 마음이 조금 움직여 곧 밀지를 내려 위사(衛司)에게 전날의 유지를 행하지 말라고 명했다. 그리하여 공과 웅개원은 비로소 형

---

17 낙양성(駱養性 : ?~?) : 가어현(嘉魚縣 : 湖北省 咸寧市 嘉魚縣) 사람이다. 명나라 금의위(錦衣衛) 도독(都督)으로, 형구 망치[鍾]를 이용해 사람을 고문하기로 유명했다. 금의위 지휘사(指揮使) 낙사공(駱思恭)의 아들로, 부친의 직위를 세습했다. 강채와 웅개원이 하옥되었을 때 숭정제로부터 그들을 모살하라는 밀명을 받았지만, 도리어 두 사람을 두둔하며 숭정제의 마음을 달래 두 사람을 오랜 고문에서 벗어나게 해주었다. 그러나 그는 죄인을 치죄할 때 형구를 갖다 대며 죄인을 잔혹하게 다루었다. 숭정 16년(1643)에 주연유가 군대를 이끌고 도성을 나가 청나라 병사와 교전할 때 싸움은 전혀 하지 않고 도리어 대승을 거두었다고 거짓보고 하는 것을 보고, 상소를 올려 주연유를 탄핵해 그를 변방으로 쫓아냈다. 그러나 청나라 병사가 산해관으로 들어오자 투항한 뒤 청 조정에서 태자태부(太子太傅)와 좌도독(左都督)까지 지냈다.

부의 옥으로 옮겨 갈 수 있게 되었다. 형부상서 서석린(徐石麟)이 이들을 부근의 군대로 내보내자고 건의하자 황제는 진노하여 공과 웅개원에게 각각 곤장 100대를 치도록 하였다. 이 날 특별히 환관 조화순(曹化淳)과 왕덕화(王德化)를 보내 문초하게 하니, 뭇 관원들은 붉은 옷을 입고 오문(午門) 밖 서쪽 섬돌 아래에 늘어섰다. 왼쪽에 중사(中使), 오른쪽에 금의위 각각 30명이 서 있고, 다음 열에 기군(旗軍)의 교관 백 명이 섰는데, 모두 팔에 완장을 차고 나무 곤봉을 들고 있었다. 성지(聖旨) 낭독이 끝나자 한 사람이 마대자루를 가져와 어깨부터 등 아래까지 묶어 좌우로 움직일 수 없게 하였다. 또 한 사람이 두 발을 묶어 사방에서 끌어당기고는 넓적다리 부분만 드러내놓고 곤장을 쳤다. 머리와 얼굴이 땅에 닿아 흙먼지가 입 안에 가득해졌다. 곤장이 여러 번 부러졌고, 공은 혼절하여 사람을 알아보지 못할 지경이 되었다.

당시 행인(行人)의 관직을 맡고 있던 공의 아우 강해(姜垓)가 입에 오줌을 머금어 공에게 먹였다. 명의 여방상(呂邦相)이 밤에 공을 보러 왔다가 말했다.

"장독이 무릎 아래까지 퍼지면 치료할 수 없습니다. 제가 칼로 상처를 도려 낼 터인데, 이레 뒤에 아픔을 느낄 수 있다면 경하할만한 일이겠지요!"

공은 보름이 지나 썩은 살을 한 말 가량 도려내고 소생했다. 여방상은 일찍이 장형을 받았던 황도주(黃道周)[18]를 살려낸 적이 있어서 도성에서는 그를 '군자의(君子醫)'라 불렀다.

---

18 황도주(黃道周 : 1585~1646) : 자는 유현(幼玄), 호는 석재(石齋)로, 장포(漳浦 : 지금의 福建省 漳浦縣) 사람이다. 천계 2년(1622) 진사로, 숭정 3년(1630) 4월에 우중윤(右中允)으로 있을 때 상소를 올려 대신 양사창(楊嗣昌) 등의 잘못을 아뢰었는데, 그 일로 광서(廣西)로 폄적되었다. 복왕(福王) 홍광제(弘光帝) 때 예부상서(禮部尙書)를 지냈다. 홍광제가 실권하자 다시 정지룡(鄭芝龍) 등과 함께 당왕(唐王) 주융무(朱隆武)를 옹립한 뒤 무영전대학사(武英殿大學士)에 올랐다. 병사들을 이끌고 청에 대항하다가 무원(婺源)에서 사로잡혔다. 청나라 순치(順治) 3년(1646) 남경(南京) 대중교(大中橋)에서 피살되었다.

환관이 황제에게 복명하자 황제가 말했다.

"두 신하는 무어라 말하더냐?"

환관이 말했다.

"두 신하는 폐하께서 요순임금이라면 자신들은 관용봉(關龍逢)과 비간(比干)[19]이 되어도 족하다고 했습니다."

황제가 말했다.

"여전히 입만 살아있구나!"

이듬해 봄, 내양현이 [청군에게] 함락되고 공의 부친이 난리 통에 사망했다. 강해는 자신이 대신 옥에 갇히겠으니, 형 강채는 돌아가 상을 치를 수 있게 풀어달라고 청하였으나 허락되지 않았다. 중앙 관서의 관리들 역시 상소를 올려 공의 석방을 청했으나 황제는 "강해가 있지 않느냐!"라고 말했다. 7월에 역병이 돌아 황제가 형부에 옥 청소를 명하였기에 공은 잠시 [옥 밖으로] 나올 수 있었다. 그러나 황제는 형부의 관리를 불러들이더니, 검은 색 붓으로 강채와 웅개원의 이름에 점을 찍으며 "이 두 악당을 어찌하여 풀어주었느냐!"라고 말했다. 그래서 그들은 다시금 옥에 갇혔다. 12월에 수보 주연유가 사형되자 새로이 수보가 된 자 중에 두 신하의 석방을 청한 자가 있었는데, 황제는 "짐이 두 신하에게 노한 것이 어찌 수보를 벌하라고 한 것 때문이었겠느냐!"라고 하며 석방을 허락하지 않았다.

갑신년(1644) 정월, 이자성(李自成)의 군대가 창궐하자 각신(閣臣) 이건태(李建泰)가 황명을 받들어 군대를 이끌고 산서(山西)로 가게 되었다. 황제가 정양문(正陽門)에서 추곡례(推轂禮)[20]를 행할 때, 이건태가 강채와 웅개

---

19 관용봉(關龍逢)과 비간(比干) : 관용봉은 하나라 걸왕(桀王)의 신하이고 비간은 은나라 주왕(紂王)의 신하로 모두 충심으로 간언했다가 죽임을 당했다.

20 추곡례(推轂禮) : 서백후(西伯侯) 희창(姬昌 : 周文王)이 반계(磻溪)로 가 팔순의 강자아(姜子牙 : 姜尙)를 군사(軍師)로 맞아들일 때 자신의 수레를 강자아에게 내어주며 그를 위해 손수 수레를 밀어주었다. 훗날 이를 '추곡례'라고 불렀는데, 일반적으로 상사가 부하에게 융숭한 대우를 하는 것을 가리키는 말로 사용되었다.

원의 석방을 청하니, 황제는 이를 허락하여 공을 선주위(宣州衛)의 수자리로 귀양 보냈다.

공은 고향을 지나며 선친 광록공의 묘소에서 곡했다. 도성이 함락되고 황제께서 순국하셨다는 소식을 듣고 공은 통곡했다. 남쪽 수자리 설 곳으로 가다가 미처 도착하기 전에 홍광제(弘光帝)[21]가 즉위하여 공을 사면했다. 공은 마침내 오문(吳門)에 머물며 돌아가려하지 않았다. 마침 마사영(馬士英)과 완대성(阮大鋮)이 권력을 장악하고 있었는데, 완대성은 이전에 강해에게 탄핵당한 적이 있었기에 공의 형제를 기필코 죽이고자 했다. 그리하여 공은 다시 도망가야만 했다. 정해년(1647)에 휘주(徽州 : 安徽省 휘주)로 도망갔다가 식량이 다 떨어졌는데, 나무꾼 송심로(宋心老)가 때때로 그에게 풀죽을 먹여주었다. 간혹 수십 리를 걸어 오효렴(吳孝廉)의 집을 찾아가 배불리 먹기도 하였다. 황산(黃山)의 승상원(丞相園)에서 삭발하고 승려가 된 뒤 자호를 '경정산인(敬亭山人)'이라 지었으니, 선제께서 자신을 죽이지 않은 은혜를 잊지 않고자 함이었다.

이후에 오문으로 돌아와 죽을 때까지 승복을 입고 세상 사람들과 접촉하지 않고 살았다. 두 아들 강안절(姜安節)과 강실절(姜實節) 모두 재주가 있었으나 공은 벼슬길에 나가지 못하게 했다. 무자년(1648)에 어머니를 모시고 내양현으로 돌아갔는데, 어머니의 병환이 위독해지자 조용히 기도하며 자신의 수명을 줄여 어머니의 목숨을 연장시켜달라고 빌었다. 공의 명성을 중히 여긴 산동순무(山東巡撫)가 공을 초징하는 격문을 내렸다. 그러나 공은 일부러 낙마하여 넓적다리를 부러뜨리고 의원[22]을 불러와 대나무 들것에 싣고 가게 했다. 심부름꾼이 돌아가 보고하자 공은 야반도주하여 강남으로 돌아와서는 자호를 '선주노병(宣州老兵)'이라 지었다.

---

21 홍광제(弘光帝) : 원문에는 '굉광(宏光)'으로 되어 있다. 이는 건륭제의 이름 '홍력(弘曆)'을 피휘한 것이다. 홍광제는 명 복왕(福王) 주유숭(朱由崧)으로 명이 멸망한 후 남경에서 병부상서 사가법(史可法)과 봉양총독(鳳陽總督) 마사영(馬士英)에 의해 옹립되었다.

22 의원 : 원문에는 '양의(瘍醫)'라 되어 있는데, 고대 외과 의사를 가리키는 말이다.

일찍이 경정산에 오두막집을 짓고자 하였으나 그 뜻을 이루지 못했다. 계축년(1673) 여름 공은 병이 심해지자 두 아들을 불러 말했다.

"나는 황제의 명을 받고 변방의 수자리로 귀양 보내졌다. 지금은 변란을 만나 타향을 떠도느라 살아서는 조상님의 묘를 돌보지 못하였고, 죽어서는 고향으로 머리를 둘 수 없으니 마음에 한이 맺히는구나. 하지만 나는 선주에서 죽음을 맞이함으로써 내 뜻을 지키고자 한다."

며칠이 지나자 공이 말했다.

"나는 갈 수가 없구나! 내가 죽으면 꼭 경정산 기슭에 묻어다오."

입으로 「역책가(易簀歌)」[23] 한 소절을 읊고 피 몇 되를 토하고 죽었는데, 공의 나이 예순 일곱이었다. 비석과 신주에 옛 관직을 적지 말고, 관은 얇은 목재로 하도록 하며, 불사(佛事)는 행하지 말 것을 유언으로 남기니, 두 아들은 그 뜻을 모두 따랐다. 경정산에 묻던 날, 원근에서 조문하러 온 사람들로 문전성시를 이루었고 옛 동료들은 공에게 '정의선생'이라는 시호를 주었다.

공은 은거한 후 많은 저술을 남겼는데, 자신이 지은 시문을 간추려 『경정집(敬亭集)』을 판각하여 집에 감춰두고는 절대로 남에게 보여주지 않았다. 갑신년(1644)·을유년(1645) 이래 순절한 여러 현인들의 전기를 지어 『정기집(正氣集)』이라 했다. 기해년(1659) 이후에 지은 시문집에는 『박탁집(餺飥集)』이라는 제목을 직접 붙였고 『기사적무(紀事摘繆)』라는 책도 지었는데, 이 모든 것을 집에 감춰두었다.

위희가 말한다.

공께서 내게 써준 서(序)와 마음을 드러낸 시 몇 편이 있는데, 아직 내게 보여주지 않고 있었다. 공이 세상을 뜬 후 공의 두 아들이 내가 사는 산중으로 그것들을 적어 부쳐주었다. 나는 또 오문(吳門)에 머물렀을 때

---

23 「역책가(易簀歌)」: 사람이 병으로 누워있다 죽을 때가 되면 깔고 있던 자리를 바꾸는데, 그것을 역책이라 한다. 통상 사람의 죽음을 가리키는 말로 사용되므로, 「역책가」라 하면 임종의 노래쯤으로 해석할 수 있다.

공의 집에서 몇 밤을 보낸 적이 있다. 장마철이 되면 공은 넓적다리뼈가 아파 걸음을 약간 절었다. 슬프도다! 북진무사의 옥에서 공께서 받았던 장형과 같은 형벌들은 진(秦)나라 법에도 없었던 것들이다. 처음 토우를 만든 이의 죄를 이루 다 말할 수 있겠는가![24]

선성(宣城 : 安徽省 선성)의 심수민(沈壽民)이 말한다.

시호 짓는 법에 따르면, 절개를 굽히지 않고 덕을 지켰을 때 '효' 자를 붙인다. 경전에서도 이르기를, '임금을 섬김에 있어 충성하지 않으면 효가 아니다'라고 했다. 공은 죽어도 임금을 잊지 않고 온전히 충에 귀의했으니, '효'라 이를 만하다. 그러니 마땅히 시호를 '정효(貞孝)'라 지어야 했었다.

김종정(金棕亭)[25]이 말한다.

나는 황산을 유람하다 선생이 삭발하고 승려가 된 곳을 방문했다. 산승(山僧)은 그의 필적 몇 장을 그때까지 소장하고 있었는데, 시격(詩格)이 호방하고 자획에 힘이 넘치는 것이 진실로 세상에 드문 보배였다. 위희가 기록한 강채의 이야기를 『우초신지』의 첫 작품으로 삼으니, 책 전체로 하여금 빛이 나도록 하기에 족하다.

---

24 처음 토우를 …… 있겠는가 : 『맹자』 「양혜왕상(梁惠王上)」에 보면 다음 문장이 나온다. "중니가 '토우를 처음 만든 자는 그 후손이 없을 것이다'라고 말씀하셨다[仲尼曰 : 始作俑者, 其無後乎]." 훗날 이 말은 제일 먼저 나쁜 일을 한 사람을 비유할 때 주로 사용되었다.

25 김종정(金棕亭) : 김조연(金兆燕). 자가 종정 또는 종월(鐘越)이며, 안휘성 전초(全椒) 사람이다. 건륭 31년(1766)에 진사가 되어 국자감박사(國子監博士)를 역임하였으며 후에 양주교수(揚州敎授)를 지냈다. 그의 전은 『청사(清史)』 「문원전(文苑傳)」 2 「장붕충전(張鵬翀傳)」 부록에 보인다. 『우초신지』 수록 작품들에는 거의 매 편 끝부분에 장조(張潮)의 평이 붙어 있는데, 1769년 전겸익(錢謙益) 문집에 대한 훼판령 이후 간행된 판본[重刊 袖珍本]에 전겸익의 작품 「서하객전(徐霞客傳)」·「정앙전의 일을 적다[書鄭仰田事]」 대신 수록된 「강정의선생전」(권1)·「손문정·황석재의 일사[孫文正·黃石齋兩逸事]」(권6)의 끝부분에는 김종정의 평이 붙어 있다. 즉, 이 두 작품은 장조의 원래 편집본에는 없던 것으로 후에 김종정이 편집에 간여하여 덧붙인 것으로 추정된다.

公名埰, 姓姜氏, 字如農, 山東萊陽人也. 高祖淮, 以禦寇功, 拜懷遠將軍. 父瀉里, 諸生. 崇禎癸未, 北兵破萊陽, 瀉里守城死, 幼子, 三子婦, 一女皆殉節. 事聞, 贈瀉里光祿寺卿, 予祭葬, 謚忠肅.

公之將生也, 王母李感異夢, 其生, 衣胞皆白色. 三歲失乳. 母楊太孺人置水酒床頭, 夜起飲之, 一瓿立盡. 萬歷乙卯, 山東大饑, 盜蜂起. 公時九歲, 與兄圻夜讀, 書聲咿唔不絶, 盜及門, 歎息去. 年二十, 補諸生第一. 明年鄕試, 經義中式, 主司以五策指斥崔·魏, 擯之. 崇禎庚午, 擧於鄕, 往見中表李篤培. 李負清正名, 謂公曰:“子富貴何足異? 士大夫立身, 要當爲朝廷任大事耳!” 公敬而受之. 明年擧進士, 出倪文正元璐門. 殿試賜同進士出身, 授知密雲縣, 未行, 改儀徵縣.

公爲政廉仁, 十年無所取於民, 不受竿牘. 客至, 去, 題其館壁曰:“愛民如子, 嫉客若仇.” 嘗捐俸請託, 免泗洲修河夫五百名, 百姓不知也. 又請革過閘糧船牽夫, 著爲令. 舊例, 掣鹽封引, 儀徵令皆有賂, 公獨絶之. 商人感激, 爲代備修河銀一萬兩. 下車日, 廉得大憝董奇·董九功等, 置於法, 窩訪之, 害遂除. 袁公繼咸備兵揚州, 見, 下堂揖之, 曰:“吾間行眞州, 見先生聽斷, 不覺心折矣!”

辛巳, 改禮部儀制司主事. 明年, 巡撫南直隸朱公大典疏, 表公賢勞. 上諭一體考選, 因目閣臣曰:“有臣如此而不用, 朕之過也!” 三月, 上御宏政門召見. 應對稱旨, 擢禮科給事中, 賜糕果湯餠.

公旣拜官, 五月中條上三十疏, 上每采納. 十一月, 東方告急, 公受詔分守德勝門. 自元勳以下憚公, 不敢歸休沐. 時宰相大貪婪, 都御史劉公宗周有「長安黃金貴」之疏, 宰相懼, 卸其罪於言官, 又欲引用逆輔□□, 相表裏爲奸惡. 公上疏, 極論罪在大臣, 不在言官. 幷及涿州知州劉三聘疏薦□□事, 觸首輔怒. 又有“上諭‘代人規卸, 爲人出缺’, 陛下果何見而云然?” 及“二十四氣蜚語, 騰聞淸禁, 此必大奸巨憝惡言官不利於己” 等語. 上大怒, 閏十一月二十三日, 御皇極門召見羣臣, 謂:“埰欺肆, 敢於詰問朕何所見. 二十四氣之說, 不知所指何人何事. 着革職,錦衣衛拏送北鎭撫司打問!” 時行人司副熊開元, 面劾首輔, 旣以補牘語不相應, 同時下獄, 幾死, 後並得赦.

初, 公下北鎭撫司獄, 三日勺水不得入口. 冰雪交積, 公僵臥土室, 無襆被, 身嬰三木, 血流貫械. 九卿臺省屢疏救, 不報.【闕二十二字】例凡一桚敲五十, 一夾敲五十, 杖二十, 名曰‘一套’. 公旣備刑, 讞獄者必欲得二十四人姓名以報上. 公以諸人皆正人, 恐禍不已, 忍死弗肯列. 氣垂絶, 唯以指染口血書‘死’字, 臥堦下. 半日稍甦, 淸宏令尉灌酒一盂, 使畢讞. 公終不肯承.

疏入, 上大怒, 謂考擊緩, 情實未當, 詰責衛司官. 令再訊, 一桚一夾, 各敲八十, 杖三十. 俄出密諭一小紙曰 : “姜埰・熊開元卽取畢命, 只云病故.” 衛臣駱養性具奏, 有曰 : “卽二臣當死, 陛下何不付所司書其罪, 使天下明知二臣之罰? 若生殺出臣等, 天下後世謂陛下何如主?” 又密言於諸大臣. 而都御史劉宗周上殿力爭, 自辰至午不肯退. 上怒其執拗, 非對君禮, 將下有司治罪. 旣矜其耄, 特革職, 放歸田. 僉都御史金公光宸奏宗周淸直, 願以身代宗周. 上怒, 以爲雷同罔上, 奪職謫籍. 而兵部侍郎馬公元颺, 都給事吳公麟徵, 開陳大指, 婉辭規勸, 上心爲少移, 旋出密旨諭衛司繳昨旨毋行. 於是, 公及開元, 始得移刑部獄矣. 刑部尙書徐公石麟, 擬附近充軍, 上怒, 公・開元各杖一百. 是日, 特遣大璫曹化淳, 王德化監視, 衆官朱衣陪列午門外西墀下. 左中使, 右錦衣衛各三十員, 下列旗校百人, 皆衣臂衣, 執木棍. 宣讀畢, 一人持麻布兜, 自肩脊下束之, 左右不得動. 一人縛其兩足, 四面牽曳, 唯露股受杖. 頭面觸地, 地塵滿口中. 杖數折, 公昏絶不知人.

弟垓, 時官行人, 口含溺吐公飮之. 名醫呂邦相夜視公, 曰 : “杖靑痕過膝者不治. 吾以刀割創處, 七日而痛, 爲君賀矣!” 半月, 去敗肉斗許, 乃甦. 邦相曾活黃公道周廷杖, 京師號 ‘君子醫’也.

大璫復命, 上曰 : “二臣顧何言?” 曰 : “二臣言皇帝堯舜, 臣得爲關龍逄・比干足矣.” 上曰 : “兩人舌彊猶爾!”

明年春, 萊陽破, 公父死於難. 垓請身繫獄, 而釋埰歸治喪, 不許. 臺省亦交章請釋公, 上曰 : "垓在!" 七月疫, 上命刑部淸獄, 公暫出. 上召見刑部, 以墨筆叉埰・開元名, 曰 : "此兩大惡, 奈何釋之!" 於是再入獄. 十二月, 首輔伏誅, 有新參請釋二臣者, 上曰 : "朕怒二臣, 豈爲罪輔哉!" 不許.

甲申正月, 闖賊猖獗, 閣臣李建泰奉命督師山西. 上御正陽門, 行推轂禮, 建泰請釋埰・開元, 上報可, 謫公戍宣州衛.

公過故鄕, 哭光祿公. 聞京師陷, 上殉社稷, 公慟哭. 南之戍所, 未至, 宏光卽位, 赦. 公遂留吳門, 不肯歸. 會馬士英・阮大鋮用事, 大鋮往被垓劾, 必殺公兄弟. 復竄走. 丁亥, 避地徽州, 絶食, 樵子宋心老時以菜羹啖之. 或徒步數十里, 走吳孝廉家得一飽. 祝髮黃山丞相園, 而自號 '敬亭山人', 蓋不敢忘先帝不殺恩也.

後還吳門, 終僧服, 不與世人接. 二子安節・實節, 才, 亦不令進取. 戊子, 奉母歸萊陽, 母疾甚, 公默禱, 願減算延母. 山東巡撫重公名, 下檄招公. 公故墜馬以折股, 召瘍醫, 竹簁舁之. 使者歸報, 公夜馳還江南, 自號 '宣州老兵'. 嘗欲結廬敬亭山, 未果. 癸丑夏, 公疾病, 呼二子謂曰 : "吾受命謫戍. 今遭世變, 流離異鄕, 生不能守先墓, 死不能正首丘, 抱恨於中心. 吾當待盡宣州, 以終吾志." 越數日, 則曰 : "吾不能往矣! 死必埋我敬亭之麓." 口吟「易簀歌」一章, 嘔血數升而歿, 時年六十有七. 遺命碑碣神主不題故官, 棺用薄材, 不營佛事, 二子皆遵行之. 葬敬亭日, 遠近弔者如市, 同人私謚曰 '貞毅先生'.

公隱居後, 多著述, 自選所爲詩文, 刻『敬亭集』, 藏於家, 絶不示人. 傳甲乙以來殉節諸賢, 曰『正氣集』. 自題己亥後詩文, 曰『餺飥集』, 又著『紀事摘繆』, 皆藏之.

魏禧曰 : 公有贈禧序及見懷諸詩, 皆未出. 公死, 而公二子乃寫寄禧山中也. 予客吳門, 數信宿公. 每陰雨, 公股足骨發痛, 步趾微跛踦. 哀哉! 北鎭撫司獄廷杖, 立枷諸制, 此秦法所未有. 始作俑者, 罪可勝道哉!

宣城沈壽民曰 : 諡法, 秉德不回曰'孝'. 經曰 : '事君不忠, 非孝也'. 公死不忘君, 全而歸之, 可以爲'孝'矣, 宜諡曰'貞孝'.

金棕亭曰 : 余遊黃山, 訪先生祝髮處. 山僧猶藏手蹟數紙, 詩格豪放, 字畫遒勁, 眞希世寶也. 以魏公文姜公事作『新志』壓卷, 足令全書皆生赤水珠光.

대철추전(大鐵椎傳)

빙숙(冰叔) 위희(魏禧)

대철추는 어디 사람인지 알 수 없다. 북평(北平 : 지금의 北京)의 진자찬(陳子燦)은 하남(河南)으로 형을 만나러 가던 중에 송장군(宋將軍)의 집에서 그를 만났다. 송장군은 회경부(懷慶府 : 지금의 河南省 沁陽 일대) 청화진(靑華鎭) 사람으로, 격투 기술이 뛰어나서 일곱 성(省)의 호사가들이 모두 배우러 왔다. 사람들은 그의 건장함을 보고 '송장군'이라고 불렀다. 송장군의 제자 고신지(高信之) 역시 회경부 사람으로 힘이 세고 활을 잘 쏘았다. 그는 진자찬 보다 일곱 살이 많았는데, 젊었을 때 함께 공부하던 사이여서 같이 송장군의 집을 찾아가곤 하였다. 당시 그 자리에는 얼굴이 아주 못생긴 대식가가 한 명 있었다. 오른 쪽 옆구리에 무게가 40~50근이나 나가는 커다란 쇠망치를 끼고서, 먹을 때나 인사를 할 때나 잠시도 내려놓지 않았다. 쇠망치의 손잡이 부분에는 쇠사슬 모양의 쇠고리가 칭칭 감겨 있었으며, 늘이면 거의 1장(丈) 정도 되었다. 사람들과 거의 말을 하지 않았지만 초(楚) 땅 말투 같았다. 고향과 이름을 물어도 전혀 대답하지 않았다.

모두 잠자리에 든 한 밤중에 그 객이 갑자기 "가겠소!" 하더니 말이 끝나기가 무섭게 사라져버렸다. 진자찬은 창문과 문이 모두 닫혀 있는 것을 보고 깜짝 놀라서 고신지에게 물었다. 고신지가 대답했다.

"그 객은 처음 왔을 때 관도 쓰지 않고 버선도 신지 않은 채 푸른 수건을 머리에 두르고 흰 베를 발에 감고 있었다네. 큰 쇠망치 외에 아무것도 지니고 있지 않았지만 허리춤에는 많은 백금(白金 : 銀子)을 차고 있었지. 나와 장군 모두 감히 물어보지도 못했다네."

그런데 진자찬이 잠을 자다 깨어 보니 그 객이 이불 위에서 코를 골며 자고 있었다.

하루는 객이 송장군에게 작별 인사를 하며 말했다.

"처음 당신의 명성을 듣고 호걸이라 생각했는데, 그리 쓸 만하지 못하군요. 나는 가겠소!"

송장군이 억지로 그를 만류하며 붙잡자 그가 말했다.

"나는 늘 강도[1]들의 작물을 빼앗았는데, 순순히 굴지 않는 강도는 바로 쳐 죽였소. 강도의 두목들이 나에게 무리의 대장이 되어 달라고 했으나 승낙하지 않았더니 나를 원수로 여기고 있소. 여기에 오래 머물면 당신한테까지 화가 미칠 것이오. 오늘 한밤중에 아무 곳에서 결투를 벌이기로 했소."

송장군이 선뜻 말했다.

"나도 말을 타고 활을 끼고 가서 결투를 돕겠소!"

객이 말했다.

"그만두시오! 적들은 능숙하고 수도 많소. 내가 당신을 보호하자면 신나게 싸우지 못할 것 아니오."

송장군은 원래 자부심이 강한데다가 객의 싸우는 모습도 보고 싶었기에 [함께 가게 해달라고] 극구 청했다. 객은 어쩔 수 없이 송장군과 함께 갔다.

---

1 강도: 원문은 '향마(響馬)'이다. 옛날 노상 강도를 이르는 말로, 물건을 훔치기 전에 먼저 화살을 쏘아 사람들에게 알렸기 때문에 '향마'라고 했다.

결투 장소에 도착할 무렵 객은 송장군을 빈 보루 위로 올려 보내며 말했다.

"보기만 하시오. 절대로 소리를 내어 도적에게 들켜서는 안 되오."

바야흐로 닭이 울고 달이 지는데, 별빛이 광야를 비추어 백 보 밖까지 사람이 훤히 보였다. 객은 치달려 내려가 필률(觱篥)[2] 몇 자락을 불었다. 잠시 후에 말 탄 도적 20여 명이 사방에서 모여드는데, 활을 메고 걸어서 이들을 따르는 사람이 100여 명에 이르렀다. 도적 한 놈이 칼을 들고 말을 달려 객에게 돌진하며 말했다.

"어찌하여 내 형을 죽였느냐!"

그가 말을 다 마치기도 전에 객이 "망치!" 하고 외쳤더니, 도적은 소리가 떨어지기 무섭게 말에서 떨어져 사람이고 말이고 모두 갈가리 찢겼다. 도적들이 객을 에워싸고 다가오자 객이 조용히 망치를 휘둘렀는데, 사방의 사람과 말들이 땅에 거꾸러지고 30여 명이 죽었다. 송장군이 숨죽이고 그 광경을 보노라니, 다리가 후들거려 떨어질 것 같았다. 그때 갑자기 객이 "나는 가겠소!" 하며 크게 외치는 소리가 들려왔다. 먼지가 일어 검은 연기가 자욱한 가운데, 객이 동쪽으로 달려가는 것만이 보였다. 그 후로 객은 더 이상 오지 않았다.

위희가 논하여 말한다.

장자방(張子房)이 얻은 창해군(滄海君)의 역사(力士)는 박랑사(博浪沙)에서 진시황(秦始皇)에게 추를 휘둘렀다.[3] 대철추도 그와 같은 사람인가? 하늘이 이인(異人)을 세상에 낸 것은 반드시 쓰임이 있어서이다. 진동보(陳同

---

2 필률(觱篥) : 피리의 일종이다. 본래는 서역(西域)의 구자국(龜茲國)에서 생산되던 것이었으나 한나라 때 중국에 전래되었다. 수당(隋唐)의 연악(燕樂)이나 당송(唐宋)의 교방악(敎坊樂)을 연주할 때 사용하는 중요한 악기로, 그 소리가 처량하면서도 장중하다.

3 장자방(張子房)이 …… 휘둘렀다 : 이 이야기는 『사기』 「유후세가(留侯世家)」에 보인다. 장자방은 한(漢)나라 초기의 공신 장량(張良)이다. 장량은 자객을 써서 박랑사(博浪沙 : 지금의 河南省 原陽縣)에서 쇠망치로 진시황을 저격하게 했으나 성공하지 못했다.

甫)[4]의 『중흥유전(中興遺傳)』[5]을 읽어보니, 호방하고 의로우며 걸출한 인물들 가운데 아스라이 사라져 세상에 공명을 드러내지 못한 이가 어찌 그리 많은지! 하늘이 낸 인재가 반드시 쓰이는 것은 아니란 말인가? 아니면 그들을 쓰는 데는 일정한 때가 있는 것인가? 진자찬이 대철추를 만난 것은 임인년(1662)이었다. 외모로 보아 그때 한 서른 즈음 되었으니, 지금 대철추는 아마 마흔 정도 되었을 것이다. 진자찬이 한번은 그가 시장에서 사야 할 물건을 적어 놓은 명단을 본 적이 있는데, 해서를 아주 잘 썼다고 한다.

장산래가 말한다.

본문 중에서 화룡점정이라 할 수 있는 곳은 "나는 가겠소![吾去矣]" 세 마디 말이다. 문장에서 성글고 예스러운 부분은 마치 훌륭한 화가가 용을 그릴 때 동쪽 구름에서 용의 비늘을 드러내고 서쪽 구름에서 용의 발톱을 드러내는 듯한 묘미가 있다.

大鐵椎, 不知何許人. 北平陳子燦, 省兄河南, 與遇宋將軍家. 宋, 懷慶青華鎭人, 工技擊, 七省好事者皆來學. 人以其雄健, 呼'宋將軍'云. 宋弟子高信之, 亦懷慶人, 多力善射. 長子燦七歲, 少同學, 故嘗與過宋將軍. 時座上有健啖客, 貌甚寢. 右脇夾大鐵椎, 重四五十斤, 飮食拱揖不暫去. 柄鐵摺疊環複如鎖上練, 引之長丈許. 與人罕言語, 語類楚聲. 扣其鄕及姓字, 皆不答.

旣同寢, 夜半, 客曰: "吾去矣!" 言訖不見. 子燦見窗戶皆閉, 驚問信

---

4 진동보(陳同甫) : 이름은 량(亮), 자는 동보이다. 남송 때의 사상가이자 문학가로, 여러 번 상소를 올려 중원의 수복을 극력 주장했다. 광종(光宗) 순조(淳照) 4년 진사에 급제하였으나 관리가 되기 전에 세상을 떠났다. 저서로는 『용천문집(龍川文集)』과 『용천사(龍川詞)』 등이 있다.

5 『중흥유전(中興遺傳)』: 진동보가 지은 책으로 전체 20권12문(門)으로 이루어져 있고, 남송 초기 애국지사들의 활동을 전기체(傳記體)로 기록한 역사서이다.

之. 信之曰 : "客初至, 不冠不襪, 以藍手巾裹頭, 足纏白布. 大鐵椎外, 一物無所持, 而腰多白金. 吾與將軍俱不敢問也." 子燦寐而醒, 客則鼾睡炕上矣.

一日, 辭宋將軍曰 : "吾始聞汝名, 以爲豪, 然皆不足用. 吾去矣!" 將軍强留之, 乃曰 : "吾嘗奪取諸響馬物, 不順者輒擊殺之. 衆魁請長其羣, 吾又不許, 是以讐我. 久居此, 禍必及汝. 今夜半, 方期我決鬪某所." 宋將軍欣然曰 : "吾騎馬挾矢以助戰!" 客曰 : "止! 賊能且衆. 吾欲護汝, 則不快吾意." 宋將軍故自負, 且欲觀客所爲, 力請客. 客不得已, 與偕行.

將至鬪處, 送將軍登空堡上, 曰 : "但觀之. 愼勿聲, 令賊知汝也." 時鷄鳴月落, 星光照曠野, 百步見人. 客馳下, 吹觱篥數聲. 頃之, 賊二十餘騎四面集, 步行負弓矢從者百許人. 一賊提刀縱馬奔客, 曰 : "奈何殺吾兄!" 言未畢, 客呼曰 : "椎!" 賊應聲落馬, 人馬盡裂. 衆賊環而進, 客從容揮椎, 人馬四面仆地下, 殺三十許人. 宋將軍屛息觀之, 股栗欲墮. 忽聞客大呼曰 : "吾去矣!" 但見地塵起, 黑烟滾滾, 東向馳去. 後遂不復至.

魏禧論曰 : 子房得滄海君力士, 椎秦皇帝博浪沙中. 大鐵椎其人與? 天生異人, 必有所用之. 予讀陳同甫「中興遺傳」, 豪俊俠烈魁奇之士, 泯泯然不見功名於世者, 又何多也! 豈天之生才, 不必爲人用與? 抑用之自有時與? 子燦遇大鐵椎爲壬寅歲. 視其貌, 當年三十, 然則大鐵椎今四十耳. 子燦又嘗見其寫市物帖子, 甚工楷書也.

張山來曰 : 篇中點睛, 在三稱"吾去矣"句. 至其歷落入古處, 如名手畵龍, 有東雲見鱗, 西雲見爪之妙.

서하객전(徐霞客傳)

목재(牧齋) **전겸익**(錢謙益)

서하객은 이름이 굉조(宏祖)로, 강음(江陰 : 지금의 江蘇省 江陰縣) 오승리(梧塍里) 사람이다. 그의 고조부 서경(徐經)은 당인(唐寅)[1]과 함께 향시에 합격했으나 제명당했다. 당인은 일찍이 예운림(倪雲林)[2]의 두루마리 그림으로 [서경에게] 도박 빚[3] 삼천 냥을 갚았는데, 그 그림은 지금도 서씨 집안에

1 당인(唐寅 : 1470~1523) : 명나라 소주(蘇州) 오현(吳縣 : 지금의 江蘇省 소재) 사람으로, 자는 백호(伯虎)·자외(子畏)이며, 호는 육여거사(六如居士)·노국당생(魯國唐生)·도선선리(逃禪仙吏)·도화암주(桃花庵主) 등이다. 시와 그림에 뛰어나 산수·인물·누각 등에 정통했다. 저서로는 『육여거사전집(六如居士全集)』이 있다.

2 예운림(倪雲林 : 1301~1374) : 원나라 화가이자 시인. 자는 태우(泰宇)·원진(元鎭)이고 호는 운림(雲林)·서운림자(署雲林子)·운림산인(雲林散人)이며 별호는 형만민형(荊蠻民荊)·정명거사(淨名居士)·주양관주(朱陽館主)·보한선경(莆閑仙卿)·환하자(幻霞子) 등이다. 무석(無錫 : 江蘇省 소재) 사람이다. 평생 벼슬길에 나아가지 않았다. 그의 집은 오 땅에서도 유명한 부호여서 고서화·고기물(古器物) 등을 모아 놓고 풍류적인 은둔생활을 하였다. 추림죽석산수(秋林竹石山水)를 즐겨 그렸고, 「어장추제도(漁莊秋霽圖)」·「산수도」·「사자림도권(獅子林圖卷)」 등의 작품을 남겼다. 시집으로는 『청비각집(淸閟閣集)』 12권이 있다.

보존되어 있다. 서하객은 시골에서 태어나 풍부한 감정을 자연에 기탁했고, 산수에 푹 빠져 지내면서 힘써 밭을 갈아 어머니를 봉양했다. 어쩌다 돈을 받고 대신 요역(徭役) 나가면[4] 조롱 안의 새가 구석에 몰린 듯 마음이 불안하고 늘 생각은 딴 데 가 있었다.

서른 살에 어머니가 그를 세상 밖으로 내보냈다. 매년 삼시(三時)[5] 때 떠났다가 가을과 겨울에 돌아와 어머니의 안부를 살피는 것이 일상화되었다. 동남쪽의 아름다운 산수인 동정(洞庭)·양선(陽羨 : 지금의 江蘇省 宜興市 荊溪 남쪽)·경구(京口 : 江蘇省 鎭江市)·금릉(金陵 : 江蘇省 南京市)·오흥(吳興 : 浙江省 湖州市 남쪽)·무림(武林 : 杭州의 별칭), 그리고 절서(浙西)의 경산(徑山 : 浙江省 餘杭縣 서북쪽)과 천목산(天目山 : 江蘇省 泰縣 동쪽), 절동(浙東)의 오설계(五泄溪)·사명산(四明山)·천태산(天台山)·안탕산(雁宕山), 그리고 남해(南海)의 낙가산(落迦山) 등은 그에게 있어서 일상 생활용품처럼 익숙했다. 두세 차례 간 곳도 있었고 여러 번 간 곳도 있었지만 한 번 밖에 안 가본 곳은 없었다. 여행을 떠날 때 그를 따르는 것은 하인 한 명 혹은 스님 한 명, 지팡이 하나, 보따리 하나뿐이었다. 그는 행장도 꾸리지 않았고, 먹을 것도 가져가지 않았다. 그는 며칠 동안 굶을 때도 있었고 음식을 먹게 되면 한꺼번에 많이 먹을 때도 있었으며 걸어서 수백 리를 갈 때도 있었다. 절벽을 오르고 대나무 숲을 헤치며 위아래로 오르내리고 줄을 타고 넘나들 때에는, 마치 푸른 원숭이처럼 민첩하고 누런 송아지처럼 튼튼했다. 험한 바위에서 자고 계곡물로 목욕하고 마셨으며 산도깨비와 목객(木客),[6] 원숭이[7]와 확부(玃父)[8]를 벗으로 삼았다. 서하객은 사람이 유

3 도박 빚 : 원문은 '박진(博進)'으로, 도박으로 진 빚을 말한다.

4 돈을 받고 …… 나가면 : 원문은 '천경(踐更)'으로, 고대 징병제도의 하나이다. 병역에 징발된 사람이 돈으로 사람을 사서 대신 내보낼 수 있었는데, 이때 돈을 받고 대신 복역했던 사람을 '천경'이라고 했다.

5 삼시(三時) : 하지 뒤의 15일간을 가리킨다. 명나라 주지여(周之璵)의 『농포육소(農圃六書)』 「점후(占候)」 「오월점(五月占)」에 보면, "하지 뒤의 반 개월을 삼시라고 하는데, 그 가운데 최초의 3일을 두시, 다음 5일을 중시, 나머지 7일을 삼시라고 한다[夏至後半月爲三時, 頭時三日, 中時五日, 三時七日]."

약하고 무능해서[9] 말로는 자기 재주를 다 풀어내지 못했다. 그러나 더불어 산세를 논하고 수맥을 따지고, 또 지세의 높낮이와 험준함을 이야기할 때면, 눈앞에 펼쳐지듯 일목요연하게 말했다. 평소 화려한 문체[10]로 고문을 쓴 적은 없었지만, 몇 백 리를 가다가 무너진 절벽의 마른 나무, 불탄 소나무와 이삭을 보면 붓을 들어 기문(記文)을 썼는데, 갑과·을과 급제자들이 쓴 문장이나 단청으로 잘 그린 그림이라도 그보다 나을 수는 없었다.

안탕산을 유람하고 돌아오는 길에 그는 진목숙(陳木叔)[11]이 있는 소한산(小寒山)을 찾아갔다. 진목숙이 물었다.

"안탕산의 최고봉에 오른 적이 있습니까?"

서하객은 그저 '네네' 하고 대답했다. 그는 날이 밝았을 때 이미 온데간데없이 사라졌더니 열흘 만에 돌아와서 이렇게 말했다.

"샛길로 들어서 넝쿨을 붙잡고 용추(龍湫)에 올라 30리를 갔더니 수초가 자란 웅덩이가 나왔는데, 바로 기러기 둥지였습니다. 험한 돌길을 기어올라 10여리를 갔더니 정덕연간(正德年間 : 1506~1521)의 백운(白雲)·운외(雲外) 두 스님이 살았던 초가집이 그대로 있었습니다. 다시 20여리를 올라갔는데, 꼭대기에 강풍이 몰아치는 바람에 그곳에 있던 수백 마리 사슴 무리들 사이에서 잤습니다. 저는 그곳에서 사흘을 묵고서야 내려왔습

6 목객(木客) : 전설에 따르면 깊은 산중에 산다는 요괴라고는 하나 실제로는 깊은 산중에 오랜 동안 살았던 야인(野人)일 가능성이 높다.

7 원숭이 : 원문에는 '왕손(王孫)'이라 되어 있는데, 원숭이의 다른 이름이다.

8 확부(玃父) : 큰 원숭이를 말하는데, 전해오는 말에 따르면 아녀자를 납치해간다고 해서 붙여진 이름이다.

9 유약하고 무능해서 : 원문은 '맹맹죽죽(儚儚粥粥)'으로, 맹맹(儚儚)은 혼미한 모양을 말하고 죽죽(粥粥)은 유약하고 무능한 모습을 말한다.

10 화려한 문체 : 원문은 '반세(鞶帨)'로 화려한 문체를 말한다.

11 진목숙(陳木叔) : 진함휘(陳函輝)로, 자는 목숙이고 호는 소한산자(小寒山子)이며, 절강성(浙江省) 임해(臨海) 사람이다. 숭정 7년(1634)에 진사에 급제했으며 정강현령(靖江縣令)을 지내기도 했는데, 서하객과 관계가 돈독했다. 청군(淸軍)이 들어오자 운봉산사(雲峯山寺)에서 자살했다.

니다.”

목숨까지 내걸면서 사람들과 기이함을 다투고 명승고적을 좇아다니는 것이 이 정도였다.

그 뒤로 그는 황산(黃山)·백악(白岳)·구화(九華)·광려(匡廬)를 유람했다. 민(閩) 땅으로 들어가 무이산(武夷山)을 오르고 구리호(九鯉湖)[12]를 건넜다. 초(楚) 땅으로 들어가 현악(玄岳)[13]을 찾았다. 북쪽으로 제(齊)·노(魯)·연(燕)·기(冀)·숭(嵩)·낙(雒) 땅을 돌고 화산(華山)으로 올라가 청가평(青柯坪)으로 내려왔다. 그런데 마음이 두근거리면서 집으로 돌아가고 싶더니, 마음이 통했는지[14] 어머니가 병석에 누워 그를 기다리고 있었다.

삼년상이 끝나자 서하객은 더욱 멀리 유람하고 싶은 생각이 들었다. 그는 민 땅에 있는 황석재(黃石齋)[15]를 찾아갔다가 그곳에 있는 경치 좋은 산들을 다 둘러보았는데, 민 땅 사람들조차도 모르던 곳이었다. 나부산(羅浮山)에 올라 조계(曹溪)를 찾아갔으며 돌아오는 길에 황석재를 황산으로 불렀다. 왕복 만 리길이었지만 그에게는 짧았다. 종남산(終南山)을 거쳐 아미산(峨眉山)에 가서 산사람을 좇아 약초를 캐고 동굴 속에서 잠을 자며 여덟 밤 동안 익힌 음식을 먹지 않았다. 아미산에 도착했을 때 사추(奢酋)[16]의 병사에게 막히는 바람에 발길을 돌렸다. 혈혈단신으로 솥 하

---

12 구리호(九鯉湖) : 복건성(福建省) 선유현(仙游縣) 동북쪽에 위치해 있다. 전해오는 말에 따르면 한나라 무제 때 하씨(何氏) 9형제가 이곳에서 잉어를 타고 승천했다고 해서 붙여진 이름이다.

13 현악(玄岳) : 원문은 ‘원악(元岳)’으로, ‘현(玄)’을 피휘한 것이다. 지금의 호북성(湖北省) 균현(均縣) 남쪽 무당산(武當山)에 있다.

14 마음이 통했는지 : 원문은 ‘교지(嚙指)’다. 진(晉)나라 간보(干寶)의 『수신기(搜神記)』 권11에 보면 다음 문장이 있다. “증자가 중니를 따라 초 땅에 갔을 때 이상한 예감이 들어 공자에게 작별을 고하고 집으로 돌아와서 어머니를 뵈었더니, 어머니가 ‘네가 보고 싶어 손가락을 깨물었다.’라고 했다. 공자가 말하기를 ‘증삼의 효는 만 리 밖에서도 느끼는구나!’라고 했다[曾子從仲尼在楚而心動, 辭歸問母, 母曰 : 思爾嚙指. 孔子曰 : 曾參之孝, 精感萬里].” 후에 교지는 자식에 대한 그리움과 어머니에 대한 그리움이 통했음을 나타내는 의미로 사용되었다.

15 황석재(黃石齋) : 석재는 명나라 황도주(黃道周)의 호다. 본권 「강정의선생전(姜貞毅先生傳)」 주 18을 참고하시오.

나만 짊어진 채 저 변방 밖 항산(恒山)을 찾아가고, 나라 안에 있는 요새란 요새는 모두 돌아다녔다.

돌아오는 길에 산 속으로 나[전겸익]를 찾아와 동서남북[17] 나라 안 방방곡곡[18]에 대해 종횡무진 손바닥 안을 들여다보듯 자세히 전해주었다. 그리고는 또 이렇게 말했다.

"옛날 사람이 지은 천문지나 지리지 등은 대부분 전대 것을 그대로 따르거나 갖다 붙인 것들이고, 장강과 황하 두 물줄기나 산천의 경계에 대한 내용은 기록이 생겨난 이후 대부분 중원에만 국한되어 왔습니다. 그래서 저는 곤륜산과 바다 밖을 노닐고, 유사국(流沙國)[19]까지 갔다가 돌아오고자 합니다."

나뭇잎만한 작은 배를 타고 비를 흠뻑 맞고 있기에 어서 뭍에 오르라고 말하면, "어깨와 등으로 폭포가 떨어지는 것 같아 기분이 아주 좋습니다"라고 답했다.

병자년(1636) 9월 서하객이 집을 떠나 서쪽으로 가려 할 때, 정문(靜聞) 스님[20]이 계족산(雞足山)[21]에 올라 가섭불(迦葉佛)[22]에게 예불 올리고 싶다면서 따라가게 해달라고 청했다. 그러나 상강(湘江)에서 도적을 만나 정문 스님이 도적의 칼에 찔려 죽었다. 서하객은 정문 스님의 유골을 상자

16 사추(奢酋) : 사숭명(奢崇明 : ?~1629). 묘족(苗族)으로, 대대로 사천성(四川省) 영녕현(永寧縣 : 지금의 敍永)에서 살았으며 선무사(宣撫司)를 지냈다. 반명(反明)의 기치를 내걸고 대량(大梁)을 세웠으나, 후에 주섭원(朱燮元)에 의해 진압되었다.

17 동서남북 : 원문은 '사유사극(四遊四極)'으로, 옛날 사람들은 입춘·입하·입추·입동 뒤에 땅과 성신(星辰)이 각각 서·북·동·남으로 흐르는 것을 사유(四遊)라고 했고, 일월성신이 닿는 곳을 사극(四極)이라 생각했다.

18 방방곡곡 : 원문은 '구주구부(九州九府)'로, 중국의 전국토를 아홉으로 구분한 것을 '구주'라 하고, 구주의 보배를 저장한 곳을 '구부'라 했다.

19 유사국(流沙國) : 서역의 국가 이름이다.

20 정문(靜聞) 스님 : 강음(江陰) 영복사(迎福寺)의 스님으로, 혈서로 『법화경(法華經)』을 쓴 적이 있는데, 이것을 계족산에 바치고 싶어 했다.

21 계족산(雞足山) : 가섭존자(迦葉尊者)가 입적한 곳이다.

22 가섭불(迦葉佛) : 불교의 칠불(七佛) 가운데 한 사람으로, 정각(正覺)을 이룬 석가불(釋迦佛) 바로 이전의 부처님이다.

에 담아 짊어지고 길을 떠났다. 동정호(洞庭湖)를 건너서 형산(衡山)에 올라 일흔두 개 봉우리를 모조리 올랐다. 다시금 아미산을 등정했고, 북쪽으로 민산(岷山 : 四川省 북쪽)에 이르고 송반현(松潘縣 : 지금의 사천성 理番縣 북쪽) 끝까지 갔다. 또 남쪽으로 대도하(大渡河)를 건너 여주(黎州 : 지금의 사천성 漢源) · 아주(雅州 : 지금의 사천성 雅安)에 도착하여 와옥산(瓦屋山 : 사천성 榮經縣 동남쪽)과 쇄경산(曬經山)[23] 등을 올랐다. 다시 금사강(金沙江)을 찾아가 [青藏고원 지역] 이우(犁牛)[24] 너머까지 다 가보았다. 금사강에서 남쪽으로 난창강(瀾滄江)[25]을 건너고, 난창강에서 북쪽으로 반강(盤江)[26]을 찾아갔으니, 대략 서남쪽에 있는 여러 이국의 풍경과 귀죽(貴竹 : 貴筑. 지금의 貴州省 貴陽市) · 전남(滇南 : 지금의 雲南省) 일대의 볼거리는 다 구경했다고 할 수 있겠다. 여강(麗江 : 지금의 雲南省 麗江)을 지나 점창산(點蒼山 : 大理山. 雲南省 大理縣 서쪽)과 계족산에서 쉬면서 정문 스님의 뼈를 가섭도량(迦葉道場)에 묻어 그의 숙원을 이루어주었다. 계족산에서 서쪽으로 옥문관(玉門關 : 甘肅省 安西州에 위치)을 나와 수천 리 떨어진 곤륜산에 도착한 다음 성수해(星宿海 : 青海省에 위치) 끝까지 갔는데, 중원에서 3만 4천 300리 떨어진 곳이었다. 반산(半山)에 올랐을 때 바람이 너무 세게 불어 옷이 벗겨질 뻔

23 쇄경산(曬經山) : 지금의 사천성 월수현(越嶲縣) 동북쪽에 위치해 있다. 전해오는 말에 따르면 당나라 현장(玄奘)이 이곳에서 불경을 말렸다[즉 불경 속의 이치를 이미 터득하여 자기 뱃속에 넣어두었다는 뜻이다]고 해서 붙여진 이름이다.

24 이우(犁牛) : 원문은 '이우(犛牛)'이다. 서하객은 자신의 저작 『강원고(江源考)』에서 "장강은 또한 곤륜산 남쪽에서 시작되는데 남쪽 발원지는 이우석(犁牛石)이라 하며 남쪽으로 흘러 석문관(지금의 운남성 石鼓 북쪽)을 지난 후 비로소 동쪽으로 방향을 바꾸어 여강으로 들어가 금사강이 된다[長江亦自昆侖之南, 發于南者, 曰犁牛石, 南流經石門關, 始東折而入麗江, 爲金沙江]"고 하였다. 이우는 이우석 또는 이석산(犁石山)을 가리키며 높고 큰 산 모양이 젖소와 비슷하여 붙여진 이름이다.

25 난창강(瀾滄江) : 청해성(淸海省)의 남쪽에서 발원하여 운남성(雲南省)을 거쳐 라오스 · 베트남으로 들어가 남지나해로 흐르는 강이다. 베트남에서는 메콩강이라고 부른다.

26 반강(盤江) : 귀주성(貴州省)에서 발원하는 북반강(北盤江)과 운남성에서 발원하는 남반강(南盤江)이 광서(廣西) 능운현(凌雲縣)에서 합류한다. 남 · 북반강의 각 지류까지 홍수강(紅水江)으로 총칭되기도 한다.

했는데, [그때] 저 멀리로 외국의 황금보탑(黃金寶塔)이 보였다. 또 수 천리를 가서 서번(西番: 투르판)에 도착하여 대보법왕(大寶法王)을 알현했다. 명사(鳴沙)[27]의 너머는 모두 과국(夸國)으로 불리는데, 술려(述廬)·아누(阿耨) 등의 나라들이 얼마나 멀리 떨어져 있는지는[28] 자세히 알지 못한다. 『대당서역기(大唐西域記)』에 따르면 사하(沙河)는 험하고도 멀어서, 쌓여있는 사람과 말의 뼈를 보고 표지로 삼고, 귀신이나 열병을 만나지 않는 사람이 없다고 한다. 현장법사(玄奘法師)[29]도 요괴의 방해를 받았다고 「현장법사전(玄奘法師傳)」에 실려 있다. 서하객은 바로 그곳을 교외에 나갔다 오듯이 이틀 만에 다녀온 것이다.

아미산 자락으로 돌아와 자기가 얻은 기이하게 생긴 나무와 구불구불한 나무뿌리를 상인 편에 부치면서 『소강기원(遡江紀源)』[30]을 내게 맡겼다.

"「우공(禹貢)」[31]에 보면, '민산을 터서 강줄기를 냈다'라는 말이 있는데, 이는 중국에서 강이 범람하기 시작한 곳이라는 뜻이지 발원지라는 뜻이 아닙니다. 중국에서 황하로 흘러들어가는 물줄기는 모두 5개의 성에 걸쳐 있고, 장강으로 흘러들어가는 물줄기는 11개의 성에 걸쳐 있습니다.

---

27 명사(鳴沙): 지명으로, 지금의 영하부(寧夏府) 중위현(中衛縣) 서쪽에 위치해 있다. 『일통지(一統志)』에 따르면, "명사의 옛 성은 영하부 중위현 서쪽에 있는데, 인마가 이곳을 지나가면 모래에서 소리가 났다[鳴沙故城在寧夏府中衛縣西, 人馬過此則沙有聲]"고 한다.

28 얼마나…… 있는지는: 원문은 '유순(由旬)'으로, 고대 인도의 거리 측정 단위를 말한다. 대략 하루 동안 행군할 수 있는 거리라고는 하나 정확한 거리는 잘 알려져 있지 않다.

29 현장법사(玄奘法師): 원문은 '원장법사(元奘法師)'인데, '원(元)'은 '현(玄)'에 대한 피휘이다.

30 『소강기원(遡江紀源)』: 서하객이 장강의 원류를 탐색한 책으로 『강원고(江源考)』라고도 한다.

31 「우공(禹貢)」: 『상서(尚書)』에 나오는 편명으로, 중국에서 가장 오래된 지리서이다. 전국시대 위(魏) 나라 사람이 대우(大禹)의 이름을 가탁하여 지었기 때문에 「우공」이라 이름 부쳐진 것이다. 「우공」은 지리서의 경전으로 당시의 천하를 구주로 나누고 산천의 분포, 교통과 산물, 토질과 공부(貢賦)의 등급 등을 기록해 놓았다.

지류로 따져볼 때, 장강으로 들어가는 물줄기가 황하로 들어가는 물줄기의 배이며, 발원지로 따져볼 때 황하는 곤륜산의 북쪽에서 발원하고, 장강 역시 곤륜산의 남쪽에서 발원하니, 장강의 발원지가 짧고 황하의 발원지가 긴 것은 아닙니다. 또 세 개 산맥의 흐름을 구분해보아도, 북룡은 황하의 북쪽을 끼고 있고 남룡은 장강의 남쪽을 안고 있으며, 중룡은 그 사이에 끼어 있는데, 특히 짧습니다. 그러나 북룡이 단지 남쪽을 향해 뻗어있고 산맥의 반만이 중국에 들어와 있는데 반해 남룡은 중국 영토의 반을 덮고 있으며 그 줄기 역시 곤륜산에서 발원합니다. 금사강과 나란히 남쪽으로 쭉 뻗어 내려오다 전지(滇池)[32]를 에둘러 오령(五嶺)[33]에 도달합니다. 산맥이 길다는 것은 발원지도 길다는 것이니, 장강이 황하보다 훨씬 크다고 할 수 있습니다."

그 책은 수만 마디로 되어 있는데, 상흠(桑欽)의 『수경(水經)』[34]이나 역도원(酈道元)의 『수경주(水經注)』,[35] 한·송 유학자들이 주해를 단 「우공」에서 언급하지 못했던 것들을 교정하고 보충했다. 내가 여기 그 대략만을 모아본 것이 이러하다.

서하객은 운남성으로 돌아왔을 때 다리가 불편했다. 그래서 『계족산지(雞足山志)』를 쓰기 시작해 석 달 만에 끝냈다. 여강(麗江)의 목태수(木太守)[36]가 양식을 준비해 오고 대나무 가마를 가지고 와서 그를 데리고 돌

---

32 전지(滇池) : 곤명지(昆明池)·곤명호(昆明湖)·전남택(滇南澤)으로도 불리며, 운남성 곤명시(昆明市) 서남쪽에 위치해 있다. 호수는 금사강(金沙江)의 지류이자 보도하(普渡河)의 상원(上源)이다.

33 오령(五嶺) : 대유령(大庾嶺)·월성령(越城嶺)·기전령(騎田嶺)·맹저령(萌渚嶺)·도방령(都龐嶺)을 합쳐 부르는 말로, 강서(江西)·호남(湖南)·광동(廣東)·광서(廣西) 네 성(省) 사이에 위치해 있으며 장강(長江)과 주강(珠江) 유역의 분수령이다.

34 상흠(桑欽)의 『수경(水經)』 : 원문은 '상경(桑經)'이다. 전해오는 말에 따르면 한나라 상흠이 지었기 때문에 그렇게 부른다고 한다.

35 역도원(酈道元)의 『수경주(水經注)』 : 원문은 '역주(酈注)'라고 되어 있는데, 바로 북위(北魏) 역도원이 『수경』에 주석을 단 책을 말한다.

36 목태수(木太守) : 목덕(木德)이라는 사람으로, 홍무(洪武) 16년(1383)에 지부(知府)가 되었다. 후에 전공을 세워 자손들이 이 관직을 세습했다.

아왔다. 그는 병이 심해지자 자신의 안부를 묻는 사람에게 이렇게 말했다.

"한나라의 장건(張騫)[37]은 서역 길은 열었지만 곤륜산은 보지 못했습니다. 당나라 현장법사와 원나라 야율초재(耶律楚材)[38]는 황제의 명을 받고서야 서쪽을 유람할 수 있었습니다. 나는 야객의 몸으로 대지팡이 하나와 신발 두 짝에 의지하여 하사(河沙)까지 가고, 곤륜산에 올라 서역을 두루 거쳐 먼 이국땅에 이름 석 자를 새겨 넣음으로써 앞의 세 사람과 더불어 네 사람이 되었으니, 죽어도 여한이 없습니다!"

내가 서하객을 알게 된 것은 장수(漳水 : 지금의 甘肅省 漳縣) 사람 유이정(劉履丁)[39] 때문이었다. 유이정은 내게 이렇게 말했다.

"서하객이 서쪽에서 돌아와 숨이 간신히 붙어 있을 때 황석재가 하옥되었다는 소식을 듣고는 큰 아들을 보내 이리저리 수소문해보게 하였습니다. 아들이 석 달 만에 돌아와 황석재가 구금된 상황을 상세히 아뢰자 침상에 기대어 크게 탄식하면서 식음을 전폐하다가 죽었습니다."

그의 사람됨이 이와 같았다!

오하선생(梧下先生 : 錢謙益)이 말한다.

옛날에 유공권(柳公權)[40]이 세 봉우리의 일[41]을 기록했다. 왕현충(王玄

---

37 장건(張騫) : 한나라 무제 때 사람으로 박망후(博望侯)에 봉해졌다. 그는 첫 번째로 서역 여러 나라와 교통한 인물이다. 『사기』 「대완열전(大宛列傳)」에 나와 있다.

38 야율초재(耶律楚材) : 자는 진경(晋卿)이다. 요(遼)나라의 황족으로 처음에는 금(金)나라에서 벼슬생활을 했으나, 후에 원(元)나라의 중신이 되었다. 일찍이 원 태조(太祖)를 따라 서역에 출정나간 적이 있다.

39 유이정(劉履丁) : 자는 어중(漁仲)이고, 명나라 말기의 제생으로, 욱림지주(郁林知州)로 있었다.

40 유공권(柳公權) : 당나라 경조(京兆) 화원(華原) 사람으로 자는 성현(誠懸)이다. 서법에 뛰어났는데, 특히 정해(正楷)에 뛰어나서 안진경(顔眞卿)과 함께 '안류(顔柳)'로 병칭되었다.

41 세 봉우리의 일 : 원문은 '삼봉(三峰)'으로, 삼봉은 연화봉(蓮花峰) · 낙안봉(落雁峰) · 조양봉(朝陽峰)을 말한다. 기록에 따르면 왕현충(王玄沖)이 연화봉에 올라간 일은 『소설구문기(小說舊聞記)』에서 보이고, 함분루본(涵芬樓本) 『설부(說郛)』 권49에 실려 있다. 또한 당나라 황보매(皇甫枚)의 『삼수소독(三水小牘)』에도 보이나 문자의 출입

沖)[42]이라는 사람이 남쪽 언덕에 사는 스님 의해(義海)를 찾아가 연화봉(蓮花峰)에 오르겠다고 약속했는데, 봉우리에서 산기슭까지는 높이가 5천 길로, 열흘 걸릴 거리였다. 다 올라가면 연기를 피워 신호로 삼기로 했다. 의해 스님은 약속대로 도림(桃林)에서 머물고 있었는데, 새벽이 되자 산색이 맑아졌다. 우두커니 서서 한숨을 쉬고 있던 차에 흰 연기 한 줄기가 세 봉우리의 꼭대기에서 피어올랐다. 스님이 처소로 돌아가 스무날이 지나니 왕현충이 돌아왔는데, 연못에 핀 연꽃잎 몇 장과 연못가에 있던 1촌 남짓한 구리 배 조각 하나[43]를 의해 스님에게 주고는 책 상자를 메고 떠나 가버렸다. 왕현충이 처음 왔을 때 의해 스님이 그에게 말했다.

"이 산은 깎아지를 듯이 높아서 바람이나 구름을 부리지 못하면 갈 방법이 없소."

그러자 왕현충이 말했다.

"현인(賢人)이라면 하늘에 오를 수 없다는 말은 하지 않습니다. 단지 그럴 뜻이 없을까 걱정이지요."[44]

서하객은 장건 같은 사람이라고 자처하지 않고 왕현충을 닮고자 했으며, 그와 더불어 삼청(三淸)의 기이한 선비가 되었으니, 이 정도면 비슷하지 않을까!

서하객의 유기(遊記)는 높이가 책상만하다. 나는 그의 사촌 형 서중소(徐仲昭)에게 교감을 부탁해서 그것을 보관하고 있는데, 고금의 유기 가운데 최고라고 일컬을 만하다. 서하객이 죽었을 때 그의 나이 쉰여섯이었다. 서쪽을 유람하고 돌아와 경신년(1640) 6월에 죽었고, 신사년(1641) 정월

이 있다.

42 왕원충(王玄沖) : 원문은 '왕원충(王元沖)'으로, '원'은 '현(玄)'의 피휘이다.

43 구리 배 조각 하나 : 당나라 시인 한유(韓愈)의 시 「고의(古意)」에 보면, "태화산 꼭대기 연못에 연꽃 피어있지, 꽃이 피면 열 길도 넘어 연뿌리가 배 같다네[太華峰頭玉井蓮, 開花十丈藕如船]"라는 말이 보인다. 여기서 배라고 표현한 것은 연뿌리를 가리킨다.

44 현인(賢人)이라면 …… 걱정이지요 : 이상은 송나라 왕득신(王得臣)이 지은 「등연화봉기(登蓮花峰記)」의 내용이다.

(正月)에 강음(江陰)의 마만(馬灣)에 묻혔다. 이 또한 유이정이 이야기 해준 것이다.

장산래가 말한다.

서술이 생동적이고 기인(奇人)의 남다른 정이 종이 위에서 살아 숨 쉬는 것 같다. 이것만 한번 쭉 읽어 내려가도 몸이 봉래삼도(蓬萊三島)에 와 있는 것처럼 황홀하니 『서하객유기』는 다시 읽을 필요도 없겠다.

徐霞客者, 名宏祖, 江陰梧塍里人也. 高祖經, 與唐寅同擧, 除名. 寅常以倪雲林畵卷償博進三千, 手跡猶在其家. 霞客生里社, 寄情鬱然, 元對山水, 力耕奉母. 踐更繇役, 蹙蹙如籠鳥之觸隅, 每思颺去.

年三十母遣之出遊. 每歲三時出遊, 秋冬覲省, 以爲常. 東南佳山水, 如東西洞庭 · 陽羨 · 京口 · 金陵 · 吳興 · 武林 · 浙西徑山 · 天目 · 浙東五泄 · 四明 · 天台 · 雁宕 · 南海落迦, 皆几案衣帶間物耳. 有再三至, 有數至, 無僅一至者. 其行也從一奴, 或一僧, 一杖, 一襆被. 不治裝, 不裹糧. 能忍飢數日, 能遇食卽飽, 能徒步走數百里. 凌絶壁, 冒叢箐攀援下上, 懸度綆汲捷如青猿, 健如黃犢. 以峑岩爲牀席, 以溪澗爲飮沐, 以山魅 · 木客 · 王孫 · 玃父爲伴侶. 儚儚粥粥, 口不能道詞. 與之論山經, 辨水脉, 搜討形勝, 則劃然心開. 居平未嘗鞶帨爲古文辭, 行遊約數百里, 就破壁枯樹燃松拾穗, 走筆爲記, 如甲乙之簿, 如丹青之畵, 雖才華之士無以加也.

遊雁蕩還, 過陳木叔小寒山. 木叔問: "曾造雁山絶頂否?" 霞客: "唯唯." 質明已失其所在, 十日而返, 曰: "吾取間道, 捫蘿上龍湫, 三十里, 有宕焉, 雁所家也. 攀絶磴上十數里, 正德間白雲 · 雲外兩僧團瓢尙在. 復上二十餘里, 其顚罡風逼人, 有麋鹿數百羣, 圍繞而宿. 三宿而始下." 其與人爭奇逐勝, 欲賭身命, 皆此類也.

已而遊黃山 · 白岳 · 九華 · 匡廬. 入閩, 登武夷, 泛九鯉湖. 入楚, 謁元岳. 北遊齊·魯·燕·冀·嵩·雒, 上華山, 下青柯坪. 心動趣歸, 則其母正屬疾, 嚙指相望也.

母喪服闋, 益放志遠遊. 訪黃石齋於閩, 窮閩山之勝, 皆非閩人所知. 登羅浮, 謁曹溪, 歸而追石齋於黃山. 往復萬里, 如步武耳. 由終南背走峨眉, 從野人採藥, 棲宿岩穴中, 八日不火食. 抵峨眉, 屬奢酋阻兵, 乃返. 隻身戴釜, 訪恒山于塞外, 盡歷九邊阨塞.

歸過予山中, 劇談四遊四極, 九州九府, 經緯分合, 歷歷如指掌. 謂: "昔人志星官輿地, 多承襲傳會, 江河二經, 山川兩戒, 自紀載來, 多囿于中國一隅. 欲爲崑崙海外之遊, 窮流沙而後返." 小舟如葉, 大雨淋濕, 要之登陸, 不肯, 曰: "譬如澗泉暴注, 撞擊肩背, 良足快耳."

丙子九月, 辭家西邁, 僧靜聞願登雞足, 禮迦葉, 請從焉. 遇盜于湘江, 聞被創死. 函其骨, 負之以行. 泛洞庭, 上衡岳, 窮七十二峯. 再登峨眉, 北抵岷山, 極于松潘. 又南過大渡河, 至黎雅, 登瓦屋曬經諸山. 復尋金沙江, 極于犛牛徼外. 由金沙南汎瀾滄, 由瀾滄北尋盤江, 大約在西南諸夷竟, 而貴竹·滇南之觀, 亦幾盡矣. 過麗江, 憩點蒼·雞足, 瘞靜聞骨于迦葉道場, 從宿願也. 由雞足而西, 出玉門關數千里, 至崑崙山, 窮星宿海, 去中夏三萬四千三百里. 登半山, 風吹衣欲墮, 望見外方黃金寶塔. 又數千里, 至西番, 參大寶法王. 鳴沙以外, 咸稱夸國, 如述廬·阿耨諸名, 由旬不能悉. 『西域志』稱沙河阻遠, 望人馬積骨爲標識, 鬼魅熱風無得免者. 元奘法師受諸魔折, 具載本傳. 霞客信宿往返, 如適莽蒼.

還至峨眉山下, 托估客附所得奇樹虬根以歸, 並以『遡江紀源』一編寓予. 言: "「禹貢」'岷山導江', 乃汎濫中國之始, 非發源也. 中國入河之水, 爲省五, 入江之水, 爲省十一. 計其吐納, 江倍于河, 按其發源, 河自崑崙之北, 江亦自崑崙之南, 非江源短而河源長也. 又辨三龍大勢, 北龍夾河之北, 南龍抱江之南, 中龍中界之, 特短. 北龍秪南向半支入中國, 惟南龍磅礴半宇內, 其脉亦發于崑崙. 與金沙江相並南下, 環滇池以達于五嶺. 龍長則脉源亦長, 江之所以大于河也." 其書數萬言, 皆訂補『桑經』·『酈注』, 及漢宋諸儒疏解「禹貢」所未及. 予撮其大畧如此.

霞客還滇南足不良行. 修「雞足山志」, 三月而畢. 麗江木太守, 偫餱糧, 具筍輿以歸. 病甚, 語問疾者曰 : "漢張騫鑿空, 未覩崑崙. 唐元奘元耶律楚材銜人主之命, 乃得西遊. 吾以老布衣, 孤筇雙屨窮河沙, 上崑崙, 歷西域, 題名絶國, 與三人而爲四, 死不恨矣!"

予之識霞客也, 因漳人劉履丁. 屨丁爲予言 : "霞客西歸, 氣息支綴, 聞石齋下詔獄, 遣其長子間關往視. 三月而返, 具述石齋頌繫狀, 據牀浩歎, 不食而卒." 其爲人若此!

梧下先生曰 : 昔柳公權記三峰事. 有王元冲者, 訪南坡僧義海, 約登蓮花峰, 其峰屆山趾, 計五千仞, 爲一旬之程. 旣上, 爇煙爲信. 海如期宿桃林, 平曉岳色清明. 佇立數息, 有白煙一道, 起三峰之頂. 歸二旬而元冲至, 取玉井蓮落葉數瓣, 及池邊鐵船寸許遺海, 負笈而去. 元冲初至, 海謂之曰 : "玆山削成, 自非馭風凴雲, 無有去理." 元冲曰 : "賢人勿謂天不可登. 但慮無其志耳." 霞客不欲以張騫諸人自命, 以元冲擬之, 並爲三淸之奇士, 殆庶幾乎!

霞客紀遊之書, 高可隱几. 余屬其從兄仲昭讐勘而存之, 當爲古今遊記之最. 霞客死時, 年五十有六. 西遊歸, 以庚辰六月卒, 以辛巳正月葬江陰之馬灣. 亦屨丁云.

張山來曰 : 敍次生動, 覺奇人奇情, 躍躍紙上. 快讀一過, 恍如置身蓬萊三島, 不必更讀『霞客遊記』矣.

추성시 자서(秋聲詩自序)

철애(鐵崖) **임사환**(林嗣環)

나 철매자(徹呆子)[1]는 바야흐로 가을철에 문을 닫아걸고 거의 나가지 않았는데, 양탄자에 바늘이 숨어 있는 듯, 갑옷이 벽에 걸려 있는 것만 같아,[2] 답답한 심정을 달랠만한 것이 없었다. 비방의 말이 들려올 때마다 먹을 적셔 붓을 입에 물고 고심하면서 시를 지었다. 시가 완성되자 「추성(秋聲)」이라 이름 붙였다.

1 철매자(徹呆子) : 임사환(林嗣環)의 호인데, 정말 바보 같은 사람이라는 뜻이다.

2 양탄자에 …… 같아 : 원문은 '전유침(氈有針), 벽유충갑(壁有衷甲)'이다. 양탄자에 바늘이 숨어 있다는 것은 앉는 자리에 바늘을 숨겨 놓아 그 자리에 앉는 사람을 해코지한다는 뜻이다. 『진서(晉書)』 「두석전(杜錫傳)」에 나온다. 성격이 강직하고 충성스러운 두석은 민회태자(愍懷太子)에게 여러 번 간언하였는데 그 언사가 매우 간절하였다. 태자는 그를 두려워하여 두석이 자주 앉는 양탄자 자리에 바늘을 숨겨 놓아 그를 찔러 피나게 하였다. 충갑(衷甲)은 원래 옷 속에 입는 갑옷이다. 여기에서 옷 속에 입는 갑옷이 본래의 용도에서 벗어나 벽에 걸려 있다는 것은 적의 공격으로부터 자신의 몸을 보호할 수 없다는 뜻이다. 즉 이 구절은 주위에서 자신을 음해하려고 할 때 자신을 보호할 수단이 없음을 의미한다.

마침 손님 몇몇이 찾아왔기에 누군지도 묻지 않고 붙잡아 놓고 함께 술에 취했다. 술자리가 무르익자 손님들에게 각각 어떤 소리가 가장 아름다운지 얘기해 보라고 했다. 한 손님이 말했다.

"베틀 소리나 아들 놈 글 읽는 소리가 아름답습니다."

내가 말했다.

"너무 엄숙한 말씀이시군요!"

또 한 손님이 말했다.

"당(堂) 앞에서 길을 비키라고 외치는 소리나, 당 뒤에서 생황을 불며 노래하는 소리는 어떻습니까?"

내가 말했다.

"너무 화려한 말씀이시군요!"

또 한 손님이 말했다.

"고부간에 바둑 두는 소리가 가장 아름답지요."

내가 말했다.

"너무 현묘한[3] 말씀이군요!"

한 손님은 혼자 묵묵히 있다가 큰 잔에 술을 가득 따르고는 앞으로 나오며 말했다.

"선생께서는 사람들이 아직 들어보지 못한 것을 듣기 좋아하시나 봅니다. 제가 선생께서 박수를 칠 만한 이야기를 몇 마디 해 보고자 하는데, 괜찮겠습니까? 도성에 구기(口技)[4]를 잘 하는 사람이 있었습니다. 마침 빈객들이 큰 연회를 열고 청사(廳事) 동북쪽 구석에 8척(尺)의 가리개를 펼쳐 놓았습니다. 구기 하는 사람은 가리개 뒤에 앉아 있었고 그 안에 있는 것이라곤 탁자 하나, 의자 하나, 부채 하나, 무척(撫尺)[5] 하나뿐이

3 현묘한 : 원문은 '원(元)'으로 되어 있는데, 이는 '현(玄)'의 피휘이다.

4 구기(口技) : 잡기의 일종으로 입의 구강 구조를 이용하여 각종 소리를 흉내 내는 것이다. 옛날에는 벽을 사이에 두고 공연을 했기 때문에 '격벽희(隔壁戲)'라고도 부른다.

5 무척(撫尺) : 설화인(說話人)이 책상을 두들겨 청중의 주의를 끄는 데 쓰는 나무토막으로 성목(醒木)이라고도 한다.

었습니다. 손님들은 그 주위를 빙 둘러앉았지요. 잠시 후에 가리개 안에서 무척을 두 번 두드리는 소리가 들리자 온 집안이 조용해지면서 감히 떠드는 사람들이 없었습니다. 깊은 골목에서 개 짖는 소리가 멀리서 들리더니 곧이어 한 부인이 잠에서 깨어 기지개를 켜고는 남편을 흔들며 외설스러운 이야기를 했지요. 남편은 잠꼬대를 하면서 처음에는 그다지 응하지 않았으나 아내가 계속 흔들자 두 사람의 말소리가 점점 섞이더니 침대가 그 안에서 삐걱거렸습니다. 그러다가 아이가 깨어나 크게 울었고 남편은 아내에게 젖을 물려 달래라고 했습니다. 아이가 젖을 물고 칭얼거리자 아내가 토닥이며 아이를 달랬습니다. 남편이 일어나 오줌을 누었고, 아내도 아이를 안고 일어나 오줌을 누었습니다. 침대 위에서 또 큰 아이가 깨어나 계속해서 낑낑댔습니다. 이때에 아내의 손이 아이를 토닥이는 소리, 입으로 달래는 소리, 아이가 젖을 문 채 칭얼대는 소리, 큰 아이가 막 깨어난 소리, 침대 소리, 남편이 큰 아이를 꾸짖는 소리, 오줌병에서 나는 소리, 오줌통에서 나는 소리가 동시에 어우러져 나는데, 모든 미묘한 소리가 다 갖추어져 있었습니다. 자리 가득한 빈객 중에 목을 빼고 비스듬히 옆 눈으로 쳐다보며 미소 지은 채 감탄하지 않는 사람이 없었으며, 모두들 매우 절묘하다고 여겼습니다. 이윽고 남편이 침대에 올라가 잠을 잤고 아내 또한 큰 아이를 불러 오줌을 누인 뒤 함께 침대에 올라가 잠을 잤습니다. 작은 아이도 점점 잠이 들었고 남편 코 고는 소리가 나면서 아내가 아이를 토닥이는 소리 또한 점점 잦아들었지요. 그리고는 쥐가 찍찍거리는 소리, 대야가 넘어가는 소리, 아내가 꿈속에서 기침하는 소리가 희미하게 들렸습니다. 빈객들은 긴장이 조금 풀어져 조금씩 자세를 바로 잡고 앉았습니다. 그때 갑자기 한 사람이 불이 났다고 크게 외쳤지요. 그러자 남편이 일어나 크게 외치고, 아내도 일어나 크게 외치고, 두 아이가 일제히 울어댔습니다. 잠시 후에 천여 명의 사람들이 크게 외치고, 천여 명의 아이들이 울어대고, 천여 마리의 개들이 짖어댔습니다. 그 가운데 서로 밀치며 넘어지는 소리, 폭발하는 소리,

휘휘 바람 소리 등 천여 가지 소리가 동시에 들렸습니다. 또 여자들이 구해달라고 외치는 소리, 영차영차! 방에서 끌어내는 소리, 약탈하는 소리, 물 뿌리는 소리도 섞여 있었지요. 무릇 있어야 할 소리 중에 없는 것이 없었습니다. 비록 사람이 백 개의 손을 가지고 있고 손에 또 백 개의 손가락이 달려있다 해도 어느 한 군데도 지적할 수 없으며, 사람이 백 개의 입을 가지고 있고 입에 백 개의 혀가 있다고 해도 하나 하나 명명할 수 없을 것입니다. 빈객들도 모두 얼굴색이 변하여 자리를 떴는데, 소매를 흔들며 팔을 걷어붙이고 양 다리를 덜덜 떨면서 서로 먼저 달아나려고 하였습니다. 그때 갑자기 무척 치는 소리가 한 번 나더니 온갖 소리가 그쳤습니다. 가리개를 걷고 보니 한 사람과 탁자 하나, 의자 하나, 부채 하나, 무척 하나만 있을 뿐이었습니다!"

아! 이와 같은 사람이라면 소리를 잘 그려내는 사람이라고 이를 만하구나! 그래서 마침내 그의 이야기를 적어 「추성시」의 서문으로 삼는다.

장산래가 말한다.

절세의 기이한 재주가 다시 이러한 기이한 문장으로 인해 전해지는구나. 다 읽고 나서 큰 술잔으로 술 한 잔 들이킨다.

徹呆子當正秋之日, 度支門簡出, 氈有鹹, 壁有衷甲, 苦無可排解者. 然每聽謠諑之來, 則濡墨吮筆而爲詩. 詩成, 以「秋聲」名篇.

適有數客至, 不問何人, 留共醉. 酒酣, 令客各擧似何聲最佳. 一客曰 : "機聲, 兒子讀書聲佳耳." 予曰 "何言之莊也!" 又一客曰 : "堂下呵騶聲, 堂後笙歌聲, 何如?" 予曰 : "何言之華也!" 又一客曰 : "姑婦楸枰聲最佳." 曰 : "何言之元也!" 一客獨嘿然, 乃取大杯滿酌而前曰 : "先生喜聞人所未聞. 僕請數言爲先生撫掌, 可乎? 京中有善口技者. 會賓客大讌, 于廳事之東北角, 施八尺屛障. 口技人坐屛障中, 一桌, 一椅, 一扇, 一撫尺而已. 衆賓團坐. 少頃, 但聞屛障中撫尺二下, 滿堂寂然, 無敢譁者. 遙遙聞深巷犬吠聲, 便有婦人驚覺欠伸, 搖其夫語猥褻事. 夫囈語, 初不甚應, 婦搖之不止, 則二人語漸間雜, 牀又從中戛戛. 旣而兒醒大啼, 夫令婦撫兒乳. 兒含乳啼, 婦拍而嗚之. 夫起溺, 婦亦抱兒起溺. 牀上又一大兒醒, 狺狺不止. 當是時, 婦手拍兒聲, 口中嗚聲, 兒含乳啼聲, 大兒初醒聲, 牀聲, 夫叱大兒聲, 溺缾中聲, 溺桶中聲, 一齊湊發, 衆妙畢備. 滿座賓客, 無不伸頸側目, 微笑嘿歎, 以爲妙絶也. 旣而夫上牀寢, 婦又呼大兒溺, 畢, 都上牀寢. 小兒亦漸欲睡, 夫齁聲起, 婦拍兒亦漸拍漸止. 微聞有鼠作作索索, 盆器傾側, 婦夢中咳嗽之聲. 賓客意少舒, 稍稍正坐. 忽一人大呼火起. 夫起大呼, 婦亦起大呼, 兩兒齊哭. 俄而百千人大呼, 百千兒哭, 百千犬吠. 中間力拉崩倒之聲, 火爆聲, 呼呼風聲, 百千齊作. 又夾女子求救聲, 曳屋許許聲, 搶奪聲, 潑水聲. 凡所應有, 無所不有. 雖人有百手, 手有百指, 不能指其一端, 人有百口, 口有百舌, 不能名其一一處也. 于是賓客無不變色離席, 奮袖出臂, 兩股戰戰, 幾欲先走. 而忽然撫尺一下, 羣響畢絶. 撤屛視之, 一人, 一桌, 一椅, 一扇, 一撫尺而已!”

嘻! 若而人者, 可謂善畵聲矣! 遂錄其語, 以爲秋聲序.

張山來曰 : 絶世奇技, 復得此奇文以傳之. 讀竟, 輒浮大白.

성차공전(盛此公傳)

감재(減齋) **주양공**(周亮工)

성차공은 이름이 우사(于斯)이고 남릉(南陵 : 지금의 河南省 洛寧縣 일대) 사람이다. 집안이 원래 부유했고 선조 때는 의롭다는 명성이 있었다. 집안에는 장서가 많았고 집밖에는 좋은 밭이 많았다. 성차공은 열 몇 살쯤 되었을 때 자신의 키만큼 책을 읽어 마을에서 명성이 자자했다. 자라서는 옛 문장을 힘써 닦아 비록 시험관의 척도에는 맞지 않았으나 명성만은 자자했다. 그러나 이 당시까지 성차공은 문을 닫아건 채 책만 읽을 뿐, 나가서 사람들과 만나지 않았다.

아버지가 돌아가신[1] 뒤로 호쾌하게 나가 교유를 즐겼는데, 마을 인재들의 지식이란 것이 모두 자기만 못한 것을 보고는 더불어 이야기할 만하지 않다고 여겼다. 이에 마을을 떠나 말릉(秣陵 : 지금의 河南省 沈丘縣)으로 가서 동남 지역의 선비들과 모두 교유해보고자 하였고, 동남 지역 선

1 돌아가신 : 원문은 '연관사(捐館舍)'이다. 관사를 버린다는 말로 죽음을 완곡히 표현했다.

비들도 성차공과 사귀기를 바랐다. 성차공은 생각했다.

"세상이 어지러우니 마땅히 천자를 만나 비분강개하게 시국을 논해야 한다. 저 경생(經生)들과 무슨 말을 할 수 있겠는가? 사람을 찾으려면 백정이나 개장수 사이에서[2] 찾아야겠구나."

이에 더욱 돈을 풀어 객들과 교유하다가 결국 광릉(廣陵 : 지금의 江蘇省 揚州市)의 애송이에게 속고 말았다.

당시 변방의 상황이 위급했는데, 광릉의 애송이는 성차공에게 가산을 내서 나라의 위급함을 구제해 보라고 했다. 성차공은 원래부터 비분강개하여 천자를 만나 시국을 논하고자 하는 뜻이 있었기에 결국 속임을 당하고만 것이다. 그러나 한참이 지나도록 나라 일에는 아무런 도움도 주지 못하고 돈만 없애고 말았다. 어리석게 세상과 융합하지 못하고 물러나와 마을로 돌아가니, 마을 사람들도 그를 비웃었다. 성차공은 더욱더 일하지 않았고 재산은 갈수록 바닥이 났으며 그가 쓴 문장은 더욱더 시험관의 척도에 맞지 않았다. 실의에 빠져 할 일 없이 지내면서 술을 마시거나 여자를 가까이 하는 일이 많았다. 그랬더니 몇 년 지나지 않아 병을 얻었다. 병이 조금 나았을 때 오른 팔을 굽히고 펴는 것이 마음대로 되지 않더니 나중에는 손가락이 마비되었다. 성차공은 원래 글씨를 잘 썼는데, 그의 글씨를 원하는 사람이 있으면 왼손으로 붓에 먹을 적셔 오른쪽 손가락 사이에 끼웠다. 그의 이런 모습을 본 사람들은 힘들겠다 싶었지만 그의 글씨는 더욱 훌륭해졌다. 그는 때때로 사람들을 위해 돌에 벽과서(擘窠書)[3]를 써주기도 했다. 또 시 짓기를 좋아하여 술 마신 후

---

2 백정이나 개장수 사이에서 : 『사기』 「자객열전(刺客列傳)」을 보면 지(軹) 땅 사람 섭정(聶政)은 사람을 죽이고 원수를 피해서 백정노릇을 하며 살았고, 위(衛)나라 사람인 형가(荊軻)는 연(燕)나라로 도망쳐 개백정들과 어울리며 살았다. 즉 난세에는 영웅이 백정이나 개장수 사이에 숨어 지내기 때문에 그곳에 가서 친구를 찾겠다는 말이다.

3 벽과서(擘窠書) : 큰 글자의 별칭이다. 벽과란 원래 글씨를 쓰거나 새길 때 글자체의 크기를 고르게 하기 위해 가로 세로 선을 그어 칸을 나누는 것을 말한다. 벽은 나눈다는 뜻이고 과는 틀이라는 뜻이다. 청나라 주이정(朱履貞)은 『서학첩요(書學捷要)』

에는 끊임없이 시를 웅얼거렸다. 간간이 말릉에 가서 제거의(制擧義)[4]를 쓰기도 하였지만 그의 뜻은 아니었다.

신미년(1631)에 나는 대량(大梁 : 지금의 河南省 開封市 서북쪽 지역)에서 말릉으로 가 아버지를 찾아뵈었다. 아버지는 성차공의 시를 좋아하여 내게 "여기에 성차공이라는 사람이 있는데, 시를 잘 짓는단다. 그를 아느냐?" 라고 말씀하셨다. 나는 아버지의 뜻에 따라 성차공과 교유했다. 성차공은 나를 남다르게 여기며 십년 전에 미리 만나지 못한 것을 안타까워했다. 이듬해에 성차공은 눈병이 나서 가끔씩 보이다 안보이다 했고 어떤 때는 아예 앞을 보지 못했다. 나는 속으로 그가 걱정스러워 그에게 책을 보거나 술을 마시지 말라고 조언했다. 그랬더니 성차공은 "그러느니 차라리 장님이 되는 게 낫겠소!"라고 말했다. 눈병도 심해지고 노모도 걱정되고 해서 나와 헤어져 [고향으로] 돌아가게 되었는데, 마치 다시는 나를 보지 못할 것처럼 슬퍼했다. 나는 당연히 다시 볼 수 있으려니 하면서 그저 눈머는 데 그치려니 생각했지, 끝내 다시 못 보게 될 줄 누가 생각이나 했겠는가!

성차공이 돌아간 후, 나의 스승인 상공(相公) 만정원(萬靜原)[5]이 마침 강북(江北)의 독학(督學)으로 가셨다. 상공께서 성차공의 이름을 들으시고 군(郡)의 대부(大夫)에게 물었더니 그는 장님이라고 대답했다. 상공이 말했다.

"강북에 장님 아닌 사람이야 얼마나 많겠소?"[6]

에서 엄지와 검지 사이에 큰 붓을 쥐고 글자를 크게 쓰는 서법을 벽과서라고 하였다.

4 제거의(制擧義) : 명청 시대에 과거 시험을 보기 위해 공부하던 시문(時文) 즉 팔고문(八股文)을 가리킨다.

5 만정원(萬靜原) : 만경종(萬敬宗)이다. 명나라 남창(南昌) 사람이다. 숭정연간(崇禎年間 : 1628~1644) 말에 공생(貢生)이 되어 광화현(光化縣)의 지현(知縣)으로 있었다. 역적이 성을 공격하자 문을 닫고 순절하였다.

6 강북에 …… 많겠소? : 이 대목은 한유(韓愈)가 지은 「장적을 대신해 이절동에게 드리는 편지[代張籍與李浙東書]」의 "절수(浙水) 동쪽의 일곱 개 주(州)는 가호만도 수십만 이상이니, 눈멀지 않은 사람이야 오죽 많겠습니까? 그러나 이중승께서 사람을 고

이에 읍에서는 장님들에게 명해 시험을 보게 하고는 등급 매겨 군의 대부에게 보냈다. 군의 대부도 장님들을 시험 쳐 등급을 매기고 상공에게 보냈다. 상공은 성차공을 매우 기이하게 여기면서 박사제자(博士弟子)의 인원으로 보충했다.

안타깝구나! 성차공은 눈이 멀었어도 보는 것에 대한 미련을 끝내 떨치지 못하고서, 20년 세월 동안 용왕매진해 오던 기세를 꺾고 고개 숙인 채 마을 무지랭이의 부축을 받으며, 같이 걷다 멈췄다 나갔다 물러섰다 하면서 시험관 계단 앞의 1척(尺) 땅을 다투었다. 그러면서도 부끄러워하지 않았으니, 어찌 슬프지 않겠는가! 어찌 슬프지 않겠는가! 시험이 끝난 후에 그래도 내게 다음과 같은 말을 부쳐왔다.

"장님 아들이 늙은 어머니 위로할 길 없어 그랬으니, 비웃지 말게나."

나는 한참동안 비통해 하다가 조종(祖宗)의 법도가 너무 엄격하여 아무리 기이한 재주를 타고나고 특이한 기질을 지니고 있는 특출한 선비라도, 머리 숙여 시험관의 척도에 맞추지 않고서는 달리 벼슬길에 나아갈 길이 없음을 개탄하였다. 또 나의 스승인 상공 만정원께서 관례 속에서도 격식을 깨고, 사람들을 대우하여 눈먼 선비도 밖으로 나와 시험관의 척도에 나아갈 수 있게 해주면서 계단 앞 1척의 땅을 아끼지 않고서 눈먼 선비들이 쉬지 않고 힘쓸 수 있게 해 주었음에 탄복했다. 안타깝구나! 한창려(韓昌黎)는 장태축(張太祝)을 대신해 [편지를 써서] 그가 세상에 쓰이기를 바랐으나 끝내 이루지 못하였는데,[7] 지금 상공께서는 이루셨으니

르실 때에, 그 자가 어진지 어질지 못한지를 묻지 그 자가 눈이 멀었는지 안 멀었는지를 따지시지는 않을 것입니다[浙水東七州, 戶不下數十萬, 不盲者, 何限? 李中丞取人, 固當問其賢不賢, 不當計其盲與不盲也]"에서 원용한 것이다. 즉, 멀쩡한 사람은 많고도 많으나 그가 반드시 인재라는 법은 없다는 뜻이다.

7 한창려(韓昌黎)는 …… 못하였는데 : 창려(昌黎)는 당나라 문인 한유를 말한다. 장태축(張太祝)은 장적(張籍)이다. 그는 한유의 추천을 받아 도성에서 시험을 보고 진사가 되어 태상시태축(太常寺太祝)을 제수받았으나 10년이 지나도록 승진을 못하고 가난한데다가 눈병까지 심하게 앓았다. 장적은 막 장안으로 돌아온 벗 이고(李翶)로부터 절동절도사(浙東節度使) 이손(李遜)의 업적에 대해 듣고 이손에게로 가 자신을

대단한 인재등용이 아니겠는가!

그 이듬해인 계유년(1683)에 나는 말릉에서 대량으로 돌아왔다. 그때 성차공은 눈이 오랫동안 낫지 않아 성격은 더욱 격해지고 집안은 더욱 가난해져 약을 살 방법이 없더니, 결국은 아예 눈이 멀고 말았다는 소식이 들려왔다. 그렇지만 시를 웅얼거리는 것은 옛날 그대로였고, 그의 글씨를 구하는 사람이 있으면 붓에 먹을 적셔 오른쪽 손가락 사이에 끼어 넣는 것도 눈멀지 않을 때와 마찬가지였다. 성차공이 손으로 비단에 그림을 그릴 때면 토끼가 일어나고 송골매가 떨어지듯[8] 기세등등하고 혼이 살아있어, 눈이 멀지 않았을 때보다 더 힘 있어 보였기에 빙 둘러 구경하던 사람들은 멀쩡하게 반짝이는 두 눈동자가 부끄러워졌다. 그는 더욱 책읽기를 좋아하여 간이의자에 자세를 곧추세우고 앉아 다른 사람이 암송하는 것을 들었는데, 여러 번 반복해도 그만두지 못하게 했다. 게다가 한번 들은 말은 빠짐없이 기억했다. 그는 글을 지으면 구술하여 친구에게 받아 적게 했는데, 쉬지 않고 줄줄 문장이 흘러나와 몇 사람이 받아 적어도 부족할 판이었다.

한번은 대량에 있는 나에게 수 천 마디에 달하는 편지를 보내왔다. 편지에는 다음과 같이 쓰여 있었다.

"자네는 오래토록 빈곤하게 지내지는 않을 걸세. 훗날 강북에 지방관 노릇 하러 가게 되거든 남릉 길을 택해 괴호(魁湖)의 북쪽, 도원(桃源)의 남쪽으로 와 주게. 그곳에 내 무덤이 있을 걸세. 또 우리 집에 들어가 노모께 절을 올린 뒤 내 비석에 '성차공의 유골이 묻힌 곳'이라고 써주게나. 내 소원은 그것으로 충분하네! 나머지는 내 일이니, 내 또한 무슨 말을 하겠나?"

의탁하고자 하였다. 이에 그의 스승이자 친구인 한유가 「장적을 대신해 이절동에게 드리는 편지[代張籍與李浙東書]」를 써주었다.

8 토끼가 …… 떨어지듯: 원문은 '토기골락(兎起鶻落)'인데, 이 말은 소식(蘇軾)이 대나무 그릴 때의 기세를 설명하면서 사용한 비유로 거침없이 잽싸기 그려나가는 기세를 말한 것이다.

나는 그 편지를 받고 며칠 동안 망연자실했으며, 성차공이 오래 살지 못할 것임을 알았다.

며칠 안 되어 부고가 왔다. 나는 신위(神位)를 차려놓고 그를 위해 곡했다. 그때 마침 나는 진사(進士)가 되어 산동성(山東省)에서 관직을 맡았기에 즉시 말릉으로 갈 수 없었다. [나중에] 말릉에 가게 되면 배를 사 성차공의 어머니를 찾아뵈려 하였거늘, 하필 난리가 터져 또 실행하지 못했다. 이에 아전을 보내어 성차공의 어머니를 위로했다. 아전이 돌아와 내게 말했다.

"성차공의 어머니는 여든 가까이 되셨으며, 그의 아내가 옆에서 정성스럽게 돌보고 있었습니다. 아들은 없고 딸 하나가 있었지만 성차공보다 먼저 죽었다고 합니다. 늙은 하인 하나가 나무를 해서 두 과부를 공양했는데, 쌀겨조차도 넉넉지 않았고 허름한 옷조차도 갖추지 못했으며, 달랑 기둥 몇 개만 남은 쓰러져가는 집은 비바람도 막을 수 없었습니다. 길 가던 사람들은 그 모습을 보고 탄식했지만 그의 친구라는 사람들은 아무도 조문하러 오지 않더이다."

안타깝구나! 하늘이여! 누가 성차공을 이 지경에까지 이르게 했단 말인가! 나는 보따리 속 금을 꺼내 다시 아전 편에 급히 보내면서, 그 금으로 친척에게 팔았던 전답을 다시 사들여 성차공의 어머니가 죽이라도 드실 수 있도록 도와주게 했다. 또 돌을 산 뒤 남릉현령(南陵縣令)에게 편지를 보내 그의 무덤에 비석을 세워주게 하고, 내가 직접 '성차공의 유골이 묻힌 곳'이라고 써서 그의 생전의 부탁을 들어주었다.

서촉(西蜀)의 진접암(陳蝶庵)은 당시 완릉태수(宛陵太守)로 있었다. 진공(陳公 : 陳蝶庵)은 대량에 있을 적에 내게서 남릉의 성차공 이야기를 몇 번 들었는데, 그 말을 잊지 않고 있다가 남릉을 예하에 다스리게 되자 남릉현령에게 편지를 보내 성차공의 어머니가 아무 탈 없이 지낼 수 있도록 살펴주라 했고, 손수 '성차공이 책 읽던 곳'이라는 편액을 써서 그가 늘 곧추 앉아있던 간이의자 옆에 걸어주었다. 또 나의 부탁을 들어주어 그의 행적을 군지(郡誌)에 집어넣게 해주었다. 그가 책 읽던 집은 이미 값을 받고 팔아버렸는데, 성차공 어머니의 생사를 그의 아내에게 맡길 수만은 없다고 생각했기 때문이리라. 나는 값을 치러 그의 집을 되찾고서 그곳에서 성차공을 제사지낸 다음 그의 늙은 하인에게 그곳을 지키게 했다.

성차공은 옛 문장 짓기를 좋아했다. 그러나 그는 눈이 멀어 죽었고 그 글을 정리할 자제마저 없어 그의 문장들은 대부분 흩어져 버렸다. 그의 저서로는 『모시명물고(毛詩名物攷)』 30권, 『휴암잡초(休菴雜鈔)』 10권, 『역법(曆法)』 2권, 『여지고(輿地攷)』 10권, 『군서고색(羣書攷索)』 12권이 있지만, 지금 전해지는 것은 『명물고(名物攷)』뿐이고 나머지는 모두 전해지지 않는다. 나는 아전을 그의 집에 보내 남은 저서를 베껴오게 했다. 성차공의 어머니가 울며 말했다.

"아들이 지은 책은 모두 다른 사람이 훔쳐갔다네. 단지 시(詩) 몇 권이 남아있기에 이 늙은이가 앉을 때면 팔꿈치에 묶어두고 누울 때면 베고 잔다네. 이 늙은이가 아직 죽지 않고 있는 것은 얼마 되지 않은 이 책이나마 내 아들과 더불어 영영 전해지지 않을까 안타까워서라네! 이제는 주군(周君 : 周亮工)에게 맡기겠네."

나는 그것을 받아들고 흐느껴 울었다. 얼마 있다 그 글들을 차례에 맞춰 편집하고 출판에 부쳤다.

안타깝구나! 성차공은 문장에 능했건만 문장으로 드러나지 못했고, 활시위를 당겨 치달리는 것을 좋아했건만 장수라는 이름을 얻지도 못했다. 행실은 옛사람에 비해 부끄럽지 않건만 행실로 알려지지도 못했고, 시에 뛰어났건만 시로 출세하지도 못했다. 황금이 다 없어지자 매일 하릴없이 분에 겨워하였고, 물러나 후회하다가 끝내 장님으로 죽고 말았다. 또 자식 키우는 기쁨[9]도 누리지도 못한 채 후사가 끊기고 말아, 늙은 어머니

---

9 자식 키우는 기쁨 : 원문은 '완담(莞簟)'이다. 『시경 · 소아』 「사간(斯干)」에 "아래는 부들자리요 위에는 대자리니, 여기에서 잠이 편안하리로다 …… 아들을 낳아서 평상에 재우고 …… 딸을 낳아서 바닥에 재우며[下莞上簟, 乃安斯寢 …… 乃生男子, 載寢

와 홀로된 아내 둘이 서로 의지하며 살아야 했다. 평생 사귄 친구들 중 찾아와 그 어머니의 안부 묻는 이 없고, 그가 남긴 책은 이리저리 흩어져버려 그의 행적을 전할 길이 없었다. 달랑 남은 몇 권의 시마저 그 운명이 일흔 넘은 노모의 손에 달려 있었다. 성차공을 모르는 사람이 그의 시를 읽는다면 그의 재주가 이뿐인가 보다 여기겠으나, 그를 아는 사람은 그의 능력을 알기에 미처 완성되지 못한 시를 보며 탄식과 한숨을 그치지 못할 것이다. 안타깝구나! 누가 성차공을 이 지경에 이르게 했단 말인가?

선비란 혼자 우두커니 살지 못할 바에는 할 수 없이 나와서 사람과 사귀어야 한다. 그런데 사람과 사귀면서 아무런 이익을 얻지 못하고, 어찌 이처럼 상처만 입었단 말인가! 이게 비록 그가 교유할 때 신중하지 못해서 생긴 결과라지만 어찌 운명의 조화가 아니겠는가! 어찌 운명의 조화가 아니겠는가! 하늘이 용속하고 천한 무리는 오래도록 부귀하게 지켜주고, 젊어서부터 훌륭한 절개와 기이한 행실을 지닌 사람은 암암리에 꺾어버린 지 오래도다! 그러니 내 광릉의 애송이에게 무슨 원망을 하겠는가?

성차공은 아명이 전(錢)이다. 지금 편지글 중에 전하는 성전후(盛錢侯)가 바로 그이다.

장산래가 말한다.

고금을 통틀어 눈이 멀었으나 문장에 능했던 사람으로는 좌씨(左氏)[10] 이래로 우리 집안의 장적(張籍)을 들 수 있다. 그런데 지금 성차공까지 얻었으니 적지 않구나. 그러나 저들은 시문(詩文)만 빼어났을 뿐이지만 성차공은 글씨에도 능했으니 더욱 기이하다 하겠다.

之牀 …… 乃生女子, 載寢之地"란 말이 있는데, 이후 완담은 아들과 딸을 낳아 기르는 기쁨을 가리키는 말로 사용되었다.

10 좌씨(左氏) : 좌구명(左丘明)을 말한다. 공자와 같은 무렵의 노(魯)나라 사람으로 『좌씨전(左氏傳)』·『국어(國語)』의 저자로 일컬어진다. '좌구실명(左丘失明)'이라는 사마천(司馬遷)의 말에 의하여 후세 사람들은 그를 가리켜 맹좌(盲左)라고도 한다.

盛此公, 名于斯, 南陵人. 家故不貲, 先世有義聲. 屋以內多藏書, 外多良田. 此公年十數齡, 卽能讀等身書, 有聲邑里. 長肆力爲古文詞, 雖不中有司尺度, 而聲稱籍甚. 然是時, 此公但閉戶讀書, 固不出與人見也.

會其尊人捐舘舍, 乃抗俠好交, 邑里人才智咸出此公下, 此公乃以爲無足語. 去而之秣陵, 欲盡交東南士, 東南士亦願交此公. 此公以爲: "世且亂, 吾當見天子, 慷慨言當世事. 彼經生何足語? 會求其人於屠狗間." 於是益散金結客, 遂爲廣陵兒所紿.

是時邊事急, 廣陵兒諷此公, 出家貲備公家緩急. 此公故慷慨欲見天子言當世事, 乃爲所中. 久之, 事卒不濟, 而金垂盡. 嗒然與世無所合, 退而返里閈, 里閈又嗤笑之. 此公益不復事事, 產益落, 所爲文益不中有司尺度. 侘傺無聊, 多飮酒, 與婦人近. 不數年, 病矣. 少瘉, 右臂詘伸不已, 若指遂不詘伸. 此公故工書, 丐其書者, 輒以左手濡墨, 納右指彀中. 見者以爲苦, 顧其書則益工. 時爲人據石擘窠書. 好爲詩, 酒後嗚嗚吟不已. 間至秣陵, 遴制擧義行之, 非其志也.

歲在辛未, 予自大梁來秣陵, 省家大人. 家大人好此公詩, 語亮曰: "此間有盛此公, 工爲詩. 兒識之?" 亮因以父命, 往交此公. 此公獨異予, 以爲恨不十載前識. 明年, 此公目病, 數明晦, 或不能視. 予竊憂之, 諷其勿讀書飮酒. 此公曰: "如是, 不如其遂盲也!" 會目病甚, 又念母老, 乃別予歸, 意愴然, 若不復與予見者. 予私以爲予當復見之, 意以其盲而止耳, 孰意遂不復見耶!

此公歸, 吾師靜原相公方督學江以北. 耳其名, 詢之郡大夫, 郡大夫以盲告. 公曰: "江以北其不盲者何限耶?" 於是邑令盲試之, 旅諸士進於郡大夫. 郡大夫復盲試之, 旅諸士進於公. 公大奇之, 乃得補博士弟子員.

嗟夫! 此公盲矣, 猶不忘視, 屈其二十年銳往之氣, 覥而與邑之黃口兒扶掖彳亍, 旅進旅退, 爭有司堦 前盈尺地. 而不慚, 豈不悲哉! 豈不悲哉! 試後, 猶寄語予曰 : “盲兒無以慰老親, 子毋嗤.” 予爲悲動者久之, 因慨夫祖宗立法過嚴, 士卽負奇材, 抱異質, 魁奇特起, 不俛首就有司尺度, 他途無由進. 又慨夫吾師靜原相公, 能於成格之中破例待人, 使旣盲之士猶得出而就有司尺度, 且不惜堦 前盈尺地, 與盲士娓娓不休. 嗟夫! 此固昌黎代張太祝, 望之當世而不得者, 今得之公, 豈不甚盛擧哉!

又明年癸酉, 予自秣陵返大梁. 聞此公以目久不愈, 愈憤激, 家益窘乏, 無從得醫藥, 於是遂長盲矣. 然嗚嗚吟如往昔, 丐其書者, 以筆濡墨納右指竅中, 如其不盲時. 此公以手捫幅, 兎起鶻落, 神采奕奕, 視不盲時有加, 環觀者, 自愧其雙眸炯炯也. 益好讀書, 危坐繩牀, 聽他人誦, 更番不令休. 入耳輒記憶不遺. 有所撰述, 口授友人, 滔滔汩汩, 凡數人不能供筆札.

常以書寄予大梁, 至數千言. 言 : “子當不長貧賤. 他日擁節江上, 取道南陵, 魁湖之北, 桃源之南. 予墓在焉. 子當登我堂, 拜我老母, 爲我書石曰 ‘盛此公埋骨處’. 予願足矣! 他則子之事也, 予何言?” 予得其書, 忽忽如失者數日, 知此公將不永矣.

不數日, 凶問至. 予爲位哭之. 會予成進士, 官山左, 不能卽至秣陵. 比至秣陵, 欲買舟省盛母, 會亂甚, 又不果行. 乃使掾往慰盛母. 掾歸, 爲予言 : “盛母年且開八秩, 妻倍孝謹. 故無子, 一女先盛沒. 一老僕, 樵以供兩孀婦, 糠豆不贍, 裋褐不完, 敗屋數楹, 不蔽風雨. 行道見之咨嗟, 而爲之友者弔唁闃然.” 嗟夫! 天乎! 孰使此公而至此極耶! 予解橐金, 復促掾往, 贖其田之易與族人者, 佐盛母饘粥. 市石, 檄南陵令碑其墓, 予自書 ‘盛此公埋骨處’, 從其生時請也.

西蜀蝶庵陳公時守宛陵. 公在大梁, 蓋常聞予數言南陵盛此公不置, 邑屬公, 公白檄令視盛母無恙, 手書 ‘盛此公讀書處’ 爲額, 懸其常危坐繩牀側. 復允予請, 以其行誼補郡乘. 其讀書之屋, 蓋已受値, 期以盛母存歿, 不能待盛妻也. 予歸其値, 祀此公於中, 俾其老僕守之.

此公好爲古文詞. 盲而死, 無子弟爲之收拾, 故多散亂. 其所著, 如『毛詩名物攷』三十卷, 『休菴雜抄』十卷, 『歷法』二卷, 『輿地攷』十卷, 『羣書攷索』十二卷, 今所傳者, 獨『名物攷』耳, 他皆不傳. 予遣掾就其家抄遺書. 盛母泣曰 : "兒著書咸爲人竊去. 惟有詩若干卷, 老年人坐則懸之肘, 臥則枕之. 老年人不卽塡溝壑者, 憐吾兒並數寸之書亦不傳耳! 今且托之周君" 予受而泣. 因爲之次第壽之梓.

嗟夫! 此公能文章, 而不以文顯, 好彎弓馳驅, 而不以將名. 行誼不愧古人, 而不以行徵, 工爲詩, 而不以詩辟. 黃金旣盡, 日徒憤激, 退而自悔, 又以盲死. 莞簟未占, 嗣續中絶, 老母寡妻, 形影相弔. 生平故舊, 不爲存問, 遺書狼藉, 行誼莫傳. 徒存此數卷之詩, 懸命於七十餘年母氏之手. 使不知此公者讀其詩, 以爲其才且盡於此, 而知者因其已然, 想其未然, 咨嗟太息不能已已. 嗟夫! 孰使此公而至此極耶?

夫士旣不能塊然獨處, 則不得不出而與人交. 與人交不受其益, 徒爲所害如此! 此雖其不愼交遊所致, 然孰非天哉! 孰非天哉! 天爲庸流俾長守富貴, 少爲姱節奇行者, 必陰摧折之, 從來久矣! 予又何憾于廣陵兒哉?

此公初名籛. 今尺牘中所傳盛籛侯是也.

張山來曰 : 古今盲而能文者, 自左氏以下, 推吾家張籍. 今得此公, 亦不寂寞矣. 然諸人僅工詩文, 而此公復能書, 則尤奇也.

탕비파전(湯琵琶傳)

우일(于一) 왕유정(王猷定)

탕응증(湯應曾)은 비주(邳州 : 지금의 江蘇省 邳縣) 사람으로 비파를 아주 잘 타서 사람들은 그를 '탕비파'라고 불렀다. 집안이 가난하여 아내를 맞아들이지 못하고 그저 어머니를 효성스럽게 모시면서 살고 있었다. 그의 처소에는 석남(石楠)[1] 나무가 있었다. 그곳에 초가집을 짓고서 아침저녁으로 어머니를 봉양했다. 어려서부터 음률을 좋아하여 노랫소리만 들으면 울더니, 노래를 배운 뒤에는 노래가 끝나면 울었다. 그 어머니가 물었다.

"애야! 뭐가 그리 슬프냐?"

탕응증이 말했다.

"딱히 슬픈 일이 있어서가 아니라, 마음이 절로 슬퍼지는 것뿐입니다."

세종(世宗)[2] 때 이동원(李東垣)이라는 사람이 비파를 잘 탔으며, 강대봉

1 석남(石楠) : 식물이름. 석감(石柑)으로도 불리었는데, 꽃은 관상용으로 제공되고 그 잎은 약재로 쓰인다.

(江對峰)이 그의 솜씨를 전수받아 도성에서 이름을 날렸다. 강대봉이 죽고 난 뒤에는 오직 진주(陳州 : 지금의 河南省 淮陽縣)의 장산인(蔣山人)만이 그 비법을 이어받았다. 당시 개봉부(開封府)의 주왕(周王)[3]에게는 여악(女樂) 수십 부(部)가 있었는데, 모두 장산인의 솜씨를 익혔으나 제대로 연주하는 자가 하나도 없어서 주왕은 이를 늘 한스러워했다. 탕응증은 장산인을 찾아가 비파를 배웠는데, 채 일 년도 되지 않아 배움을 완성했다. 그 소식이 주왕에게 알려지자 주왕은 그를 불러 들여 벽옥을 새겨 넣고 상아를 박아 넣은 비파를 하사하면서, 궁금의(宮錦衣)[4]을 입고 전각 위에서 「호가십팔박(胡笳十八拍)」[5]을 타게 했는데, 슬프고도 애처로운 소리가 사람들의 심금을 울렸다. 주왕은 깊이 감동받아 해마다 만 곡(斛)의 곡식을 하사하여 그 어머니를 봉양케 했다. 탕응증은 이때부터 대량(大梁 : 지금의 河南省 開封市 서북쪽 지역) 부근에서 유명해져서, 그가 가는 기루[6]마다 너도나도 그의 소리를 흠모하면서 허물없이 대해주었다. 그러나 그럴수록 더욱 자중하면서 다른 사람을 위해 함부로 비파를 타지 않았다.

그 후 정서장군(征西將軍) 왕숭고(王崇古)[7]가 그를 막부로 불러들이니, 왕

---

2 세종(世宗) : 명나라 가정제(嘉靖帝) 주후총(朱厚熜)이다.

3 개봉부(開封府)의 주왕(周王) : 원문은 '주번(周藩)'이라 되어 있는데, 명나라 태조의 손자 주유돈(朱有燉)을 말한다. 주왕에 봉해졌고 개봉에 봉지(封地)가 있었다. 시호가 헌(憲)이기 때문에 세상에서는 그를 주헌왕(周憲王)이라 불렀다. 음악에 조예가 깊은 유명한 희극작가이기도 했다.

4 궁금의(宮錦衣) : 궁에서 특별 제작하거나 궁의 양식을 모방하여 만든 비단옷을 말한다.

5 「호가십팔박(胡笳十八拍)」 : 고악부(古樂府) 금곡(琴曲)의 가사명(歌辭名). 전해오는 말에 따르면 한나라 말 채옹(蔡邕)의 딸 채염(蔡琰)이 지었다고 하는데, 모두 18장으로 이루어져 있으며 1장이 곧 1박(拍)이다.

6 기루 : 원문은 '협사(狹邪)'인데, '협사(狹斜)'라고도 한다. 작은 거리나 굽은 골목을 가리키는데, 옛날에는 기루가 대개 좁은 거리나 골목에 많이 있었기 때문에 '협사'라고 불렀다.

7 왕숭고(王崇古) : 포주(蒲州) 사람으로 자가 학보(學甫)이며 가정연간(嘉靖年間 : 1522~1565)에 진사가 되었다. 목종(穆宗) 융경연간(隆慶年間 : 1567~1572) 초에 병부시랑(兵部侍郎)으로 섬서(陝西)·연녕(延寧)·감숙(甘肅) 등지의 군사 업무를 총괄했으며 후에 선부(宣府)·대동(大同)·산서(山西)의 군사업무를 감독했는데, 공적이

숭고를 따라 가욕관(嘉峪關 : 지금의 甘肅省 嘉峪山 기슭) · 장액현(張掖縣 : 지금의 甘肅省 武威市 남쪽) · 주천현(酒泉縣 : 지금의 甘肅省 酒泉市) 등 지역을 다니게 되었다. 사냥을 하거나 사열을 할 때면 늘 그에게 「새상곡(塞上曲)」[8]을 타게 했다. 왕숭고 휘하의 안골타(顔骨打)라는 자는 전투에 뛰어났는데, 적진에 나아갈 때마다 탕응증에게 출정곡을 타게 하고는 곧바로 말을 타고 나아가 적을 섬멸했다.

어느 날 탕응증은 유관(楡關 : 河北省 秦皇島)에 갔다가 펑펑 쏟아지는 눈을 만났다. 말 위에서 필률(觱篥)[9] 소리를 듣다가 갑자기 어머니 생각에 통곡하고는 마침내 왕장군과 헤어져 떠나왔다. 밤에 술집에서 묵던 탕응증은 잠이 오지 않아 비파를 타며 필률 소리를 내었는데, 그 소리에 눈물을 흘리지 않은 사람이 없었다. 동틀 무렵 이웃에 사는 한 부인이 술집으로 찾아와서 말했다.

"무슨 가슴 아픈 일이라도 있으십니까? 소리가 어찌 그리도 슬픈지요! 저는 과부로 지낸 지 십년인데, 어머니를 의지하여 살았으나 돌아가시고, 이제는 어디 몸을 맡기고 싶어도 맡길 만한 곳이 없었습니다. 원컨대 그대의 아내가 되고 싶습니다."

탕응증이 말했다.

"나를 위해 내 어머니를 섬길 수 있겠습니까?"

그렇게 하겠다고 하자 탕응증은 그 여자를 데리고 함께 집으로 돌아왔다.

양왕(襄王)[10]이 그의 명성을 듣고 사람을 보내 예를 갖춰 그를 초빙하

탁월했다.

8 「새상곡(塞上曲)」: 비파 모음곡. 청나라 때 이방원(李芳園)이 화추평(華秋苹)의 『비파보(琵琶譜)』 안에 들어 있는 소곡(小曲) 「사춘(思春)」·「소군원(昭君怨)」·「읍안회(泣顔回)」·「방장대(傍妝臺)」·「소원(訴怨)」을 바탕으로 다시 만든 뒤 「궁원사춘(宮苑思春)」·「소군원(昭君怨)」·「상비적루(湘妃滴泪)」·「장대추사(妝臺秋思)」·「사한(思漢)」으로 이름을 바꾸고 이것을 통틀어 「새상곡」이라 불렀다.

9 필률(觱篥): 본권 「대철추전(大鐵椎傳)」 주 2를 참고하시오.

10 양왕(襄王): 명나라 인종(仁宗) 주고치(朱高熾)의 다섯째 아들로, 영락(永樂) 2년

니, 탕응증은 초(楚) 땅에서 삼년간 살게 되었다. 한번은 우연히 동정호(洞庭湖)에 뱃놀이를 하는데, 풍랑이 크게 일어 뱃사공이 두려움에 떨며 어찌할 바를 몰라 했다. 탕응증이 자세를 고쳐 앉아 「동정추사(洞庭秋思)」[11]를 타자 잠시 뒤에 바람이 멎고 파도가 가라앉았다. 배를 강기슭에 갖다 댈 무렵 수염이며 눈썹이며 늙디 늙은 원숭이 한 마리가 보였다. 원숭이는 대나무 숲에서 선창으로 뛰어들어 한밤중까지 슬피 울더니, 날이 밝자 갑자기 탕응증의 비파를 품에 안고 물속으로 뛰어 들어가 어디론가 사라졌다. 탕응증은 자신의 오랜 물건을 잃어버린 이후로 슬퍼하며 더 이상 비파를 타지 않았다.

탕응증이 집에 돌아와 어머니를 찾아뵈니, 어머니는 여전히 건강한데 부인은 이미 죽어 집 옆에 봉분 하나만이 덩그러니 있을 뿐이었다. 어머니가 말했다.

"며늘애가 죽던 날 밤에 문 밖에서 원숭이 울음소리가 들렸는데, 문을 열어보니 원숭이가 보이지 않더구나. 그때 며늘애가 내게 이런 말을 했단다. '기다리는 낭군은 오지 않고 원숭이 울음소리가 들리니 무슨 영문일까요? 죽을 때가 된 모양입니다. 다만 오랫동안 낭군이 타는 비파소리를 듣지 못했으니, 혹여 돌아오시거든 저를 위해 석남 나무 아래서 비파 한번만 타달라고 해주세요.'"

탕응증은 어머니의 말을 듣고는 슬픔을 가누지 못하고 가슴을 치며 애통해하더니 저녁에 술상을 차려놓고 무덤 옆에서 비파를 타며 부인을 제사지냈다. 이때부터 탕응증은 미치광이처럼 방탕하게 굴면서 날마다 주색에 빠져 살았다.

역적이 난을 일으키자 탕응증은 어머니를 업고 병사들 사이에서 [비파를 타고 받은 돈으로] 음식을 마련해가며 살았다. 그러나 눈도 귀도 다 멀고 누런 콧물을 흘려대는 통에 사람들은 가까이 다가갈 수조차 없었다. 그

(1424)에 양왕에 봉해졌다. 봉지는 호북(湖北) 양양(襄陽)에 있다. 시호는 헌(憲).

11 「동정추사(洞庭秋思)」: 고대 악곡명(樂曲名)이다.

를 불러들여 비파를 타게 하던 사람들도 병풍으로 막아놓고 단지 그 소리만을 들을 따름이었다. 그는 옛 곡조 110여 곡을 탔는데, 크게는 비바람이 불고 천둥이 치고 번개가 치는 소리에서부터, 수심에 찬 사람이 부인을 그리워하는 마음, 온갖 벌레들의 울음소리, 풀 한 포기 나무 한 그루의 울음소리까지도 모두 그가 타는 비파소리에서 전해져 왔다. 「초한곡(楚漢曲)」[12]을 특히 잘 타서 양쪽 진영의 군사들이 결전하는 장면을 연주할 때면 비파소리가 천지를 뒤흔들어 기와집이 날아와 떨어질 것 같았다. 천천히 감상해보면, 쇠 부딪치는 소리, 북 치는 소리, 검 휘두르는 소리, 활시위 소리, 사람과 말이 놀라 달아나는 소리가 들어있었다. 잠시 후 아무 소리도 들리지 않다가 한참 지나 애절하면서도 이해하기 어려운 소리가 연주되었으니, 이는 바로 초나라 노래였고, 처량하면서도 비장한 소리가 났으니, 이는 바로 항왕(項王)이 비분에 차 비가(悲歌)를 부르며 우희(虞姬)와 이별하는 소리였다. 대택(大澤)에 빠지자[13] 추격 병의 소리가 들려오고, 오강(烏江)[14]에 이르자 항왕이 자결하는 소리와 남은 기병들이 항왕의 시체를 다투어 유린하는 소리가 들려왔다. 듣는 사람으로 하여금 처음에는 흥분하게 만들다가 잠시 뒤에 두려움에 떨게 하였으며 마지막에 가서는 모두 눈물을 흘리게 만들었다. 사람을 감동시키는 것이 이와 같았다!

탕응증은 예순이 넘어서도 회포현(淮浦縣 : 지금의 江蘇省 漣水縣 서쪽)을 떠돌아 다녔다. 도원현(桃源縣 : 지금의 江蘇省 泗陽縣)에 살던 어떤 사람이 그를 보고 가엾게 여겨 모친까지 수레에 태워 도원현으로 들어갔는데,

---

12 「초한곡(楚漢曲)」: 고대 비파곡 「십면매복(十面埋伏)」이다. 초나라와 한나라 두 나라의 군사들이 해하(垓下)에서 최후의 결전을 앞두고 있을 때의 심정을 묘사한 악곡이다.

13 대택(大澤)에 빠지자 : 항왕이 다른 사람의 꼬임에 빠져 지대가 낮은 지역으로 잘못 들어간 일을 말한다. 전해오는 말에 따르면 지금의 안휘성(安徽省) 전초현(全椒縣) 동남쪽의 도랑이라고 한다.

14 오강(烏江) : 지금의 안휘성 화현(和縣) 동북쪽으로 40리 떨어진 강안에 있는 오강포(烏江浦)를 말한다.

훗날 어떻게 되었는지 알 수 없다.

왕진석(王軫石 : 王猷定)이 말한다.

예나 지금이나 비파로 이름난 사람은 많으나 탕군(湯君 : 湯應曾) 같은 사람은 없었다. 사람에게 진실로 지성(至性)이 없으면 그 정은 필시 깊지 못하니, 어찌 능히 후세에 전해질 수 있겠는가! 무자년(1648) 가을에 나는 회포현으로 가는 탕군을 만났는데, 지난 날 궁금의를 입었던 그 성대한 모습은 더 이상 볼 수 없었다. 이듬해 다시 탕군을 찾아갔을 때 그는 흙집에 앉아 밥을 지어 어머니를 봉양하고 있었다. 사람들은 너도나도 그를 무시했으나 나는 경건한 마음으로 그를 더욱 공경했다. 탕군은 하늘을 쳐다보며 "이제 다 끝났습니다! 세상에 지음(知音)이 없습니다! 내 노모께서 돌아가신[15] 뒤에 황하에 빠져 죽으려합니다!"라고 말했다. 나는 슬퍼하면서 그를 위해 전기를 써주기로 했는데, 그로부터 5년 뒤에 약속대로 그를 위해 전기를 쓴다. 오호라! 세상에 불우하여 밑바닥으로 전락한 채 지음이 없음을 탄식하는 자가 어찌 유독 탕군 뿐이겠는가!

장산래가 말한다.

한창려(韓昌黎 : 韓愈)의 「영사의 금[穎師琴]」[16] 시를 두고 구양자(歐陽子 : 歐陽修)는 비파를 듣고 지은 시라고 했다.[17] 내 처음에 그 말을 미심쩍어 했으니, 비파가 꼭 시에서 말한 것처럼 그리 오묘한 소리를 내지는 못하리라는 생각 때문이었다. 그러나 지금 이 글을 읽고 보니 '나 당신하며 속삭이다 금세 변하는'[18] 한유의 「영사의 금」이나 '심양 강어귀'[19]를 읊은

15 돌아가신 : 원문은 '백년(百年)'으로, 죽음을 완곡하게 이르는 말이다.

16 「영사의 금[穎師琴]」 : 원제는 「영사가 타는 금을 듣다[聽穎師彈琴]」이다.

17 구양자(歐陽子)는 …… 했다 : 『서청시화(西清詩話)』에 다음과 같은 기록이 나온다. "구양수가 나[蘇軾]에게 금(琴)을 읊은 시 중 어느 것이 가장 훌륭하냐고 묻기에 이 시[「聽穎師彈琴」]라고 답했다. 그러자 공은 이 시는 기이하고 아름답기는 하지만 비파 타는 것을 듣고 지은 시라고 말했다[歐陽文忠公嘗問僕, 琴詩何者最佳, 余以此答之. 公言, 此詩固奇麗, 然自是聽琵琶詩]."

18 나 당신하며 …… 변하는 : 한유의 「영사가 타는 금을 듣다」에 나오는 구절을 인용했

백거이(白居易)의 「비파행(琵琶行)」도 오히려 이 보다 한 수 아래다.

湯應曾, 邳州人, 善彈琵琶, 故人呼爲'湯琵琶'云. 貧無妻, 事母甚孝. 所居有石楠樹. 搆茅屋, 奉母朝夕. 幼好音律, 聞歌聲輒哭, 已學歌, 歌罷又哭. 其母問曰: "兒何悲?" 應曾曰: "兒無所悲也, 心自淒動耳."

世廟時, 李東垣善琵琶, 江對峰傳之, 名播京師. 江死, 陳州蔣山人獨傳其妙. 時周藩有女樂數十部, 咸習蔣技, 罔有善者, 王以爲恨. 應曾往學之, 不期年而成. 聞於王, 王召見, 賜以碧鏤牙嵌琵琶, 令著宮錦衣, 殿上彈「胡笳十八拍」, 哀楚動人. 王深賞, 歲給米萬斛, 以養其母. 應曾由是著名大梁間, 所至狹邪爭慕其聲, 咸狎暱之. 然頗自矜重, 不妄爲人奏.

後征西王將軍招之幕中, 隨歷嘉峪・張掖・酒泉諸地. 每獵及閱士, 令彈「塞上」之曲. 戲下顏骨打者, 善戰陣, 其臨敵, 令爲壯士聲, 乃上馬殺賊.

一日至榆關, 大雪. 馬上聞觱篥, 忽思母痛哭, 遂別將軍去. 夜宿酒樓, 不寐, 彈琵琶觱篥聲, 聞者莫不隕涕. 及旦, 一鄰婦詣樓上, 曰: "君豈有所感乎? 何聲之悲也! 妾孀居十載, 依于母而母亡, 欲委身, 無可適者. 願執箕帚爲君婦." 應曾曰: "若能爲我事母乎?" 婦許諾, 遂載之歸.

襄王聞其名, 使人聘之, 居楚者三年. 偶汎洞庭, 風濤大作, 舟人惶擾失措. 應曾匡坐彈「洞庭秋思」, 稍定. 舟泊岸, 見一老猿, 鬚眉甚古. 自叢箐中跳入篷牕, 哀號中夜, 天明, 忽抱琵琶躍水中, 不知所在. 自失故物, 輒惆悵不復彈.

已歸省母, 母尚健而婦已亡, 惟居旁坏土在焉. 母告以"婦亡之夕, 有

다. "속삭이는 아녀자의 말, 사랑이니 원망이니 하며 나 당신 하네. 그러다 휙 하고 기세가 드높게 변하여 용사가 적진으로 뛰어드는 듯하네[昵昵兒女語, 恩怨相爾汝. 劃然變軒昂, 勇士赴敵場]."

19 심양 강어귀 : 백거이(白居易) 「비파행(琵琶行)」의 첫 부분인 "심양 강어귀에서 밤에 객을 떠나보내니, 단풍잎 갈대꽃만 이 가을에 소슬하구나[潯陽江頭夜送客, 楓葉荻花秋瑟瑟]"를 말한다.

猿啼戶外, 啓戶不見. 婦謂我曰 : '吾待郎不至, 聞猿啼, 何也? 吾殆死. 惟久不聞郎琵琶聲, 倘歸, 爲我一奏石楠之下.'" 應曾聞母言, 掩抑哀痛不自勝, 夕陳酒漿, 彈琵琶於其墓而祭之. 自是猖狂自放, 日荒酒色.

値寇亂, 負母鬻食兵間. 耳目聾瞽, 鼻漏, 人不可邇. 召之者隔以屛障, 聽其聲而已. 所彈古調百十餘曲, 大而風雨雷霆, 與夫愁人思婦, 百虫之號, 一草一木之吟, 靡不于其聲中傳之. 而尤得意于「楚漢」一曲, 當其兩軍決戰時, 聲動天地, 瓦屋若飛墜. 徐而察之, 有金聲 · 鼓聲 · 劍弩聲 · 人馬辟易聲. 俄而無聲, 久之, 有怨而難明者, 爲楚歌聲, 凄而壯者, 爲項王悲歌慷慨之聲別姬聲. 陷大澤, 有追騎聲, 至烏江, 有項王自刎聲, 餘騎蹂踐爭項王聲. 使聞者始而奮, 旣而恐, 終而涕泣之無從也. 其感人如此!

應曾年六十餘, 流落淮浦. 有桃源人見而憐之, 載其母同至桃源, 後不知所終.

軫石王子曰 : "古今以琵琶著名者多矣, 未有如湯君者. 夫人苟非有至性, 則其情必不深, 烏能傳于後世乎!" 戊子秋, 予遇君公路浦, 已不復見君曩者衣宮錦之盛矣. 明年復訪君, 君坐土室, 作食奉母. 人爭賤之, 予肅然加敬焉. 君仰天呼, 呼曰 : "已矣! 世鮮知音! 吾事老母百年後, 將投身黃河死矣!" 予凄然, 許君立傳, 越五年, 乃克爲之. 嗚呼! 世之淪落不偶而歎息於知音者, 獨君也乎哉!

張山來曰 : 韓昌黎『穎師琴』詩, 歐陽子謂其是聽琵琶. 予初疑之, 蓋以琵琶未必能如詩中所云之妙也. 今讀此文, '覺爾汝軒昻', 頃刻變換, '潯陽江口', 尙遜一籌耳.

소청전(小青傳)

무명씨[佚名]

소청(小青)은 호림(虎林 : 武林. 지금의 浙江省 杭州에 소재) 사람 아무개 생의 첩으로 본가는 광릉(廣陵 : 지금의 江蘇省 揚州市)이었다. 아무개 생과 성이 같아서 피휘하고는 그저 소청이라고만 불렀다. 그녀는 본디 타고나기를 남달리 영민하였다. 열 살 때에 한 늙은 비구니를 만나 『심경(心經)』[1]을 받았는데, 한두 번 스쳐보았을 뿐인데도 다시 반복했을 때 한 자도 놓치지 않았다. 비구니가 말했다.

"이 아이는 어려서부터 총기가 대단하나 박복하기 짝이 없으니, 내게 제자로 주시오. 그럴 수 없다면 글을 알게 하지 마시오. 그러면 서른까지는 살 수 있을 게요."

집안사람들은 허튼소리라고 생각하며 비구니를 비웃었다. 어머니가 여숙(女塾)의 선생이었기에 소청은 어머니를 따라가 글을 배웠는데, 어울

1 『심경(心經)』: 『반야파라밀다심경(般若波羅密多心經)』의 약칭이다.

려 노닐던 아이들 중에 명문가 규수도 적지 않아 여러 가지 기예를 깊이 섭렵하고 성률(聲律)까지 기묘하게 터득할 수 있었다. 강동(江東)은 본디 아름다운 지방이라 빼어난 규수들이 운집했다. 차를 품평하거나 악기를 타느라 여럿이서 혹은 둘씩 짝을 지어 시끌벅적하기 그지없었다. 소청은 상황에 맞추어 응수하고 답변했는데, 곧잘 사람의 의표를 벗어나곤 하여 사람들은 행여 그녀를 놓칠까 전전긍긍했다. 비록 우아하고 예절발랐지만 그 자태가 빼어나고 요염하며 맵시 있고 아름다워 절로 사랑스러웠으니, 이는 타고난 것이었다.

나이 열여섯에 아무개 생에게 시집갔다. 아무개 생은 호족 집안 공자(公子)였는데, 말을 함부로 지껄이고 어리석고 경솔했으며 우아하지 않았다. 게다가 본처는 유독 질투가 심해 소청이 곡진히 아랫사람 도리를 다해도 끝내 마음을 풀지 않았다. 어느 날 본처를 따라 천축산(天竺山)[2]에 놀러 갔을 때 본처가 물었다.

"듣자니 동방에는 부처가 무진장 많다는데, 세상에는 오로지 관음대사만을 떠받드는 사람이 많으니, 이는 어째서이냐?"

소청이 대답했다.

"자비로우시기 때문이지요."

본처는 이 말이 자기를 조롱하는 것인 줄 알고 웃으며 말했다.

"내 너에게 자비를 베풀어야겠구나!"

그리고는 고산(孤山)의 별장에다 소청을 옮겨다 놓고 주의를 주며 말했다.

"서방님이 오시거든 내 명령 없이 들여서는 안 된다. 서방님의 서찰이 와도 내 명령 없이 들여서는 안 된다!"

소청은 '저 사람이 나를 한적한 곳에 데려다놓았으니, 반드시 잘잘못을 염탐하다가 있지도 않은 일을 가지고 나를 잡으려 할 것이야'라고 생

2 천축산(天竺山) : 항주(杭州) 서쪽에 있는 산이다.

각했다. 그리고는 스스로 삼가 몸조심을 했다. 부인은 나들이 갈 일이 생기자 소청을 불러 한 배에 탔다. 그때 양쪽 제방에서 말을 달리면서 탄궁을 옆에 끼고 있는 유한공자(有閑公子)들을 만났는데, 동행한 여자들은 손가락질하며 수작을 하느라 동으로 서로 분주했어도 소청만은 차갑게 가만 앉아있을 따름이었다.

본처의 친척인 아무개 부인은 재주가 있고 어질었다. 아무개 부인은 종종 소청에게 와서 장기를 배웠고, 소청을 몹시 아꼈다. 하루는 커다란 술잔을 가져다 본처에게 거듭 술을 권하였는데, 본처가 순식간에 술에 취해버리자 천천히 소청에게 말했다.

"배에 누각이 있으니, 나와 함께 한번 올라가 보세."

누각에 올라 한참 동안 먼 곳을 바라보더니 소청의 등을 쓰다듬으며 말했다.

"좋은 시절 아까우니 스스로를 괴롭히지 말게나. 장대가(章臺街)의 유씨(柳氏) 또한 홍루(紅樓)에 기대어 말 타고 지나가는 한(韓) 서방님을 보았거늘,[3] 자네는 [비구니처럼] 포단(蒲團)[4]에 앉아 세상 모든 것을 공(空)이라 여기며 살 텐가?"

소청이 말했다.

"가평장(賈平章)[5]의 칼날은 두렵지요!"

부인이 웃으며 말했다.

---

3 장대가(章臺街)의 …… 보았거늘 : 당나라 사람 허요좌(許堯佐)의 「유씨전(柳氏傳)」 고사를 인용했다. 장대(章臺)는 한나라 때의 누대 이름으로 장안성(長安城) 안에 있었다. 누대 아래에 장대가가 있는데, 기루(妓樓)의 대명사처럼 쓰인다. 유씨는 한익(韓翊)과 서로 사랑했으나 안사(安史)의 난을 만나 유씨는 삭발하고 비구니가 되었다. 이에 한익은 유씨에게 시를 보내어 "장대의 버드나무, 장대의 버드나무 옛날 푸르던 너는 지금 어디에 있느냐? 예전처럼 가지를 늘어뜨리고 있다면 응당 다른 이 손에 꺾이었을 터"라고 읊었다고 한다. 후에 유씨는 번장(蕃將) 사타리(沙吒利)에게 잡히나 갖은 고생을 다한 후에 결국 한익과 맺어진다.

4 포단(蒲團) : 부들로 만든 둥근 방석으로 승려가 사용한다.

5 가평장(賈平章) : 남송(南宋)의 간신 가사도(賈似道)를 말하는데, 사람됨이 흉악하였다고 한다.

"틀렸네! 평장의 칼은 잘 안 들고, 여평장(女平章)의 칼이 날카롭지!"

잠시 후 조용히 타일렀다.

"자네는 예의 바르고 재주 또한 많으며 자태가 이렇게 아름다운데 어떻게 나찰국(羅刹國)에 떨어질 수 있단 말인가? 내 비록 여협(女俠)은 아니나 자네를 불구덩이에서 벗어나게 해 줄 능력은 되네. 아까 말한 '장대류(章臺柳)'라는 말에서 자네는 내 마음을 이해하지 못했단 말인가? 세상에 어디 한서방과 같은 사람이 없겠는가? 게다가 그 자가 자네에게 아무리 잘 대해준다 친다손, 끝내 당장군(黨將軍)[6] 휘장으로 나아가 고기와 술을 준비하는 시녀가 되려는가?"

그러자 소청이 말했다.

"그만 하세요! 소첩 어릴 때 손으로 꽃 한 송이 꺾는 꿈을 꾸었는데, 바람결 따라 한 잎 한 잎 물 위로 떨어지더군요. 저의 운명이 여기에 그칠 뿐입니다! 아직 전생의 업보가 끝나지 않았거늘 딴 생각을 하다니, 저 저승의 인연부(姻緣簿)가 나의 여의주도 아닌데 무엇 하러 다시 그런 욕을 당하겠습니까? 그저 다른 사람 입에 이러쿵저러쿵 오르내릴 뿐일걸요."

부인이 탄식하며 말했다.

"자네 말도 맞네. 내 강요하지는 않겠네만, 자네도 자중자애 해야 하네. 저 사람이 만일 자네에게 좋은 말을 하고 좋은 음식을 먹인다면 더욱 주의해야 하네. 조석으로 필요한 것이 있거든 내게 고하기만 하면 될 것이야."

---

6 당장군(黨將軍) : 송나라 초기의 당진(黨進)을 가리킨다. 그는 당시 유명했던 일자무식 비루한 무인이었으나 군공을 세워 태위(太尉) 벼슬에 올랐다. 한림학사(翰林學士)를 역임했던 도곡(陶谷)이 당진의 첩을 사들였는데, 하루는 눈을 녹여 차를 끓이면서 그 첩에게 물었다. "당태위(黨太尉)도 이러한 정취를 아느냐?" 그러자 그 첩은 "그는 거친 사람일 뿐인데, 어찌 이런 정경을 알겠습니까? 그저 휘장 안에서 금이나 녹이고 술 따르고 노래나 부르면서, 고기 먹고 술 마시는 것만 알 따름입니다"라고 대답했다.

그리고는 서로 돌아보며 눈물을 흘려 옷깃을 적셨다. 부인은 천천히 눈물을 닦고 자리로 돌아간 뒤 잠시 후 떠나갔다. 부인은 친지들에게 이 이야기를 하면서 늘 속상해하며 탄식했다고 한다.

그 후 소청은 마음 속 분한 마음과 처량하고 슬픈 마음을 모두 시(詩)와 소사(小詞)에 실었다. 그 후 부인이 남편의 관직을 따라 먼 곳으로 떠나게 되자 소청은 더욱 쓸쓸한 신세가 되더니, 급기야 병에 걸리고 말았다. 본처는 의사를 불러오게 하고 또 하녀 편에 약을 보내왔다. 소청은 겉으로 감사하는 척 했으나 하녀가 나가자 약을 침상머리에 던지면서 탄식하며 말했다.

"내 살고 싶은 마음은 없으나 깨끗한 몸으로 귀의해 유안(劉安)의 닭이나 개[7]라도 되어야 하니, 어찌 이 한 사발 짐독(鴆毒)[8]으로 내 목숨을 끊어버릴 수 있겠는가?"

그러나 병은 더욱 심해져 몸을 지탱할 수 없을 지경이었고, 물도 곡기도 모두 끊은 채 날마다 한 잔 남짓 배즙만 마셨다. 그러나 더욱 화려하게 화장하고 곱게 몸단장 한 뒤 이불을 안고 기대앉았으며, 간혹 비파 타는 여인네를 불러와 맹사(盲詞)[9]를 부르게 하면서 소일했다. 비록 몇 차례 기절했다 다시 깨어나곤 했지만 한 번도 봉두난발을 하고 누워 지낸 적이 없었다.

하루는 갑자기 할멈에게 이렇게 말했다.

"그 죄 많은 서방에게 일러 훌륭한 화공(畵工) 한 명을 구해 달라 하세요."

---

7 유안(劉安)의 닭이나 개 : 『열선전(列仙傳)』에 따르면, 한나라 회남왕(淮南王) 유안은 연단(鍊丹)을 하며 신선이 되고자 했는데, 단약이 완성된 뒤 그것을 먹었더니 정말 신선이 되어 승천할 수 있었고, 닭과 개도 단약 담았던 그릇에 남아있는 약을 혀로 핥았더니 역시 승천할 수 있었다고 한다.

8 짐독(鴆毒) : 짐(鴆)은 전설상의 독조(毒鳥)로 그 깃털을 적신 술은 능히 사람을 죽일 수 있다고 한다. 인신하여 독이 든 술을 가리키는 말로 쓰인다.

9 맹사(盲詞) : 민간에서 유행하던 설창문학(說唱文學)이다. 설창하던 사람들 중 맹인이 대다수였기에 맹사라고 불렀다.

화공이 오자 자신의 초상화를 그리게 했다. 그림을 다 그리자 거울을 끌어다 가만히 들여다보면서 이렇게 말했다.

"모습은 비슷하게 그려냈지만 혼은 그려내지 못했군요. 그냥 놔두세요."

다시 한 장을 그리자 이렇게 말했다.

"혼은 그려낸 듯 하나 풍취와 자태가 흐르지 못하는군요. 눈길도 손도 단정하기만 하고, 아마 너무 경직된 모습만 본 탓일 거예요. 그냥 놔두세요."

그리고는 붓을 잡고 옆에 있으라 하고는 자기는 할멈과 이리저리 가리키며 웃고 이야기를 했다. 찻주전자를 끓이기도 하고 도서를 고르기도 하며 붉은색 푸른색 등 여러 색깔을 대신 섞어주기도 하면서 화공 맘껏 생각이 모이게끔 했다. 한참 뒤에 다시 초상을 그리라고 했는데, 그림이 완성된 것을 보니 자태가 요염하기 그지없었다. 그러자 웃으며 말했다.

"됐어요!"

화공이 가자 그림을 가져다 자리 앞에 모셔놓고는 좋은 향을 사르고 배로 빚은 술을 차려놓은 뒤 제사지내며 말했다.

"소청아! 소청아! 이 세상에 어디 너의 연분이 있겠느냐?"

상을 쓰다듬으며 우는데, 눈물이 하염없이 흘러 내렸다. 한번 통곡을 하고 절명하였으니, 때는 만력 임자년(1612), 나이 겨우 열여덟이었다. 슬프다! 옥보다도 아름다운 사람이 구름보다도 팔자가 기박하다니! 경화(瓊花)와 우담바라는 인간 세상에 한번 모습을 드러낼 뿐이니, 두여낭(杜麗娘)처럼 모란정(牧丹亭) 가에 다시 살아날 수 있기를[10] 바란들 가능하기나 하겠는가!

저물녘이 되어서야 아무개 생이 허둥거리며 나타났다. 휘장을 걷고

---

10 두여낭(杜麗娘)처럼 …… 있기를 : 명나라 희곡가인 탕현조(湯顯祖)가 지은 『모란정(牧丹亭)』을 두고 한 말이다. 여주인공 두여낭은 꿈속에서 서생 유몽매(柳夢梅)와 사랑을 나누고는 상사병에 걸려 결국 죽고 마는데, 3년 후에 유몽매가 두여낭의 초상화를 보고는 깊이 사모하여 아침저녁으로 초상화에 대고 숨을 내쉬었다. 이에 두여낭의 혼이 유몽매와 만나고 나중에는 다시 살아나 서로 맺어지게 된다.

보니, 얼굴에서는 빛이 나고 자태는 빼어났으며, 옷도 깨끗하고 아름다운 것이 생전에 병나기 전의 모습과 다름없었다. 아무개 생은 갑자기 길게 소리치며 비틀거리더니 한 되 남짓 피를 토해냈다. 그는 후에 천천히 [소청이 남긴] 시 한 권, 초상 한 폭, 그리고 아무개 부인께 부친 편지 한 통을 찾아냈는데, 열어보니 자신의 아픔을 적어 내려가고 있었으며 편지 뒤에는 절구 한 수가 적혀있었다. 아무개 생은 비통하게 부르짖었다.

"내가 당신을 저버렸소! 내가 당신을 저버렸소!"

본처는 이 말을 듣고 몹시 화가 나 그리로 달려가 그림을 찾았다. 이에 세 번째 그린 그림을 감추고 첫 번째 그림을 거짓으로 올리자 즉시 태워버렸다. 또 시를 찾아내라 하더니 시를 가져오자 역시 태웠다. 「광릉산(廣陵散)」[11]은 이로부터 끊어지게 되었던 것이다! 슬프다! 초(楚)의 화염이 진실로 대단했다고는 하나 어찌하여 기신(紀信)처럼 속이지 못했단 말인가?[12] 그런즉 죄는 본처에게 있는 것이 아니라 아무개 생에게 있는 것이다!

초고를 다시 골라보니 이미 모두 다 사라지고 없었다. 소청은 죽기 전에 꽃 비녀 몇 점을 할멈의 어린 딸에게 주면서 종이 두 장까지 주었는데, 그것이 바로 시고(詩稿)였다. 거기서 절구 아홉 수, 고시(古詩) 한 수, 사(詞) 한 수, 그리고 아무개 부인에게 부치는 글까지, 도합 열두 편을 찾아냈다. 고시는 다음과 같다.

설의각(雪意閣) 위에는 구름 흐르지 않으니,

---

11 「광릉산(廣陵散)」: 죽림칠현(竹林七賢) 중의 하나인 혜강(嵇康)이 이 곡을 잘 연주했다고 하나 그 비법을 전수하지 않았다. 후에 혜강은 참언으로 인해 처형당하게 되는데, 죽기 전에 금(琴)을 달라 하여 이 곡을 연주하더니, "아, 이제부터 「광릉산」은 세상에서 사라지겠구나"라고 말했다 한다. 『진서(晉書)』 「혜강전」에 보인다.

12 초(楚)의 화염이 …… 말인가?: 진(秦)나라 말에 초나라와 한나라가 서로 패권을 다투던 당시, 항우(項羽)는 형양(滎陽)에서 한왕 유방(劉邦)을 포위했다. 상황이 위급해지자 한나라 장수 기신(紀信)은 유방과 수레를 바꿔 타고 유방인 척 항우에게 투항하여 유방을 무사히 빠져나가게 만들었다. 기신은 항우에게 죽임을 당했다.

오래된 구름이 새로운 구름 위를 짓누르네.
미전(米顚)[13]의 글씨 창 밖에 걸려 있고,
아름다운 솔숲과 이내가 나의 누대와 마주하고 있네.
발을 드리우자니 좋은 경치 줄어들세라,
발을 걷자니 바람 휘감아 들어올세라.
발을 걷는 일도 발을 드리우는 일도 왜 이리 어려운가?
정도 없고 생각도 없는 마음 그 누가 알아주리?
화로 연기 점점 엷아지고 가위소리 작아지는데,
외로운 기러기 울며 날아가네.

절구는 다음과 같다:

자운대사(慈雲大士)[14] 앞에 머리를 조아리나니,
서방정토에서도 하늘에서도 태어나지 않게 해 달라 비네.
버드나무 가지 위 한 방울 물[15]이 되어,
인간세상 꽃받침 나란히 붙은 연꽃 위에 뿌려줬으면.

봄나무의 피 눈물이 가벼운 비단 위로 점점이 떨어지더니,
임포처사(林逋處士)[16] 집으로 날려 들어갔네.
그러자 고개 위의 매화 삼백 그루가,
일시에 두견화[17]로 변해 버렸네.

---

13 미전(米顚) : 송나라 때 서예가인 미불(米芾)이다. 행동이 미치광이 같아 사람들은 그를 미전이라 불렀다. 서화로 일가를 이루었는데, 특히 산수화와 인물화에 뛰어났다.

14 자운대사(慈雲大士) : 관음보살이다. 그 자비로운 마음이 마치 구름과도 같이 중생을 덮고 있다 하여 자운대사라 한다.

15 버드나무 …… 물 : 원문은 '양지수(楊枝水)'로 불가어이다. 만물을 소생시키는 감로(甘露)를 비유한다.

16 임포처사(林逋處士) : 임포는 송나라 때의 은사(隱士)이자 시인이다. 그는 자칭 매화를 아내 삼고 학을 자식삼아 산다고 했다.

화장 막 마치고 그림 속 미녀와 아름다움을 다투니,
소양전(昭陽殿)[18]에서 몇째 가는 인물일까?
가녀린 그림자 가을 물가로 가 비추어보니,
당신은 나를 사랑하고 나는 당신을 사랑하리.

서릉(西陵)[19] 방초(芳草) 우거진데 말 달리는 소리 요란하더니,
내사(內使)의 답청(踏青) 가라 알리는 소리 들리네.
소소소(蘇小小)[20] 무덤가에 홀로 술잔 올리나니,
마음에 둔 사람을 내 알겠네.

어둔 창가에 내리는 차가운 빗소리 들을 수 없어,
등불 밝히고 한가로이 「모란정(牧丹亭)」을 읽네.
세상에 나보다 더 어리석은 이 있을진대,
어찌하여 가슴 아파하는 이는 이 소청뿐인가?

어디선가 쌍쌍의 새들 날아들어 화려한 난간에 모여드니,
울긋불긋한 것이 마치 푸른 난새와도 같네.
오늘날 저 문채(文采)를 아껴줄 이 몇이나 될까?
그런데도 가을바람 맞으며 깃털의 아름다움을 다투네.

유유히 흐르는 물줄기, 일렁이는 물결,

---

17 두견화 : 고대 촉제(蜀帝) 두우(杜宇)의 넋이 두견새로 변하여 울 때마다 피 눈물을 토해냈는데, 그 피눈물 방울이 두견화에 떨어져 꽃잎이 피처럼 붉게 물들었다 한다.

18 소양전(昭陽殿) : 한나라 무제 때 황후 조비연(趙飛燕)의 동생인 조합덕(趙合德)이 머물던 곳이다. 이로써 자신이 후첩의 신세임을 비유했다.

19 서릉(西陵) : 호수 이름으로 지금의 절강성 소산(蕭山) 서쪽에 있다.

20 소소소(蘇小小) : 남제(南齊) 때 전당(錢塘)의 명기(名妓)이다. 그녀의 무덤이 항주(杭州) 서호(西湖)에 있다.

잠에서 깨어난 부용(芙蓉)은 무엇을 하려는가?
나는 거울에 비추이고 꽃은 물에 비추이고,
누구의 수심이 더 많은지.

자태도 아름다운 금곡(金谷)에서 으뜸가는 여인,[21]
여주(驪珠)[22]와도 같은 진귀한 곡조에 뭇 기예들 잠잠해지네.
누대 앞에서 몸을 던져 죽기까지 했으니,[23]
계륜(季倫)[24]은 풍류를 아는 사람이었던가 보네.

고향을 그리는 마음은 두 개의 높은 봉우리도 두렵지 않은 법,
엊저녁에 어머님께서 꿈길을 맴돌더이다.
절강(浙江)의 조수(潮水)는 어김이 없다 들었지만,
절강의 조수가 어디 광릉(廣陵)의 조수만 하리오?

「천선자(天仙子)」 사(詞)는 다음과 같다.

문희(文姬)는 멀리 소군(昭君) 무덤 있는 곳으로 시집을 가더니,[25]
소청이가 그 풍류 빛을 다시 이어받았네.
다행히 한바탕 흑강풍(黑罡風)[26]이 불어,

21 금곡(金谷)에서 …… 여인 : 진(晉)나라 때 석숭(石崇)의 애첩이었던 녹주(綠珠)를 말한다. 금곡은 석숭이 지어 노닐었던 금곡원(金谷園)을 가리킨다.
22 여주(驪珠) : 용의 턱 밑에 있다고 하는 구슬로 매우 진귀하다.
23 누대 앞에서 …… 했으니 : 조왕(趙王) 사마륜(司馬倫)이 권세를 빙자해 녹주를 빼앗으려 했는데, 석숭이 이를 허락하지 않자 석숭을 옥에 가두었다. 그러자 녹주는 누대에서 몸을 던져 자살했다.
24 계륜(季倫) : 석숭의 자(字)이다.
25 문희(文姬)는 …… 가더니 : 채문희(蔡文姬) 즉 채염(蔡琰)을 말한다. 채문희가 난을 만나 멀리 흉노족에게 시집가 그곳에서 죽었던 왕소군(王昭君) 무덤 있는 곳 새외(塞外)까지 끌려갔던 고사를 인용하고 있다.
26 흑강풍(黑罡風) : 도가어(道家語)로 높은 곳에서 부는 바람을 말한다.

불구덩이 속에서,
빨리 몸을 빼내어,
홀로 이 청량세계(淸凉世界)를 떠나간다네.
본디 원앙도 아니었으니,
나를 상사(相思)의 정 깊은 사람이라 취급하지 마오.
곰곰 생각하고 이리저리 재보니,
마음이 있는가,
넋이 있는가,
적삼 입고 치마끈을 쥐네.

아무개 부인에게 드리는 편지는 다음과 같다 :

"원원(元元) 머리 조아리고 피를 뿌리며 부인께 보내드립니다. 관문(關門) 머리에서 이별한 뒤 한 쪽은 인간 세상에, 한 쪽에 하늘가에 있는 듯 아득히 떨어져 지냈습니다. 관사에서 맞은 좋은 시절을 적막히 보내고 계시지는 않으시겠지요. 치닫는 마음에 옛날이 그리워질 때면 마치 자운(慈雲)[27]이 눈에 보이는 것만 같습니다. 제게 따스함을 나눠주시고 한기를 녹여주시어서 마치 그 슬하에 있는 것만 같았지요. 제 몸이 백 개로 찢어진다 해도 그 은혜에 보답하기에 부족할 것입니다. 동생과 이모님도 별고 없으시지요? 대보름날 밤, 남쪽 누대에서 등회(燈會)를 보며 장난치던 일이 기억나네요. 이모님께서 병풍에 그려진 난간에 기댄 여자를 보며 이렇게 말씀하셨어요. '이 자태도 요염한 아가씨가 바람결에 기대어 홀로 어딘가를 바라보며 아득히 생각에 빠진 걸 보니 분명 소청이야!' 소첩 또한 웃으며 한 여자를 가리키면서 말했지요. '여기 먼지떨이를 쥐고 머리 쪽을 진 소녀가 몰래몰래 서방님 옆으로 다가가고 있는 걸 보니 꼭 동생 같아요!' 이때에 저희는 서로 빛을 다투고 즐거움을 찾아다니며

27 자운(慈雲) : 자애로운 구름이라는 뜻으로 여기서는 편지의 대상인 아무개 부인을 가리키는 말로 쓰였다.

날이 밝을 때까지 함께 있곤 했지요. 이러한 풍류가 다 구름처럼 흩어지고 오늘 같은 날이 올 줄 어찌 알았겠습니까? 지난 날 배를 타고[28] 북쪽으로 건너가신 뒤 저는 부러진 부들 잎처럼 남쪽 누대에 홀로 남았는데, 모함하는 말, 으르렁대는 소리를 하루에도 세 번이나 들어야 했지요. 점차 불평불만이 생겼지만 말씀하신대로 따라야 할 뿐이었습니다. 제 나름대로 속내를 헤아려보아도 딱히 방도가 없었습니다.

푸줏간의 보살 마음과 굶주린 살쾡이의 쥐에 대한 연민이라! 그저 말과 바꾸는 데나 제공되거나[29] 아니면 선술집에서 술 팔았다 모욕이나 당할 뿐이었지요. 떠나자니 바람 속 여린 솜털이요, 머무르자니 서릿발 속 그윽한 난초라. 난초가 인(因)이라면 솜은 과(果)일 터, 현세에서의 업보가 어느 것이 더 깊은가요? 머리 깎고 불문에 들어가 화장도 지우고 생각도 다 씻어버리고자 했으나 아름다운 감상들, 화려한 말들이 자꾸만 마음에 닿아 어지러이 떠올랐습니다. 불성(佛性)[30]이 생겨나긴 했으되 세속의 생각을 없애기는 쉽지 않을 듯하니, 이러한 것은 쉽게 할 이야기가 아니군요! 슬픈 가을날 먼 곳에서 피리소리 들리고, 외로이 등불 밝혀놓고 빗소리를 듣고 있을 제, 비 그치고 피리 소리도 멎으면 쏴아 하고 솔바람소리 들려왔지요. 비단옷은 제 몸을 짓누르고 거울 속의 저는 눈물 마를 날이 없었습니다. 새벽에 흘린 눈물, 거울 속 밀물을 만들고, 저녁에 흘린 눈물, 거울 속 썰물을 만들었지요. 지금 저의 비쩍 마른 몸으로는 더

28 배를 타고 : 원문은 '선사(仙槎)'라 되어 있다. 선사는 본디 대해(大海)와 천하(天河)를 오간다는 전설상의 뗏목이지만 후에는 사람이 타고 다니는 배를 대신 하는 말로 쓰였다.

29 말과 바꾸는 데나 제공되거나 : '애첩환마(愛妾換馬)'라는 성어에서 나왔다. 『독이기(獨異記)』에 나오는 이야기다. "후위 사람 조창은 성격이 호방했는데, 우연히 준마를 발견하고 몹시 마음에 들었으나 주인이 아끼며 주지 않았다. 이에 조창은 '내게 아름다운 첩이 있으니, 마음에 드는 대로 고르시오'라고 말했다. 말 주인이 기녀 한 명을 지목하자 조창은 말과 바꾸었다[後魏曹彰性倜儻, 偶遇駿馬, 愛之, 其主所惜也. 彰曰, '彰有美妾可換, 惟君所擇.' 馬主因指一妓, 彰遂換之]." 후에 애첩환마는 기녀를 가리키는 말로 사용되었다.

30 불성(佛性) : 원문은 '연성(蓮性)'이라 되어있다.

이상 지탱하기가 불가능한 것 같습니다. 목이 바싹바싹 타들어가고 폐도 불타는 것만 같아 밥알을 보기만 해도 토한답니다. 감정이 뒤섞이고 생각도 곧잘 바뀌며 희노애락을 잘 조절하지 못합니다. 늙으신 어머니와 동생들은 천애 아득한 곳에 떨어져 있으니, 아! 사는 게 즐거운 줄 알지 못하니, 죽는 게 슬픈 줄 어찌 알겠습니까? 촉박함을 아쉬워하고 오래 머물기만을 좋아한다면 이는 달관한 태도가 아니지 않겠습니까? 소첩 어려서부터 총기를 타고나 기지가 뛰어나고 민첩했습니다. 그러나 이런 복은 타고났어도 다른 복은 받지 못했으니, 하늘의 이치상 어찌 두 가지를 다 갖출 수 있겠습니까? 다만 제 영혼이 다할 날이 다가오기에 가만히 있을 수만은 없었던 것입니다. 제 몸이 갑자기 나빠진 것은 지금 갑자기 그리된 것은 아닙니다. 혼인한 이래로 밤만 있고 아침이라고는 없었으니, 무덤의 느낌도 실로 이와 다르지 않겠지요! 꼭 자옥(紫玉)처럼 연기가 되고[31] 양산백(梁山伯)과 축영대(祝英臺)처럼 나비가 되어야만[32] 죽음이라고 할 수 있겠습니까! 혹 남쪽으로 돌아오시어 유양(維揚)에 머무르게 되거든, 제게 사랑을 주셨던 것처럼 제 늙으신 어머님께 안부 여쭤 주십시오. 아진(阿秦)도 잊지 마시고 늘 불쌍히 여겨 주십시오. 옛날에 제

31 자옥(紫玉)처럼 연기가 되고: 진(晉)나라 간보(干寶)가 편한 『수신기(搜神記)』에 실린 이야기이다. 춘추시대 오왕(吳王) 부차(夫差)의 딸 자옥(紫玉)이 한중(韓重)과 서로 사랑했는데, 한중이 공부하러 떠나기 전 구혼을 했으나 오왕의 반대로 사랑을 이루지 못하자 자옥은 울화로 죽고 말았다. 3년 후 한중이 돌아와 슬퍼하며 자옥의 무덤에 제사지내자 자옥의 혼령이 나타나 한중과 만났으며, 삼일 동안 무덤에서 함께 살면서 혼례를 올렸다. 후에 오왕의 부인이 자옥 앞으로 가 안으려고 하자 연기가 되어 사라졌다.

32 양산백(梁山伯)과 …… 되어야만: 이 고사는 당나라 때 장독(張讀)이 지은 『선실기(宣室記)』에 가장 먼저 보인다. 양산백은 남장을 한 축영대와 함께 항주(杭州)에서 동문수학하다 정이 깊어졌다. 둘은 서로 사랑을 했으나 축영대 집에서 다른 집으로 딸을 시집보내기로 결정을 해놓았다. 이에 양산백은 병을 얻어 죽고 말았다. 축영대는 시집가는 길에 양산백의 무덤을 지나다가 가마에서 내려 통곡을 했는데, 무덤이 갑자기 갈라지고 축영대가 갑자기 무덤 안으로 뛰어 들어갔다. 둘은 한 쌍의 나비가 되어 날아갔다고 한다. 원문에 '백화(白花)'라고 되어있는 것은 아마도 양산백의 백(伯)을 백(白)으로, 축영대의 영(英)을 화(花)로 바꾼 듯한데, 정확하지는 않다.

게 주셨던 귀한 물건은 모두 저와 함께 묻어주십시오. 보석 비녀며 비단 옷이며 모두 복성(福星)께서 하사하신 것이니 윤회를 초월하여 겁난(劫難)을 없애줄 수 있을 것입니다. 소육낭(小六娘)이 먼저 가서 저를 기다리고 있으니, 짝이 없을까 걱정일랑 하지 마세요. 편지 뒤에 절구 한 수를 붙였는데, 역시 죽기 전 새의 서글픈 울음소리입니다. 시집과 초상화는 진(陳)씨 할멈에게 맡겨 잘 보관하라 했으니, 인편을 구해 곧 부쳐드리겠습니다. 몸 하나 간수하지 못하는데 분이며 보석이며 있어 무엇 하겠습니까! 훗날 제방 아래 배를 띄우거나 매화를 찾아 산으로 들어가시게 되거든, 제 집 서쪽 누각 문을 열고 녹음 아래 놓인 제 침상에 앉아 보십시오. 그러면 생전의 모습, 말소리를 보고 듣는 듯 할 것입니다. 외로이 휘날리는 텅 빈 휘장을 보시면, 정말이란 말인가? 거짓이란 말인가? 그 사람이 여기 있다니! 아! 부인! 저승과 이승은 길이 달라, 이 글로 영영 이별입니다. 옥 같은 팔, 꽃다운 얼굴이 이제 흙 속으로 들어가야 하나니, 생각이 여기에 미치면 그 슬픔이 어떠하겠습니까! 머리를 조아리며 머리를 조아리며 올립니다."

뒤에 붙인 절구는 다음과 같았다:

백 번이나 맺힌 속내, 눈물만 쏟아지고,
다시 찾아와도 있는 것은 옛날의 붉은 대문 뿐.
석양아래 떨어진 한 조각 복사꽃 그림자,
그 자태 아름다운 천녀(倩女)의 넋이로다.

생의 친척 아무개가 모아서 판각하고는 책의 제목을 '분여(焚餘)'라고 했다.

장산래가 말한다.

미인박명은 천고의 상심사(傷心事)라. 짐독을 보낸 것과 시를 태워버린

부분을 읽을 때는 그 투부(妬婦)의 뼈를 으깨어 개에게 주지 못한 게 한스러웠다.

또 말한다.

소청의 이야기를 두고 혹자는 실제 그런 사람이 있었던 것이 아니라, '소청(小青)' 두 글자를 합하면 '정(情)'자가 되기 때문이라고 말한다. 그런데 오□□가 지은 「자운가(紫雲歌)」를 보니 그 소서(小序)에 다음과 같이 적혀 있었다. "풍자운(馮紫雲)은 유양(維揚) 소청의 여동생으로 회계(會稽) 마모백(馬髦伯)에게 시집갔다." 그런즉 정말로 그런 사람이 있었던 것도 같다. 이 전(傳)을 누가 지었는지 알지 못했는데, 나의 벗 은일계(殷日戒)는 어렴풋 지소백(支小白)[33]이 지었다고 기억한다고 하였으나 사실인지는 알 수 없어 일단 의문점으로 놓아둔다.

小青者, 虎林某生姬也, 家廣陵. 與生同姓, 故諱之, 僅以小青字云. 姬夙根穎異. 十歲, 遇一老尼授『心經』, 一再過了了, 覆之不失一字. 尼曰: "是兒蚤慧福薄, 願乞作弟子. 卽不爾, 無令識字. 可三十年活爾." 家人以爲妄, 嗤之. 母本女塾師, 隨就學, 所遊多名閨, 遂得精涉諸技, 妙解聲律. 江東固佳麗地, 或諸閨彦雲集. 茗戰手語, 衆偶紛然. 姬隨變酬答, 悉出意表, 人人唯恐失姬. 雖素嫻儀則, 而風期異艷, 綽約自好, 其天性也.

年十六, 歸生. 生, 豪公子也, 性嘈口妾憨跳不韻. 婦更奇妒, 姬曲意下之, 終不解. 一日, 隨遊天竺, 婦問曰: "吾聞東方佛無量, 而世多專禮大士者何?" 姬曰: "以其慈悲耳." 婦知諷己, 笑曰: "吾當慈悲汝!" 乃徙之孤山別業, 誡曰: "非吾命而郎至, 不得入. 非吾命而郎手札至, 亦不得入!" 姬自念: '彼置我閒地, 必密伺短長, 借莫須有事魚肉我.' 以故深自斂戢. 婦或出遊, 呼與同舟. 遇兩堤之馳騎挾彈遊冶少年, 諸女伴

33　지소백(支小白): 「소청전」의 작가로 알려진 지여증(支如增)이다. 소백은 그의 자이다. 가선(嘉善) 사람이며, 「소청전」은 숭정연간에 지어졌다.

持點謔躍, 倏東倏西, 姬澹然凝坐而已.

婦之戚屬某夫人者, 才而賢. 常就姬學奕, 絕愛憐之. 因數取巨觴觴婦, 瞯婦已醉, 徐語姬曰 : "船有樓, 汝伴我一登." 比登樓, 遠眺久之, 撫姬背曰 : "好光景可惜, 毋自苦. 章臺柳亦倚紅樓盼韓郎走馬, 而子作蒲團空觀耶?" 姬曰 : "賈平章劍鋒可畏也!" 夫人笑曰 : "子悞矣! 平章劍鈍, 女平章乃利害耳!" 頃之, 從容諷曰 : "子旣嫻儀則, 又多技能, 而風流綽約復爾, 豈當墮羅刹國中? 吾雖非女俠, 力能脫子火坑. 頃言'章臺柳', 子非會心人耶? 天下豈少韓君乎? 且彼縱善遇子, 子終向黨將軍帳下作羔酒侍兒乎?" 姬曰 : "夫人休矣! 妾幼夢手折一花, 隨風片片着水. 命止此矣! 夙業未了, 又生他想, 彼冥曹姻緣簿, 非吾如意珠, 再辱奚爲? 徒供羣口畫描耳." 夫人歎曰 : "子言亦是. 吾不子强, 雖然, 子亦宜自愛. 彼或好言飮食汝, 乃更可慮. 卽旦夕所須, 第告我無害." 因相顧泣下霑衣. 徐拭淚還座, 尋別去. 夫人每向宗戚語及之, 無不咨嗟歎息云.

姬自後幽憤凄惻, 俱托之詩或小詞. 而夫人後亦旋宦遠方, 姬益寥闃, 遂感疾. 婦命醫來, 仍遣婢捧藥至. 姬佯感謝, 婢出, 擲藥床頭, 歎曰 : "吾卽不願生, 亦當以淨體皈依, 作劉安鷄犬, 豈以一盃鴆斷送耶?" 然病益不支, 水粒俱絕, 日飮梨汁盞許. 益明妝冶服, 擁袱欹坐, 或呼琵琶婦唱盲詞以遣. 雖數暈數醒, 終不蓬首偃臥也.

忽一日, 語老嫗曰 : "可傳語冤業郎, 覓一良畫師來." 師至, 命寫照. 寫畢, 攬鏡熟視曰 : "得吾形似矣, 未盡吾神也. 姑置之." 又易一圖, 曰 : "神是矣, 而風態未流動也. 若見我目端手莊, 太矜持故也. 姑置之." 命捉筆于旁, 而自與嫗指顧語笑. 或扇茶鐺, 簡圖書, 或代調丹碧諸色, 縱其想會. 久之, 復命寫圖, 圖成, 極妖纖之致. 笑曰 : "可矣!" 師去, 卽取圖供榻前, 爇名香, 設梨酒奠之, 曰 : "小靑! 小靑! 此中豈有汝緣分耶?" 撫几而泣, 淚雨潸潸下. 一慟而絕, 時萬曆壬子歲也, 年才十八耳. 哀哉! 人美于玉, 命薄于雲! 瓊蕊優曇, 人間一現, 欲求如杜麗娘牧丹亭畔重生, 安可得哉!

日向暮, 生始踉蹌來. 披帷, 見容光藻逸, 衣袂鮮好, 如生前無病時. 忽長號頓足, 嘔血升餘. 徐簡得詩一卷, 遺像一幅, 又一緘寄某夫人, 啓視之, 叙致惋痛, 後書一絶句. 生痛呼曰: "吾負汝! 吾負汝!" 婦聞恚甚, 趨索圖. 乃匿第三圖, 僞以第一圖進, 立焚之. 又索詩, 詩至, 亦焚之. 「廣陵散」從玆絶矣! 悲夫! 楚焰誠烈, 何不以紀信誑之? 則罪不在婦, 又在生耳!

及再簡草稿, 業散失盡. 而姬臨卒時, 取花鈿數事贈嫗之小女, 襯以二紙, 正其詩稿. 得九絶句一古詩一詞, 幷所寄某夫人者, 共十二篇. 古詩云: "雪意閣雲雲不流, 舊雲正壓新雲頭. 米顚顚筆落窓外, 松嵐秀處當我樓. 垂簾只愁好景少, 卷簾又怕風繚繞. 簾卷簾垂底事難. 不情不緖誰能曉? 爐烟漸瘦剪聲小, 又是孤鴻唳悄悄." 絶句云: "稽首慈雲大士前, 莫生西土莫生天. 願爲一滴楊枝水, 洒作人間並蔕蓮." "春杉血淚點輕紗, 吹入林逋處士家. 嶺上梅花三百樹, 一時應變杜鵑花." "新妝竟與畫圖爭, 知在昭陽第幾名. 瘦影自臨秋水照, 卿須憐我我憐卿." "西陵芳草騎轔轔, 內使傳來喚踏青. 盃酒自澆蘇小墓, 可知妾是意中人." "冷雨幽窓不可聽, 挑燈閒看牧丹亭. 人間亦有癡于我, 豈獨傷心是小青." "何處雙禽集畫闌, 朱朱翠翠似青鸞. 如今幾個憐文彩? 也向秋風鬪羽翰." "脈脈溶溶灩灩波, 芙蓉睡醒欲如何? 妾映鏡中花映水, 不知秋思落誰多." "盈盈金谷女班頭, 一曲驪珠衆伎收. 直得樓前身一死, 季倫原是解風流." "鄕心不畏兩峰高, 昨夜慈親入夢遙. 見說浙江潮有信, 浙潮爭似廣陵潮?" 其「天仙子」詞云: "文姬遠嫁昭君塞, 小青又續風流債. 也虧一陣黑罡風, 火輪下, 抽身快, 單單別別淸凉界. 原不是鴛鴦一派, 休算作相思一概. 自思自解自商量, 心可在, 魂可在, 着衫又撚裙雙帶."

與某夫人書曰: "元元叩首瀝血致啓夫人台座下. 關頭祖帳, 迥隔人天. 官舍良辰, 當非寂度. 馳情感往, 瞻睇慈雲. 分燠噓寒, 如依膝下.

糜身百體, 未足云酎. 娣娣姨姨無恙? 猶憶南樓元夜, 看燈諧謔. 姨指畵屏中一憑欄女曰 : '是妖嬈兒, 倚風獨盼, 恍惚有思, 當是阿青!' 妾亦笑指一姬曰 : '此執拂狡鬟, 偸近郎側, 將無似娣!' 于時角采尋歡, 纒綿徹曙. 寧復知風流雲散, 遂有今日乎? 往者仙槎北渡, 斷梗南樓, 狺語哮聲, 日焉三至. 漸乃微詞含吐, 亦如尊旨云云. 竊揆鄙衷, 未見其可.

夫屠肆菩心, 餓狸悲鼠! 此直供其換馬, 不卽辱以當壚. 去則弱絮風中, 住則幽蘭霜裏. 蘭因絮果, 現業誰深? 若使祝髮空門, 洗粧浣慮, 而艶思綺語, 觸緖紛來. 正恐蓮性雖胎, 荷絲難殺, 又未易言此也! 乃至遠笛哀秋, 孤燈聽雨, 雨殘笛歇, 謖謖松聲. 羅衣壓肌, 鏡無乾影. 晨淚鏡潮, 夕淚鏡汐. 今玆鷄骨, 殆復難支. 痰灼肺然, 見粒而嘔. 錯情易意, 悅憎不馴. 老母娣弟, 天涯間絶, 嗟乎! 未知生樂, 焉知死悲? 憾促歡淹, 無乃非達? 妾少受天穎, 機警靈速. 豊玆嗇彼, 理詎能雙? 然而神爽有期, 故未應寂寂也. 至其淪忽, 亦非自今. 結褵以來, 有宵靡旦, 夜臺滋味, 諒不殊斯! 何必紫玉成烟, 白花飛蝶, 乃謂之死哉! 或軒車南返, 駐節維揚, 老母惠存, 如妾之受. 阿秦可念, 幸終垂憫. 疇昔珍贈, 悉令見殉. 寶鈿綉衣, 福星所賜, 可以超輪消刦耳. 然小六娘竟先期相俟, 不憂無伴. 附呈一絶, 亦是鳥語鳴哀. 其詩集小像, 托陳嫗好藏, 覓便馳寄. 身不自保, 何有于零膏冷翠乎! 他時放船堤下, 探梅山中, 開我西閣門, 坐我綠陰床. 髣生平於響像. 見空幃之寂颺, 是耶非耶? 其人斯在! 嗟乎! 夫人! 冥明異路, 永從此辭. 玉腕朱顔, 行就塵土, 興思及此, 慟也何如! 元元叩首叩首上." 後附絶句云 : "百結廻腸寫淚痕, 重來惟有舊朱門. 夕陽一片桃花影, 知是亭亭倩女魂." 生之戚某集而刻之, 名曰'焚餘'.

張山來曰 : 紅顔薄命, 千古傷心. 讀至送鴆, 焚詩處, 恨不粉妒婦之骨以飼狗也.

又曰 : 小青事, 或謂原無其人, 合'小青'二字, 乃'情'字耳. 及讀吳□□

「紫雲歌」, 其小序云: "馮紫雲, 爲維揚小青女弟, 歸會稽馬髦伯". 則又似實有其人矣. 卽此傳亦不知誰氏手筆, 吾友殷日戒髥鬚憶爲支小白作, 未知是否, 姑闕疑焉.

의로운 원숭이 이야기[義猴傳]

사릉(射陵) **송조**(宋曹)

건남(建南 : 지금의 湖北省 利川縣 서북쪽)의 양석포(楊石袍)가 나에게 다음과 같은 이야기를 해 주었다.

오(吳) 땅과 월(越) 땅 사이에서 곱슬 수염이 난 거지가 초가집을 짓고 남쪽 언덕에 살았다. 그는 원숭이 한 마리를 길렀는데, 원숭이에게 반령(盤鈴) 인형극[1]을 가르쳐 시장에서 공연하면서 근근이 먹고 살았다. 음식을 얻으면 늘 원숭이와 함께 먹었고 엄동설한이나 여름 장마 비가 내릴 때에도 원숭이와 함께 했다. 그들은 마치 부자지간처럼 서로 굳게 의지하며 살았다.

이렇게 10여 년이 지나, 거지는 늙고 병들어 원숭이를 데리고 시장에

1 반령(盤鈴) 인형극 : 반령은 악기 이름이다. 『신당서(新唐書)』「회골전하(回鶻傳下)」에 "악기에는 적 · 고 · 생 · 필률 · 반령이 있고, 놀이에는 농타 · 사자 · 마기 · 승기가 있다[樂有笛 · 鼓 · 笙 · 觱篥 · 盤鈴, 戲有弄駝 · 師子 · 馬伎 · 繩伎]"는 기록이 있다. 반령괴뢰(盤鈴傀儡)는 반령 반주에 맞춰 손에 인형을 들고 공연하는 인형극이다.

갈 수 없게 되었다. 원숭이는 오랫동안 변치 않고 매일 길가에 꿇어앉아 음식을 구걸해서 그를 봉양했다. 거지가 죽자 원숭이는 비통해하며 빙빙 돌았는데, 그 모습이 마치 자식이 가슴을 치며 몸부림을 치는 것 같았다. 통곡을 끝내고는 다시 길가에 꿇어앉아 처량한 소리를 내며 머리를 숙인 채 상복을 입고 돈을 구걸했다. 하루가 다 지나기도 전에 몇 천 냥의 돈이 걷히자 그 돈을 모두 실에 꿰어 시장으로 가더니 관 파는 가게 앞을 떠나지 않았다. 장의사가 관을 내주어도 여전히 떠나지 않고 관 메는 사람을 찾아 그의 옷자락을 잡아끌었다. 관 메는 사람은 관을 메고 남쪽 언덕으로 가서 거지를 관에 안장하고 묻어주었다. 원숭이는 다시 길가에서 음식을 구걸해 제사를 지냈다. 제사가 끝나자 들판에 있는 마른 나뭇가지를 모두 모아 무덤 옆에 쌓더니 이전에 [사용하던] 인형을 가져다 무덤 위에 놓고 불살랐다. 그리고는 몇 번 길게 울더니 불 속에 스스로 뛰어들어 죽었다. 길을 가던 사람들 중에 경탄하지 않는 자가 없었고 원숭이의 의로움에 감동하여 의후총(義猴冢)을 만들어주었다.

장산래가 말한다.

세도(世道)에 도움이 되는 문장으로, 마치 「서아기전(徐阿寄傳)」[2]을 읽은 듯하구나.

建南楊子石袍告予曰 : 吳越間, 有鬈髯丐子, 編茅爲舍, 居于南坡. 嘗畜一猴, 教以盤鈴傀儡, 演于市以濟朝夕. 每得食, 與猴共, 雖嚴寒暑雨, 亦與猴俱. 相依爲命, 若父子然.

如是者十餘年, 丐子老且病, 不能引猴入市. 猴每日長跪道旁, 乞食

2 「서아기전(徐阿寄傳)」: 『명사』 「열전(列傳)」에 실려 있는 서씨(徐氏) 집 하인인 아기(阿寄)에 관한 이야기이다. 서씨가 자식들에게 재산을 나누어주며 첫째에게는 말을 주고 둘째에게는 소를 주고 셋째에게는 하인 아기를 물려주었는데, 셋째가 말과 소는 모두 쓸모가 있지만 하인은 쓸모가 없다고 하자 아기는 셋째를 잘 모시면서 마을에서 제일가는 부자로 만들어 주었다고 한다.

養之, 久而不變. 及丐子死, 猴乃悲痛旋繞, 如人子躃踊狀. 哀畢, 復長跪道旁, 悽聲頻首, 引嘗乞錢. 不終日, 得錢數貫, 悉以繩錢入市中, 至棺肆不去. 匠果與棺, 仍不去, 伺擔者輒牽其衣裾. 擔者爲舁棺至南城, 殮丐子埋之. 猴復于道旁乞食以祭. 祭畢, 遍拾野之枯薪, 廩於墓側, 取向時傀儡置其上焚之. 迺長啼數聲, 自赴烈燄中死. 行道之人, 莫不驚歎而感其義, 爰作義猴塚.

張山來曰 : 有功世道之文, 如讀「徐阿寄傳」.

우초신지 권2

유경정전(柳敬亭傳)

매촌(梅村) **오위업**(吳偉業)

유경정(柳敬亭)은 양주부(揚州府) 태주(泰州 : 지금의 江蘇省 泰州市) 사람으로 원래 성은 조씨(曹氏)였다. 나이 열다섯부터 난폭하게 망나니짓을 하더니 이름이 이미 체포자 명단에 끼어 있었다. 그리하여 그는 우이(盱眙 : 지금의 江蘇省 盱眙縣)로 도망갔는데, 형편이 매우 어려워지자 소설책 한 권을 끼고 밥벌이를 했다. 배워 익히지는 않았지만, 오랫동안 귀동냥한 것을 우이 저자거리에서 자기 마음대로 떠벌려봤더니, 어느새 저자거리 사람들의 마음을 빼앗을 수 있었다. 그러나 도박을 좋아해서 돈을 버는 족족 다 써버렸다. 어떤 노인이 매일매일 돈 백 전씩을 추렴해 주자 오랫동안 그 노인을 따라다니며 얻어먹었다. 강을 건너 큰 버드나무 아래에서 쉬다가 그는 가지를 붙잡고 눈물을 흘렸다. 잠시 후 그 나무 어루만지기를 관두고 동행하던 수십 명을 돌아보며 "아! 나는 이제부터 유씨(柳氏)오!"라고 말했다. 이 말을 들은 사람들은 그저 별짓 다한다고 생각했고, 어떤 이는 크게 웃으며 가버리기도 했다.

이십 년 후, 금릉(金陵 : 지금의 南京市)에 이야기 잘하는 유생(柳生)이 나타났다. 사대부들이 그를 매우 아껴서, 그의 집 문 앞은 모여든 수레로 문전성시를 이루었으며 가는 곳마다 관중들은 모두들 경탄에 마지않았다. 어떤 사람이 그를 알아보고 이렇게 말했다.

"저 사람은 예전에 강을 건널 때 나무 아래에서 쉬었던 그 자로구나!"

당시 유생과 같은 [설서(說書)][1] 기술로 강호에서 우열을 다투던 사람으로는 광릉(廣陵 : 지금의 江蘇省 揚州市)의 장초(張樵)와 진사(陳思), 고소(姑蘇 : 지금의 江蘇省 蘇州市)의 오일(吳逸)과 유생 이렇게 넷이 있었는데, 모두 일가를 이루어 명성이 났지만, 유생이 유독 뛰어났다.

누군가가 유생에게 스승이 누구냐고 물었더니 유생이 말했다.

"저는 스승이 없습니다. 스승이라면 유학자인 운간(雲間 : 江蘇省 松江府의 별칭. 지금의 上海市 淞南 지역)의 막후광(莫後光)[2] 뿐입니다."

막후광은 유생에게 이렇게 말했다.

"연의(演義)[3]는 비록 보잘것없는 재주지만, 성정을 분별하고 각지의 풍속을 살피며 만물을 형용한다는 점에서 유자의 길과 다르지 않소. 처음 그것을 취할 때는 거리낌 없어야 하고, 중간에는 미묘해져야 하며, 급하게 나아갈 때는 신속해야 하고, 편안하게 풀어질 때는 안정되어야 하오. 또 들어가 멈출 때는 잡아두어야 하고, 정리하고서 돌아올 때는 정갈해야 하오. 그러니 천하에서 가장 정통한 자가 아니면 누가 이렇게 할 수 있겠소?"

유생은 물러나 집에 돌아가서는 기(氣)를 양성하고 말을 가다듬었다. 또 음률을 살피고 사물을 분별하며 기예를 터득해나갔다. 한 달 후 막후

---

1 설서(說書) : 창(唱)과 대사를 사용하여 『삼국연의』나 『수호전』 등의 이야기 전체를 공연하는 것으로, 강소성 사람들의 설서가 그 중 뛰어나 현재까지 성행하고 있다.

2 막후광(莫後光) : 생졸년 미상. 『송강현지(松江縣志)』의 기록에 의하면, 유생이면서 설서를 잘하여 생계를 도모하였으며, 사찰에 기거하며 여름철에 『서유기』·『수호전』을 이야기하면 수백 명이 몰려와 들으며 더위를 잊었다고 한다.

3 연의(演義) : 여기서는 설서나 탄사(彈詞) 등의 기예를 말한다.

광에게 물으니 막후광이 이렇게 말했다.

"그대의 설서 솜씨는 아직 부족하오. 그대의 설서를 듣고 사람들이 즐겁게 웃는 것은 그대의 재주 중에서 쉬운 부분만 이해한 것이오."

또 한 달이 지났을 때 막후광이 말했다.

"그대의 설서 솜씨는 이제 거의 다 이루어진 것 같소. 그대가 설서하는 것을 듣고는 사람들이 정좌한 채 안색이 변하고, 머리카락은 쭈뼛쭈뼛 솟구친 채 혀를 내두르더군."

또 한 달이 지나자 막후광은 그를 바라보며 깜짝 놀라 말했다.

"이제 완전히 터득했구려! 그대의 시선, 손동작, 발동작에서 채 말을 시작하기도 전에 슬픔과 기쁨이 모두 먼저 드러나니, 이는 설서의 완전한 경지요!"

그리하여 [그의 설서가 시작되면] 청중들은 홀연 마치 무엇인가를 본 것처럼 놀라다가 설서가 끝나면 마치 무엇인가 잃은 듯 슬퍼했다. 막후광이 말했다.

"천하를 다녀도 어려울 것이 없겠소!"

얼마 후 유생은 작별을 고하고 양주에 갔다가 항주(杭州)를 거쳐 오(吳) 땅으로 갔는데, 오 땅에서 가장 오래 머물렀다. 금릉에 가서는 가는 곳마다 권세가들과 사귀었고, 사람들도 모두 그를 각별하게 대했다. 그는 처신함에 있어 상대가 비록 매우 비천한 사람이라 하더라도 반드시 허리를 굽혀 자신을 낮추었고, 영달한 사람이라 하여도 굽히지 않고 농지거리를 했다. 사람들과 이야기를 나눌 때에도 처음에는 그다지 해학적으로 보이지 않지만 천천히 지난 일 하나를 꺼내 서로 주거니 받거니 하다보면 담담한 말투와 고아한 대답에 좌중의 눈이 온통 그에게 쏠리었다. 그래서 신분이 높은 사람들도 그를 존중하였으니, 단순히 그 재주가 훌륭했기 때문만은 아니었다.

당시 사대부들이 적의 침략을 피해 남쪽으로 내려와서, 금릉에서 객지생활 하는 사람만도 1만 가호가 넘었다. 대사마(大司馬) 오교(吳橋) 사람

범공(范公)[4]은 병부상서를 지낸 인물로 선비를 좋아하는 것으로 유명했고, 상국(相國) 하문단(何文端)[5]은 문을 닫아걸고서 누가 찾아오는 것을 피했다. 그런 이 두 집에서 모두 유생을 데려다 상객으로 대했다. 어떤 손님이 유생에게 말했다.

"바야흐로 세상에 난리가 나기 전에, 당신이 이야기 하던 것은 모두 호걸과 협사들이 황야로 도망 다니는 일들이었소. 우리들은 그것을 듣고 웃으면서, 그런 일이 어디 있을까, 공이 황당무계한 이야기를 잘하는 것뿐이겠지 여겼소. 지금 그런 일을 불행히도 친히 보게 될 줄 누가 알았겠소?"

유생은 그 말을 듣고 개탄하며 오 땅 사람 장연축(張燕筑)과 심공헌(沈公憲)에게 함께 공연하자고 부탁했다. 장연축과 심공헌은 노래를 했고, 유생은 이야기를 했다. 세 사람이 술에 거나하게 취해 박자에 맞춰 슬프게 노래하니, 그 모습이 몹시 처량하고 슬퍼보였다. 남쪽으로 내려와 떠도는 북쪽 출신들은 그것을 듣고 모두 눈물을 흘렸다.

얼마 지나지 않아 좌병(左兵)의 일[6]이 발생했다. 좌병이란 영남백(寧南伯) 좌양옥(左良玉)[7]의 군사를 지칭한다. 이들은 떠들썩하게 남하하더니

---

4 범공(范公) : 범경문(范景文 : 1587~1644). 명나라 하간부(河間府) 오교 사람으로 자는 몽장(夢章), 호는 사인(思仁)이다. 만력 41년(1614) 진사가 되었고 숭정연간 공부상서(工部尚書) 겸 동각대학사(東閣大學士)·병부상서(兵部尚書)를 지냈고 명나라가 망하자 자결하였다. 시호는 문정(文貞)이다.

5 하문단(何文端 : ?~1641) : 원문에는 '하문서(何文瑞)'로 되어 있으나 하문단의 오기이다. 문단은 하여총(何如寵)의 시호로, 동성(桐城) 사람이며 자는 강후(康侯)다. 만력 26년(1598) 진사가 되어 국자감 좨주를 지냈고 천계연간(天啓年間 : 1621~1627)에는 예부우시랑(禮部右侍郎)이 되었다. 숭정연간에는 이부시랑(吏部侍郎)·예부상서(禮部尚書) 겸 동각대학사(東閣大學士)·무영전대학사(武英殿大學士) 등을 지냈다. 숭정 4년(1631)에 관직을 그만두고 고향으로 돌아갔다.

6 좌병(左兵)의 일 : 홍광(弘光) 원년(1645) 좌양옥(左良玉)이 마사영(馬士英)을 토벌하자는 격문을 돌리고 무창(武昌)에서 군사를 일으킨 사건을 말한다.

7 좌양옥(左良玉 : 1599~1645) : 산동 임청(臨淸) 사람으로 자는 곤산(昆山)이다. 이자성(李自成)·장헌충(張獻忠)의 농민군을 진압하는 데 공을 세워 후에 평적장군(平賊將軍)을 제수 받고 영남백(寧南伯)에 봉해져 무창(武昌)에 주둔했다.

곧 조서를 받들어 초(楚) 지역을 수비했고, 환성(皖城 : 지금의 安徽省 소재)에 주둔하며 출병을 기다렸다. 환성을 지키던 자는 두홍역(杜弘域)이란 장군으로, 유생과는 오랜 친구 사이였다. 좌양옥이 술을 권하며 기이한 인재를 하나 얻고 싶다고 하니 두홍역은 유생 이야기를 털어놓았다. 두 사람이 군사 일을 놓고 서로 의견이 맞지 않자, 유생이 아니면 해결할 수 있는 사람이 없다고 생각하여 유생을 불러들였다. 유생을 바치자 좌양옥은 그를 천하에 제일가는 변사(辯士)라고 여겼다. 이에 그의 능력을 시험하고자 부하에게 긴 칼로 손님들을 막게 하고는 그를 자리로 안내했다. 앉아있던 손님들은 모두 겁에 질려 우왕좌왕했다. 그러나 유생은 인사를 끝내자마자 술을 달라하더니 마치 옆에 아무도 없는 양 장난을 치고 익살을 떨었다. 좌양옥은 크게 놀라 너무 늦게 그를 얻었다고 생각했다. 그곳에 며칠 머물렀을 때 좌양옥이 깊은 시름에 빠져 침울해하다가 유생을 뚫어지게 바라보며 이렇게 말했다.

"내가 무슨 생각을 하는지 한번 맞춰보게."

"패망한 군사들이 환성에 들어왔는데, 두홍역 장군이 법으로 다스리지 않아서 그러시는 것 아닙니까?"

좌양옥이 말했다.

"그렇다네."

유생이 말했다.

"군후(君侯 : 左良玉)의 명령이 없으면 두장군이 감히 마음대로 할 수 없어서 그럴 것입니다."

그러더니 명을 청해 받들고 말을 달려 두홍역 장군의 군영 안으로 들어가서는 몇 사람을 베어 죽임으로써 일을 끝맺음했다.

좌양옥의 막부에는 유생(儒生)들이 많았지만 이들이 쓴 격문은 그다지 정곡을 찌르지 못했다. 유생은 원래 글을 몰랐지만 대충 말로 계책을 짜도 모두 상황에 적절했다. 좌양옥은 군인 출신으로 어려서 고아가 되어 가난하게 살았다. 어미를 잃었기에 봉호(封號)를 하사해 달라 청할 때도

자기 성이 무엇인지 몰라 눈물을 줄줄 흘렸다. 유생이 말했다.

"군후께서는 천자께서 성을 하사하신다는 말씀을 들어보지 못하셨습니까? 이것은 제가 하는 설서의 한 이야기 속에 나오는 사실입니다."

좌양옥은 매우 기뻐하며 즉시 이러한 내용을 갖춰 상주했다. 좌양옥은 무인이었으나 이 일로 인해 고금을 알고 중요한 요체를 아는 자라 여겨지게 되었다.

사마 완대성(阮大鋮)[8]은 유생과 예전부터 아는 사이였다. 그는 좌양옥과 사이가 안 좋았는데, 새롭게 권력을 장악하게 되었다. 유생은 남쪽으로 돌아가며 좌양옥에게 물었다.

"완사마를 만나면 뭐라고 할까요?"

좌양옥은 서신 없이 구두로만 완대성에게 옛날의 악감정을 던져버리고 국사를 도모하자고 아뢰라 명했다. 유생은 돌아가 좌양옥의 지시대로 응대하고, 돌아가서 꼭 보고하겠노라 약속까지 했다. 그러나 산비탈에 돌로 성을 쌓는다는 소식을 듣고는 발을 동동 구르며 말했다.

"이것은 서쪽을 방비하겠다는 뜻이니, 필시 군사를 일으키겠구나!"

후에 과연 그의 염려대로 되었다.

좌양옥의 장례행렬이 용강관(龍江關 : 지금의 江蘇省 南京市 서북부)을 지날 때, 유생은 그를 위해 제사지내며 곡을 했다. 그때 어떤 사람이 나와 절을 했는데, 절을 마치고도 일어서지 않기에 보았더니 바로 좌양옥이 아끼던 장수 진수(陳秀)였다. 예전에 진수가 위급한 상황에 처했을 때 유생이 그를 살려준 적이 있었다. 유생은 내게 진수를 구해주었던 일에 대해 자세히 이야기해주었다. [이야기는 다음과 같다.] 좌양옥이 병이 나 심기가 불편할 때 진수가 중죄를 범해 죽음에 처할 것이 분명했다. 유생은 다른

8 완대성(阮大鋮 : 1587?~1646) : 원문은 '완회녕(阮懷寧)'이다. 완대성은 자가 집지(集之), 호가 원해(圓海), 석소(石巢), 백자산초(百子山樵)로 회녕(懷寧) 사람이다. 만력 연간(1573~1619)에 진사가 되어 호과급사중(戶科給事中)을 지냈으며, 위충현(魏忠賢)과 함께 동림당(東林黨) 인사를 탄압했다. 명이 망한 후 남명 왕조의 병부상서(兵部尚書)를 지냈으나 순치(順治) 3년(1646) 청에 투항했다.

구실을 댈 수 없어 짐짓 일을 꾸미며 말했다.

"오늘은 술 마시는 것이 즐겁지 않군요. 혹 군후께서 아끼시는 기이한 물건이 있으면 한 번 보여주실 수 있겠습니까?"

좌양옥이 말했다.

"좋지."

그리고는 자신의 모습을 그린 그림 두 개를 꺼냈는데, 그중 하나가 「관농파적도(關隴破賊圖)」였다. 그는 거울을 당겨 자신을 비추어 보고는 탄식하며 말했다.

"천하의 건아였던 나 좌양옥도 이제는 늙었네!"

그 다음 그림을 가리키며 말했다.

"내가 적들을 쳐부순 후 산에 들어가려고 할 때, 이 그림을 그려 기록해 놓은 것일세."

승복 입고 지팡이를 든 사람과 동자 몇 명, 그리고 표주박을 메고 삿갓을 쓴 채 뒤를 따라가는 자가 보였는데, 가까이서 보니 바로 진수였다. 유생이 못 본척하며 천천히 곁눈질로 누구냐고 했더니 좌양옥이 그에 대해 말하면서 그의 죄상을 알려줬다. 유생이 말했다.

"만약 은혜를 저버렸다면 마땅히 죽여야겠지만, 군후께서 심복이라 생각하셨기에 산에 들어가실 때에도 따르게 하셨겠지요. 그를 죽이신다면 이 그림은 온전해지지 못할 것입니다!"

좌양옥은 이에 고개를 끄덕였다. 유생은 이처럼 임기응변에 능해 다른 사람의 우환을 없애주고 분규를 해결해 주곤 하였다.

처음에 유생이 무창(武昌 : 지금의 湖北省 무창)으로부터 돌아올 때 신도군(新道軍) 객장(客將)[9] 신분으로 나타나자 조정 대신들이 모두 동요했다. 그러나 조용히 옛 절개를 지켰고 일상생활이나 벗들도 예전과 변함이 없었다. 강상(江上)의 변고[10]을 당한 뒤, 유생은 지니고 있었거나 군대에 남

---

9 객장(客將) : 객적(客籍)의 장군을 말한다.

10 강상(江上)의 변고 : 좌양옥이 마사영·완대성을 토벌하러 가다 구강(九江)에서 병사

겨두었던 돈 수천 냥을 다 잃어버리고 다시 빈곤해졌지만 의기만은 여전했다. 어떤 사람이 이에 대해 묻자 유생이 말했다.

"우이 저자거리에 있을 때는 밤에 추운 데서 자고 다 터진 신발을 신고 눈비를 맞으며 걸었는데, 생각지도 못하게 이러한 신분에 이르렀소. 지금 비록 다시 어려운 처지가 되었다고는 하나 그래도 살만 하고, 내 기술이 여전한데 뭐 하러 가난을 크게 걱정하겠소?"

그리고는 다시 오 땅으로 돌아갔다. 그는 술에 취할 때마다 사람들에게 옛날 영남백 좌양옥의 일을 이야기하면서 슬프게 울었다. 군대에서 오래 지냈기에 그의 이야기는 더욱 능숙해졌고, 발산할 길 없는 무료하고 억울한 기운을 설서하는 것으로 푸니, 만년에 그 기예가 더욱 훌륭해졌다고 한다.

구사씨(舊史氏)가 말한다.

나는 예전에 금릉에서 유생을 알았다. 당시 양계형(楊季衡)이란 사람이 있었는데, 본디 의원이었으나 그 또한 좌양옥의 식객으로 있었다. 좌양옥이 무창태수직을 대리하게 해달라고 상주하여 양계형은 정말로 관직을 얻었다. 좌양옥은 이어 유생에게도 관직을 강권했으나 유생은 웃으며 나가지 않았다. 양계형은 지금 관직을 떠나 여전히 예전의 의원 일을 하고 있는데, 남쪽 지방에서는 변사로 통하며, 나와 친하다.

장산래가 말한다.

무신년(1668) 겨울, 나는 금릉 친구들과의 술자리에서 유생과 함께 술을 마셨다. 처음에 유생을 알아보지 못하고 동료들에게 물어보니 어떤 이가 "『매촌집(梅村集)』에서 말한 유 아무개가 바로 이 분이시네"라고 말했다. 익살맞고 이야기를 잘 하여 자리의 분위기를 띄웠으니, 그가 설서하는 것을 듣지 못한 게 한이다. 지금 이 전을 읽으니 그가 수염을 떨치

한 후 좌양옥의 아들 좌몽경(左夢庚)이 군대를 이끌고 청에 투항한 일을 말한다.

고 박자를 맞추면서 설서하는 모습이 가히 상상이 간다.

柳敬亭者, 揚之泰州人, 盖曹姓. 年十五, 獷悍無賴, 名已在捕中. 走之盱眙, 困甚, 挾稗官一冊. 非所習也, 耳剽久, 妄以其意抵掌盱眙市, 則已傾其市人. 好博, 所得亦緣手盡. 有老人, 日爲醵百錢, 從寄食, 久之. 過江, 休大柳下, 生攀條泫然. 已撫其樹, 顧同行數十人曰 : "嘻! 吾今氏柳矣!" 聞者以生多端, 或大笑以去.

後二十年, 金陵有善談論柳生. 衣冠懷之, 輻輳門車嘗接轂, 所到坐中皆驚. 有識之者, 曰 : "此固嚮年過江時休樹下者也!" 柳生之技, 其先後江湖間者, 廣陵張樵 · 陳思 · 姑蘇吳逸, 與柳生四人者, 各名其家, 柳生獨以能著.

或問生何師, 生曰 : "吾無師也. 吾之師, 乃儒者雲間莫君後光." 莫君言之曰 : "夫演義雖小技, 其以辨性情, 考方俗, 形容萬類, 不與儒者異道. 故取之欲其肆, 中之欲其微, 促而赴之欲其迅, 舒而繹之欲其安. 進而止之欲其留, 整而歸之欲其潔. 非天下至精者, 其孰與於斯矣?" 柳生迺退就舍, 養氣定詞. 審音辨物, 以爲揣摩. 期月而後請莫君, 莫君曰 : "子之說未也. 聞子說者, 驩咍嗢噱, 是得子之易也." 又期月, 曰 : "子之說幾矣. 聞子說者, 危坐變色, 毛髮盡悚, 舌撟然不能下." 又期月, 莫君望見驚起曰 : "子得之矣! 目之所視, 手之所倚, 足之所跂, 言未發而哀樂具乎其前, 此說之全矣!" 於是聽者儻然若有見焉, 其竟也, 恤然若有亡焉. 莫君曰 : "雖以行天下, 莫能難也!"

已而柳生辭去, 之揚州, 之杭, 之吳, 吳最久. 之金陵, 所至與其豪長者相結, 人人昵就生. 其處己也, 雖甚卑賤, 必折節下之, 卽通顯, 敖弄無所詘. 與人談, 初不甚諧謔, 徐舉一往事相酬答, 澹辭雅對, 一座傾靡. 諸公以此重之, 亦不盡以其技强也.

當是時, 士大夫避寇南下, 僑金陵者萬家. 大司馬吳橋范公, 以本兵開府, 名好士, 相國何文瑞, 闔門避造請. 兩家引生爲上客. 客有謂生者曰："方海內無事, 生所談, 皆豪滑大俠草澤亡命. 吾等聞之, 笑謂必無是, 乃公故善誕耳. 孰圖今日, 不幸竟親見之乎?" 生聞其語慨然. 屬與吳人張燕筑・沈公憲俱. 張・沈以歌, 生以談. 三人者, 酒酣, 悲吟擊節, 意悽愴傷懷. 凡北人流離在南者, 聞之無不流涕.

未幾而有左兵之事. 左兵者, 寧南伯良玉軍. 譟而南, 尋奉詔守楚, 駐皖城待發. 守皖者, 杜將軍宏域, 於生爲故人. 寧南嘗奏酒, 思得一異客, 杜旣已洩之矣. 會兩人用軍事不相中, 念非生莫可解者, 乃檄生至. 進之, 左以爲此天下辯士. 欲以觀其能, 帳下用長刀遮客, 引就席. 坐客咸震慴失次. 生拜訖, 索酒, 詼啁諧笑, 旁若無人者. 左大驚, 自以爲得生晚也. 居數日, 左沉吟不樂, 熟視生曰："生揣我何念." 生曰："得毋以亡卒入皖, 而杜將軍不法治之乎?" 左曰："然." 生曰："此非有君侯令, 杜將軍不敢以專也." 生請銜命矣, 馳一騎, 入杜將軍軍中, 斬數人, 乃定.

左幕府多儒生, 所爲文檄, 不甚中窾會. 生故不知書, 口畫便宜輒合. 左起卒伍, 少孤貧. 與母相失, 請賜封, 不能得其姓, 泪承睫不止. 生曰："君侯不聞天子賜姓事乎? 此吾說書中故實也." 大喜, 立具奏. 左武人, 卽以爲知古今識大體矣.

阮司馬懷寧, 生舊識也. 與左郄而新用事. 生還南中, 請左曰："見阮云何?" 左無文書, 卽令口報阮, 以捐棄故嫌, 圖國事於司馬也. 生歸, 對如寧南指, 且約結還報. 及聞坂磯築城, 則頓足曰："此示西備, 疑必起矣!" 後果如其慮焉.

左喪過龍江關, 生祠哭已. 有迎且拜, 拜不肯起者, 則其愛將陳秀也. 秀嘗有急, 生活之. 具爲予言救秀狀. 始左病恚怒, 而秀所犯重, 且必死. 生莫得楮梧, 乃設之以事曰："今日飮酒不樂. 君侯有奇物玩好, 請一觀可乎?" 左曰："甚善." 出所畵己像二, 其一「關隴破賊圖」也. 攬鏡自照, 歎曰："良玉, 天下健兒也, 而今衰!" 指其次曰："吾破賊後, 將入山, 此圖所以志也." 見衲而杖者數童子, 從其負瓢笠, 且近, 則秀也. 生佯不省而徐睨爲誰, 左語之, 且告其罪. 生曰："若負恩當死, 顧君侯以親信, 卽入山且令相從. 而殺之, 卽此圖爲不全矣!” 左頷之. 其善用權譎, 爲人排患解紛率類此.

初, 生從武昌歸, 以客將新道軍所來, 朝貴皆傾動. 顧自安舊節, 起居故人無所改. 逮江上之變, 生所携及留軍中者, 亡散累千金, 再貧困而意氣自如. 或問之, 曰 : “吾在盱眙市上時, 夜寒藉束藁臥, 屝履踵決, 行雨雪中, 竊不自料以至於此. 今雖復落, 尙足爲生, 且有吾技在, 寧渠憂貧乎?” 迺復來吳中. 每被酒, 嘗爲人說故寧南時事, 則欷歔灑泣. 旣在軍中久, 其所談益習, 而無聊不平之氣無所用, 益發之於書, 故晩節尤進云.

舊史氏曰 : 予從金陵識柳生. 同時有楊生季蘅, 故醫也, 亦客於左. 奏攝武昌守, 拜爲眞. 左因强柳生以官, 笑弗就也. 楊今去官, 仍故業, 在南中亦縱橫士, 與予善.

張山來曰 : 戊申之冬, 予於金陵友人席間與柳生同飮. 予初不識柳生, 詢之同儕, 或曰 : “此卽『梅村集』中所謂柳某者是也.” 滑稽善談, 風生四座, 惜未聆其說稗官家言爲恨. 今讀此傳, 可以想見其掀髯鼓掌時也.

왕십사전(汪十四傳)

야군(野君) 서사준(徐士俊)

왕십사는 신안(新安 : 지금의 安徽省 歙縣) 사람으로 이름은 분명하지 않다. 그는 성격이 강개하고 격정적이며, 말 타기와 활쏘기에 뛰어나 연(燕)나라와 조(趙)나라의 풍모[1]를 지니고 있었다. 때로 서촉(西蜀 : 지금의 四川省) 지방을 유람했는데, 촉 지방은 산천이 험난하여 떼를 지어 도적질 하는 자들이 많았다. 그래서 상인들이 이곳을 다닐 때면 번번이 약탈을 당하곤 하였다. 상인들이 왕십사의 명성을 듣고 모두 말 앞에 모여 절하면서 호신부(護身符)가 되어주길 바라자 그는 이를 허락했다. 그리고는 수백 명의 상인들과 함께 말을 타고 호위하며 갔다. 산 위에서 화살 소리가 들리면 왕십사는 맞은편을 향해 활을 당겨 쏘았는데, 그러면 화살끼리 서로 부딪혀 공중에서 떨어져 부러졌다. 이 때문에 녹림(綠林)[2]에서는 그를

1 연(燕)나라와 조(趙)나라의 풍모 : 옛날에 연나라와 조나라에 강개하고 격정적인 선비들이 많았기 때문에 후대에 오면서 강인하고 굽힐 줄 모르는 기개를 의미하게 되었다.

매우 두려워하면서 추호도 감히 침범하지 못했고, 상인들은 모두 몇 배의 이익을 얻을 수 있었다. 반면 도적들은 날로 빈곤해져 속으로는 그를 원망했지만 그 누구도 어쩌지 못했다.

얼마 후 왕십사가 개탄하며 말했다.

"나도 늙었다! 돌아갈 생각은 하지 않고, 그저 활 하나 화살 하나의 용맹함만 믿고 산천을 돌아다니며 원숭이 · 늑대 · 호랑이의 땅에서 높은 명성이나 얻었으니, 이는 대장부가 귀히 여길 바가 아니다!"

그리고는 돌아갈 계획을 세웠다. 돌아가서는 전원에서 즐겁게 지내며 절대로 문밖의 일은 듣지 않았다. 그러나 예전에 촉 땅을 왕래하던 사람들은 모조리 약탈당했다. 상인들은 산길을 다닐 수 없게 되자 허겁지겁 신안으로 달려와 그의 집 문 밖에 늘어서서 절하며 말했다.

"장사께서 다시 서천(西川)으로 오셔서 약한 자를 강하게 하고 가난한 자를 부유하게 해 주시어, 저 도적[3]의 무리가 결코 우리 행인들을 약탈할 수 없도록 해주십시오. 허락해주십시오."

이때 왕십사는 아직 영웅심이 사라지지 않았기에 결국 "좋소!"라며 허락했다. 크게 웃으며 문을 나선 후, 활과 화살을 끼고 상인들과 나란히 말을 타고 떠나갔다. 이때부터 높고 험한 산 사이에 다시 왕십사의 자취가 보이게 되었다.

녹림에서는 그 소식을 듣고 모두 두려워하면서 왕십사를 이길 방법을 모색했다. 산천과 뇌우(雷雨) 신께 고하기를, 반드시 왕십사의 머리를 제기에 올리겠노라 하였다. 그리고는 용맹한 기병 몇 명을 뽑아 상인처럼 꾸미고 상인들의 대오에 섞여 길을 가게 했다. 도적의 소굴에 가까워지자 화살이 우수수 날아오는 소리가 들려왔다. 왕십사가 활을 당겨 화살을 쏘려 하는 찰나, 뒤에 있던 자가 날카로운 칼로 활시위 사이를 내리쳐 활시위가 끊기고 화살이 떨어졌다. 왕십사는 다급한 나머지 아무 대

---

2 녹림(綠林) : 산 속에 패거리 지어 살면서 강도짓을 하는 도적을 말한다.

3 도적 : 원문은 '소취(嘯聚)'이다. 도적들이 작당하여 패거리를 만드는 것을 말한다.

책도 내지 못하고서 결국 사로잡히고 말았다. 왕십사가 사로잡혀 산채로 들어가 보니 도적들이 모두 손에 금을 들고 자축하고 있었다. 도적들은 왕십사가 호위하며 가던 상인들을 약탈하러 갈 생각에 잠시 왕십사를 빈방에 놓아두고 그의 손발을 묶어 움직이지 못하게 했다. 날이 저물면 왕십사의 목을 베어 제기에 올리고 산천과 뇌우신께 바칠 생각이었다.

왕십사가 문득 눈을 크게 뜨고 보았더니 한 미인이 그를 보고 웃으며 말했다.

"당신 같은 진정한 호걸이 어쩌다 여기까지 잡혀오셨나요?"

왕십사는 분하기도 하고 서글프기도 하여 말했다.

"말 많이 하지 말고, 나를 구해줄 수 있으면 구해주시오! 그러나 낭자군(娘子軍)이 하기엔 부족할 것이오!"

그러자 미인이 말했다.

"저도 그렇게 하고 싶으나, 당신을 구해주면 당신은 굶주린 매나 성난 용처럼 멀리 달아날 것 아닙니까. 그러면 저만 혼자 처량히 남아 슬퍼하며 눈물로 지내다가 휘장 아래 귀신이 될 터인데, 그리 되면 어찌 합니까?"

왕십사가 말했다.

"그렇지 않소. 하나를 구하고 하나를 잃는 것은 심히 한심한 계책이오. 나는 백만 군사 속을 다니는 것도 하늘에서 내려오는 것처럼 손쉽게 했는데, 하물며 보잘 것 없는 도적이 어찌 내 칼날을 막을 수가 있겠소!"

그리고는 서로 바라보며 몹시 격앙되었다. 미인은 곧 차고 있던 칼로 포박을 끊고 그를 꺼내주었다. 왕십사는 고맙다는 말을 할 경황도 없이 집 옆에 칼·검·활·화살 등이 있는 것을 보고는 모두 옆에 차고 밖으로 나왔다. 왼손으로는 미인을 잡고 오른 손으로는 무기를 들고서, 수백 보를 숨어서 가다가 준마 한 마리를 발견하고 함께 말에 올랐다. 도적들이 그 소리를 듣고 쏜살같이 말을 몰고 쫓아왔다. 왕십사가 사납게 소리쳤다.

"덤벼라 덤벼! 내가 너희들을 쏘아주겠다!"

도적들은 활을 쏘는대로 고꾸라졌는데, 연달아 쏜 수십 발에 수십 명이 쓰러졌다. 도적들은 결국 어쩔 도리가 없어 그를 가도록 놓아주었다.

왕십사가 말 위에서 미인에게 이름을 묻자 미인이 울면서 말했다.

"저는 관리의 딸입니다. 아버님은 난성(蘭省)[4]의 급사중(給事中)으로 지금 도성에 계십니다. 올해 가족들을 데리고 도성으로 가던 중 약탈을 당해 노모와 하녀들은 모두 죽임을 당하고 저 혼자만 남았습니다. 얼마나 모욕과 핍박을 받았는지 차마 말로 다 표현할 수가 없습니다. 그런데도 죽지 않은 이유는 꼭 한번만 아버님을 볼 수 있으면 한이 없을 것 같아서였습니다. 또 세상에 혹여 호걸이 있어 저를 호랑이 굴에서 구해줄 지도 모른다고 몰래 생각했기에 지금까지 [죽지 않고] 주저하고 있었습니다. 지금 명공(明公)을 만나 아버님을 뵐 수 있게 되었으니, 제가 죽어야할 곳이 어딘지 알겠습니다!"

왕십사가 말했다.

"내가 다시 살게 된 것은 모두 당신 덕이니, 도성이 아무리 멀어도 우산[5]을 받치고 채찍을 들고서 당신을 호위해야 마땅할 것이오."

그리고는 육지에서는 수레를 타고 물에서는 배를 타고 수천 리를 달려갔다. 함께 먹고 지낸 날이 하루 이틀이 아니었지만, 남녀사이의 음란한 짓은 일절 하지 않았다. 그는 여자를 부친에게 돌려보내고 난 뒤 곧바로 도성에서 신안으로 돌아와 늙을 때까지 살았다.

그가 늙어서 죽자 마을 사람들은 그의 일평생 기이한 절개를 장하게 여겨 사당을 세워 제사지내면서 '왕십사 상공의 사당(汪十四相公廟)'이라고 불렀는데, 기도를 드리면 곧 응답이 있었다. 봄과 가을이면 노래 부르고 춤추면서 그를 즐겁게 해주었으며, 지금까지도 제사가 이어지고 있다.

---

4 난성(蘭省) : 관서의 이름으로 도찰원(都察院)을 가리킨다.

5 우산 : 원문은 '등(簦)'이다. 손잡이가 있는 삿갓으로 오늘날의 우산이다.

장산래가 말한다.

우리 고향에도 이러한 기인이 있다니, 신안을 빛내기에 족하구나. 문장에서 보이는 자유분방하고 기이한 자태는 왕십사와 특히 잘 어우러진다.

汪十四者, 新安人也, 不詳其名字. 性慷慨激烈, 善騎射, 有燕趙之風. 時遊西蜀, 蜀中山川險阻, 多相聚爲盜. 凡經商往來于玆者, 輒被劫掠. 聞汪十四名, 咸羅拜馬前, 願作護身符, 汪許之. 遂與數百人俱, 擁騎而行. 聞山上嚆矢聲, 汪卽彎弓相向, 與箭鋒相觸, 空中墮折. 以故綠林甚畏之, 秋毫不敢犯, 商賈盡得數倍利. 而白挺之徒日益貧困, 心忮之, 而莫可誰何也.

無幾時, 汪慨然曰 : "吾老矣! 不思歸計, 徒挾一弓一矢之勇, 跋履山川, 向猿猱豹虎之地以博名高, 非丈夫之所貴也!" 因決計歸. 歸則以田園自娛, 絶不聞戶外事. 而曩時往來川中者, 盡被剽掠. 山徑不通, 乃踉蹌走新安, 羅拜于門外曰 : "願乞壯士重過西川, 使我輩弱者可强, 貧者可富, 俾嘯聚之徒大不得志於我旅人也. 壯士其許之乎." 是時汪十四雄心不死, 遂許之曰"諾!". 大笑出門, 挾弓矢連騎而去. 于是重山疊嶺之間, 復有汪之馬跡焉.

綠林聞之咸驚悸, 謀所以勝汪者. 告諸山川雷雨之神, 當以汪十四之頭陳列鼎俎. 乃選驍騎數人, 如商客裝, 雜于諸商之隊而行. 近賊巢, 箭聲颯沓來. 汪正彎弓發矢, 而後有一人, 持利刃向弦際一揮, 弦斷矢落. 汪忙迫無計, 遂就擒. 擒入山寨中, 見賊黨咸持金稱賀. 然猶意在往劫汪之護行者, 暫置汪於空室, 縶其手足, 不得動. 俟日晡, 取汪十四頭, 陳之鼎俎, 酬山川雷雨之神.

汪忽瞪目, 見一美人向汪笑曰 : "汝誠豪傑, 何就縛至此?" 汪且憤且憐曰 : "毋多言, 汝能救我, 則救之! 娘子軍不足爲也!" 美人曰 : "我意如斯, 但恐救汝之後, 汝則如飢鷹怒龍, 夭矯天外. 而我凄然一身, 徒婉轉嬌啼, 作帳下之鬼, 爲之奈何?" 汪曰:"不然. 救其一, 失其一, 亦無策甚矣. 吾行百萬軍中, 空空如下天狀, 況區區賊奴, 何足當吾前鋒哉!" 因相對慷慨激烈. 美人卽以佩刀斷其縛而出之. 汪不遑起謝, 見舍傍有刀劍弓矢, 悉挾以行. 左挈美人, 右持器械, 間行數百步, 遇一騎甚駿, 遂竝坐其上. 賊人聞之, 疾驅而前. 汪厲聲曰:"來, 來! 吾射汝!" 應弦而倒, 連發數十矢, 應弦倒者凡數十人. 賊人終已無可奈何, 縱之去.

汪從馬上問美人姓名, 美人泣曰:"吾宦女也. 父爲蘭省給事中, 現居京國. 今年攜眷屬至京, 被劫, 妾之老母及諸婢子盡殺, 獨留妾一人. 凌逼蹂踐, 不堪言狀. 妾之所以不死者, 必欲一見嚴君, 可以無恨. 又私念世間或有大豪傑能拔人虎穴者, 故躊躇至今. 今遇明公, 得一拜嚴君, 妾乃知死所矣!" 汪曰:"某之重生, 皆卿所賜, 京華雖遼遠, 當擔簦杖策衛汝以行." 于是陸行從車, 水行從舟, 奔走數千里. 同起居飮食者非一日, 略無相押之意. 竟以女歸其尊人, 卽從京國返新安終老焉.

老且死, 里人壯其生平奇節, 立廟以祀, 稱爲'汪十四相公廟', 有禱輒應. 春秋歌舞以樂之, 血食至今不衰.

張山來曰: 吾鄕有此異人, 大足爲新安生色. 而文之夭矯奇恣, 尤堪與汪十四相副也.

무풍자전(武風子傳)

소촌(邵村) **방형함**(方亨咸)

무풍자는 전남(滇南 : 雲南省) 무정주(武定州 : 지금의 雲南省 武定・元謀・祿勸 일대) 사람으로 이름은 염(恬)이다. 그의 조상은 전공을 세워 전남위(滇南衛)[1]를 지냈다. 무염은 귀족 자제로 젊어서부터 글을 배웠으나 이내 포기하고 배우지 않았다. 성품이 조용한 것을 좋아해서 영리를 도모하지 않았다. 술을 좋아해서 날마다 술 먹을 궁리만 했고 밥그릇이 자주 비어도[2] 태연자약했다. 기예나 잡기라면 눈으로 한번만 보고도 금세 터득했다.

전남에는 세죽(細竹)이 많이 나는데, 속이 차고 단단하여 젓가락을 만

1 전남위(滇南衛) : 위(衛)는 명나라 군사 조직의 명칭으로 청나라 초기까지 존재했다. 지방의 주요 요지에 위를 설치했으며 일반적으로 그 주둔지역의 이름을 따 아무위라고 불렀다.

2 밥그릇이 자주 비어도 : 원문은 '단표루공(簞瓢屢空)'이다. 음식을 담는 그릇이 자주 빈다는 뜻으로 음식이 떨어져 생활이 빈곤함을 말한다. 진(晉)나라 도잠(陶潛)의 「오류선생전(五柳先生傳)」에는 "집은 좁고 쓸쓸했으며 바람과 햇빛도 가리지 못했다. 짧은 베옷을 기워 입으며 밥그릇이 자주 비어도 태연자약했다[環堵蕭然, 不蔽風日, 短褐穿結, 簞瓢屢空, 晏如也]"는 말이 있다.

들 수 있었다. 무생(武生 : 武風子)은 불로 그 위에 그림을 그렸는데, 짐승이며 물고기며 꽃이며 새며, 산수와 인물, 성문과 누각까지 그 정교함이 귀신보다 뛰어났다. 사람들은 그것을 기이하게 여겨, 매번 그가 만든 젓가락 두 짝만 보면 다투어 샀기에 값이 수백 냥이나 나갔다. 무생의 친구와 친척 중에 가난한 사람들은 무생의 젓가락을 팔아 많은 이득을 보았다. 그러나 무생은 한 번도 내다판 적이 없었으며, 무척이나 아끼고 소중하게 여겼다. 젓가락 하나가 완성될 때마다 손에 쥐고 감상하며 놓질 못했고, 마치 자기 얼굴을 보호하듯 그렇게 다루었다. 때때로 술에 취해 통곡하다가 모두 태워버리기도 했는데, 술에서 깨고 나면 후회했고, 후회하면 다시 만들곤 했지만, 아끼면서 쉽게 다른 사람에게 주지 않았다. 호사가들은 그가 술 마시고 싶어 할 때를 기다렸다가 술상을 차려놓고 그를 초대했는데, 자리에 왔다하면 늘 신나게 놀았다. 술이 얼큰해질 때를 기다려 호사가들이 불과 젓가락을 앞에 흩어 놓고 아무 말도 하지 않고 있으면, 무생은 소매를 걷어 올리고 일어나서 순식간에 수십 개의 젓가락을 완성하고는 손을 휘저으며 뒤도 돌아보지 않았다. 혹 누군가 술자리에서 젓가락에 그림을 그려 달라 부탁이라도 하면 곧장 노여움에 옷자락을 떨치고 나가 평생토록 그 사람을 보지 않았다. 하지만 어쩌다 가난한 선비나 중 혹은 도사들을 만나 저들이 곤궁한 처지를 하소연하면 흔쾌히 젓가락을 만들어 주었는데, 몇 백 개를 만들어도 싫증내지 않았다. 이에 전남의 사대부들은 선물을 보낼 때 무생의 젓가락을 가장 귀하게 쳤고, 전남에 유람 온 왕공대인들은 무생의 젓가락을 얻지 못하면 체면이 서지 않는다 여겼다.

무생은 영락한 유생이었을 뿐 진작부터 '풍자[미치광이]'라고 불렸던 것은 아니다. 정해년(1647)에 역적들이[3] 촉(蜀) 땅에서 패망하고 도망쳐 와

---

3 역적들이 : 원문은 '유적(流賊)'으로 원래는 도망쳐 사방을 돌아다니는 도적들을 말한다. 여기에서는 명말 농민기의를 일으켰던 장헌충(張獻忠)의 무리를 멸시하여 부르는 말이다.

전남에 위조(僞朝)를 세우자[4] 전남 백성들은 그 위세가 두려워 그들을 따랐다. 그러나 무생은 혼자 깊은 대나무 숲에 숨어 나오지 않았다. 민간에서 그의 젓가락을 본 역적은 매우 기이한 물건이라 여겨 그를 찾고자 여기저기 수소문했지만 찾지 못했다. 이에 현상금을 걸고 그를 찾으니, 어떤 사람이 그에게 와서 알려주며 말했다.

"어찌하여 나가서 부귀를 도모하지 않소?"

무생이 크게 웃으며 말했다.

"내가 기이한 재주, 음탕한 기교를 부려 저 역적 놈들을 기쁘게 해 줄 사람이요?"

정탐꾼이 이 말을 역적들에게 전하자 무생을 잡아 갔다. 무생은 도착하자 흰자위를 드러낸 채 하늘을 쳐다보며 입을 꼭 다물고 한 마디도 하지 않았다. 역적이 젓가락을 만들라면서, 앞에는 금과 비단을 벌여놓고, 오른쪽에는 술상을 차려놓고서 그를 유혹했지만 그는 응하지 않았다. 칼과 톱을 늘어놓고 위협해도 역시 응하지 않았다. 역적은 화를 내며 그를 베어버리라고 명령했다. 무생은 포박당한 채 시장으로 끌려갔는데, 여전히 태연자약한 얼굴로 끝내 한 마디 말도 하지 않았다. 이때 역적 우두머리 옆에서 시중을 들던 사람이 말했다.

"썩은 쥐 때문에 도끼에 기름칠할 것 무엇 있겠습니까? 차라리 그를 놓아주는 게 어떨까요? 천천히 그 재주를 스스로 드러낼 것입니다."

이에 무생을 풀어주었다. 무생은 그때부터 병이 생겨, 머리를 풀어헤치고 미쳐 날뛰면서 더러운 몰골로 욕설을 해댔다. 낮에는 노래하다 울다가 하면서 저잣거리를 돌아다녔고 밤에는 개나 돼지를 찾아가 함께 지냈기에 사람들은 모두 그를 '무풍자, 무풍자'라고 불렀다.

□왕[5]의 군대가 전남을 평정하자 미치광이 병세도 조금씩 호전되더니

---

4 위조(僞朝)를 세우자 : 원문은 '가호(假號)'이다. 변란을 일으킨 자가 스스로 지은 국호를 말한다.

5 □왕 : 피휘를 위해서인지 원문에 □ 처리 되어있다.

점차 사람들을 위해서 젓가락을 만들면서 술 마실 궁리를 하기 시작했다. 사람들은 그가 만든 젓가락을 이전보다 훨씬 더 귀하게 여겼다. 안정(安定 : 지금의 雲南省 安定鄕) 태수 아무개가 귀인의 부탁을 받고 그를 불러들여 젓가락을 만들게 하자 그는 응하지 않았다. 태수가 화가 나서 마당에서 그를 매질했는데, 피가 흐르고 살이 터지면서도 끝내 응하지 않았다. 그때부터 무풍자는 정처 없이 여기저기 떠돌기 시작해, 어떤 때는 도관(道觀)이나 불사(佛寺)에, 또 어떤 때는 시장이나 농가(農家)에 머물렀는데, 한 번 가면 반드시 며칠은 머물렀고, 머물면 반드시 수십 개의 젓가락을 만들어 술 마실 궁리를 했다. 그러나 들고 나는 데 정해진 시간이 없었기 때문에 그의 젓가락은 얻을 수도 있었고 얻지 못할 수도 있었다.

내 일찍이 그의 젓가락에 그려진 「능연각공신도(凌煙閣功臣圖)」[6]를 보았는데, 젓가락 굵기가 겨우 새끼줄만 했는데도 깃발·갑옷·무기에서부터 따르는 시종들과 병사들까지, 갖추어지지 않은 것이 없었다. 포국공(褒國公)과 악국공(鄂國公)[7]의 준엄한 자태와, 수염이며 머리카락 등은 오도자(吳道子)[8]의 생동적인 필법이라도 뛰어넘을 수 없을 것 같았다. 그림은 실처럼 가늘었고 짙은 감색이었으며, 새겨 넣은 것처럼 대나무가 한 푼 정도 파여 있었다. 무정(武定) 태수 고여산(顧輿山)[9]이 나에게 말해주었다.

"그가 젓가락을 만들 때는 붓처럼 깎은 숯을 수십 개 준비해서 타는 불 속에 넣고, 술이 가득 든 병을 옆에 두었다가 숯 끝이 송곳처럼 붉어지면 왼손으로 젓가락을, 오른손으로 숯을 잡고서 [그림을 그리는데] 누에가 뽕잎을 먹는 것처럼 슥슥 소리가 났고 빠르기가 마치 비바람 같았다

---

6 「능연각공신도(凌煙閣功臣圖)」: 『신당서(新唐書)』 「태종기(太宗紀)」에 따르면 당나라 정관(貞觀) 17년에 태종(太宗)이 능연각에 공신 24인의 화상을 그리게 했다고 한다.

7 포국공(褒國公)과 악국공(鄂國公) : 당나라 초기에 공신인 단지현(段志玄)을 포국공에 봉하고 울지공(尉遲恭)을 악국공에 봉했다.

8 오도자(吳道子) : 당나라 걸출한 화가 오도현(吳道玄)으로 도자는 그의 자이다.

9 고여산(顧輿山) : 고대(顧岱)이다. 무석(無錫) 사람으로 자는 여산이고 호는 지암(止庵)이다. 순치연간(順治年間 : 1644~1661)에 진사가 되었으며 관직이 항주지부(杭州知府)에까지 올랐다.

네. 술을 마시다가 그림을 그리다가 했는데, 술병이 비면 그만두었고 술병을 채워주면 다시 그렸네. 술을 마실 때는 술잔과 국자를 쓰지 않고 입으로 병을 들이켰네. 술은 아무 것이나 가리지 않았고, 술에 취할 수만 있으면 그뿐이었다네. 술에 취하면 불을 줄이고[10] 누워서 울기도 하고 노래도 불렀네. 때론 『논어』에 대해 기묘한 해석을 많이 하곤 했지. 그러나 술에서 깨어나 다시 물어보면 잠꼬대 같은 엉뚱한 대답만 했네. 한창 젓가락을 만들고 있을 때 술이 부족하면 갑자기 어디론가 사라졌다가 수십 일이나 몇 달이 지난 후에 돌아와서는 다시 그것을 완성하기도 했다네. 그는 생김새도 평범했고 나이는 예순쯤 되어 보였으며, 절하고 읍하고 앉고 일어나는 것은 하나도 이상하지 않았으나 일단 말을 해 보면 그가 미치광이임을 알 수 있다네."

고여산이 일찍이 그에게 「이인 무씨 노래[武異人歌]」를 지어 보냈기에 둘은 때로 왕래가 있었다. 그가 그린 것들에는 소설이나 잡극(雜劇) 속 내용이 많았는데, 고상하지 않다고 충고하는 사람이 있으면 웃기만 할뿐 대답하지 않았으며, 끝내 바꾸지도 않았다. 어떤 사람은, "그는 미친 사람이 아니라 광인(狂人)이다"라고 하고, 또 어떤 사람은 "그는 도(道)를 지닌 사람이 아닐까? 아니라면 왜 부귀도 탐하지 않고 무력에도 굴복하지 않았겠는가?"라고 한다. 이에 나는 「무풍자전」을 짓는다.

장산래가 말한다.

무생이 어찌 진짜 미치광이겠는가? 옛날 사람들이 술을 마시고 여자를 가까이 하면서 자신의 불만과 답답한 마음을 기탁했던 것과 마찬가지일 터이니, 그의 젓가락은 쉽게 만들어지지 않았음에 틀림없다.

소촌선생(邵村先生 : 方亨咸)은 선친과 같은 해에 진사가 된 분으로, 어렸을 적에 두 분이 담소 나누는 것을 들은 적이 있다. 계해년(1683) 겨울에

10 불을 줄이고: 원문은 '복화(伏火)'이다. 복화는 도교에서 단약을 제련할 때 화로의 온도가 가장 낮은 것을 말한다.

과주(瓜洲 : 지금의 江蘇省 邗江縣)의 양존재(梁存齋)가 이 전기를 적어 보내왔다. 얼마 지나지 않아 하성재(何省齋)[11] 선생[12]이 판각본을 우편으로 보내왔다. 이에 빼어난 문장을 좋아하는 것은 누구나 마찬가지라는 사실을 더욱 믿게 되었다.

武風子者, 滇南之武定州人也, 名恬. 先世以軍功官于衛. 恬以胄子, 少學書, 已棄弗學. 性好閒, 不謀榮利. 嗜酒, 日愉謀醉, 簞瓢屢空, 晏如也. 凡游藝雜技, 過目卽知之.

滇多産細竹, 堅實可爲箸. 武生以火繪其上, 作禽魚花鳥, 山水人物, 城門樓閣, 精奪鬼工. 人奇之, 每得其雙籌, 爭購, 錢數百. 于是武生之交戚貧者, 因以爲利. 生顧未嘗售也, 頗自矜重. 一箸成, 輒把翫不釋, 保護如頭目. 或醉後痛哭, 悉焚之, 醒復悔, 悔而復作, 然靳不輕與人. 好事者每瞯其謀醉時, 置酒招之, 造必盡懽. 酒酣, 以火與箸雜陳于前而不言, 生攘臂起, 頃刻完數十籌, 揮手不顧也. 或于酒中以箸相屬, 則怒, 拂衣出, 終身不與之見. 或遇貧士及釋道者流, 告以困窮, 輒忻然爲之, 雖累百不倦. 于是滇之士夫或相餽遺, 皆以武生箸爲重, 王公大人遊于滇者, 不得武生箸卽不光.

生固落落儒生耳, 未嘗以'風子'名. 丁亥之歲, 流賊從蜀敗奔, 假號于滇, 滇士民慴于威, 波靡以從. 生獨匿深箐中不出. 賊于民間見其箸, 異之, 遍召不得. 因懸賞索之, 或告曰 : "曷出以圖富貴?" 生大笑曰 : "我豈作奇技淫巧以悅賊者耶?" 偵者聞于賊, 縶以來. 至則白眼仰天, 喑無一語. 賊命作箸, 列金帛于前, 設醇醪于右以誘之, 不應. 陳刀鋸以恐之, 亦不應. 賊怒, 揮斬之. 縛至市曹, 而神色自如, 終無一語. 時賊帥

11 하성재(何省齋) : 청나라 사람 하채(何采)이다. 하여총(何如寵)의 아들로 자는 척원(滌原)이고 호는 남간(南磵) 또는 성재이다. 순치연간에 진사가 되었고 좌중윤(左中允)을 지냈다.

12 선생 : 원문은 '연백(年伯)'이다. 자기 아버지의 동년배를 말한다.

有侍側者曰 : "腐鼠何足膏斧鉞? 曷縱之? 徐徐當自逞其技也." 釋之. 而生自此病矣, 披髮佯狂, 垢形穢語. 日歌哭行市中, 夜逐犬豕與處, 人遂皆呼 '武風子', '武風子'云.

及□王師定滇, 風子病少差, 亦稍稍爲人作箸以謀醉. 人重之逾常時. 安定守某者, 受貴人屬, 召爲之, 不應. 守怒, 撻之于庭, 血流體潰, 終不應. 自此風子之踪跡無定矣, 或琳宮梵舍, 或市肆田家, 往必數日留, 留必作數十箸以謀醉. 然出入無時, 于是其箸可得而不可得矣.

余嘗見其箸作「凌煙閣功臣圖」者, 箸粗僅及繩, 而旌旗鎧杖, 侍從衛列, 無不畢具. 至褒公・鄂公英姿毛髮, 道子傳神, 莫或過之. 其畵細如絲, 深紺色, 入竹分餘如鏤. 武定太守顧興山爲余言 : "其作箸時, 削炭如筆數十, 置烈火中, 酒滿壺于旁, 伺炭末紅若錐, 左執箸, 右執炭, 肅肅有聲, 如蠶食葉, 快若風雨. 且飮且作, 壺乾卽止, 益之復作. 飮不用杯杓, 以口就壺. 不擇酒, 期醉. 醉則伏火而臥, 或哭或歌. 或說『論語』經書, 多奇解. 及醒而問之, 則他囈語以對. 或正作時, 酒未盡, 忽不知其所往, 逾數十日或數月復來, 復卒成之. 其狀貌如中人, 年近六十餘, 拜揖跪起無異, 惟與之語, 則風子矣."

興山曾作「武異人歌」贈之, 故時往還也. 但所繪故事, 多稗官雜劇, 有規以不雅馴者, 笑而不答, 亦終不易. 或曰 : "非病風者也, 狂人也", 或曰 : "其有道者歟? 不然, 何富貴不淫, 威武不屈耶?" 余于是作「武風子傳」.

張山來曰 : 武生豈眞風子耶? 不過如昔人飮醇近婦, 以寄其牢騷抑鬱之態, 宜其箸之不輕作也.

邵村先生與先君同年, 余幼時曾一聆謦欬. 癸亥冬, 瓜洲梁子存齋以此傳錄寄. 未幾, 而何省齋年伯又以刻本郵視. 益信奇文欣賞, 自有同心也.

노신선의 일을 기록하다[記老神仙事]

소촌(邵村) **방형함**(方亨咸)

촉(蜀) 땅의 유문수(劉文秀)[1]가 나에게 해준 이야기이다.

옛날 장헌충(張獻忠)[2]의 무리 가운데 '노신선'이라 불리는 사람이 있었는데, 행적이 정말 기이했다. 죽은 사람도 살려내고 끊어진 사지와 뼈도

1 유문수(劉文秀) : 원문에는 '유문계(劉文季)'라고 되어 있지만, 『명계남략(明季南略)』에 의거하여 '유문수'라 고쳐 번역했다. 유문수(?~1658)는 명말 청초 섬서(陝西) 연안(延安) 사람으로, 장헌충(張獻忠)의 양자이다. 명나라 숭정 17년[清 順治元年, 1644]에 장헌충은 성도(成都)에 대서국(大西國)을 세우고 유문수를 무남장군(撫南將軍)에 임명하고 손가망(孫可望)은 평동(平東)장군, 이정국(李定國)은 안서(安西)장군, 애능기(艾能奇)는 정북(定北) 장군에 임명했는데, 이들을 함께 '사장군(四將軍)'이라 불렀다. 이하 문장에서 모두 '유문수'로 번역했음을 밝혀둔다.

2 장헌충(張獻忠) : 원문은 '헌적(獻賊)'이라 되어 있으나 장헌충의 무리 혹은 장헌충으로 해석된다. 장헌충(1606~1646)은 자는 병오(秉吾), 호는 경헌(敬軒)이며 연안(延安 : 지금의 陝西省에 속함) 사람이다. 숭정 3년(1630)에 미지기의(米脂起義) 때 자칭 '팔대왕(八大王)'이라 했다. 이자성(李自成)과 함께 섬서, 하남, 안휘 등지를 진격하고 후에 호남, 사천을 치고, 성도를 빼앗아 대순(大順) 정권을 세웠다. 대순 3년(1646)에 청나라에 패전한 뒤 전사했다.

다시 붙일 수 있어서 장헌충의 무리들이 신처럼 받들었다. 그는 막 체포되어 죽임을 당하기 직전이었는데, 적들은 포로를 잡으면 즉각 죽이지 않고 그 사람을 살펴 한 가지 재주라도 있으면 모두 풀어주곤 했다. 신선은 진흙으로 토우를 만들 수 있어서 풀려날 수 있었으며, [이때부터] 적진에서는 그를 '조각공'이라고 불렀다.

어느 날 조각공은 가마솥을 씻어 물을 붓더니 집을 허물어 땔감을 마련해 불을 지폈다. 물이 끓기 시작해서 몇 번 끓어오르자 지팡이로 물을 좌우로 저으며 고약을 만들었다. 장헌충의 무리들은 화들짝 놀라서 그 사실을 다투어 전했다. 장헌충은 그 이야기를 듣고 이 조각공을 요망한 사람이라 생각해 죽이려고 했다. 그러자 조각공이 말했다.

"한마디만 하고 죽겠습니다. 왕께서는 큰일을 이루고 싶지 않으십니까? 무슨 이유로 기이한 선비를 죽이려 하십니까?"

장헌충이 그 말을 기이하게 여겨 무슨 뜻인지 묻자 조각공이 말했다.

"신은 기이한 재주를 지니고 있어서, 사람을 살려낼 수 있습니다. 이 고약은 바로 신선이 전해주신 것이라, 칼이나 도끼 혹은 몽둥이질로 중상을 입은 자도 순식간에 완치할 수 있습니다."

장헌충이 곧바로 한 사람을 몽둥이로 때려눕히고는 시험해보니 즉각 효험이 있었다. 장헌충은 사람이 잔인해서 날마다 사람을 죽이고 코를 베고 발꿈치를 자르고, 또 셀 수도 없을 정도로 곤장을 치고 매질했다. 몇 백 대의 볼기를 맞아 피와 살이 문드러지고 숨이 겨우 붙어 있는 자도 조각공에게 보내어 백수고(白水膏)를 붙여주면 모두 살아나 그 즉시 지팡이를 짚고 걸어 다녔다. 군사들은 다투어 그를 추종하면서 하루도 거르지 않고 먹을 것을 보내왔다. 그리하여 옷가지며 먹을 것이 점차 모였다.

장헌충에게는 매우 아끼는 아무개 장군이 있었는데, 성을 공격하던 중 날아오던 포탄에 맞고 턱이 떨어져 나가 숨이 간신히 붙어있었다. 조각공이 말했다.

"쉽게 처리할 수 있습니다!"

그리고는 멀쩡한 다른 사람의 턱을 잘라내어 아무개 장군의 턱에 맞추고는 고약을 붙였다. 아무개 장군은 하루 뒤에 다시 살아나 턱이 떨어져나가기 전과 마찬가지로 먹고 마셨다. 그때 손가망(孫可望)[3]이 장헌충의 감군(監軍)으로 있었는데, 밤에 술에 취해 애첩 한 명을 죽였다. 하지만 30리를 가서야 비로소 술에서 깨어나 그 사실을 깨닫고 후회했다. 길에서 조각공을 만났더니 조각공이 웃으면서 물었다.

"감군께서는 간밤에 취하지 않으셨습니까? 어찌하여 불쾌한 낯빛을 하고 계십니까?"

손가망이 그 까닭을 말하자 조각공이 말했다.

"감군께서는 정말로 그 여자가 보고 싶으십니까? 그렇다면 제가 말을 돌려가 그 여자를 찾아보겠습니다."

손가망이 말했다.

"허! 군영을 출발할 때 시신이 어디 있는지 알 수 없었네. 개나 돼지가 시신을 뜯어먹은 것 같은데, 어디서 찾겠다는 겐가?"

조각공이 말했다.

"감군께서 제게 찾아오라고만 하신다면 개든 돼지든 어떤 것들이 감히 귀인(貴人)을 뜯어먹겠습니까?"

손가망이 말했다.

"쥐새끼 같은 놈이 나를 속이려 들다니! 네가 달아날 참이냐? 내 병사를 보내 너를 끌고 가 찾아오게 하겠다!"

조각공이 웃으면서 말했다.

"어디서 찾으시렵니까? 찾는다고 찾을 수 있겠습니까?"

손가망이 화를 내며 말했다.

---

3 손가망(孫可望 : ?~1660) : 시호는 각순(恪順), 연안 사람이다. 장헌충의 양자로 그를 따라 기의했으며, 평동(平東)장군에 임명되었다. 이정국(李定國)에게 패배한 뒤 청나라에 항복하고 의왕(義王)에 봉해졌다가 청나라 순치연간에 병사했다.

"네가 나를 놀리는 게냐?"

조각공은 길옆에 두었던 자신이 들고 온 모포 하나를 가리키며 말했다.

"찾을 필요 뭐 있겠습니까? 바로 이것입니다!"

손가망이 말했다.

"이미 썩은 해골을 무엇 하려 들고 왔느냐?"

조각공이 웃으면서 말했다.

"감군께서 한번 열어보시지 그러십니까?"

손가망이 말에서 내려 모포를 열어 보니 샛별 같은 눈망울이 움직이는데, 비 젖은 배꽃처럼 희미하게, 휘장 속 영혼이 다시 돌아와 있었다. 손가망은 기뻐 야단법석을 떨었고, 온 부대가 다 놀랐다.

이 일이 장헌충에게 알려지자, 장헌충이 말했다.

"이 분은 신선이 틀림없으니 마땅히 봉호(封號)를 하사해야 한다."

말로만 봉호를 하사하면 사람들에게 널리 알려지지 않을까 걱정하던 차에 마침 대택(大澤)에서 진영을 치고 있던 터라 병사들에게 작은 탁자 한 개씩을 준비하여 이튿날 너른 벌판에 모이라고 명령을 내렸다. 그 당시 장헌충의 무리는 수십만이나 되었는데, 수십만 명에게 탁자를 쌓게 하고는 그중 가장 높게 쌓인 탁자를 골라 '배선대(拜仙臺)'라 명명했다. 그리고는 조각공에게 심의(深衣)[4]를 입히고, 윤건(綸巾)[5]을 씌우고, 명주실로 묶은 네모난 신을 신게 했다. 조각공은 키가 6척에, 이마가 훤하고 얼굴이 넓고 수염이 덥수룩해서, 멀리서 보면 세간에서 그려놓고 받드는 토지신 같았다. 장헌충이 배선대에 오르라고 말했으나, 배선대가 너무 높고 가팔라 조각공은 겁에 질려 올라가지 않으려 했다. 장헌충은 군사들

4 심의(深衣) : 상의와 하의가 붙은 고대의 옷으로, 고대 제후나 대부, 사대부가에서 평소 입는 옷이자, 서민들의 예복으로 사용되었다.

5 윤건(綸巾) : 옛날에 청색 실로 만든 두건으로, 제갈량이 사용했기 때문에 '제갈건(諸葛巾)'이라고도 한다.

에게 활과 화살을 들고 팽팽하게 잡아당긴 뒤 그를 향해 조준하게 하면서 말했다.

"올라가지 않으면 바로 활을 쏘겠다!"

조각공은 어쩔 수 없이 [배선대 위로 올라갔는데], 반쯤 올라가니 두려움에 부들부들 떨렸다. 하지만 만 개의 화살이 마치 과녁을 조준하듯 자신을 향하고 있어서 감히 멈추지도 못하고 억지로 올라갔다. 장헌충이 삼군(三軍)에게 명해 활과 화살을 놓고 그 아래에 빙 둘러서서 절하면서 '노신선(老神仙)'이라고 세 번 외치게 하니, 그 소리에 천지가 뒤흔들렸다. 그때부터 그를 더 이상 조각공이라 부르지 않고 모두들 '노신선'이라 불렀다.

노신선도 그때부터 가벼이 자신의 기술을 선보이지 않았다. 저들 중에 아무개라는 자가 있었는데, 싸움에 패하고 다리까지 다쳐, 정강이뼈는 이미 부러지고 붙어 있는 곳이라곤 겨우 한 마디쯤 되는 살갗뿐이었다. 그가 노신선을 찾아와 고쳐달라고 부탁했으나, 노신선은 고치기가 쉽지 않다며 거절했다. 아무개는 데굴데굴 구르고 호소하면서 비단과 금을 가득 늘어놓고 치료해줄 것을 청했다. 그러나 노신선은 손을 내저으며 말했다.

"이는 내 몸 밖의 것들이니, 내 이런 물건들은 필요치 않소. 그렇긴 하나 차마 장군의 상처를 그대로 두고 볼 수 없군요. 내게 자식이 없는데, 장군께서 나를 봉양해주실 수 있겠소?"

아무개는 하늘을 가리키며 죽는 날까지 아비로 모시겠다고 맹세했다. 노신선은 조용히 차고 있던 주머니를 풀어 작은 톱을 꺼내더니, 그 톱으로 아무개 수령의 발 위 아래를 각각 한 마디씩 잘라내고 거기다가 산 사람의 정강이를 가져다가 길이를 재본 다음 이어붙이고 약을 발랐다. 그러자 며칠 지나지 않아 상처가 다 나았다. 이때부터 장헌충 무리들 중 약 처방받기를 원하는 자들은 그 누구도 감히 후하게 사례할 생각은 하지 못하고, 너도나도 몸을 던져 그의 양아들이 되었다.

장헌충에게 '노각(老脚)'이라 불리는 애첩이 있었는데, 아름다우면서도 지혜롭고 서화에 뛰어났다. 그러나 다리가 별로 가늘지 않아 '노각'이라는 이름을 가지게 되었다. 대개 군중의 문서[6]나, 정탐에 관련된 글들은 모두 노각이 장악하고 있었기에 장헌충이 몹시 아꼈다. [한번은] 장헌충이 거처에서 무엇인가를 생각하고 있었는데, 장헌충 혼자 앉아 있는 것을 본 노각이 몰래 옆으로 가서 시중을 들었다. 장헌충은 그것이 노각인지도 모르고 옆에서 누군가가 몰래 엿듣는다고 의심하여 차고 있던 칼로 냅다 찔렀는데 그만 정통으로 허리를 찌르는 바람에 노각은 뼈가 부러지고 배가 잘려 창자가 밖으로 나온 채 죽고 말았다. 장헌충은 그 사실을 깨닫고는 후회하며 애통해하더니 급히 노신선을 불렀다. 노신선이 말했다.

"이미 죽어서 살릴 방도가 없습니다."

장헌충이 욕하며 말했다.

"교활한 늙은이 같으니! 감군의 첩도 이미 죽지 않았더냐? 네가 노각을 살려내지 못한다면 너도 죽여 함께 묻어주겠다!"

노신선은 주저주저하며 말했다.

"말미를 좀 주셔야 되겠습니다."

장헌충은 급히 노각을 살리고 싶은 마음에 사흘의 기한을 주었으나, 노신선은 스무 하루를 달라고 했다. 노신선이 술을 약에 섞어 목에 흘려 넣자 칠일 뒤에 목에서 '끅끅'하고 소리가 났다. 그러자 노신선이 축하하며 말했다.

"살려낼 수 있습니다. 이레 뒤면 틀림없이 회복될 것입니다."

그리고는 물을 가져다 창자를 적신 다음 배 속에 집어넣고, 바늘로 꿰매고 약을 바르더니 널빤지로 몸을 끼우고 줄로 묶었다. 그러자 이레 뒤에 노각은 정말로 평상시처럼 걸어 다녔다.

장헌충이 죽자 그의 무리는 와해되어 촉(蜀) 땅에서 전(滇 : 雲南省) 땅으

6 문서 : 원문은 '이회(移會)'로, 고대 관부끼리 주고받던 문서를 가리킨다.

로 달아났다. 평소에 노신선에게 은혜를 입은 사람들은 그를 호위하여 전 땅으로 갔다. 영명왕(永明王)[7]이 전 땅에 들어오자 장헌충의 무리들은 대부분 위조(僞朝)의 왕후(王侯)가 되었다. 노신선은 왕후들 사이에서 오만하게 굴면서 많은 재물을 손에 넣어 성 동쪽에 집을 지었다. 돌을 쌓아 산을 만들고 우물을 뚫어 연못을 만들었으며, 주위에 화초와 나무를 심고 금붕어 수백 마리를 길렀다. 손님들은 그곳을 찾아와 큰 잔에 술을 부어 마실 때면 물고기를 수면 밖으로 불러내는 것으로 즐거움을 삼았고, 술에 취하면 아무 거리낌 없이 큰 소리로 노래 부르고 드러누웠다.

영명왕이 면전(緬甸 : 지금의 미얀마)으로 달아나자 노신선은 영명왕을 따라 갔다. 등월팔관(騰越八關)[8]에 이르자, 노신선은 하늘을 향해 마치 무엇인가를 호소하는 듯 허허[9]하는 소리를 냈다. 어느 날 노신선이 유문수에게 말했다.

"저도 이제는 늙었으니, 장차 어찌하면 좋겠습니까?"

유문수가 말했다.

"죽는 날만 기다리면 될 것을 공께서는 뭐가 안타까워 그러십니까? 다만 공께서 평소 자신의 기이한 술법을 아끼느라 다른 사람에게 전수

---

7 영명왕(永明王) : 주유랑(朱由榔)을 말한다. 주유랑은 바로 명나라 계왕(桂王)이다. 민국24년 상해개명서점(上海開明書店)의 연인본(鉛印本)을 배인(排印)한 인민일보출판사(人民日報出版社)본 『우초신지』와 1985년 민국24년 상해개명서점(上海開明書店)의 연배본(鉛排本)을 배인(排印)한 하북인민출판사(河北人民出版社)의 『우초신지』에는 '영력(永曆)'이라 되어 있다. '영력'은 계왕의 연호(1647~1662)이다.

8 등월팔관(騰越八關) : 관(關) 이름으로, 운남성 등충현(騰衝縣) 서쪽에 위치해 있다. 명나라 만력연간에 운남순무(雲南巡撫) 진용빈(陳用賓)이 미얀마를 막기 위해 설치한 것이다.

9 허허 : 원문은 '돌돌(咄咄)'이다. 입에서 나온 탄식어로, 탄식이나 감탄, 혹은 놀라움 등을 나타낸다. 『후한서(後漢書)』 「엄광전(嚴光傳)」에 다음과 같은 문장이 나온다. "광무황제(光武皇帝)는 곧장 [엄광의] 침소로 가서 엄광의 배를 어루만지며 말했다. '아! 자릉(嚴光의 字), 나를 도와 나라를 다스릴 수 없겠는가?'[帝卽其臥所撫光腹曰, '咄咄子陵, 不能相助爲理耶'.]" 또 『진서(晉書)』 「은호전(殷浩傳)」에 다음과 같은 문장이 있다. "[은호는] 그저 종일토록 허공에다 '허허, 이상한 일일세' 네 글자만 써댈 뿐이었다[但終日書空, 作'咄咄怪事'而已]."

하지 않으셨으니, 이제 그 명맥이 끊기게 된 것이 안타까울 따름이지요!"

노신선이 말했다.

"아끼느라 그런 것이 아니라 제 스승께서 제게 그 술법을 전해주실 때 경계하신 말씀이 있어서 그랬습니다."

이에 술법을 전수받게 된 경위를 물었더니 다음과 같은 이야기를 해 주었다.

"저는 성이 진씨(陳氏)이고, 하남(河南) 등주(鄧州) 사람으로, 명문가의 자손이었습니다. 젊어서 시골서당에 들어갔으나, 글공부를 좋아하지 않았습니다. 서당 옆에 신이나 부처상을 만드는 사람이 있어서 가끔 거기에 가서 함께 놀았습니다. 훈장이 가끔씩 때리고 꾸짖고, 집에 돌아오면 부모님께서 공부하지 않는다고 또 꾸짖었습니다. 저는 견딜 수 없어 결국 집을 나왔는데, 막막하기만 하고 갈 곳도 없어 관제묘(關帝廟)에 들어가 빌었더니 '훗날 왕후들과 어깨를 나란히 할 것'이라는 괘가 나왔습니다. 저는 혼자 생각했지요. '한 집안을 망친 사람이 어찌 왕후들과 어깨를 나란히 할 수 있단 말인가? 그렇다고 신께서 내게 거짓말을 할 리는 없고, 왕후와 어깨를 나란히 할 수 있는 사람은 오직 신선뿐이다'라고요. 평소에 종남산(終南山)에 숨어 사는 신선이 많다는 이야기를 들었기에 그곳으로 가서 신선을 좇기로 마음먹었습니다. 끝도 없이 산을 오르고 물을 건너, 추위와 배고픔을 참아가며 두루 신선을 찾아다녔지만, 따를 만한 사람이 없었습니다. 하루는 종남산 뒷자락에 갔다가 저 멀리 바라보니 절벽 위에 동굴이 하나 있는데, 그리로 사람이 들락날락하고 있었습니다. 그리하여 가시덤불을 헤치고 가파른 바위를 건너 동굴에 도착해서 보니 도사 한 분이 돌 위에 앉아 계셨는데, 초탈한 모습이 보통사람과는 달랐습니다. 저는 기뻐서 '이 분이 바로 내 스승이시다!'라고 말했지요. 그리고는 무릎을 꿇고 [가르침을] 청했습니다. 그러나 도사는 돌아보지도 않고 소매를 떨치며 동굴 안으로 돌아갔습니다. 저는 감히 들어가지 못하고 바로 동굴 입구에서 머리를 조아리고 있었습니다. 그렇게 사흘이 지나자 갑자기 한 동자가 어떤 물건을 가지고 나와 제게 보여 주면서 말했습니다.

'스승님께서 당신께 먹이라고 하셨습니다!'

겨우 두 마디 남짓한 크기에 생김새는 떡 같고 색깔은 희었으며 맛은 엿처럼 달았습니다. 그것을 먹었더니 더 이상 배가 고프지 않았습니다. 저는 속으로 기뻐하며 그가 신선임에 분명하다고 더욱 굳게 믿었습니다. 절을 하고 배움을 청한지 이레째 되던 날, 도사가 갑자기 나와 제게 물었습니다.

'바보 같은 놈! 너는 뭘 하려고 하느냐?'

제가 신선이 되고 싶어 찾아왔다고 하자 도사가 빙그레 웃으며 말했습니다.

'가거라! 너는 그럴만한 인물도 아닌데 무엇 때문에 고생을 자초하느냐?'

저는 이젠 돌아갈 곳도 없고 오직 낭떠러지 아래로 떨어져 죽는 길 밖에 없다는 생각에 울면서 가르침을 청했습니다. 잠시 뒤에 도사가 말했습니다.

'내 너의 정성을 생각하여 책 한 권을 줄 테니 평생 먹고 사는 밑천으로 삼거라. 그러나 좋게 사용해야 하며, 함부로 누설해서는 안 된다. 누설하면 바로 벼락을 맞을 것이다. 얼른 떠나거라. 오래 있다가 공연히 호랑이나 이리의 밥이 되지 말고!'

저는 책을 받자 놀랍고도 기쁜 마음에 얼른 산을 내려와 살펴보았는데, [거기 적힌 것들은] 모두 비방(秘方)으로 30쪽은 족히 되었습니다. 연안부에 도착했더니, 아무개 순무(巡撫)의 사랑하는 딸이 그네를 타고 놀다가 발을 다쳐 뼈가 밖으로 나왔는데, 치료할 수 있는 의원이 없어 돈 200냥과 당나귀 한 필을 내걸고 치료할 수 있는 사람을 모집한다는 이야기를 사람들이 다투어 전하였습니다. 제가 그곳으로 가 응모한 다음 비법에 따라 시험해보았더니 정말 병이 나았습니다. 그리하여 저는 주머니에 돈을 넣고 당나귀를 타고 집으로 돌아왔습니다. 아버지는 제가 도망갔던 일을 노여워하셨고, 또 돈을 많이 가진 것을 의심스러워 하셨습니다. 그 때는 이미 반란군이 난을 일으킨 뒤라 아버지는 제가 틀림없이 의롭지 못한 일을 하고 있다 생각하시고는 저를 관에 고발하여 벌을 받게 하려 하셨습니다. 저의 친척 형 아무개 효렴(孝廉)이 저의 무고함을 말해주어 감옥에서 나올 수 있었습니다. 친척 형이 어찌된 영문이냐고 묻기에 책을 꺼내 보여주었습니다. 아버지는 제가 감옥에서 나왔다는 이야기를 듣자 큰 몽둥이를 들고 친척 형의 집으로 달려오셨습니다. 친척 형이 반복해서 설명해도 믿지 않으셨습니다. 책을 펼쳐 증거로 보여드려도 아버지께서는 더욱 화를 내시면서 책을 찢어 불에 태웠습니다. 친척 형이 불 속에서 책을 간신히 꺼내 겨우 네 쪽을 건질 수 있었습니다. 저는 급히 그것을 품에 넣고 달아났습니다. 지금 제가 사용하는 비법도 모두 타다 남은 나머지 네 쪽의 내용일 뿐입니다. 세월이 흘러 그 네 쪽도 지금은 어디로 갔는지 모르겠습니다."

그가 직접 이야기한 것이 이와 같았다. 그로부터 얼마 지나지 않아 그는 병으로 죽었다.

오호라! 손을 트지 않게 하는 약[10]은 한 가지이다. 그러나 어떤 사람은 그것으로써 제후에 봉해지고, 또 어떤 사람은 솜 빠는 일을 면치 못했으니, 이는 그저 사용하는 방법이 달랐기 때문이다. 만약 노신선이 부친의

---

10 손을 트지 않게 하는 약: 『장자』 「소요유(逍遙游)」에 다음과 같은 기록이 있다. "송나라에 손이 트지 않는 약을 잘 만드는 사람이 있었는데, 대대로 솜을 물에 빠는 일을 가업으로 했습니다. 한 나그네가 그 얘기를 듣고서 그 처방을 백금으로 살 것을 제의하자 …… 나그네는 그 처방을 얻어가기고 가서 오나라 임금을 설득했습니다. 마침 월나라가 침범해 와서 오왕은 그를 장수로 삼아 겨울철에 월나라 군사와 수전을 벌여 그들을 크게 패배시켰습니다. 오왕은 그의 공적을 치하하여 봉록을 내렸답니다. 손을 트지 않게 하기로는 마찬가지인데, 어떤 이는 봉록을 받고, 어떤 이는 솜이나 빨게 된 이유는 그것을 쓰는 방법이 달랐던 데 기인했다고 볼 수 있습니다(宋人有善爲不龜手之藥者, 世世以洴澼絖爲事. 客聞之, 請買其方百金 …… 客得之, 以說吳王. 越有難, 吳王使之將. 冬與越人水戰, 大敗越人. 裂地而封之. 能不龜手一也, 或以封, 或不免於洴澼絖, 則所用之異也)."

뜻을 이해하여 장헌충의 무리에 빠지지 않고 이 비법을 가지고 세상을 돌아다녔다면, 편작(扁鵲)과 화타(華陀)[11]도 그 앞에서 마음대로 하지 못했을 것이다. 그러나 그는 안타깝게도 재물과 이익을 탐하여 신선이라는 이름에 만족하더니, 결국에는 반란군 장헌충의 일당으로서 죽고 말았다. 그렇기는 하지만, 사람이 신선을 만나는 것과 만나지 못하는 것은 타고난 복에 달려있다. 노신선은 신선의 비법이 적힌 책을 얻고도 삶을 온전히 하지 못했으니, 그 복의 정도를 가히 알만하다. 일찍이 패관(稗官)에서 기록해놓고 있는 후원(侯元)[12]의 이야기를 본 적이 있는데, 땔나무를 하다가 산에서 노인을 만나 병법을 얻고도 결국에는 도적이 되어 참수되었으니, 그 사적이 노신선의 이야기와 흡사하다. 나는 늘 이상하게 여겼다. '신선이 [비법을 전수해 줄만한] 사람을 만나지 못했으면 비법을 비밀스럽게 간직하면 그만이지, 무엇 때문에 적임자가 아닌데도 비법을 전수하여

11 편작(扁鵲)과 화타(華陀) : 원문에는 '노편(盧扁)'이라 되어 있는데, 고대의 명의 편작의 집이 노(盧) 땅에 있었기 때문에 '노편'이라고도 불렸다. 화타(華陀) 또한 동한(東漢) 때의 명의이다.

12 후원(侯元) : 『태평광기(太平廣記)』 권287에 나오는 「후원」의 이야기로, 원래는 『삼수소독(三水小牘)』에 실려 있다. "후원은 상당군(上黨郡) 동제현(銅鞮縣) 산골에 사는 나무꾼이었다. 그는 집안이 가난하여 땔나무를 팔면서 살아갔다. …… 한숨 소리가 채 끊기기도 전에 쿵! 쿵!~하고 돌이 마치 동굴처럼 활짝 열리더니 그 안에서 우복(羽服)을 입고 오모(烏帽)를 쓴 수염과 머리카락이 하얗게 쇤 한 노인이 지팡이를 끌며 동굴 밖으로 나왔다. 후원은 깜짝 놀라 급히 일어나 앞으로 다가가 노인에게 절을 올렸다. 그러자 노인이 말했다. '나는 신군(神君)인데, 자네는 마음에 들지 않는 것이 뭐가 그리 많은가? 나의 술법 가운데 틀림없이 부를 취할 수 있는 방법이 있을 테니, 그저 나를 따라오기만 하게.' …… 노인은 후원에게 수만 마디의 비결을 전수해 주었는데, …… 한 달 뒤에 법술을 다 익히고 나자 온갖 사물로 변화할 수 있었고, 귀신도 부릴 수 있었으며, 풀, 나무, 흙, 돌로 보병과 기병, 갑옷 입은 병사들을 만들 수 있었다. …… 신군은 그때마다 군대를 일으켜서는 안 된다고 주의를 주었고, 만약 기어코 거사하려 한다면 반드시 하늘의 계시를 기다려야 한다고 했다. …… 후원은 천여 명의 사람들을 데리고 곧장 돌진해 들어가 처음에는 승리를 거두었으나 후에 결국 패했다(侯元者, 上黨郡銅鞮縣山村之樵夫也. 家道貧窶, 唯以鬻薪爲事. …… 聲未絶, 石砉然豁開若洞, 中有一叟, 羽服烏帽, 髯髮如霜, 曳杖而出. 元驚愕, 遽起前拜. 叟曰, '我神君也, 汝何多歎? 自可於吾法中取富, 但隨吾來.' …… 叟授以祕訣數萬言, …… 朞月而術成, 能變化百物, 役召鬼魅, 草・木・土・石, 皆可爲步騎甲兵. …… 神必戒以無稱兵, 若固欲擧事, 宜待天應 …… 元領千餘人直突之, 先勝後敗)."

신세를 망치게 한단 말인가? 신선도 어찌 이렇게 잔인한지!' 종남산의 도사도 반드시 진선(眞仙)이라고는 할 수 없을 것이다. 듣자니 그 약은 처자의 음부에서 나온 액을 달여 만든 것으로, 불꽃이 방안 가득하고 화염이 집 대들보 위까지 솟구쳤다가 그 빛이 수그러들고 난 뒤에 고약이 완성된다고 한다. 이것이 어찌 신선이 사람을 구하는 비방이겠는가? 『본초(本草)』에서는 대부분 물고기와 벌레 등을 가지고 사람의 수명을 10년이라도 늦춰보려고 하는데, 하물며 멀쩡한 사람을 죽여 다른 사람을 구하고, 또 한 명도 아니라 수백 명을 죽였으니, 노신선이란 자는 끝내 일개 도적에 불과할 따름이다.

장산래가 말한다.

선가(仙家)에 비방이 있다고 말하지만, 세상에 전해지지 않으니 도가의 비방이라는 것도 유명무실할 뿐이다. 멀쩡한 사람을 죽여 다른 사람을 살리는 것이 잘못이라면, 어찌하여 이런 종류의 비법을 없애고, 금석과 초목을 이용한 약방만 남겨 두지 않는가? 이러한 방도는 생각하지 않고, 종종 마땅치 않은 사람에게 비방을 전수하여 세상에 우환을 남기니, 이 또한 전수가 제대로 이루어지지 못하는 것이다.

蜀中劉文季爲余言. 昔獻賊中有所謂'老神仙'者, 事甚怪. 能生已死之人, 續已斷之肢與骨, 賊衆敬如神明焉. 其初被擄時, 將殺之, 賊擄人, 不卽殺, 審其人, 凡一技一藝者皆得免. 神仙比能以泥塑像獲免, 賊中遂以'塑匠'呼之.

一日, 塑匠滌大釜沃水, 析屋爲薪燎之. 水沸, 沸凡數, 以一楞左右攪成膏. 賊衆駭, 爭相傳. 獻賊聞, 謂妖人, 又將殺之. 塑匠曰 : "願一言以死. 王不欲成大事耶? 何故殺異士?" 獻賊異而問之, 曰 : "臣有異術, 能生人. 此膏乃仙授, 或刀斧, 或榜掠, 受重創者, 臣能頃刻完好." 獻賊卽榜一人, 試之, 立驗. 獻賊殘忍, 日殺人, 劓刖人, 笞至掠無算. 笞凡數百, 血肉糜潰, 氣息僅屬者, 付塑匠, 以白水膏傅之, 無不生, 且立刻杖而行. 軍中爭趨之, 餽遺飮食無虛日. 以是衣食囊橐漸充矣.

獻賊有愛將某者, 攻城, 爲飛礮所中, 去其頦, 奄奄一息矣. 塑匠曰: "易與耳!" 卽生割一人頦, 按之, 傅以膏. 一日而甦, 飮噉如未割也. 時孫可望在賊爲監軍, 夜被酒, 殺一嬖妾. 且行三十里, 醒而悔之. 道遇塑匠, 笑問曰: "監軍夜來未醉耶? 何有不豫色然?" 可望告以故, 塑匠曰: "監軍果念其人乎? 吾當回馬覓之." 可望曰: "唉! 起營時, 尸不知何在. 想爲犬豕啖矣, 何從覓?" 塑匠曰: "監軍若令我覓, 何物犬豕, 敢啖貴人乎?" 可望曰: "鼠子紿我! 汝欲逃耶? 我當遣介士押汝覓!" 塑匠笑曰: "何處覓? 覓何能得?" 可望怒曰: "汝何戲我?" 塑匠指道旁舁一氈橐曰: "何需覓? 卽此是也!" 可望曰: "已朽之骨, 何舁之?" 塑匠笑謂: "監軍曷啓之?" 可望下馬解氈, 則星眸宛轉, 厭厭如帶雨梨花, 帳中之魂已返矣. 可望喜噪, 一軍皆驚.

聞于獻賊, 獻曰: "此神仙也, 當封之." 口封恐衆未知, 時營大澤中, 下令軍中人備一几, 以次日集廣原. 是時賊數十萬, 令以數十萬几累之, 擇累之最高者謂'拜仙臺'. 於是衣塑匠以深衣, 巾以綸巾, 方履絲絛. 塑匠身高六尺, 廣顙濶面, 大有鬚, 望之如世所繪社神者然. 命之升臺, 臺高且危, 塑匠怯不欲登. 獻賊令軍士各持弓矢, 引滿以向之, 曰: "不登, 卽射!" 塑匠不得已, 及其半, 惴慄惶懼. 而萬矢擬之如的, 不敢止, 勉登其上. 獻賊令三軍釋弓矢, 羅拜其下, 呼'老神仙'者三, 於時聲震天地. 自此不復呼塑匠, 而皆曰'老神仙'矣.

老神仙亦自此不輕試其術. 有渠賊某者, 戰敗傷足, 脛骨已折, 所不斷者, 皮僅寸耳. 求老神仙治, 辭以不易. 某哀號宛轉, 盛陳金帛以請. 老神仙揮之曰: "此身外物, 吾無需. 雖然, 吾不忍將軍之創也. 吾無子, 將軍能養我乎?" 某指天而誓, 願終身父事之. 老神仙從容解所佩囊, 出小鋸, 鋸斷其足上下各寸許, 取生人脛, 度其分寸以接之, 傅以藥. 不數日而愈. 自此賊中凡求其藥者, 皆不敢侈餽遺, 爭投身爲養子矣.

獻賊有幸婢曰'老脚'者, 美而慧, 善書畫. 脚不甚纖, 因名. 凡賊中移會偵發文字皆所掌, 獻賊嬖之. 燕處有所思, 老脚見其獨坐, 私往侍之. 賊不知爲老脚也, 疑旁人伺, 以所佩刀反手擊之, 中其腰, 折骨剸腹, 出腸而死. 獻賊省之, 悔恨惋痛, 急召老神仙. 老神仙曰: "已死, 不能救." 獻賊罵曰: "老狡! 監軍妾不亦已死者乎? 汝不能救, 當殺汝以殉!" 老神仙逡巡曰: "需時日乃可." 獻賊急欲其生, 限三日, 老神仙請期三七. 比以酒合藥灌之, 一七喉間卽格格有聲. 老神仙賀曰: "可救矣. 七日當復." 因取水潤其腸, 納腹中, 引針縫之, 傅以藥, 夾以木板, 約以繩. 果七日而老脚步履如常時.

及獻賊死, 賊衆潰, 從蜀奔滇. 生平素德于老神仙者, 衛之來滇. 永明至, 賊衆多爲僞王侯. 老神仙嘯傲王侯間, 擁厚貲, 闢室城東隅. 累石成山, 鑿井爲池, 旁植花木, 蓄朱魚數百頭. 客至浮白, 呼魚出水以娛, 醉則高歌而臥, 不顧也.

迄永明奔緬甸, 老神仙從之行. 及騰越, 居常向空咄咄, 若有所訴. 一日謂文季云: "吾老矣, 將奈何?" 文季曰: "等死耳, 公何惜? 但公之異術素靳不與人, 致絶其傳, 是可惜!" 老神仙曰: "吾非靳也, 吾師授我時有戒也." 因訊其所授之由, 曰: "某陳姓, 河南鄧州人, 名家子. 少嘗入鄉塾, 性不樂章句. 塾側有塑神佛者, 時就與嬉. 塾師時扑責之, 歸而父母復責以不學. 不能耐, 遂出亡, 悵悵無所適, 因禱于關帝, 得一籤, 云: '他日王侯卻並肩.' 自顧: '一喪家子, 何得並肩王侯哉? 然神不誣我, 與王侯並肩者惟仙人'. 素聞終南山多隱仙, 願往從之. 窮登涉, 忍飢寒, 遍訪無可從者. 一日至山後, 遙望絶壁上有洞, 人出入. 因拔荊棘, 踞巉巖, 達于洞, 見一道者坐石上, 翛然異凡人. 余幸曰: '此吾師也!' 因長跪以請. 道者不顧, 拂袖歸洞. 余不敢入, 卽洞口稽首而已. 如是者三日, 忽一童子持一物示余云: '師食爾!' 狀如糕, 色白, 方僅二寸, 味甘如飴. 食之, 遂不復飢. 余竊喜, 益信. 拜求至七日, 道者忽出, 問余曰: '癡子! 汝欲何爲?' 余告以求仙, 道者哂曰: '去! 汝非此中人, 何自苦爲?' 余自念無所歸唯投崖死耳, 涕泣以求. 已而道者曰 : '吾念汝誠, 有書一卷授汝, 資一生衣食. 好爲之, 勿輕洩. 洩則雷擊也. 速去. 毋久留, 徒飽虎狼耳!' 余得書驚喜, 倉皇下山, 省之, 皆禁方也, 可三十頁. 道延安, 人爭傳某巡撫者有愛女戲鞦韆傷足, 骨出于外, 醫莫能療, 募能療者, 金二百, 騾一匹. 余往應募, 依方試之, 果痊. 余于是囊金乘騾歸. 吾父怒出亡, 且疑多金. 是時賊已起, 謂余必從不義, 首于官, 將置之法. 余族兄孝廉某, 白無辜, 出獄. 訊其故, 因出書. 余父聞余出, 持大杖奔族兄家. 余族兄反覆解喩, 不信. 並陳書以實, 余父愈怒, 裂書火之. 族兄從火中奪得, 僅四頁. 余急懷而逃. 今之所用者, 皆燼餘之四頁耳. 年久, 其四頁者亦不知往矣." 其自述如此. 居無何, 以疾死.

嗚呼! 不龜手藥一也. 一以封侯, 一不免于洴澼絖, 顧所用異耳. 向使老神仙能體父志, 不陷于賊, 挾此術遊當世, 盧扁・華佗不得專於前矣. 惜其狃于貨利, 遂安神仙之名, 而終以賊死. 雖然, 人之遇仙與不遇仙, 惟視福德之厚薄. 老神仙得其書而不能全, 其福可知矣. 嘗見稗官所誌侯元者, 樵山遇老人, 授兵法, 卒以作賊戮其身, 事頗類此. 常怪仙人不得其人, 卽秘其傳可也, 何往往傳非其人以致戕害? 仙亦何忍哉! 且終南道者亦未必眞仙. 聞其膏乃以處子陰戶油煉之, 火光滿室, 燄升屋梁, 光息而膏成. 此豈仙人救人之方乎? 『本草』以多用蟲魚, 致遲上昇十年, 況殺人以救人, 不獨一人, 且數百人, 是老神仙者, 則亦始終一賊而已.

張山來曰 : 仙家有禁方而不以傳世, 則禁方徒虛設耳. 若以殺人救人爲過, 何不去此種類, 而止有金石草木之藥乎? 乃計不出此, 而往往傳非其人以致遺累, 是亦授受之未善也.

요궁 화사 소전(瑤宮花史小傳)

전성(展成) **우동**(尤侗)

계미년(1643)에 나는 왕씨(王氏)의 여무원(如武園)에서 글을 읽었는데, 우연히 부란(扶鸞)[1] 장난을 치다가 요궁(瑤宮)[2]의 화사(花史)를 만날 수 있었다. 화사는 성이 하(何)이고 아명은 월아(月兒)이며, 명나라 초기 산양현(山陽縣 : 지금의 江蘇省 淮安市)의 부잣집 딸이었다. 나이 열여섯에 혼자 꽃나무 아래서 꽃잎을 따다가 한 서생에게 농락을 당했는데, 그 이유로 부모가 노여움에 쫓아내자 물에 빠져 죽었다. 왕모(王母 : 西王母)는 화사가 나이도 어리고 영민한 것을 가엾게 여겨 산화선사(散花仙史)로 거둬들였다. 이것은 문서를 관장하고 있는 진인(眞人) 당나라 손과정(孫過庭)[3]이 내게 말해

1 부란(扶鸞) : 부계(扶乩). 나무신선이 올 때는 난새를 타고 온다고 해서 붙은 이름이다. 이것은 점치는 방법 중 하나인데, 정(丁) 자 모양의 나무틀을 만들어놓고 꼭대기에서 수직으로 추를 내린다. 이 나무틀을 모래 위에 세워놓은 다음 두 사람이 손가락으로 횡목의 양 끝을 잡고 신을 부르면 나무에 움직이는 대로 모래 위에 글자 모양이 생겨나는데, 이것을 신의 계시라 여기고 화복을 점친다.

2 요궁(瑤宮) : 전설에 신선이 사는 아름다운 옥으로 지어진 궁이라고 한다.

준 것이다. 막 단(壇)에 내려왔을 때 화사는 다음과 같은 시를 지었다.

한 잎 한 잎 떨어지는 꽃잎에 날아다니는 신선들,
훠이 훠이 홀로 날아와 바람 맞으며 서있네.
느릿한 걸음으로 천천히 작은 다리 동쪽을 건너노라니,
봄 적삼 향기로운 땀에 젖을까 근심일세.

화사의 운치가 이와 같았다.

화사는 나이가 어려 거리낌 없고 풍류 또한 많았는데, 사랑 때문에 죽어서인지 양 미간 사이에는 늘 한스러운 빛이 담겨있었다. 본디 해학을 좋아해서, 나와 허물없이 노닐 때면 별별 장난짓거리를 다 선보여 자리에 있던 사람들을 한바탕 웃게 만들곤 했다. 그러나 어쩌다 은미한 말로 슬쩍 떠보면 대꾸하지 않았고, 엉뚱한 말로 어지럽히면 한참 동안 무안해했다. 나는 나도 모르게 화사에 대한 사랑이 깊어갔다.

어느 추운 날 밤에 나와 함께 연구(聯句)를 지었다.

나뭇가지 낙엽, 나부끼는 하늘나라 옷,
소슬한 바람소리에 말라버린 이슬을 노래하네.
반은 꺼져버린 등잔불로 스러져가는 달빛을 잇노라니,
황종(黃鐘)[4]이 끝나자마자 새벽 별이 희미해지네.
첫추위는 칼날처럼 급히 비단 휘장으로 쳐들어오고,
수심 찬 눈물 떨구니 향긋한 숨내 은은하기도 하여라.
깊은 밤 보낼 방법은 오직 꿈뿐,
무산(巫山)에서 한 조각구름 얻어 왔노라.

3　손과정(孫過庭 : 648?~703?) : 자는 건례(虔禮)이고, 오군(吳郡 : 지금의 江蘇省 蘇州) 사람으로 당나라 때의 서예가이다.

4　황종(黃鐘) : 황종조(黃鍾調)를 기본음으로 한 악곡을 말한다.

그 후로 서로 마주하고서 애간장이 끊길 듯한 애원어린 시들을 많이 지었다.

내가 장난삼아 편지를 주었더니 그날 밤 꿈에 화사가 천천히 다가왔다. 나이는 한 열여덟아홉쯤 되어보였고, 머리에는 백화(百花) 비녀를 꽂고 있었으며 부용관(芙蓉冠)을 쓰고, 슬슬(瑟瑟) 떨기를 꽂았다. 금실을 수놓은 얇은 금빛 비단 저고리를 입고, 은박이 붙은 오색 찬연한 비단 치마를 입었으며, 원앙버선에 오색 노을빛 신을 신었다. 곱고 단아한 치장이며, 요염함을 내뿜는 신비한 자태며, 눈동자를 굴리던 그 아름다운 모습은 형용할 길이 없다. 휘장을 걷고 미소 지으며 무슨 말을 할 것만 같은 순간, 무엇인가가 나의 가슴을 짓누르고 귀신 손 같은 것이 나와 나의 팔을 잡았다. 놀라 소리치며 깨어나 보니 꺼져가는 잔등에 불빛만 깜빡이고 있었다. 창밖에서 나는 소슬한 바람소리는 마치 누군가가 슬픔에 겨워[5] 울고 있는 것 같았다. 이튿날 아침에 화사에게 물으니 이렇게 대답했다.

"제가 밤에 당신 침대 맡에 두 번이나 갔었는데, 오장신(五臟神)이 당신을 지키고 있기에 그걸 감지하고 물러났어요."

내가 물었다.

"오장신이 뭐요?"

화사가 대답했다.

"사람의 몸은 모두 신들이 지키고 있지요. 눈과 귀, 손과 발 같은 것은 신들이 밖에서 지키고 있고, 오장이나 혼백 같은 것은 신들이 안에서 지키고 있습니다. 연분이 있는 사람은 신이 저와 가깝고, 연분이 없는 사람은 신이 저와 가깝지 않지요. 나와 당신은 서로 사랑하는 맘이 이리 깊은데, 어찌하여 삼생석(三生石) 위에서 한번 웃을 인연[6]이 없을까요?"

---

5 슬픔에 겨워 : 원문은 '탄지(彈指)'로, 기쁨이나 허락, 분노나 경고 등의 감정을 드러내는 동작이다.

6 삼생석(三生石) …… 인연 : 『태평광기(太平廣記)』 권387 원관(圓觀)의 이야기에 보면,

그리고는 눈물을 흘리며 흐느꼈다.

얼마 있다가 화사는 초강(楚江)에 관한 이야기를 들려주었다. 초강은 화사의 시녀로, 어린 몸종 소홍(小紅)과 더불어 모두 단정하고 아름다우며 또 성품이 어질었다. 초강은 날마다 책상 옆에서 시중들었다. 화사가 말했다.

"초강은 전생에 당신과 이웃이었습니다. 둘은 서로 사랑했지만 이루지 못하고 병들어 죽었습니다. 당신이 편지 한 통을 적은 다음, 그것을 태우며 초강에게 고했지요. '삼생 동안 지각이 끊어지지 않는다면 내생의 연을 맺길 원하오.' 당신은 효렴(孝廉)에 천거되었지만 역시 요절했는데, 벌써 20년이 되었군요. 이젠 예전에 하신 맹세를 지키셔도 좋습니다."

이에 왕모에게 청하니, 갑신년 2월에 조(趙) 땅에서 태어나게 해주면서 옥 귀걸이 한 쌍과 비취색 봉황 신발 한 쌍을 하사했다. 화사는 「저고천사(鷓鴣天詞)」를 지어 초강을 송별했다.

비녀며 가락지며 잘 챙겨 푸른 하늘 아래로 내려가니
남은 사람 애간장 끊어지도록 노교(奴嬌)[7]를 떠올리겠지.
깊은 방에는 부질없이 향긋한 분내만 남아
홀로 소상(瀟湘)을 바라보며 비취새 깃털[8]을 그리워하겠지.

원관 스님과 간의대부(諫議大夫) 이원(李源)의 부친 이징(李憕)은 30년 지기였다. 하루는 함께 유람을 나서 삼협(三峽)을 지나가다가 물 긷는 부인을 만나게 되었는데, 원관이 그녀를 보고 울면서 자신이 환생할 곳이라 일러준다. 이에 작별하고 12년 뒤 중추절날 밤에 항주 천축사 밖에서 만나기로 한 뒤 원관은 죽는다. 원관이 죽던 날 밤에 물 긷던 부인이 아이를 출산한다. 그로부터 12년이 지난 가을 이공은 원관과 만나기로 약속한 장소에 갔다가 「죽지사(竹枝詞)」를 부르는 목동을 만나 그가 원관임을 알아보게 된다. 원관이 불렀던 노래에 보면, '삼생석 위의 오래 묵은 혼령[三生石上舊精魂]'이라는 구절이 나온다. 즉 삼생석이란 전생에 인연이 있었음을 나타내는 의미로 사용되었다.

7 노교(奴嬌) : 노교는 천보연간(天寶年間 : 742~756)에 이름난 명기이자 가수로, 현종을 모셨다. 원진(元稹)이 지은 「노교를 그리워하며」라는 궁사(宮詞)가 있다.

8 비취색 깃털 : 원앙을 상징한다.

이별의 말 고하고
맑은 술 따라라.
맑고 아름다운 너를 소홍교(小紅橋)에서 천천히 보내고 나면,
다시는 유람객들과 짝하여
바람 앞에 나아가 버들개지 허리를 자랑할 수 없으리.

초강이 화답했다.

아침엔 바람과 이슬 먹고 저녁엔 하늘 위로 올랐으니
금옥(金屋)에 있는 아교(阿嬌)[9]가 부럽지 않았네.
미워라, 버들개지 저 달에 줄을 묶어
억지로 꽃빛을 옮겨 와 운교(雲翹)[10]를 물들였네.
연연한 정, 취한 듯한 마음.
차마 잊을 수 없는 오랜 남교(藍橋).[11]
동군(東君)께서 함께 가기를 허락해주시니,
잠시 풍진에 가서 초나라 허리[12]를 배워오지요.

초강이 인간세상으로 내려간 후로 화사는 늘 마음이 울적하여 예전처럼 즐겁게 지내지 못했다. 왕모는 그들이 은밀한 시를 서로 주고받았다는 이야기를 듣고 심하게 질책하면서 떠돌이 신에게 순찰을 명하며 사적으로 오지 못하게 했다. 화사가 말했다.

---

9 금옥(金屋)에 있는 아교(阿嬌) : 한나라 무제가 금으로 장식한 방에 아교를 들여 놓고 부인을 삼았다는 이야기가 『한무고사(漢武故事)』에 나온다.

10 운교(雲翹) : 선녀 이름. 천궁(天宮)의 여관(女官)이라고 한다.

11 남교(藍橋) : 다리 이름이다. 섬서성(陝西省) 남전현(藍田縣) 동남쪽 남계(藍溪)에 위치해 있다. 배형(裵鉶)의 『전기(傳奇)』에 보면, 남주인공 배항(裵航)이 선녀 운영(雲英)을 만난 곳이다.

12 초나라 허리 : 옛날 춘추시대 초나라의 영왕(靈王)이 허리 가는 여자를 좋아하는 바람에 굶어 죽은 궁녀가 줄을 이었다고 한다.

"우생(尤生 : 尤侗)의 재주 적을까 근심되지 않지만, 화아(花兒)의 다정함은 근심이로구나. 더 이상 은밀한 약속을 지속하다가는 산과 나무의 귀신 도깨비라는 의심을 받게 될까 두렵다."

그때부터 종적이 끊겼다.

내 일찍이 「두란향전(杜蘭香傳)」을 보았더니, 상강(湘江)에 사는 세 살짜리 여자 아이가 아모(阿母)의 청동(青童)에게 끌려갔다가 나중에 전거(鈿車)를 타고 포산(包山)의 장석(張碩)을 찾아와서는, '나는 본디 당신의 아내가 될 사람이었으나 운명이 맞지 않았습니다. 태세(太歲 : 木星)가 동방묘(東方卯) 위치에 갈 때 다시 당신을 찾아 오겠습니다'라고 말했다. 이는 초강의 일과 매우 비슷하다. 그렇지만 나만 처량한 신세가 되어 짝도 만나지 못하고, 가정을 꾸리는 즐거움도 누리지 못했다. 귀신과의 꿈만 같았던 혼인은 어느덧 잊었다. 그래도 절뚝거리며 한단(邯鄲) 거리를 왔다 갔다 하는데, 진루(秦樓)[13]에서 해가 돋고 노니는 여자들이 구름처럼 몰려들면 황홀한 중에 마치 누군가와 만날 것만 같았다. 그러나 끝내 거문고 뜯으며 다가오는 사람[14]일랑 없었고, 나 또한 이제 늙고 말았다. 신선이 본디 식언을 잘한단 말인가? 아니면 나의 속된 마음이 다하지 않은 탓에 건수(蹇修)[15]를 저버렸단 말인가?

화사가 지은 시나 사가 매우 많은데, 그중 가장 뛰어난 것으로는 「태

---

13 진루(秦樓) : 진(秦)나라 목공(穆公)이 딸 농옥(弄玉)을 위해 세워준 누각으로, 봉루(鳳樓)라고도 한다. 한나라 유향(劉向)의 『열선전(列仙傳)』에 보면, 진목공의 딸 농옥은 음악을 좋아했다. 소사(蕭史)는 퉁소를 잘 불어 공작과 백학을 불러들일 수 있었다. 이에 진 목공이 농옥을 소사에게 시집보내고 그들을 위해 봉루를 지어주었다. 그 뒤 부부는 그 위에서 머물면서 몇 년 동안 내려오지 않다가 어느 날 함께 봉황을 따라 날아가 버렸다고 한다.

14 거문고 …… 사람 : 한나라 양운(楊惲)은 아내와 금슬이 좋았다. 「손회종에게 주는 답장[報孫會宗書]」에서 양운은 이렇게 말하고 있다. "나는 본래 진 땅 출신이라 진나라 소리를 잘 하오. 아내는 조 땅 여자라 슬을 잘 뜯는다오[家本秦也能爲秦聲. 婦趙女也雅善鼓瑟]." 후에 '고슬(鼓瑟)'은 부부사이에 감정이 좋은 것을 뜻하는 말로 사용되었다.

15 건수(蹇修) : 전설 속에 나오는 복희씨(伏羲氏)의 신하로, 중매를 잘 서서 후에 매파의 대명사가 되었다.

화행(太華行)」 한 편이 있다. 그 시를 짓기 전 갑신년 정월 초하루에, 진인(眞人)은 상강의 여러 벗들과 짝하여 태화산에 놀러갔었는데, 몹시 즐거워하면서 우리 둘보고 장가(長歌)를 지어 이 유람을 기록해보라 했다. 나는 붓을 휘둘러 급히 완성했으나, 화사는 일부러 충서(蟲書)[16]로 썼으니 그 또한 교활한 기술이라 하겠다. 진인이 웃으며 번역해주었는데, 그 글은 다음과 같았다.

봉우리에 오르려거든 제일봉에 올라야겠지만,
아득히 높이 솟아있어 올라갈 수 없네.
힘 좋은 거령(巨靈)의 우뚝 솟은 손바닥,[17]
구름이 때때로 열 손가락 사이에 흐르네.
창룡(蒼龍)과 옥마(玉馬)는 바람 따라 거닐고,
누런 관과 학의 깃털[18]은 모두 동안일세.
벼랑에서 날아 떨어지는 샘물에 구슬 빗방울 흩어지고,
물과 하늘이 마주하니 한가롭기도 하네.
이에 푸른 연꽃에 앉아,
옥전(玉田)을 유람하니,
금정(金鼎)과 석실(石室)에는 전자(篆字)가 구름 같네.
모여앉아 주미(麈尾)를 손에 든 채 청담(淸談)을 나누는데,
철 피리 소리 한 자락에 강가 하늘이 차갑네.
옥녀가 난새 타고 와 우리를 맞아하니,
포도며 대추며 잔칫상에 즐비하네.
노래 한 곡에,

---

16 충서(蟲書) : 진(秦)나라 팔서체(八書體)의 하나로, 필획에 장식성이 풍부하며 무기나 기치, 부신에 사용되었다.

17 힘 좋은…… 손바닥 : 비희(贔屓)는 힘이 세고 용맹한 모습을 가리키는 형용사이고, 거령은 화산(華山)을 손으로 쪼개어 갈라놓았다는 하신(河神)이다.

18 누런 관과 학의 깃털 : 모두 도사를 대신 받는 말로 사용되었다.

즐거움은 만 년이라.

올리는 술 한 잔에,

지어진 시는 백 편이라.

침상에 부는 솔바람에 흐르는 샘물 소리 들리고,

흡족히 취해 누운 채 돌아갈 줄 모르네.

해와 달과 별을 호흡하며 별자리를 바라보니,

높다란 두 산이 둘로 쪼개어져있네.

가을[19]의 미덕은 거두는 데 있나니,

기에는 금(金)의 차가움 서려있고, 정유(丁酉)[20]를 점하고 있네.

그 옛날 소호(少昊)[21]가 이곳에 살면서,

욕수(蓐收)[22]의 별관을 이름하여 중부(中阜)라 하였네.

허공에 한번 노닒이 어떠한가,

바람 타고 우화등선하여 날아보세.

옛날 산꼭대기에 올라 미친 듯 소리치던 일 기억하며,

편지를 남겨 작별을 고하니 읊조릴 만하구나.

신선이여, 신선이여, 따라갈 수 없구나!

이 노닒이 비슷하긴 하지만 말로 표현할 수 없네.

내 요궁을 찾아가 기록한 책을 찾았으나,

천 마디나 되는 긴 글, 글씨는 올챙이 같았네.

---

19 가을 : 원문은 '소음(少陰)'으로, 가을을 뜻한다.

20 정유(丁酉) : 음양오행으로 따져볼 때, 정(丁)은 음화(陰火)에 속하고, 유(酉)는 음금(陰金)에 속한다. 때문에 금의 기운이 서려있다고 한 것이다.

21 소호(少昊) : 화산은 오악 중 서악이라 불리는데, 소호는 고대 전설에 나오는 서방천신(西方天神)이며 금(金)을 주관한다.

22 욕수(蓐收) : 고대 전설 속에 서방을 지킨다는 신의 이름이다. 『예기』 「월령(月令)」에 보면, "가을은 …… 날로는 경신에 해당하고, 지키는 황제는 소호며 신은 욕수다[孟秋之月 …… 其日庚辛, 其帝少皞, 其神蓐收]"라는 기록이 나온다. 정현(鄭玄)은 주에서 "욕수는 소호의 아들로 해라고도 한다. 금관이다[蓐收, 少皞氏之子, 曰該. 爲金官]"라고 설명하였다.

전자(展子 : 尤侗)가 말한다.

한나라 역사에 휘장 안의 신군(神君)에 대한 기록이 있는데,[23] 그 모습은 보이지 않고 그 소리만 들렸다고 한다. 계선(乩仙)은 그 소리마저 들을 수 없고 어렴풋하기만 하다. 그래도 화사는 내 앞에 모습 드러내는 것을 허락하였으니, 어느 날 저녁 밝은 달이 비추는 대나무 아래, 구름머리를 하고 비취빛 옷을 입은 여자가 기대어 나를 불렀다. 바라볼 때는 하늘거리는 듯 싶더니, 다가가 찾아보니 아득히 어디론가 사라져버렸다. 이는 진짜일까, 거짓일까? 내가 무슨 재주로 헤아린단 말인가! 【화사는 늘 나를 '전자'라고 불렀다.】

장산래가 말한다.

세간에 계선에 대한 이야기가 떠도는데, 가장 이해하기 어렵다. 진짜 신선이라고 하자니 남이 불러낼 수 있을 리 없고, 가짜 신선이라고 하자니 시구(詩句)가 영민하면서도 빼어나며 글씨 또한 빼어나다. 혹 재주 있는 문인이 죽어 영혼이 흩어지지 못하고 있다가 우연히 인간의 필묵을 빌어 시간을 보내고 있는 것인가! 고인이 말하기를, 차라리 재주 있는 귀신이 못난 신선보다 낫다고 했으니, 재주 있는 귀신이 곧 신선이라고 해도 안 될 것은 없다.

歲癸未, 予讀書王氏如武園, 偶爲扶鸞之戲, 得遇瑤宮花史云. 花史何氏, 小名月兒, 明初山陽富家女也. 年十六, 獨在花下摘花, 爲一書生所調, 父母怒而謫之, 遂赴水死. 王母憐其幼敏, 錄爲散花仙史. 此掌文眞人唐孫過庭告予云. 初降壇作詩云 : "片片落英飛羽客, 翩翩獨向風前立. 緩行徐過小橋東, 只恐春衫香汗濕." 其標韻如此.

花史年少, 放誕風流, 旣爲情死, 眉黛間常有恨色. 性喜諧謔, 旣與予

23 한나라 …… 있는데 : 『한무고사』에 보인다. 한나라 무제 때 휘장 안에 신군이 나타났는데, 동방삭이 그와 이야기를 나누었다고 한다.

狎暱, 嘲戲百出, 一座鬨堂. 間以微詞挑之, 輒不對, 或亂以他語, 久而憮然. 不知情之一往而深也.

寒夜嘗與予聯句云: "樹頭落葉舞天衣, 蕭瑟風篁吟露晞. 青火半銷殘月繼, 黃鐘初罷曉星稀. 新寒剪刀羅帷急, 愁淚彈來香息微. 消遣夜深惟有夢, 巫山攜得片雲歸." 自後相對多作斷腸哀怨之語.

予戲以尺素貽之, 是夜遂夢花史冉冉而來. 年可十八九, 頭上百花髻, 戴芙蓉冠, 揷瑟瑟鈿朶. 著金縷單絲金縠, 銀泥五暈羅裙, 鴛鴦襪, 五色雲霞履. 粉束雅澹, 神姿艷發, 顧盼娬媚, 不可描畫. 搴帷微笑, 若有欲言, 予胸次忽爲一物顚壓, 又似鬼手來捉人臂. 驚呼而覺, 但見殘釭明滅. 紙窗風聲條條, 若有彈指而泣者. 詰朝問之, 云: "吾夜間到君牀頭兩次, 君爲五臟神所守, 覺則退耳." 予問: "五臟神誰何?" 花史云: "凡人一身, 皆有神守. 耳目手足, 有神外守, 五臟魂魄, 有神內守. 有緣者, 神與之親, 無緣者, 神不與之親. 吾與子情深矣, 奈三生石上無一笑緣何?" 因泣下欷歔.

旣有言楚江事. 楚江, 花史侍兒也, 與幼婢小紅, 皆端麗明慧. 日侍香案. 花史云: "楚江前世, 與君爲隣. 兩情眷眷不遂, 病死. 君作一柬, 焚告楚江云: '三生知不斷, 願結未來緣.' 君擧孝廉, 亦早逝, 迄今二十年. 可續前盟矣." 遂請於王母, 許於甲申二月, 降生趙地, 賜以玉瑠一事, 翠鳳履一雙. 花史賦「鷓鴣天詞」送之云: "整束簪環下碧霄, 教人腸斷念奴嬌. 曲房空剩殘香粉, 獨對瀟湘憶翠翹. 尋別話, 酌淸醪, 盈盈徐送小紅橋. 從今不伴烟霞客, 愛向風前鬪柳腰." 楚江和云: "朝飡風露暮凌霄, 不羨金閨貯阿嬌. 卻恨柳絲牽月線, 强移花色點雲翹. 情猶戀, 意如醪, 依依不舍舊藍橋. 東君可許歸相伴, 暫向塵封學楚腰." 然自楚江下世, 花史意致黯然, 不復如前日歡洽矣. 王母聞其以腴詞贈答, 切責之, 命游神巡察, 不許私至. 且曰: "尤生不患才少, 花兒獨患情多. 倘涉幽期, 恐有山魈木魅之疑也." 自爾踪跡遂絶.

予嘗覽「杜蘭香傳」, 乃湘江三歲女子, 爲阿母青童攜去, 後駕鈿車詣包山張碩, 言 : '本爲君作妻, 以年命未合小乖. 大歲東方卯, 當還求君,' 此與楚江事絶類. 而予淪落不偶, 無室家之樂. 幽婚如夢, 忽忽忘之. 然每策蹇往來邯鄲道上, 秦樓日出, 遊女如雲, 恍然若有所遇. 卒無有鼓瑟而至者, 而予亦已老矣. 豈仙人固好食言耶? 抑予塵心未盡, 負此蹇修也?

花史詩詞甚多, 其最著者, 「太華行」一篇. 先是甲申元日, 眞人同湘江諸侶游太華山, 樂甚, 命予兩人作長歌記之. 予走筆急就, 而花史詩故作蟲書, 亦狡獪伎倆也. 眞人笑而譯之, 其辭曰 : "登峰當登第一山, 婆娑屹立不可攀. 巨靈贔屓崒爲掌, 雲氣時流十指間. 蒼龍玉馬隨風步, 黃冠鶴羽皆童顔. 半壁飛泉珠雨散, 水天相對乘時閒. 爾乃坐靑蓮, 遊玉田, 金鼎石室篆如烟. 團團握麈成淸談, 鐵笛一聲江天寒. 玉女乘鸞相接引, 葡萄火棗列嘉筵. 歌一曲, 樂萬年. 進一酌, 成百篇. 松風枕上聽流泉, 陶然醉倒不知還. 呼吸三光應列斗, 巍峨兩山一劃剖. 少陰令德合秋成, 氣含金爽據丁酉. 伊古少昊居此都, 蓐收別館稱中阜. 何若淩虛此一遊, 憑風羽化飛飛走. 覗昔登顚發狂號, 垂書作別眞堪嘔. 仙兮仙兮不可及, 髣髴斯遊不竟口. 我向瑤宮索記書, 大文千言若蝌蚪."

展子曰 : 漢史記帳中神君, 不見其形, 但聞其語而已. 至乩仙, 幷其語不可得聞也, 亦恍惚矣. 然花史嘗許予現形, 一夕, 月明竹下, 有雲鬟翠袖倚而招予者. 望之翩然, 卽而求之, 邈然不知其所之焉. 是耶非耶? 吾又何能測之哉! 【花史每號予爲'展子'.】

張山來曰 : 世間有乩仙一事, 最爲難解. 以爲眞仙, 則不當爲人所召, 以爲非仙, 則詩句敏而且工, 字跡亦多別致. 或者慧業文人, 死而精魂不散, 偶借人間筆墨, 以消遙光陰耳! 古人云, 寧爲才鬼, 尤勝頑仙, 則謂才鬼爲仙, 亦無不可.

구우 제방에서 각저희 구경한 것을 기록하다[九牛壩觀觝戲記]

달생(達生) 팽사망(彭士望)

나 수려(樹廬) 늙은이는 우울증을 안고 구우(九牛) 제방[1] 옆 초가집에서 살고 있었다. 무오년(1678) 윤달 그믐날 각저희(角觝戲)[2]를 하는 자가 내 집을 찾아와 이렇게 고했다.

"제가 공을 즐겁게 해 드릴 수 있습니다."

늙은이가 웃으며 머리를 끄덕이자 시냇가 나무 아래에 판을 벌였다. 구름이 잔뜩 끼었으나 비는 오지 않았고, 나무에 바람이 싸늘히 불어 흐리면서 덥지 않았다. 그리하여 이웃집 젊은이 주씨(周氏) 가족, 손님과 친구와 친척, 산에서 소치는 자, 나무하는 자, 밭에서 밭가는 자, 길에서 대나무봇짐 지고 다니는 자, 물에서 노 젓는 자 등 모두가 멈춰서서 하던

1 구우(九牛) 제방 : 원문은 '구우패(九牛壩)'로 강서성(江西省) 남강현(南康縣) 동북쪽에 있던 역참인 구우역(九牛驛)에 있던 제방인 듯하다.

2 각저희(角觝戲) : 고대 각종 체육 활동과 잡기(雜技)의 총칭으로, 씨름과 비슷한 각력(角力), 무거운 솥 들기, 줄타기 등의 잡기와 환술, 분장하고 음악을 연주하고 춤추는 것 등을 포함한다.

일을 놓고 모여 구경을 했다.

맨 처음 한 것은 책상을 여러 개 쌓아 올리는 것이었다. 부인 한 명이 책상 위에 반듯이 누워 두 다리를 쳐들고는 여덟 살짜리 아이를 발 위에 얹어놓았다. 그러고는 누웠다 일어났다 반복하면서, 목을 길게 빼고 서서 합장한 채 무릎 꿇고 절도 하고, 두 어깨를 발에 닿게 하기도 했다. 아이도 발을 위로 곧추 세우고 자유자재로 폈다 구부렸다 했다. 그 사이에 또 한 발로 다른 아이를 들어 올렸는데, 그 아이는 마치 연꽃이 물에서 나온 것처럼 몸을 구부리고 있었다. 그 아래에서 남자 둘, 부인 하나, 여자 아이 하나와 할머니 한 명이 징과 북을 울리며 민요에 불곡(佛曲)을 섞어 반주하더니 한참 후에야 내려갔다. 또 한 부인이 등장하여 앞서 했던 것처럼 눕더니 책상 하나를 발로 들어 올리고 네 모서리를 돌리기 시작했다. 그런 다음 책상을 뒤집어 그 뒷면을 발로 받았다. 아이가 다시 책상 위에 올라가 앞서 했던 것처럼 절을 하고 일어섰다. 아이가 내려가자 다시 나무망치 하나를 들어 올렸는데, 길이가 1척 반, 직경이 그 길이의 반 정도 되는 것을 두 발로 돌렸고, 가끔 위로 곧게 던져 올렸다가 다시 받기도 했다. 부인이 묘기를 다 끝내자 한 남자가 등장했는데, 그 또한 [누워서] 다리를 치켜들었다. 그가 다섯 계단은 되어 보이는 사다리 하나를 들어 올리자 아이가 맨 꼭대기까지 올라갔다가 물구나무선 채로 계단 사이사이를 통과하여 내려왔다. 수려 늙은이는 그들의 수고로움을 불쌍히 여겨 잠시 쉬면서 술을 마시도록 했다. 그 사람은 판을 다른 곳으로 옮기더니 풀이 짧고 평평한 땅을 골라 기왓장과 돌을 치웠다. 그리고 나무를 붙여 목발을 만들었는데 땅에서 8척이나 떨어진 높이었다. 한 남자가 그 위에 올라갔다. 얼굴에는 분칠을 하고 손으로는 부채를 흔들며 노래와 우스갯소리를 섞어하면서 아주 편하게 활보하기도 하고 때때로 펄쩍 뛰어 오르기도 했다. 나중에는 다시 큰 칼을 들고 춤을 추는데, 너울너울 몸 놀리는 동작이 박자에 잘 들어맞았다. 이러한 놀이는 내 고향이나 강남에도 가끔씩 즐겼다. 다시 한 길이나 되는 높이의 목발이 등장했는데, 이번에는 걷기만 할 뿐 춤은 추지 못했다. 마지막에는 1장 정도 높이에 길이는 그 배나 되는 밧줄을 설치했다. 여자 아이가 그 위에서 줄을 타는데, 손에는 대나무 장대를 들었고 장대 양쪽 끝에는 균형을 유지하기 위해서인 듯 돌멩이를 달았다. 밧줄 끝까지 가면 다시 거꾸로 걸어왔다. 혹 드러누웠다 앉았기도 하였고, 한 발로 섰다 곱사등이 걸음을 하기도 하였다. 또 막대를 등에 지고 대로를 활보하듯 걷기도 하고, 거꾸로 매달렸다 다시 훌쩍 뛰어 오르기도 했다. 아래에서는 북과 노래로 장단을 맞추었는데, 이야기 부분에는 모두 제목이 갖추어져 있었다. 이 공연이 가장 길어 거의 두어 시간[3]은 걸린 것 같았다. 여자 아이가 내려온 다음, 한 부인이 손수건을 달라고 하여 장님처럼 두 눈을 가리더니 몸을 돌려 밧줄 위로 올라갔다. 여자는 장님 흉내를 내면서 더듬더듬 방향을 탐색하여 걸었는데, 때때로 발을 헛디뎌 떨어질 것도 같고, 두려워 떨기라도 하는 듯 휘청거리더니 한참 뒤에 끝냈다. 그 여자도 장대를 들고 있었으며 더 무거운 돌을 달았다. 아마도 균형을 잡기 위한 것 같았다. 바야흐로 이들이 등장할 때, 관중들은 그 위태로운 장면에 모두 다리가 부들부들 떨리고 머리카락이 곤두서고 눈이 어질어질했으며, 혹여 떨어지기라도 할까 숨을 졸였다. 그러나 놀이판 위의 사람들을 보니 모두 여유 있고 침착했다. 여덟 살짜리 아이도 마음을 경건하게 했던[4] 선배들처럼, 좌선에 든 승려처럼 재계하고 있었다.

이것은 오직 정성 하나로만 다다를 수 있는 경지이다. 또 이러한 자세를 오로지 기예를 익히는 데 쓰면서, 갖은 고생을 다해가며 노력하고, 몇 번이나 넘어지고 자빠져도 포기하지 않으며, 핵심을 살펴 상황에 적응함으로써 힘을 들여야 할 부분이 어디인가를 터득해 낸 것이다. 오래 연습

---

3 두어 시간 : 원문은 '십허각(十許刻)'으로, 옛날에는 하루를 100각(刻)으로 계산하였다.

4 마음을 경건하게 했던 : 원문은 '주경(主敬)'이다. '주경존성(主敬存誠)'의 의미로 경건함을 지킨다는 뜻인데, 송대 유학자들은 이것으로 몸가짐을 단속하는 근본으로 삼았다.

해 정교해지고, 조금의 실수도 없어진 후에 비로소 세상에 나와 공연을 하면, 세상에서 가장 위험하고 어렵다는 것도 모두 간단하고 쉬운 것이 된다. 곡예도 마찬가지이다. 그러므로 지극한 재주는 지극한 평범한 데에서 나오는 것임을 알 수 있다. 의지로써 기(氣)를 응집시키면 기가 하늘을 움직이는 것이니, 거칠고 못난 부류가 따라할 수 있는 바가 아니다. 이러한 뜻은 장자(莊子)도 알고 있었으나 자기 몸만 알아 세상에 쓰이려 하지 않았다. 장의(張儀)와 소진(蘇秦)도 그것을 알았으나 그것을 익혀 남의 나라를 희롱했고 부귀를 탐하여 스스로 몸과 명예를 훼손시켰다. 장자가 칭찬한 의료(宜僚)의 포환 돌리는 기술,[5] 포정(庖丁)의 소 잡는 기술,[6] 곱사등이의 매미 잡는 기술,[7] 기성자(紀省子)의 닭 키우는 기술,[8] 그리고

5 의료(宜僚)의 …… 기술 : 원문은 '요지농환(僚之弄丸)'으로, 의료가 여러 개의 포환을 떨어뜨리지 않고 돌리는 기예로 적군을 놀라게 한 이야기가 『장자(莊子)』「서무귀(徐無鬼)」에 나온다.

6 포정(庖丁)의 …… 기술 : 『장자』「양생주(養生主)」에 나온다. 포정이 문혜군(文惠君)을 위해 소를 잡다가, 자신이 그토록 현란한 솜씨로 칼날 하나 망가뜨리지 않고 소를 잡을 수 있는 비법을 설명했다는 내용이다.

7 곱사등이의 …… 기술 : 『장자』「달생(達生)」에 나온다. 공자가 초나라로 가는 길에 숲 속을 지나다가 곱추가 매미를 마치 줍듯 잡고 있는 것을 보고 대체 무슨 방법이냐고 물으니, 곱추는 "오뉴월에 매미채 위에 알을 두 개 포개어 놓고서 떨어뜨리지 않으면 실패하는 일이 극히 적고, 세 개 포개어 놓고서도 떨어뜨리지 않으면 실패하는 일이 열에 한번 정도 있으며, 알을 다섯 개 포개어 놓고도 떨어뜨리지 않으면 마치 줍듯이 잡게 됩니다. 지금 나의 몸가짐은 마치 베어낸 나무 등걸 같고, 나의 팔놀림은 마치 마른 나뭇가지 같습니다. 하늘과 땅이 크고 만물이 많다고 하지만 오직 매미 날개만을 알 뿐입니다. 몸과 마음이 젖혀지지 않고, 기울지도 않으며, 어떤 일에도 매미 날개에 대한 집념을 빼앗기지 않습니다. 그러니 어찌 잡히지 않겠습니까?"라고 대답했다.

8 기성자(紀省子) …… 기술 : 역시 『장자』「달생」에 나온다. 기성자는 싸움닭 훈련시키는 명수였다. 어느 날 왕이 그를 불러 닭을 한 마리 주면서 훈련시키도록 명령했다. 열흘쯤 지나서 왕이 붙여 볼 만하냐고 묻자 "아직 안됩니다. 제 기운만 믿고 실속 없이 힘만 뽐내고 있습니다"라고 대답했다. 다시 열흘이 지나 묻자 "아직 안됩니다. 닭 우는 소리가 들리거나 먼발치로 모습을 보면 흥분합니다"라고 했다. 또 열흘이 지나 왕이 물었더니 "아직도 안 됩니다. 다른 닭을 보면 투지를 일으켜 금세 덤벼들 듯 서두릅니다." 다시 열흘이 지나 묻자 "이제 겨뤄볼 만합니다. 옆에 다른 닭이 가까이 오거나 울어대도 전혀 동하는 기색 없이 마치 '나무로 만든 닭(木鷄)'과 같습니다. 이제 덕(德)이 충실해진 것 같습니다. 이제는 어느 닭도 당하지 못할 뿐더

백혼무인(伯昏瞀人)이 천 길 낭떠러지에 섰는데 발이 이 푼이나 밖으로 나간 것이나,[9] 여량(呂梁)의 남자가 30길이나 되는 폭포와 40리 나 되는 거센 물결 속에서 출몰한 것[10] 등, 그 어느 것인들 정신을 온전히 하여서 도달한 경지가 아니랴? 수려 늙은이가 관중들을 바라보니, 시간이 흐르자 그들 또한 위태로움을 잊고서 평탄대로에서 공연하는 양 여기면서 배우들과 동화되어 있었다. 심하도다! 익숙함은 진실로 사람을 변하게 할 수 있구나!

그 사람이 수려 늙은이에게 말해주었다. 그는 선대 때에 하남(河南)에서 영릉(零陵 : 지금의 湖南省 永州)으로 왔는데, 그 기예는 삼대 째 전수해오고 있으며 제자가 약 백여 명에 이른다. 집안에 비록 메마른 밭이 있기는 하나 부역을 감당하기 너무 어려워 아내와 처제 동서, 그리고 형의 아들과 갓난아기를 데리고 사방을 다니며 입에 풀칠을 했고 남는 돈으로는 전조(田租)를 낸다. 강(江 : 江蘇)·절(浙 : 浙江)·양월(兩粵 : 廣東과 廣西)·전(滇 : 雲南)·검(黔 : 貴州) 및 장성 밖 머나먼 변방까지 돌아다니는데, 모두 짐을 지고 걸어 다니면서 기물을 다른 사람에게서 빌리지 않는다. 초목의 성질을 잘 알아 그것을 뜯어먹으며 식량으로 보충하고 아기에게도 먹인다. 수려 늙은이가 그 사람을 보니 다 헤진 솜옷에 정처 없이 방랑하느라 곤궁한 행색이었으나 만족한 기색을 띠고 있었으며, 또 무리 지어 지냄에 매우 화목하였다. 남녀를 불문하고 5~6세가 되면 기술을 전

려 이 닭의 모습만 봐도 도망가고 말 것입니다"라고 대답했다.

9 백혼무인(伯昏瞀人)이 …… 것이나 : 『장자』「열어구(列御寇)」에 나온다. 열자(列子)가 백혼무인에게 활솜씨를 자랑하자 백혼무인이 높은 산에 올라가 절벽 끝 바위를 밟고 백 길 깊은 못을 대해서도 과연 활을 제대로 쏠 수 있느냐 물었다. 두 사람은 높은 산으로 올라가 바위를 딛고 백 길 깊이의 못을 굽어보게 되었다. 백혼무인은 못을 등 뒤로 하고 뒷걸음을 치더니 발뒤꿈치를 삼분의 이나 허공으로 나가게 한 다음 열어구를 손짓해 그리로 와서 서도록 했다. 열어구는 제대로 서 있지도 못하고 바위에 엎드린 채 땀을 흘리는데 식은땀이 발끝까지 흘러내렸다고 한다.

10 여량(呂梁)의 남자가 …… 출몰한 것 : 『장자』「달생」에 보인다. 공자가 여량에서 한 남자를 보았는데, 날듯이 떨어지는 폭포수에서 헤엄을 치고 있었다. 그 사람은 "물에서 태어났기에 물이 편하다"라고 하였다.

수 받고, 나이가 들면 쉬는데, 모두 자신의 생계를 유지할 정도는 되었다. 길을 집으로 삼고 기예를 전답으로 삼아 대대로 전수해갔다. 그들의 몸은 추위와 더위, 바람과 비, 눈과 얼음에 단련이 되었고, 지혜와 의지는 산을 오르고 강을 건너는[11] 험난한 여정과 인정세태에 대한 경계심으로 강인해졌다. 남녀노소 모두 우둔해보였지만, 날쌔고 기민한 것이 원숭이보다 빨랐고 성격은 사슴 같이 확 트였다. 이 늙은이는 이로 인해 깊이 느끼는 바가 있었다.

선왕의 가르침이 드러나지 않고 행해지지 않은 지 오래다. 이들은 배우와 무당들 사이에 섞여 있어서 하중어(夏仲御)[12]가 싫어하는 대상이기는 하지만 천지의 광대함을 잘 알고, 그 안에서 만물은 제각기 나고 자라며, 피도 벼도 모두 결실을 맺음에 치우침이 없다는 진리를 더욱 잘 알고 있다. 그들은 광대 짓을 하며 몇 천만 리를 돌아다니기에 지체 높고 부유한 집에서부터 세 집이 왁자지껄하게 지내는 시골 동네에 이르기까지 모두 그들을 광대로 대하지만, 이 늙은이만은 쓸모가 있다고 여긴다. 그러나 이미 늙어 솜옷 빠는 일을 할 수 없으니, 어떻게 손 트지 않는 약[13]을 얻어 시험해 볼 수 있으랴? 다만 헛소리에 부쳐 기록할 따름이다.

아, 고루하구나! 왕개보(王介甫)는 닭 울음소리나 내고 도둑질이나 하는 무리가 맹상군(孟嘗君)의 문하에 들락거렸기 때문에 선비들이 그 문하에 이르지 않았다고 했는데,[14] 이는 닭 울음소리나 내고 도둑질이나 하는

11 산을 오르고 강을 건너는 : 원문은 '발섭(跋涉)'인데, '발산섭수(跋山涉水)'의 준말로 산을 넘고 물을 건너는 험한 여정을 가리킨다.

12 하중어(夏仲御) : 서진(西晋) 때 회계(會稽) 영흥(永興) 사람 하통(夏統)으로, 중어는 그의 자이다. 효자로 유명하다. 어머니가 중병에 걸렸을 때 낙양으로 약을 사러 갔는데, 태위인 가충(賈充)이 그에게 벼슬을 주려고 광대나 기녀를 이용해 유혹하기도 했으나 모든 것을 뿌리치고 돌아갔기에 '목인석심(木人石心)'이라 불렸다.

13 손 트지 않는 약 : 본권의 「노신선의 일을 적다[記老神仙事]」의 주 10을 참조하시오.

14 왕개보(王介甫)는 …… 했는데 : 왕개보는 왕안석(王安石 : 1021~1086)이다. 임천(臨川) 사람으로 송나라 신종(神宗) 황제에 의해 발탁되어 국가재정의 확보와 국가행정의

무리를 직접 불러들이지 못했기 때문이다. [왕개보가 신임했던] 여혜경(呂惠卿)[15] 무리의 아첨과 간교함은 닭 울음소리나 내고 도둑질이나 하는 무리만도 못했다. 닭 울음소리를 내고 도둑질 하는 무리가 그 문하에 들락거리는 것으로도 천하의 기이한 선비를 불러 모으기에 충분했는데, 맹상군은 그것을 알기에 부족했다. 신릉군(信陵君)과 연(燕)나라 소왕(昭王)은 그 점을 알았기에 [신릉군은] 간장 장수와 도박꾼과 백정을 거두어 중용했고,[16] [소왕은] 천금을 주고 죽은 천리마의 뼈를 사서 마침내 제(齊)나라의 원수를 갚았다.[17] 송나라 때에도 장원(張元)·오호(吳昊)와 같은 인재가 있었는데, 한기(韓琦)나 범중엄(范仲淹) 같은 재상도 그들을 등용하지 못해 결국 서하(西夏)에 도움을 주고 말았다.[18] 이 늙은이의 말을 장난으로 치

효율성을 강화하기 위한 신법을 추진한 인물이다. 이 내용은 「맹상군전을 읽고[讀孟嘗君傳]」라는 작품에 보인다. 맹상군은 재주 있는 인재를 아껴 한 가지라도 뛰어난 재주가 있는 사람들을 식객으로 받아들였는데 진왕에게 붙잡혔을 때 그의 식객으로 있던 물건을 잘 훔치는 이, 닭 울음소리를 잘 내는 이 등의 도움으로 빠져 나올 수 있었다. 그러나 왕안석은 바로 그런 하찮은 놈들만이 맹상군 문하에 득실거렸기에 맹상군은 진정한 선비를 얻지 못했고, 그래서 그 많은 식객을 거느리고도 천하를 얻지 못했다고 비판했다.

15 여혜경(呂惠卿): 자는 길보(吉甫). 처음에는 왕안석에게 붙어 신법을 찬성했지만, 왕안석 사후 신법을 배척하고 왕안석을 배반한다.

16 간장 장수와…… 중용했고: 전국시대 때 위(魏) 공자 신릉군은 설공(薛公)이 간장 파는 집에 은거하고, 모공(毛公)이 도박꾼들 사이에 은거하며, 주해(朱亥)가 백정들 사이에서 은거한다는 이야기를 듣고 이들을 찾아가 거둬들였는데, 이 셋은 신릉군을 위해 힘을 바쳤다.

17 천금을…… 갚았다: 연나라 소왕이 어떻게 하면 인재를 얻을 수 있느냐고 물으니 곽외(郭隗)가 이렇게 답했다. "옛날 어떤 왕이 하급 관리에게 천 금을 걸고 천리마를 구해 오도록 했는데, 그는 오백 금을 주고 죽은 말의 뼈를 사 가지고 왔습니다. 화가 난 왕이 연유를 묻자 그는 '전하께서 죽은 천리마를 오백 금이나 주고 샀다고 소문이 나 보십시오. 그러면 천리마를 숨겨 놓고 있던 사람들이 집 앞에 줄을 설 것입니다'라고 했습니다. 얼마 후 그의 말대로 많은 사람들이 몰려들었답니다. 지금 전하께서 인재를 원하신다면 우선 저를 쓰십시오. 그러면 천하의 영재들이 소문을 듣고 달려올 것입니다." 이에 소왕은 그를 스승으로 받들었다.

18 송나라 때에도…… 말았다: 장원과 오호는 섬서(陝西)의 인재들이었다. 오래도록 과거에 실패하여 재상 한기와 범중엄을 찾아갔으나, 끝내 등용되지 못하였다. 후에 서하(西夏)의 개국황제 이원호(李元昊)가 송나라를 쳐들어올 것이라는 이야기를 듣고, 이원호의 이름을 따 '원(元)'·'호(昊)'로 바꾸고 결국 서하의 중신이 되었다. 후에 서

부해버리지 말지어다. 아, 슬프도다!

장산래가 말한다.

이 기예는 속칭 '단삭(踹索 : 줄타기)'이라 부르는 것이다. 나는 일찍이 이러한 사람들은 분명 역적이 될 수 있으니, 땅을 지켜야할 책임이 있는 관리들이라면 마땅히 금지시켜야 한다고 생각했다. 설령 그들의 생계까지 끊을 생각이 없다 하더라도 성 안에 들이는 것만은 금하고, 시골에서 공연하는 것만 허락해야 한다.

앞 단락의 서술은 간명하며, 뒷 단락의 의론은 기이하니, 실로 아름다운 글이로다!

樹廬叟負幽憂之疾, 於九牛壩茅齋之下. 戊午閏月除日, 有爲角牴之戲者, 踵門告曰: "某亦有以娛公." 叟笑而頷之, 因設場於溪樹之下. 密雲未雨, 風木泠然, 陰而不燥. 於是鄰幼生周氏之族之賓之友戚, 山者牧樵, 耕者犁犢, 行担簦者, 水浮楫者, 咸停釋而聚觀焉.

初則累重案. 一婦人仰臥其上, 豎雙足, 承八歲兒. 反復臥起, 或鵠立合掌拜跪, 又或兩肩接足. 兒之足亦仰豎, 伸縮自如. 間又一足承兒, 兒拳曲如蓮花出水狀. 其下則二男子一婦, 一女童與一老婦, 鳴金鼓, 俚歌雜佛曲和之, 良久乃下. 又一婦登場如前臥, 豎承一案, 旋轉周四角. 更反側背面承之. 兒復立案上, 拜起如前儀. 兒下, 則又承一木槌, 槌長尺有半, 徑半之, 兩足員轉, 或豎抛之而復承之. 婦既罷, 一男子登焉, 足仍豎. 承一梯, 可五級, 兒上至絶頂, 復倒豎穿級而下. 叟憫其勞, 令暫息, 飮之酒. 其人更移場他處, 擇草淺平坡地, 去瓦石. 乃接木爲橋,

---

하가 송을 격파하는 데 큰 공훈을 세웠는데, 송나라가 전쟁에서 패하자, 벽에 "하송이 언제 높았던 적 있던가? 한기도 기이한 적 없다네. 시내 가득한 용호배들이 아직도 병기 운운하고 있네[夏竦何曾聳? 韓琦未足奇. 滿川龍虎輩, 猶自說兵機]"라고 시를 적었다 한다.

距地八尺許. 一男子履其上. 傅粉墨, 揮扇雜歌笑, 闊步坦坦, 時或跳躍. 後更舞大刀, 回翔中節. 此戲吾鄕曁江左時有之. 更有高丈餘者, 但步, 不能舞. 最後設軟索, 高丈許, 長倍之. 女童履焉, 手持一竹竿, 兩頭載石如持衡. 行至索盡處, 輒倒步. 或偃臥, 或一足立, 或傴行. 或負竿行如坦, 或時墜卦, 復躍起. 下鼓歌和之, 說白俱有名目. 爲時最久, 可十許刻. 女下, 婦索帕, 蒙雙目爲瞽者, 番躍而登. 作盲狀, 東西探步, 時趺若墜, 復搖晃似戰懼, 久之乃已. 仍持竿, 石加重, 蓋其衡也. 方登場時, 觀者見其險, 咸爲股栗, 毛髮竪, 目眩暈, 惴惴然唯恐其傾墜. 叟視場上人, 皆暇整從容而精. 八歲兒亦齋慄如先輩主敬, 如入定僧.

此皆一誠之所至. 而專用之於習, 慘淡攻苦, 屢蹉跌而不遷, 審其機以應其勢, 以得其致力之所在. 習之又久, 乃至精熟, 不失毫芒, 乃始出而行世, 擧天下之至險阻者皆爲簡易. 夫曲藝則亦有然者矣. 以是知至巧出於至平. 蓋以志凝其氣, 氣動於天, 非鹵莽滅裂之所能效. 此其意莊生知之, 私其身不以用於天下. 儀・秦亦知之, 且習之以人國戲, 私富貴以自賊其身與名. 莊所稱僚之弄丸, 庖丁之解牛, 傴佝之承蜩, 紀省子之養鷄, 推之伯昏瞀人臨千仞之溪, 足逡巡垂二分在外, 呂梁丈人出沒於懸水三十仞, 流沫四十里之間, 何莫非是其神全也? 叟又以視觀者, 久亦忘其爲險, 無異康莊大道中, 與之俱化. 甚矣! 習之能移人也!

其人爲叟言. 祖自河南來零陵, 傳業者三世, 徒百餘人. 家有薄田, 頗苦賦役, 携其婦與婦之娣姒・兄之子・提抱之嬰孩, 餬其口於四方, 嬴則以供田賦. 所至江・浙・兩粵・滇・黔・口外絶徼之地, 皆步担, 器俱不外貸. 諳草木之性, 捃摭續食, 亦以哺其兒. 叟視其人, 衣敝縕, 飄泊羈窮, 陶然有自樂之色, 羣居甚和適. 男女五六歲卽授技, 老而休焉, 皆有以自給. 以道路爲家, 以戲爲田, 傳授爲世業. 其肌體爲寒暑風雨氷雪之所頑, 智意爲跋涉艱遠人情之所儆怵摩厲. 男婦老稚皆頑鈍, 儇敏機利, 捷於猿猱, 而其性曠然如麋鹿. 叟因之重有感矣.

先王之敎, 久矣夫不明不作. 其人自處於憂笑巫覡之間, 爲夏仲御之所深疾, 然益知天地之大, 物各遂其生成, 稗稻幷實, 無偏頗也. 彼固自以爲戲, 所遊歷幾千萬里, 高明巨麗之家, 以迄三家一閧之村市, 亦無不以戲視之, 叟獨以爲有所用. 身老矣, 不能事洴澼纊, 亦安所得以試其不龜手之藥? 托空言以記之.

固哉! 王介甫謂鷄鳴狗盜之出其門, 士之所以不至, 不能致鷄鳴狗盜耳. 呂惠卿輩之諂諛, 曾鷄鳴狗盜之不若. 鷄鳴狗盜之出其門, 益足以致天下之奇士, 而孟嘗未足以知之. 信陵・燕昭知之, 所以收漿博屠者之用, 千金市死馬之骨, 而遂以報齊怨. 宋亦有張元・吳昊, 雖韓・范不能用, 以資西夏. 寧無復以叟爲戲言也. 悲夫!

張山來曰: 此技卽俗所謂'踹索'者. 予嘗謂此等人必能作賊, 有守土之責者, 宜禁止之. 縱不欲絶其衣食之路, 或毋許入城, 聽於鄉間搬演可耳.

前段敍事簡淨, 後段議論奇辟, 自是佳文!

우초신지 권3

마령전(馬伶傳)

조종(朝宗) **후방역**(侯方域)

배우 마씨[1]는 금릉(金陵 : 지금의 江蘇省 南京市)의 극단 단원[2]이었다. 금릉은 명나라의 옛 수도로 종묘사직과 문무백관이 모두 그곳에 있다. 게다가 태평성세를 맞아 너도나도 즐겁게 살았기에 도엽(桃葉) 나루[3]를 찾아가거나 우화대(雨華臺)[4]에서 노니는 사람들[5]이 끊이지 않았다. 재주로 이름난 극단이 수십 개가 넘었으나, 그 가운데서 가장 뛰어난 극단이 두

1 배우 마씨 : 마령(馬伶)의 령(伶)은 옛날 희극단원을 말한다. 따라서 마령은 마씨 성을 가진 연극배우를 말한다.

2 극단 단원 : 본문은 '이원부(梨園部)'로 되어 있다. 이원은 당나라 때 현종(玄宗)이 궁중의 악공이나 궁녀들에게 음악이나 무용을 연습시키던 곳으로, 후세에는 극단을 가리키는 말로 사용되었다.

3 도엽(桃葉) 나루 : 남경의 명승 가운데 하나로, 진회하(秦淮河)와 청계(青溪)가 합류하는 곳이다.

4 우화대(雨華臺) : 우화대(雨花臺)라고도 하며, 남경의 명승 가운데 하나이다. 남경시 중화문(中華門) 밖에 위치해 있다.

5 사람들 : 『필기소설대관(筆記小說大觀)』에는 '종녀(宗女)'라고 되어 있으나 내용상 '사녀(士女)'가 옳은 듯하다.

개 있었으니, 바로 흥화부(興化部)와 화림부(華林部)였다.

하루는 신안(新安 : 지금의 安徽省 歙縣과 休寧일대)의 상단(商團)이 두 극단을 불러들여 큰 잔치를 열고 금릉의 귀빈과 문인들, 미녀와 요조숙녀를 두루 초청하니, 오지 않은 자가 없었다. 흥화부는 동쪽 무대에 앉히고 화림부는 서쪽 무대에 앉혔다. 양쪽 무대에서 모두 초산(椒山)[6] 선생의 이야기인 『명봉기(鳴鳳記)』[7]를 공연했다. 한창 공연이 무르익어 양쪽 무대에서 박자에 따라 성률을 조절하면서 높였다 낮추었다, 때론 빠르게 때론 느리게 연주하니, 모두들 훌륭하다고 극구 칭찬했다. 두 상국(相國)이 하투(河套) 지방의 수복을 놓고 논쟁을 벌이는 부분[8]에 이르렀다. 서쪽 무대에서 상국 엄숭(嚴嵩)[9] 역을 맡은 사람은 배우 이씨(李氏)였고, 동쪽 무대에서는 배우 마씨였는데, 관중들은 서쪽 무대만 쳐다보며 감탄했다. 어떤 손님은 술을 가져오라고 고함치고, 어떤 손님은 자리를 서쪽 무대 가까운 데로 옮기기도 하면서, 동쪽 무대는 쳐다보지도 않았다. 잠시 뒤 다른 막(幕)을 공연해야 했는데, 동쪽 무대에서는 작품을 끝까지 공연하지 못했다. 그 까닭을 물으니, 마씨가 이씨만 못한 것을 부끄럽게 여겨 옷을

---

6 초산(椒山) : 명나라 양계성(楊繼盛)의 호. 양계성은 일찍이 남경병부우시랑(南京兵部右侍郎)을 역임했으며, 훗날 엄숭(嚴嵩)을 탄핵하다가 그에게 피살당했다.

7 『명봉기(鳴鳳記)』 : 명나라 왕세정(王世貞)의 전기(傳奇)이다. 가정연간(嘉靖年間 : 1522~1566)에 북방 소수민족이 자주 국경을 침범했는데, 이때 조정에서는 주전파와 투항파로 나뉘었다. 주전파는 상국(相國) 하언(夏言)과 병부원외랑(兵部員外郎) 양계성이 그 대표였고, 투항파는 엄숭이 그 대표였다. 『명봉기』는 바로 이들이 벌인 정치투쟁을 묘사한 작품으로, 극의 줄거리 역시 양 파의 투쟁을 중심으로 이루어진다.

8 두 상국(相國)이 …… 부분 : 두 상국은 하언과 엄숭을 말한다. 하투(河套)는 당시 북방소수민족에게 점령당했는데, 여기서는 바로 두 재상이 하투 지방의 수복을 놓고 벌인 논쟁을 말한다. 이 부분은 『명봉기』 제6척(齣)의 줄거리이다. 하투는 지금의 내몽고 자치구 서쪽에 위치해 있는데, 황하가 그 서쪽, 북쪽, 동쪽 삼면을 둘러싸고 있다. 황하는 여기서 물이 여러 갈래로 나뉘어져 홍수를 일으키는 일도 없고, 또한 토지가 비옥하다고 한다.

9 엄숭(嚴嵩) : 자는 유중(惟中) · 개계(介溪)이며 강서성(江西省) 분의(分宜) 사람이다. 태자태사(太子太師)를 역임했으며 세종(世宗)의 깊은 신임을 얻어 20년 동안 전횡했다. 훗날 추응룡(鄒應龍) · 손비양(孫丕揚) 등의 탄핵을 받아 파면되었고, 그의 아들 엄세번(嚴世蕃)은 처형당했다.

갈아입고 달아났다는 것이다. 마씨는 원래 금릉의 뛰어난 노래꾼이었기에 그가 떠난 후에도 흥화부에서는 쉽게 다른 배우로 대체하려 하지 않았다. 결국 흥화부가 극단을 거두고 공연을 그만 두어 화림부가 독주하게 되었다.

남경을 떠난 지 삼년 만에 마씨가 돌아왔다. 그는 옛날 동료들에게 두루 소식을 알리고 신안 상단에 다음과 같이 청을 넣었다.

"오늘 영광스럽게도 잔치를 열게 되었으니, 지난번 손님들을 다시 초대해 화림부와 함께 『명봉기』를 공연함으로써 오늘 하루 즐거움을 선사하고자 합니다."

공연이 시작되고 잠시 뒤에 하투 지방의 수복을 놓고 논쟁을 벌이는 대목이 되자 마씨는 다시 엄숭 상국의 분장을 하고 무대에 나섰다. 그런데 갑자기 이씨가 소리조차 내지 못하더니, 엎드려 기면서 스스로를 제자라고 칭했다. 흥화부는 이날로 마침내 화림부를 훌쩍 뛰어넘게 되었다.

그날 밤 화림부에서 마씨를 찾아와 말했다.

"그대의 재주가 천하에서 빼어난 것이긴 하지만 이씨를 이길 수는 없었소. 이씨가 하는 엄상국 역할은 가히 최고라 할 수 있는데, 그대는 대체 누구에게서 기예를 전수받아 그를 눌렀소?"

마씨가 대답했다.

"그랬지요. 세상에 이씨를 이길 사람은 없었지요. 이씨는 제게 비법을 전수해주려 하지 않았습니다. 저는 지금의 재상 아무개[10]가 엄상국과 같은 부류의 사람이라 들었습니다. 그래서 저는 도성으로 가서 그 집 심부름꾼이 되게 해 달라고 청했지요. 삼년 동안 매일같이 조방(朝房)[11]에서 상국을 모시면서 그의 행동거지를 살피고, 그의 말소리를 들었습니다.

10 재상 아무개 : 『필기소설대관(筆記小說大觀)』에는 '모자(某者)'라고 되어 있으나, 후방역의 『장매당문집(壯梅堂文集)』에는 '곤산(昆山) 고병겸(顧秉謙)'이라 밝혀져 있다. '고병겸'은 명말 곤산(지금의 江蘇省에 속함) 사람으로, 위충현(魏忠賢) 일파이다.

11 조방(朝房) : 대신들이 조회를 기다리면서 모이던 방을 말한다.

한참이 지나니 절로 배워지더군요. 그러니 그가 바로 저의 스승인 셈이지요!"

화림부 사람들은 빙 둘러 서서 마씨에게 절을 하고 떠나갔다. 마씨는 이름이 금(錦)이고 자는 운장(雲將)이다. 그는 조상이 서역(西域) 사람이어서 당시 사람들은 그를 '마회회(馬猢猢)'라고 불렀다.

후방역이 말한다.

놀랍도다! 배우 마씨가 스스로 스승을 찾아냄이여! 그는 이씨의 재주가 빼어나다고 생각했으나 배움을 구할 방법이 없어서 도성으로 들어가 아무개를 섬겼다. 그는 아무개를 보면서 엄숭[12]을 보는 것처럼 여겼다. 엄숭이 엄숭 역을 가르쳤으니, 빼어나지 않을 수 있겠는가? 오호라! 마씨는 자신의 재주가 남만 못한 것을 부끄럽게 여겨 수천 리나 떨어진 곳으로 가서 삼년 동안 심부름꾼 노릇을 했다. 삼년 동안 터득하지 못했다면 돌아오지 않았을 것이다. 그의 뜻이 이와 같았으니, 기예의 빼어남이야 물을 필요조차 있겠는가?

장산래가 말한다.

나는 본디 바둑도 둘 줄 모르고 노래도 할 줄 모른다. 너무도 무재주인 것을 스스로 한탄하다가 다른 사람에게서 배웠는데, 비록 잘 한다고는 할 수 없지만 그래도 입문할 길은 있구나 생각했다. 이에 기예란 배워서 안 되는 게 없음을 알게 되었는데, 마씨의 일을 보니 더욱 그렇다.

馬伶者, 金陵梨園部也. 金陵爲明之留都, 社稷百官皆在. 而又當太平盛時, 人易爲樂, 其宗女之問桃葉渡, 遊雨華臺者, 趾相錯也. 梨園以技鳴者無論數十輩, 而其最著者二, 曰興化部, 曰華林部.

一日, 新安賈合兩部爲大會, 遍徵金陵之貴客文人, 與夫妖姬靜女,

---

12 엄숭: 원문에는 '분의(分宜)'라 되어 있다. 엄숭이 바로 강서성 분의 사람이기 때문에 그렇게 부른 것이다.

莫不畢集. 列興化于東肆, 華林于西肆. 兩肆皆奏「鳴鳳」所謂椒山先生者. 迨半奏, 引商刻羽, 抗墜疾徐, 并稱善也. 當兩相國論河套. 而西肆之爲嚴嵩相國者曰李伶, 東肆則馬伶, 坐客乃西顧而歎. 或大呼命酒, 或移坐更近之, 首不復東. 未幾更進, 則東肆不復能終曲. 詢其故, 蓋馬伶耻出李伶下, 已易衣遁矣. 馬伶者, 金陵之善歌者也, 旣去, 興化部又不肯輒以易之. 乃竟輟其技不奏. 而'華林部'獨著.

去後且三年, 而馬伶歸. 遍告其故侶, 請于新安賈曰 : "今日幸爲開讌, 招前日賓客, 願與'華林部'更奏「鳴鳳」, 奉一日歡." 旣奏, 已而論河套, 馬伶復爲嚴嵩相國以出. 李伶忽失聲, 匍匐前稱弟子. 興化部是日遂凌出"華林部"遠甚.

其夜, 華林部過馬伶曰 : "子, 天下之善技也, 然無以易李伶. 李伶之爲嚴相國至矣, 子又安從授之而掩其上哉?" 馬伶曰 : "固然. 天下無以易李伶. 李伶卽又不肯授我. 我聞今相國某者, 嚴相國儔也. 我走京師, 求爲其門卒. 三年日侍相國于朝房, 察其擧止, 聆其語言. 久乃得之. 此吾之所謂師也!" 華林部相與羅拜而去. 馬伶名錦, 字雲將. 其先西域人, 當時稱'馬狷狷'云.

侯方域曰 : 異哉! 馬伶之自得師也! 夫其以李伶爲絶技, 無所干求, 乃走事某. 見某猶之見分宜也. 以分宜敎分宜, 安得不工哉? 嗚呼! 耻其技之不若, 而去數千里爲卒三年. 倘三年猶不得, 卽猶不歸爾. 其志如此, 技之工又須問耶?

張山來曰 : 予素不解奕, 不解歌. 自恨甚拙, 因從學于人, 雖不能工, 然亦自覺有入門處. 乃知藝無學而不成者, 觀馬伶事益信.

고옥천전(顧玉川傳)

아미(峨嵋) 조화(曹禾)

고옥천은 이름이 대우(大愚), 자가 도민(道民)으로 마을 동쪽 교외의 양사진(楊舍鎭) 사람이다. 움푹 들어간 눈과 창 같이 생긴 수염이 흡사 도사나 검객 같았다. 그는 젊었을 때 이인(異人)을 만나 축지법을 전수받았기에, 사흘 만에 도성에 갔다가 엿새 만에 다시 집으로 돌아올 수 있었다. 이를 이상하게 여긴 부모가 어찌된 영문인지 캐묻자 고옥천은 자초지종을 설명하고 소매 속에서 포도와 사과를 꺼내 바쳤다. 이때부터 마을사람들은 그를 신선이라며 입에서 입으로 전했다.

그는 의협심이 강하고 베풀기를 즐겼으며, 특히 기이한 복장을 좋아해 가는 곳마다 아이들이 모여들어 구경했다. 늘 종이로 만든 옷을 입고 다녀서 걸을 때면 몸에서 부스럭부스럭 소리가 났다. 또 종이로 만든 모자를 쓰고 다녔는데, 위는 네모나고 높이는 2척이나 되었다. 어떤 때는 봉두난발에 맨발로 걸어가면서 길에서 노래를 하기도 했고, 또 어떤 때는 두건을 쓰고[1] 심의(深衣)[2]를 걸친 채 어깨에 오래된 등나무 지팡이를 걸고 다니기도 했는데, 지팡이에는 표주박이 매달려 있었다. 표주박은 사람 몸집보다 크고 사람 키보다 커서 바람이 불면 같이 넘어지곤 했다. 그러나 그는 천천히 지팡이를 짚고 일어나 여전히 노래를 부르며 길을 갔다. 강을 건널 때도 배를 빌리지 않고 표주박에 올라 타 지팡이로 물길을 저으면서 수면 위를 오르내렸는데, 멀리서 보면 마치 구름 속에서 노니는 것 같았다. 다른 사람들과 이야기할 때도 대부분 세상 밖의 황당무계한 이야기만 했으나, 사람들 또한 무어라 물어볼 방법도 없었다. 다만 눈 깜짝할 사이에 수 백리를 오가면서도 듣고 온 소식이 틀리지 않고, 도중에 지나친 곳들마다 그 행적이 역력히 드러나니, 이 점만은 가히 기이하다 하겠다.

명나라 천계연간(天啓年間 : 1621~1627)과 숭정연간(崇禎年間 : 1628~1644) 사이에 고옥천은 자주 도성에 들렀으며, 한 달에 한두 번은 반드시 다녀갔다. 그는 당시 종백(宗伯)[3]이었던 우산(虞山) 전겸익(錢謙益)[4]과 특히 친했다. 종백이 과거 시험에서[5] 삼등으로 급제하자 고옥천이 달려와 그 소식을 알려줬는데, 그가 다녀간 지 닷새 뒤에야 관보가 도착했다. 역참에서 일하는 젊은이들이 이레 밤낮을 빨리 달려와 겨우 전씨(錢氏 : 錢謙益) 집에 도착했더니 이미 금박 찍힌 서신[6]이 번쩍이고 있어, 별 소득이 없었다.

---

1 두건을 쓰고 : 원문은 '폭건(幅巾)'으로, 옛날에 남자가 쓰던 두건의 일종이다.

2 심의(深衣) : 상의와 하의가 붙은 고대의 옷. 고대 제후나 대부, 사대부가에서 평소 입는 옷인데, 서민들의 예복으로 사용되었다.

3 종백(宗伯) : 주나라 육경(六卿)의 하나로 종묘나 제사의 일을 관장했는데, 후대의 예부(禮部)에 해당한다. 따라서 훗날 예부상서(禮部尙書)를 대종백(大宗伯) 혹은 종백이라 불렀고, 예부시랑(禮部侍郎)을 소종백(少宗伯)이라 부르게 되었다.

4 우산(虞山) 전겸익(錢謙益 : 1582~1664) : 명말 청초의 문학가로, 자는 수지(受之) 호는 목재(牧齋)이며 강소성(江蘇省) 상숙(常熟) 사람이다. 우산은 강소성 상숙현 서북쪽에 위치해 있는 곳으로 전겸익의 출신지이기 때문에 이름 앞에 붙인 것이다. 저서로는 『초학집(初學集)』과 『유학집(有學集)』 등이 있다.

5 과거 시험에서 : 원문은 '전려(傳臚)'이다. 전시를 치른 후 황제가 급제한 진사들을 등수대로 호명하는 의식을 말한다. 또한 명나라 때 과거 시험의 최종시험인 전시(殿試)에서 제2갑(甲), 제3갑(甲)의 1등인 진사(進士)를 부르는 호칭으로, 청대에는 제2갑의 1등을 가리키는 호칭으로 쓰이기도 했다.

종백이 여러 공경에게 그 이야기를 해주자 그 소문을 전해들은 사람들은 고옥천과 안면 트는 것을 행운으로 여겼다.

하루는 멀리 나갔다가 돌아오는데, 흰 소를 타고 공작 깃털로 만든 옷을 걸치고 수레바퀴처럼 생긴 해립(解笠)을 쓰고 손에는 종려선(棕櫚扇)[7]을 들고 있었다. 그의 뒤로 낙타 한 마리가 따라오는데, 낙타의 등에는 큰 표주박이 실려 있고, 그 옆에는 술병이 주렁주렁 매달려있었다. 술병에는 [어디선가] 얻은 기이한 화초를 심어놓아서, 푸릇푸릇하고 고운 것이, 마치 산이 걸어가는 것처럼 보였다. 마을 사람들은 낙타가 무언지 전혀 몰랐기 때문에 빙 둘러 구경하며 괴이하게 생각했다. 때마침 학사자(學使者)[8]가 한창 시험을 주관하던 중이라 여섯 군(郡)의 선비들이 모두 모여 있었다. 그들조차 손으로 가리키며 그저 놀라 쳐다만 보고 있을 때, 갑자기 한 사람이 무리 중에서 거만하게 나왔는데, 검은 종이옷을 걸치고 검은 종이관을 쓰고 있었다. 그는 고옥천과 마주 서서 박수치며 웃더니 낙타를 잡아타고 표주박을 껴안고 갔는데, 그 모습이 마치 장례 행렬의 방상시(方相氏)[9] 같았다. 그를 알아본 사람이 "저 사람은 양계(梁溪 : 江蘇省 無錫의 다른 이름)의 추공리(鄒公履)다"라고 말했다. 고옥천은 괴이한 것을 좋아해서 함께 어울렸던 사람도 대개 이러하였다. 고옥천은 늘 낙타를 타고 근방의 군현을 왕래했다. 한번은 비릉군(毘陵郡)의 역참에 갔을 때 낙타가 들에 있는 변소에 빠지는 일이 벌어졌다. 갖은 방법을 다 동원해 낙타를 끌어내려 했지만 실패했다. 이에 언덕을 헐어내고 낙타를 꺼냈지

---

6 금박 찍힌 서신 : 원문에는 '이금(泥金)'이라 되어 있는데 금박이 찍힌 편지지를 말한다. 당나라 이후로 과거 급제 소식을 알릴 때 주로 이것을 사용했다.

7 종려선(棕櫚扇) : 종려 잎으로 만든 부채를 말한다.

8 학사자(學使者) : 학정(學政)을 말하는데, 학정은 제독학정(提督學政)의 줄인 말로 독학사자(督學使者)라고도 한다. 청나라 중엽이후로 각 성(省)에 사람을 파견하여 시기에 따라 각 부(府)의 동자시(童子試) 등을 주관하게 했는데, 대부분 진사출신의 관리들이 파견되었다.

9 방상시(方相氏) : 귀신을 쫓기 위해 장례행렬의 맨 앞에 세우는 신상(神像)으로, 모습이 매우 험악했다고 한다.

만 낙타는 이미 죽어 있었다. 후에 고옥천은 신선을 찾아 화산(華山)으로 들어갔는데, 어떻게 되었는지 모른다. 어떤 사람은 고옥천이 실제로는 집에서 병사했으나 자손들에게 그 사실을 말하지 못하게 했다고도 한다.

장산래가 말한다.

나는 『수호전』을 읽으면서 남몰래 신행태보(神行太保)[10] 대종(戴宗)의 술법을 흠모했지만 축지법에는 미치지 못한다고 생각했다. 그리고 늘 혼자 그것을 의심하면서, 이는 그저 문인들이 재미삼아 글을 쓸 때 만들어낸 것이지 실제 그런 술법이 있는 건 아니리라 생각했다. 그런데 지금 이 글을 읽어보니, 세상에 정말 그런 사람이 있는 것을, 안타깝게도 내가 미처 만나지 못한 것뿐이로구나.

顧玉川, 名大愚, 字道民, 邑東鄙楊舍人. 深目戟髯, 類羽人劍客. 少遇異人授神行術, 三日夜達京師, 六日而返. 父母怪問之, 玉川語之故, 袖葡萄・蘋果以獻. 由是里中傳以爲神.

性任俠, 喜施舍, 尤好奇服, 所至兒童聚觀. 常衣紙衣, 行則瑟瑟有聲. 冠紙冠, 方屋而高二尺. 或時蓬跣行歌道中, 或時幅巾深衣, 肩古藤杖, 杖懸葫蘆. 大于身而高于頂, 遇風則與偕覆. 徐拄杖而起, 行歌自如. 渡河未嘗假舟楫, 跨葫蘆, 以杖導水, 上下水面, 望之如遊雲氣中. 與人言, 多方外駭異不根之說, 人問無從詰之. 獨其頃忽間往返數百里, 音問不爽, 道路行旅, 歷歷咸見, 此足奇也.

明啓・禎交, 玉川子每遊京師, 月必一二過. 尤厚虞山錢宗伯謙益. 宗伯傳臚及第第三人, 玉川子以其捷音歸, 歸五日而郵報至. 郵中諸少年疾馳七日夜, 始抵錢氏室, 則已泥金煥然, 無所獲. 宗伯言于諸公卿, 聞其風者, 以識面爲幸.

10 신행태보(神行太保) : 나는 듯이 빨리 걷는 대종(戴宗)의 별명이다.

一日遠遊歸, 騎白牛, 披孔翠裘, 戴槲笠如車輪, 手棕櫚扇. 後隨一橐駝, 背置大葫蘆, 其旁懸罌缶纍纍然. 種所得奇花草, 菁葱鮮潔, 如山嶽自行. 邑之人初未識橐駝, 擁觀以爲怪. 時學使者方較試, 六郡士咸集. 羣指顧愕盱, 忽一人昂然從衆中出, 紙衣紙冠皆皂色. 與玉川相對鼓掌笑, 遂挽橐駝上, 抱葫蘆以行, 如凶禮中方相然. 識者曰 : “此梁溪鄒公履也.” 玉川之好怪而所與遊多類此. 玉川常乘橐駝往來旁郡縣. 至毘陵驛, 橐駝墮於野厠. 百計挽之不能出. 乃毁岸出之, 而橐駝死矣. 後訪道入華山, 不知所終. 或謂玉川實病死于家, 誠其子孫諱之云.

張山來曰 : 余讀『水滸傳』, 竊慕神行太保戴宗之術, 又以爲尚不及縮地法, 私嘗疑之, 謂爲文人遊戲筆墨, 未必實有其術. 今讀此, 則是世有其人, 惜予不及見耳.

모희 동소완전(冒姬董小宛傳)

공량(公亮) 장명필(張明弼)

동소완(董小宛)[1]은 이름이 백(白)이고 자가 청련(青蓮)으로, 진회(秦淮)[2] 일대 관기(官妓) 가운데 가장 빼어난 여자였다. 예닐곱 살 때 어머니 진씨(陳氏)가 글공부를 가르쳤는데, 가르쳐주면 곧바로 터득했다. 열한두 살 때는 자태가 아름답고 빛이 나, 주위에 그보다 더 빼어난 사람이 없을 정도였다. 또한 바느질·노래·요리·다도 어느 것 하나 정통하지 않은 것이 없었다. 그러나 성품이 조용한 것을 좋아하여, 심산유곡에 갔다하면 연연해하며 떠나질 못했으며, 만약 남녀가 떼 지어 함께 웃고 떠들고 있으면 혐오스러움에 안색이 어두워져 곧장 그 자리를 떴다. 평소 거울을 볼 때면 스스로에게 이렇게 말했다.

---

1 동소완(董小宛 : 1624~1651) : 이름은 백(白), 자는 소완(小宛), 호는 청련(青蓮) 혹은 청련여사(青蓮女史). 청나라 금릉 사람으로, 강남의 재자(才子) 모양(冒襄)의 첩이다.

2 진회(秦淮) : 물 이름. 남경 성안을 가로질러 흐르는 강으로, 옛날에는 강의 양쪽 기슭에 기루(妓樓)와 악관(樂館)이 많아 환락지대로 유명했다.

"이와 같은 지혜와 자태로 머리 숙여 범부의 아내가 된다하더라도 아름다운 봉황이 까마귀를 좇는 꼴이라 탄식해야 마땅하거늘, 하물며 여기저기 나뒹구는 꽃과 같은 팔자임에랴?"

당시에 모벽강(冒辟疆)[3]이란 자가 있었는데, 이름은 양(襄)이며 여고현(如皐縣 : 청대 江蘇省 通州의 관할 현) 사람이었다. 부친과 조부 모두 관직이 높고 현달했다. 그는 열네 살에 벌써 운간현(雲間縣 : 江蘇省 松江縣의 옛날 명칭)의 동태부(董太傅)[4] · 진징군(陳徵君)[5]과 시가를 주고받았다. 또 약관의 나이가 되어서는 여기현(余暨縣 : 지금의 浙江省 蕭山市 余暨縣)의 진칙량(陳則梁)[6] 등 너댓 명[7]과 옛 도읍[남경]에서 의형제를 맺었다.[8] 모벽강은 용모가 하늘이 내려주신 듯 아름다웠고, 정신은 맑고 피부는 투명했다. 나는 그에게 시를 써 주면서 그를 동해(東海)의 빼어난 인물[9]이라고 여겼다. 그래서

3 모벽강(冒辟疆 : 1611~1693) : 이름은 양(襄)이고 호는 소민(巢民) · 박암(朴庵)이며 아명은 승승(繩繩)이다. 여고현(如皐縣) 사람으로, 명나라 공생(貢生)이다. 어렸을 때 준재로 이름났고, 방이지(方以智) · 진정혜(陳貞慧) · 후방역(侯方域)과 함께 '사공자'로 이름을 날렸다. 청나라에 들어와서는 저술활동에만 전념했다. 저서로는 『수회도시문집(水繪圖詩文集)』 · 『영매암억어(影梅庵憶語)』 등이 있다.

4 동태부(董太傅) : 동기창(董其昌 : 1555~1636)을 가리킨다.

5 진징군(陳徵君) : 진유숭(陳維崧 : 1625~1682)을 말한다. 학문과 덕행이 높아 조정의 부름을 받고도 나아가지 않는 은사를 높여 '징군'이라 부른다.

6 진칙량(陳則梁 : 1383전후 생존) : 이름은 양(梁). 호는 산목자(散木子) · 윤자산옹(侖者山翁)이며 양보(梁父) · 완공(浣公)이라고도 불린다. 명나라가 망한 후 스님이 되었다. 법명은 광적(廣籍)이고, 개정(個亭) 화상이라 불렸다. 초명(初名)은 창응(昌應)이고, 자는 몽장(夢張)이다. 해염(海鹽 : 지금의 浙江) 사람이다. 그림을 잘 그리고 시를 잘 지었다. 저서로는 『윤자(侖者)』 · 『개정(個亭)』 등이 있다.

7 너댓 명 : 이때 모벽강은 진량(陳梁) · 장명필(張明弼) · 여조룡(呂兆龍) 및 유이정(劉履丁)과 함께 기녀 고미(顧眉)의 미루(眉樓)에서 결의형제했는데, 그 가운데 유이정은 후에 동소완이 모벽강에게 시집갈 때 직접 나서서 많은 일을 도와주었고, 장명필은 동소완을 위해 전기를 지어주었다. 자세한 내용은 『우초신지』 권20, 「판교잡기(板橋雜記)」에 보인다.

8 의형제를 맺었다 : 원문에는 '안서(雁序)'라 되어 있는 것은 질서정연하게 날아가는 기러기의 의미에서 파생되어 온 형제라는 뜻이다. 원문에 '형생(刑牲)'라 되어 있는 것은 옛날 제사를 지내거나 의형제를 맺을 때 희생물을 잡는 행위를 가리킨다.

9 빼어난 인물 : 모벽강은 용모가 빼어나 당시 이원개(李元介)는 그를 '미소년'이라 했고, 요전(姚佺)은 '예쁜 여자처럼 생겼다'고 했다.

그를 한번 보았다하면 귀부인 자리도 마다하며 그저 그의 첩이 되겠다며 나서는 여자들이 수두룩했다. 모벽강 스스로도 자신의 빼어난 용모에 대한 자부심이 대단해, 기녀[10]들이 제아무리 마음을 주고 추파를 던져도 모두 하찮게 여겼다.

기묘년(1639)에 모벽강은 향시를 보러 진회에 왔는데,[11] 오차미(吳次尾)[12]・방밀지(方密之)[13]・후조종(侯朝宗)[14]이 모두 그에게 동소완에 대한 칭찬을 늘어놓았다. 그러나 모벽강은 "평자(平子)의 눈을 거치지 않고서는 단정 지을 수 없습니다"[15]라고 말했다. 동소완도 명사들의 연회 모임에서 사람들이 수시로 모벽강에 대해 이야기하는 것을 듣고는 그가 어떤 사람인지 물었다. 그러자 한 손님이 말했다.

"이 시대의 이름난 재자로, 지조 있고 풍류도 즐길 줄 아는 사람이라네."

이에 동소완도 [그의 이름을] 마음속에 담아두었다. 모벽강이 방밀지와 함께 여러 차례 동소완을 방문했으나, 동소완은 진회의 시끄러움에 질려 금창(金閶 : 蘇州의 별칭)으로 이사 가고 없었다. 과거에 낙방한 모벽강은 법 집행 차 동월(東粤)[16]로 가는 부친을 전송하고 오문(吳門 : 蘇州의 별칭)에 머

---

10 기녀 : 원문은 '협사(狹斜)'라 되어 있다. 원래는 좁고 고불고불한 골목을 가리켰으나, 후에 기생들이 대부분 이곳에 거주했기 때문에 나중에는 기생을 통칭하는 말로 사용되었다.

11 향시를 보러 …… 왔는데 : 향시는 각 성의 성도(省都)에서 실시하는데, 강소성(江蘇省)의 경우 현재의 남경인 강녕부(江寧府)에서 행해졌다. 강녕부의 경우, 집 모양을 한 배[石舫]로 유명한 진회 운하 연변의 북쪽에 남경의 공원(貢院 : 시험장)이 있었기 때문에 진회로 향시로 보러왔다고 표현한 것이다.

12 오차미(吳次尾) : 명나라 오응기(吳應箕 : 1594~1645)의 자이다.

13 방밀지(方密之) : 명나라 방이지(方以智 : 1611~1671)의 자로, 사공자 중 한 사람이다.

14 후조종(侯朝宗) : 명나라 후방역(侯方域 : 1618~1655)의 자로, 호는 설원(雪苑)이다.

15 평자(平子)의 …… 없습니다 : '평자'는 진(晉)나라 왕징(王澄)의 자이다. 『진서(晉書)』 「왕징전」에 다음과 같은 기록이 보인다. "왕징은 고상함으로 이름나서 젊어서부터 존경을 받았다. …… 왕연은 왕징을 매우 존중했는데, 일단 왕징이 한번 언급한 것에 대해서는 더 이상 아무런 말도 하지 않고 '이미 평자를 거친 것이네'라고 말했다[王澄有高名, 少所推服. …… 王衍尤重澄, 有經澄所題目者, 衍不敢復言, 輒云'已經平子矣']."

물렀다. 마침 동소완이 반당(半塘)에 머물고 있다는 소문을 듣고 다시 찾아갔으나, 번번이 만나지 못했다. 당시에 동소완은 또 다시 시끄러움에 질려, 손님 모시는 일만 없으면 늘 조용한 곳으로 도망가곤 했다.

하루는 동소완이 술에 취해 한창 자고 있을 때, 모벽강이 찾아와 문 앞에 있다는 소리가 들렸다. 기생어미 역시 지혜롭고 예쁜 사람이었다. 기생어미는 얼른 동소완을 부축해 데리고 나가, 굽은 난간 아래 꽃나무 밑에서 두 사람을 만나게 했다. 한 쌍의 옥 같은 남녀가 함께 있으니 광채가 비춰 집안에 달빛이 흐르는 듯했다. 두 사람은 아무 말 없이 멍하니 서로를 쳐다볼 뿐이었다. 모벽강은 자신이 본 여자 중에 동소완이 최고이니, 인연의 실을 묶어도 되겠구나하고 속으로 생각했다. 동소완은 속으로 이렇게 말했다.

"가만히 보아하니 신성한 풍취가 느껴지는 것이 내 마음을 맡길 곳이 아마 저 사람인가 보다!"

이대로 그냥 그에게 시집가고 싶지만 너무 급한 것은 아닐까하는 두려움이 생겨났다. 꿈에서 옛 사랑이나 가족을 만난 것처럼 형언할 수 없을 정도로 두 사람은 마음이 잘 맞았다. 동소완은 기생어미를 돌아보며 "멋진 남자군요! 멋진 남자에요!"라고 말했다.

얼마 지나지 않아 모벽강은 삼오(三吳 : 蘇州 · 潤州 · 湖州)의 문인 집회에서 서로들 오라고 초청하여 급히 떠나갔다. 몇 년이 지난 어느 해에 오문에 왔더니, 동소완은 서호(西湖)에서 황산(黃山)과 백악(白嶽)으로 여행간 지 이미 삼년이나 되어갔다. 삼년 사이 모벽강은 오문(吳門)에 있었는데, 이때 아무개 기생과 만나[17] 그 기생이 마음을 내주기에 정혼하기로 은밀

---

16 동월(東粵) : 동월(東越). 지금의 절강성(浙江省) 동남부와 복건성(福建省) 동남쪽 등지에 해당한다. 혹은 광동성(廣東省)에 대한 별칭이다.

17 기생과 만나 : 원문은 '경개(傾蓋)'로, 길을 가다 만나 타고 가던 수레를 멈추고 수레 덮개를 맞대어 이야기 한다는 뜻이다. 즉 친구가 서로 만나 친밀하게 담소를 나누는 것을 말하거나 처음 만나는 것을 말한다. 진회는 예로부터 미인이 많이 나던 곳으로, 당시 동소완을 비롯해 진원원(陳圓圓) · 유여시(柳如是) · 이향군(李香君)이 가장

히 약속했다. 그러나 모벽강이 형산(衡山)으로 부친을 뵈러 가는 바람에 성사되지 못했다. 신사년(1641) 여름, 장헌충(張憲忠)이 양양(襄陽 : 지금의 湖北省 襄陽)과 번성(樊城 : 지금의 湖北省 樊城) 지역을 격파하자, [조정에서는 모벽강의 부친 冒起宗을] 형영병비사자(衡永兵備使者)[18] 좌진군(左鎭軍) 감독으로 전임시켰다. 당시 모벽강은 부친이 병화에 휩싸여 있는 것이 가슴 아파, 조정에 만 마디의 상소를 올려 부친의 강직한 성품과 동향(同鄕) 같은 해 과거 합격자[19]들의 노여움을 사게 된 상황을 일일이 진술했다. 이로 인해 온 조정이 시끄럽게 들끓었다. 임오년(1642) 봄에 부친이 다른 곳으로 전임되자[20] 모벽강은 기뻐하며 급히 오문으로 달려가 아무개 기생과의 약속을 지키려 했다. 모벽강이 도착한 뒤 알아보니 오문에 도착하기 열흘 전에 그 기생은 이미 만금을 아끼지 않는 한 권세가에게 끌려간 뒤였다.

이 때문에 모벽강은 한창 방황하고 우울해하며 마음을 붙이지 못했다. 어느 달밤에 작은 배를 타고 바람 따라 떠돌다 동교(桐橋) 안까지 오게 되었는데, 그곳 물가에 조용히 자리 잡고 있는 그림 같은 작은 누각하나를 보았다. 아무 생각 없이 강가 주변의 사람들에게 물어보았더니 이렇게 말했다.

"이곳은 진회 사람 동희(董姬 : 董小宛)의 누각입니다. 황산에서 돌아온 뒤 모친을 여의고 중병을 얻어서 문을 걸어 잠근 지 스무날 남짓 되었습니다!"

유명했는데, 이때 모벽강은 진원원과 혼인하기로 약속했다고 한다.

18 형영병비사자(衡永兵備使者) : 병비도(兵備道)는 도(道)의 장관으로 군무(軍務)까지 겸해서 보았다. 원래는 변방지역에 설립했다가 후에는 농민기의 진압을 위해 중원지역 모두에 설립했다. 대부분 부사(副使)나 참정(參政) 등이 병비도(兵備道)에 임용되었다.

19 같은 해 과거 합격자 : 원문은 '동년(同年)'으로, 같은 해 과거에 합격자 사람을 말한다.

20 부친이 …… 전임되자 : 『모벽강과 동소완(冒辟疆與董小宛)』(中華書局, 2004, 84쪽) 에 보면, 모벽강의 부친 모기종(冒起宗)은 숭정(崇禎) 15년(1642)에 보경무치도(寶慶撫治道)에 전임되었다고 한다. 당시 보경(지금의 湖南省 邵陽)은 호광(湖廣)에서 유일한 안전지대였다고 한다.

모벽강은 그 말을 듣자 미칠 듯이 놀라고 기뻤다. 그는 한사코 문을 두드려 겨우 안에 들어갈 수 있었다. 누각에 올라가 보니 등잔도 켜져 있지 않고 약그릇만 나뒹굴고 있었다. 휘장을 열고 보니 곧 숨이 넘어갈 것 같은 사람이 있었는데, 바로 동소완이었다. 모벽강이 홀연 나타나자, 게슴츠레 눈을 들어 뚫어지게 쳐다보더니 비 오듯 눈물을 흘리며 어미의 죽음에 대한 통한과 모벽강에 대한 사무치는 정을 이야기했다. 그러나 말을 하다 멈췄다 하였으며 호흡도 고르지 않았다. 한밤중이 되자 동소완은 옷을 걸치고 일어나 이렇게 말했다.

"이제 병이 다 나았습니다!"

그리고는 모벽강에게 엄숙하게 말했다.

"당신을 마음에 품은 지 오래되었습니다. 만물 중에 혼자 태어나 짝없이 사는 것은 없습니다. 마치 호박(琥珀)[21]과 작은 풀, 자석과 철이 서로 만나는 것처럼, 기운은 은연중에 감응하고, 명수(命數)도 암암리에 회합합니다. 오늘 제가 당신을 만나지 못했더라면 바로 정신을 놓았을 텐데, 당신을 뵈니 바로 정신이 드는 군요. 지난 스무날 동안 쌀 한 톨도 먹지 못했고, 약도 아무런 효험이 없었습니다. 그런데 오늘 당신이 한밤중에 저를 찾아오시자마자 정신이 퍼뜩 드는군요. 당신이 이렇게 내게 딱 맞는 사람인데, 나라고 당신에게 안 맞을 수 있겠습니까? 원컨대 이 시간부터 여생을 당신께 맡기고자 하오니, 부디 사양하지 말아주십시오!"

모벽강은 낮은 목소리로 말했다.

"세상에 쉬운 일이란 없소. 당신은 지난번에는 취중에 나를 만났고 오늘은 병중에서 나를 만났으니, 어떻게 나를 알 수 있겠소? 또 내 집사람이 어진지 그렇지 못한지 어떻게 알고 이렇게 함부로 내게 몸을 맡기시

21 호박(琥珀) : 원문은 '돈모(頓牟)'로 되어 있는데, 호박을 가리킨다. 청나라 왕균(王筠)의 『녹우억설(籙友臆說)』에 보면, "『논형(論衡)』에서 '호박은 겨자씨를 끌어당기고, 자석은 철을 잡아당긴다'라는 구절이 있는데, 호박은 혹 호백(虎魄 : 호랑이의 혼백)의 다른 이름이 아니겠는가?『論衡』又曰 : '頓牟掇芥, 磁石引鐵' 頓牟豈虎魄之異名邪?"라는 구절이 있다.

려 하시오? 게다가 근자에 부친으로부터 좋은 소식을 들어, 내일 아침 양양과 번성으로 사람을 보낼까 생각중인데, 내가 어떻게 이곳에 머물 수 있겠소?"

그리고는 떠날 것을 청하였다. 그러나 이튿날 동소완은 옷을 곱게 차려입고 행장을 꾸린 뒤 모벽강을 따라 급히 배에 올라타고는 다시는 돌아오지 않겠다고 맹세했다. 당시 동소완에게는 부친이 있었는데, 좋아하는 것도 많았고 무절제하게 돈을 썼다. 그는 당시 최고가는 딸의 명성을 믿고 결국 수천 금의 빚을 지게 되었지만 아무도 동소완을 어쩌지는 못했다.

이때부터 동소완은 호서(滸墅 : 江蘇省 吳縣 滸墅鎭)를 건너 혜산(惠山)을 구경하고, 비릉(毗陵 : 江蘇省 毗陵郡)·양선(陽羨 : 江蘇省 義興縣 남쪽)·징강(澄江 : 江蘇省 江陰縣의 다른 이름)을 거쳐 북고산(北固山)에 도착한 뒤 금산(金山)과 초산(焦山)에 올랐다. 동소완은 서양포(西洋布)[22]로 만든 분홍색 여름옷을 입고 있었는데, 매미 날개처럼 얇고 가벼웠으며 눈처럼 맑고 깨끗했다. 동소완이 모벽강과 함께 진강현(鎭江縣) 금산의 경치 빼어난 곳에서 용선(龍船) 경기[23]를 구경하니, 천만 명의 사람들이 다투어와 그들을 에워싸면서 강비(江妃)[24]가 짝을 데리고 물가로 올라왔다고들 말했다. [배를 타고 다니던] 스물일곱 밤 동안 모벽강은 스물일곱 번이나 동소완의 청을 거절했다. 동소완이 통곡하면서 그의 의중을 묻자, 모벽강이 말했다.

---

22 서양포(西洋布) : 남송 이후 지금의 남해 서쪽 해안과 연안 각지를 '서양'이라고 하는데, 그곳에서 나는 천으로 추정된다.

23 용선(龍船) 경기 : 원문은 '경도(競渡)'라 되어 있다. '경도(競度)'라고도 하는데, 용선을 타고 시합하는 것을 말한다. 전해오는 말에 따르면 전국시대 초(楚)나라의 시인 굴원(屈原)이 음력 5월 5일에 멱라강(汨羅江)에 빠져죽자, 민간에서 그의 우국충정을 기리기 위해 이날 용선경기를 하고 종자(粽子)를 먹었다고 한다.

24 강비(江妃) : 유향(劉向)의 『열선전(列仙傳)』에 따르면, 강비는 전설상의 두 선녀를 말한다. "강비라는 두 여인은 어느 곳 사람인지 모른다. 한수 기슭에 놀러 나왔다가 정교보를 만났다. 정교보는 그녀들이 마음에 들었지만, 신녀인 줄은 몰랐다[江妃二女者, 不知何所人也. 出遊於江漢之湄, 逢鄭交甫. 見而悅之, 不知其神人也]."

"부친께서 비록 호랑이 소굴에서는 벗어났다고 할 수 있지만, 아직 돌아올 날도 정해지지 않았소. 또 향시(鄕試)[25]가 임박한지라, 이번에는 밥솥을 부수고 배를 침몰시킬 각오로 임해 단번에 해내고 싶어 그러니, 돌아가 기다리는 것이 어떻겠소?"

동소완은 매우 기뻐하며 말했다.

"그럼 돌아가서 손님도 받지 않고 재계(齋戒)하고는 차 마시고 향 피우며 당신의 좋은 소식을 기다리겠습니다."

그리고는 떠나갔다.

동소완은 이때부터 문 걸어 잠그고 채식만 하면서, 권문세가가 불러도, 건달들이 와 시끄럽게 굴어도, 돈을 빌려 그들에게 뇌물을 주는 한이 있어도 돌려보내며 매미가 허물을 벗듯 옛 생활을 청산했다. 또 짧은 편지를 보내 지난날의 맹세를 지키라고 다그쳤는데, 그런 편지가 여러 통 오지 않은 달이 없었다. 8월 초가 다가오자 동소완은 하녀 한 명만 데리고 오 땅에서 배 한척을 구입해 강 따라 내려오다가 도적을 만났다. 동소완은 키를 부러뜨리고 갈대숲으로 달아나 사흘 동안 아무 것도 먹지 못했다. 진회에 도착하자 배를 성 밖에 정박하고는 모벽강이 향시[26]를 다 보고 나오기를 기다렸다가 비로소 그와 만났다. 당시 함께 시험을 치른 명문제자들과 술을 준비해 성대한 연회를 열었다. 중추절 밤에 동소완과 모벽강은 물가 정자에서 술을 마시며 회녕(懷寧)[27]의 새로운 극『연자전(燕子箋)』공연을 구경했다. 마침 그 자리를 가득 메우고 있던 진회의 기녀들은 모두 동소완을 부러워하면서 좋은 자리에 시집가게 된 것을 기뻐해주며 눈물을 흘렸다. 합격자 방이 붙었는데, 모벽강은 또 부거(副

---

25 향시(鄕試) : 원문에는 '추기(秋期)'라 되어 있는데, 명청시대에는 가을에 향시를 치렀기 때문에 이렇게 불렀다.

26 향시 : 원문은 '위(闈)'로, 원래는 대궐에 난 쪽문을 말하나, 후에는 과거 시험장을 지칭하게 되었다. 그래서 '추위(秋闈)'는 '추시(秋試)' 즉 향시를 가리킨다.

27 회녕(懷寧) : 전기(傳奇)『연자전(燕子箋)』을 쓴 완대성(阮大鋮)이 회녕 출신이기 때문에 이렇게 쓴 것이다. 회녕은 지금의 안휘성(安徽省) 소재의 현(縣) 이름이다.

車)[28]가 되었다. 법에 따르면 부거는 관리 임명을 받을 수 없어서 그는 돌아가겠다고 했다. 동소완도 빚 독촉하는 사람이 날로 늘어나 기적에서 몸 빼기가 쉽지 않았다. 그러나 모벽강은 동소완에게 [함께] 돌아갈 것을 힘써 권하면서, 의형제를 맺었던 아무개 자사(刺史)[29]에게 협객 압아(押衙)[30]의 역할을 부탁했다. 그러나 아무개 자사가 경솔하게 일을 처리하는 바람에 사람들이 시끄럽게 들고 일어나자 동소완을 데리고 숨긴 했는데, 일이 거의 실패할 뻔했다. 우산(虞山) 전목재(錢牧齋)[31] 선생은 한 시대의 명사일 뿐만 아니라 실로 풍류계의 영수이기도 했다. 그는 본디 모벽강에 대한 기대가 깊었던 데다가 동소완의 미모와 재주도 아꼈던 터라 그러한 이야기를 듣고 친히 반당으로 찾아왔다. 또 유희(柳姬)[32]에게 명령해 동소완의 벗이 되어주게 하고, 자신이 직접 계획을 세워 일을 진행하니, 빚쟁이들은 그제야 만족해했다. 또 어떤 순무(巡撫)가 동소완과 모벽강을

---

28 부거(副車) : 일명 부방(副榜) · 부방공생(副榜貢生), 혹은 부공(副貢)이라고도 한다. 명청시대의 제도로, 향시에는 합격했으나 제한된 거인(擧人)의 인원수 때문에 거인의 자격을 취득하지 못한 사람 가운데 국자감(國子監)에 입학하는 생원을 지칭하는 말이다.

29 아무개 자사(刺史) : 모벽강이 약관에 진량(陳梁) · 장명필(張明弼) · 여조룡(呂兆龍) 및 유이정(劉履丁)과 함께 기녀 고미(顧眉)의 미루(眉樓)에서 결의형제한 적이 있었는데, 동소완이 모벽강에게 시집갈 때 유이정이 직접 나서서 이 일을 주선하고 해결해주었다고 한다. 이때 유이정은 욱림주(郁林州) 지주(知州)였기에 자사라는 표현을 쓴 것이다.(『모벽강과 동소완[冒辟疆與董小宛]』, 王利民 · 丁富生 · 顧啓 著, 中華書局, 2004, 42 · 93쪽)

30 협객 압아(押衙) : 원문은 '황삼압아(黃衫押衙)'로 되어 있는데, '황삼'은 협객을 말하고 '압아'는 의장(儀仗)과 시위(侍衛)를 통솔하던 관직명이다. 원래는 당 전기 「무쌍전(無雙傳)」에 나오는 남주인공 왕선객(王仙客)을 도와 여주인공 무쌍을 구해내어 두 사람을 부부로 맺어주고 자신은 생을 마감한 협객 고압아(古押衙 : 古洪)을 가리키나 여기서는 그 역할을 하는 사람(혹은 협객)을 지칭한다.

31 전목재(錢牧齋) : 전겸익(錢謙益 : 1582~1664). 본권의 「고옥천전」 주 4를 참조하시오.

32 유희(柳姬) : 오강(吳江) 기생 유여시(柳如是)를 지칭한다. 본명은 양애아(楊愛兒)였으나, 후에 유은(柳隱)이라 개명했다. 자가 여시이고, 호는 미무군(蘼蕪君)이었으나, 세상에서는 유하동(柳河東)이라 불렀다. 재색을 겸비했고, 서화에도 뛰어났다. 입버릇처럼 재주와 학식이 전겸익만 못한 사람에게는 시집가고 싶지 않다고 하더니, 결국에는 전겸익의 첩이 되었다.

축복하기 위해 돈 천 냥을 내 놓았고, 유대행(劉大行)도 와서 그를 도와주어서 공(公 : 錢牧齋)은 사흘 만에 모든 것을 처리할 수 있었다. 원근의 친구들을 불러 모아 호류(虎嵺 : 지금의 滸墅. 江蘇省 吳縣 서북쪽)에서 동소완의 전별연을 열어주고 배를 사 주었으며, 직접 쓴 시문과 한 자나 되는 문서를 주면서 동소완을 여고현까지 전송해주었다. 또 문하생 장사부(張祠部)에게 편지를 보내 동소완을 기적에서 빼내주게 했다.

8월 초에 남쪽으로 가는 길에 동소완은 [모벽강의] 정부인이 아주 어질다는 소문을 들었다. 이에 특별히 부친을 먼저 여고현으로 보내 간곡한 사정을 부인에게 전하였더니 부인은 기뻐하며 이미 허락한지 오래라고 했다. 동소완은 모씨 문중에 들어온 뒤 지혜롭게 행동하여 윗사람 아랫사람, 어른 아이, 안 사람 바깥사람들과 모두 잘 어울렸다. 동소완은 모벽강과 날마다 그림과 책 속에 묻혀 살면서 거문고를 뜯고 차 향기를 감상하고 인물과 산수를 품평했으며, 금석문자와 고대의 제기(祭器)를 감별했다. 한가하게 읊조리며 시구를 생각할 때나 시사(詩史)를 모을 때면 언제나 그 옆에 앉아 대신 시를 받아 적었다. 모벽강이 생각한 것이나 미처 생각하지 못한 것까지도 활시위처럼 즉시 튀어나가서 필요한 것을 갖다 대주었는데, 집에도 없고 마련할 방도조차 없는 물건도 순식간에 갖다 대령했다. 함께 있는 즐거움이 천지간에 또 이와 같을 수 있을까하고 두 사람은 늘 말했다.

신유년[33] 큰 난리가 일어나자 모벽강은 난리를 피해 강을 건넜는데, 온 식구가 절강(浙江)의 염관현(鹽官縣 : 지금의 浙江省 海寧市 鹽官鎭)으로 달아났으나 아홉 번이나 죽을 위기를 넘겼다. 동소완은 자기가 먼저 죽지 않으면 따라죽겠다며 이렇게 말했다.

"차라리 저놈들이 저를 잡았으면. 저를 잡으면 당신을 놓아줄 테니까요. 저승에 오시거든 꼭 저를 찾아주세요."

---

33 신유년 : 원문에는 '신유년'으로 되어 있으나, 내용상 갑신년(甲申年 : 1644)의 오기로 보인다.

피난 도중에도 동소완은 온갖 지혜와 지략을 다 짜내어 실로 목숨을 보존하는 데 큰 도움을 주었다. 후에 모벽강은 전쟁 통에 죽진 않았지만 병으로 거의 죽을 지경이 되었다. 동소완은 약시중을 드느라 침식도 전폐하고 백일동안 밤낮으로 꼬박 돌봤다. 후에 세상이 안정되자 두 사람은 비로소 함께 고향으로 돌아올 수 있었다.

[함께한 세월이] 전후로 모두 9년, 겨우 스물일곱의 나이로 동소완은 폐결핵으로 죽었다. 병을 얻게 된 경위와 와병 중의 상황은 잘 밝혀지지 않아 자세히 알기 어렵다. 모벽강이 지은 『영매암억어(影梅庵憶語)』와 「애사(哀詞)」에 상세히 나와 있는데, 이것은 천고의 상심사일 뿐 아니라 실로 봉천(奉倩)[34]과 안인(安仁)[35]으로 하여금 붓을 내려놓게 할 만한 작품이다.

금목자(琴牧子 : 張明弼)가 말한다.

동소완이 죽자 모벽강이 울면서 "동소완이 죽으면 나도 죽는다는 것을 몰랐구나!"라고 말했다. 나는 '양친이 생존해 있으면 자식 된 자로서 절대 죽을 수 없는데 하물며 같은 이불 덮고 잔 사람을 위해 죽을 수 있겠는가?'라고 생각했다. 그러나 모벽강의 「애사」를 읽은 뒤에는 비로소 정이 지극한 사이라면 이런 말을 할 수도 있다는 것을 깨닫게 되었다. 여색에 굶주린 것과 음식에 굶주린 것은 같다. 음식에 굶주린 사람은 한 끼 배부르게 먹으면 산해진미가 있어도 먹기 싫다. 그런데 모벽강은 9년이나 동소완과 함께 있었으면서도 싫증내지 않았으니, 이는 어째서인가? 덕에 굶주린 것은 여색에 굶주린 것과 다르다. 산수에 묻혀 사는 사람은 10년이 지나도 나오지 않으니, 이는 아침저녁의 풍경이 날마다 그 뜻을

---

34 봉천(奉倩) : 삼국시대 위(魏)나라의 순찬(荀粲 : 209?~238?)이다. 순찬은 아내가 병사하자 슬픔을 이길 수 없었다. 그리하여 매번 통곡하지 않고 속으로 울다 마음을 다쳐 결국 1년 남짓 뒤에 죽었는데 그의 나이 겨우 29살이었다. 후에는 아내의 죽음을 애도하는 전고로 사용되었다.

35 안인(安仁) : 반악(潘岳 : 247~300)의 자. 서진(西晉)의 문학가이다. 급사황문시랑(給事黃門侍郎)을 지냈고, 시와 부에 뛰어나 육기(陸機)와 함께 이름을 날렸다. 『진서(晉書)』「반악전」에 따르면, 시가 웅장하고 사조가 아름다웠으며, 특히 애도문에 뛰어났다고 한다. 그가 지은 「도망시(悼亡詩)」 3수는 세상에 널리 애송된다.

충족시켜주기 때문이다. 동소완도 날마다 모벽강을 즐겁게 해주지 않았을까? 그렇다 해도, 세상 풍파를 겪고 병에 걸리고 도적을 만나도 동소완처럼 변하지 않는 이가 있다면, 진정 빼어난 여자일지니, 우리 모벽강 같이 멋진 남자의 짝이 될 만하다!

董小宛, 名白, 一字青蓮, 秦淮樂籍中奇女也. 七八歲, 母陳氏教以書翰, 輒了了. 年十一二, 神姿艶發, 窈窕嬋娟, 無出其右. 至鍼神曲聖, 食譜茶經, 莫不精曉. 顧其性好靜, 每至幽林遠壑, 多依戀不能去, 若夫男女闐集, 喧笑竝作, 則心厭色沮, 亟去之. 居恒攬鏡, 自語其影曰 : “吾姿慧如此, 卽使詘首庸人婦, 猶當歎采鳳隨鴉, 況作飄花零葉乎?”

時有冒子辟疆者, 名襄, 如皐人也. 父祖皆貴顯. 年十四, 卽與雲間董太傅 · 陳徵君相倡和. 弱冠, 與余暨陳則梁四五人, 刑牲稱雁序于舊都. 其人姿儀天出, 神清徹膚. 余常以詩贈之, 目爲東海秀影. 所居, 凡女子見之, 有不樂爲貴人婦, 願爲夫子妾者無數. 辟疆顧高自標置, 每遇狹斜擲心賣眼, 皆土苴視之.

己卯, 應制來秦淮, 吳次尾 · 方密之 · 侯朝宗咸向辟疆嘖嘖小宛名. 辟疆曰 : “未經平子目, 未定也.” 而姬亦時時從名流讌集間, 聞人說冒子, 則詢冒子何如人. 客曰 : “此今之高名才子, 負氣節而又風流自喜者也.” 則亦胸次貯之. 比辟疆同密之屢訪, 姬則厭秦淮囂, 徙之金閶. 比下第, 辟疆送其尊人秉憲東粤, 遂留吳門. 聞姬住半塘, 再訪之, 多不値. 時姬又患囂, 非受糜于炎炙, 則必逃之鼪鼯之徑.

一日, 姬方醉唾, 聞冒子在門. 其母亦慧倩. 亟扶出相見于曲欄花下. 主賓雙玉有光, 若月流于堂戶. 已而四目瞪視, 不發一言. 蓋辟疆心籌謂此入眼第一, 可繫紅絲. 而宛君則內語曰 : “吾靜觀之, 得其神趣, 此殆吾委心塌地處也!” 但卽欲自歸, 恐太遽. 遂如夢値故懽舊戚, 兩意融液, 莫可擧似. 但連聲顧其母曰 : “異人! 異人!”

辟疆旋以三吳壇坫爭相屬, 淩遽而別. 閱屢歲, 歲一至吳門, 則姬自西湖遠遊于黃山白嶽間者, 將三年矣. 此三年中, 辟疆在吳門, 有某姬亦傾盖輸心, 遂訂密約. 然以省覲往衡嶽, 不果. 辛巳夏, 獻賊突破襄樊, 特調衡永兵備使者監左鎭軍. 時辟疆痛尊人身陷兵火, 上書萬言于政府言路, 歷陳尊人剛介不阿, 逢怒同鄕同年狀. 傾動朝堂. 至壬午春, 復得調, 辟疆喜甚, 疾過吳門, 踐某姬約. 至則前此一旬, 已爲竇霍豪家不惜萬金劫去矣.

辟疆正旁皇鬱抑, 無所寄託. 偶月夜蕩葉舟, 隨所飄泊, 至桐橋內, 見小樓如畫圖, 閒立水涯. 無意詢岸邊人, 則云: "此秦淮董姬. 自黃山歸, 喪母, 抱危病, 鐍戶二旬餘矣!" 辟疆聞之, 驚喜欲狂. 堅叩其門, 始得入. 比登樓, 則燈炧無光, 藥鐺狼藉. 啓帷見之, 奄奄一息者, 小宛也. 姬忽見辟疆, 倦眸審視, 淚如雨下, 述痛母懷君狀. 猶乍吐乍含, 喘息未定. 至午夜, 披衣遂起, 曰: "吾疾愈矣!" 乃正告辟疆曰: "吾有懷久矣. 夫物未有孤產而無耦者. 如頓牟之草, 磁石之鐵, 氣有潛感, 數亦有冥會. 今吾不見子, 則神廢, 一見子, 則神立. 二十日來, 勺粒不霑, 醫藥罔效. 今君夜半一至, 吾遂霍然. 君旣有當于我, 我豈無當于君? 願以此刻委終身于君, 君萬勿辭!" 辟疆沉吟曰: "天下固無是易易事. 且君向一醉晤, 今一病逢, 何從知余? 又何從知余閨閣中賢否, 乃輕身相委如是耶? 且近得大人喜音, 明蚤當遣使襄樊, 何敢留此?" 請辭去. 至次日, 姬靚妝鮮衣, 束行李, 屢趣登舟, 誓不復返. 姬時有父, 多嗜好, 又蕩費無度. 恃姬負一時冠絶名, 遂負逋數千金, 咸無如姬何也.

自此渡滸墅, 遊惠山, 歷毘陵・陽羨・澄江, 抵北固, 登金焦. 姬着西洋布退紅輕衫, 薄如蟬紗, 潔比雪艶. 與辟疆觀競渡于江山最勝處, 千萬人爭步擁之, 謂江妃携偶踏波而上征也. 凡二十七日, 辟疆二十七度辭. 姬痛哭, 叩其意. 辟疆曰: "吾大人雖離虎穴, 未定歸期. 且秋期逼矣, 欲破釜焚舟, 冀一當, 子盍歸待之?" 姬乃大喜曰: "余歸, 長齋謝客, 茗椀爐香, 聽子好音." 遂別.

自是杜門茹素, 雖有竇霍相檄, 佻健橫侮, 皆假貸賂賄, 以蟬脫之. 短緘細札, 責諸尋盟, 無月不數至. 迫至八月初, 姬復孤身挈一婦, 從吳買舟江行, 逢盜. 折舵入葦中, 三日不得食. 抵秦淮, 復停舟郭外, 俟辟疆闈事畢, 始見之. 一時應制諸名貴, 咸置酒高宴. 中秋夜, 觴姬與辟疆于河亭, 演懷寧新劇『燕子箋』. 時秦淮女郎滿座, 皆激揚歎羨, 以姬得所歸, 爲之喜極淚下. 榜發, 辟疆復中副車. 而憲副公不赴新調, 請告適歸. 且姬索逋者益衆, 又未易落籍. 辟疆仍力勸之歸, 而以黃衫押衙託同盟某刺史. 刺史莽, 衆譁, 挾姬匿之, 幾敗事. 虞山錢牧齋先生, 維時不惟一代龍門, 實風流教主也. 素期許辟疆甚遠, 而又愛姬之俊識, 聞之, 特至半塘. 令柳姬與姬爲伴, 親爲規畫, 債家意滿. 時又有大帥以千金爲姬與辟疆壽, 而劉大行復佐之, 公三日遂得了一切. 集遠近與姬餞別于虎疁, 買舟, 以手書并盈尺之券, 送姬至如皐. 又移書與門生張祠部, 爲之落籍.

八月初, 姬南征時, 聞夫人賢甚. 特令其父先至如皐, 以至情告夫人, 夫人喜諾已久矣. 姬入門後, 智慧絡繹, 上下內外大小, 罔不安悅. 與辟疆日坐畫苑書圃中, 撫桐瑟, 賞茗香, 評品人物山水, 鑒別金石鼎彝. 閒吟得句, 與採輯詩史, 必捧硏席爲書之. 意所欲得, 與意所未及, 必控弦追箭以赴之, 卽家所素無, 人所莫辦, 倉猝之間, 靡不立就. 相得之樂, 兩人恒云天壤間未之有也.

申酉崩圻, 辟疆避難渡江, 擧家遁浙之鹽官, 履危九死. 姬不以身先, 則願以身後, 曰 : "寧使兵得我則賊得我. 必釋君, 君其問我于泉府耳." 中間智計百出, 保全實多. 後辟疆雖不死于兵, 而瀕死于病. 姬侍藥不間寢食者, 凡百晝夜. 事平, 始得同歸故里. 前後凡九年, 年僅二十七歲, 以勞瘁病卒. 其致病之繇與久病之狀, 并隱微難悉. 詳辟疆『憶語』·「哀辭」中, 不惟千古神傷, 實堪令奉倩·安仁閣筆也.

琴牧子曰 : 姬歿辟疆哭之曰 : "吾不知姬死而吾死也!" 予謂 : '父母存, 不許人以死, 况裍席間物乎?' 及讀辟疆「哀詞」, 始知情至之人, 固不妨此語也. 夫飢色如飢食焉 : 飢食者, 獲一飽, 雖珍羞亦厭之. 今辟疆九年而未厭, 何也? 飢德非飢色也. 棲山水者, 十年而不出, 其朝光夕景, 有以日酣其志也. 宛君其有日酣冒子者乎? 雖然, 歷之風波疾厄盜賊之際, 而不變如宛君者, 眞奇女, 可匹我辟疆奇男子矣!

부록 영매암억어(影梅菴憶語)

모벽강(冒辟疆)

임오년(1642) 음력 4월[1] 그믐에 동소완은 나를 북고산(北固山) 아래까지 전송하면서 한사코 나를 따라 강을 건너 함께 가겠다고 했다. 내가 안 된다고 극구 거절하자 동소완은 더욱 애절하게 돌아가지 않겠다고 하면서 강가에 배를 댔다. 그때 외국친구 필금량(畢今梁)[2]이 내게 보내 준 여름 서양포(西洋布) 한 단이 있었는데, 매미 날개처럼 얇고 가벼웠고, 눈처럼 맑고 깨끗했으며 안은 분홍색으로 되어 있었다. 이것으로 동소완의 가벼운 적삼을 만드니, 계궁(桂宮)[3] 장여화(張麗華)의 예상(霓裳)[4]에 뒤지지

1 음력 4월 : 원문은 '청화(淸和)'로 음력 4월을 가리키는데, 이때의 기후가 '청화' 두 글자로 표현하기에 딱 좋은 날씨인 데서 기인한 것 같다.

2 필금량(畢今梁) : 필방제(畢方濟 : 1582~1649). P.Frances Sambiasi. 이태리 사람이다. 중국에 들어온 예수교 사람이자 천주교 신부이다. 명나라 만력(萬曆) 38년(1610)에 마카오[澳門]에 왔다가 3년 뒤에 북경에 왔다. 1640년에 무석에 포교하러 왔다가 상해(上海)·개봉(開封)·양주(楊洲)·소주(蘇州)·영파(寧波)·복주(福州) 등지에도 천주교를 전파했으며 광주(廣州)에서 삶을 마쳤다.

3 계궁(桂宮) : 남조(南朝) 진후주(陳後主)가 자신의 총비(寵妃) 장여화(張麗華)를 위해

않았다. 함께 금산(金山)에 올랐는데, 때마침 4~5척의 용주(龍舟)가 물살을 가르며 올라왔다. 산중에 있던 수천 명의 사람들이 우리 두 사람을 따르며 신선이라 말했다. 빙 둘러 산을 올라갈 때도 우리 두 사람이 가는 곳마다 용주(龍舟)가 다투어 따라와 우리 주위를 몇 겹으로 에워싼 채 떠나지 않았다. 그들을 불러서 물어보았더니, 내가 입추에 절강(浙江)[5]에서 돌아올 때 나를 태웠던 관선(官船)의 뱃사공들이었다. 거위 고기와 술을 주면서 그 노고를 위로하자 하루 종일 있다가 돌아갔다. 배에서 커다란 자기 사발에 담긴 앵두 몇 되를 함께 먹었는데, 어느 것이 앵두인지 어느 것이 입술인지 구분이 되지 않았다. 자연과 사람의 성대함이 일시에 빛을 발하였으니, 지금도 그때의 일을 이야기하는 사람들은 대단했다고들 한다.

진회(秦淮)에서 중추절을 보낼 때 사방의 동인과 벗들은 나를 위해 도적과 파도의 위험을 무릅쓰고 어렵사리 찾아온 동소완에게 감동받아 도엽(桃葉) 나루 물가 정자에서 술자리를 마련했다. 당시 자리에 함께 있던 미루(眉樓)의 고부인(顧夫人)[6]과 한수재(寒秀齋)의 이부인(李夫人)[7]은 동소완과 절친한 친구로, 동소완이 내게 시집오게 되어서 잘 되었다며 모두 와서 축하해주었다. 그날 『연자전(燕子箋)』을 처음으로 공연했는데, 극의 전개가 곡진하고 아름다웠다. 곽수부(霍秀夫)와 화행운(華行雲)의 이별과 재회의 장면에서 동소완이 눈물을 흘리자, 고부인과 이부인도 따라 눈물을 흘렸다. 한 시대의 재자와 가인, 누대와 물안개, 새로운 음악과 밝은 달등, 천고에 다시없는 것들이 한꺼번에 모였으니, 지금에 와서 생각해보아도 유선(游仙)의 일장춘몽과 다름없구나.

세운 궁으로, 지금의 남경시 경내에 유적이 남아 있다.

4 예상(霓裳) : 가볍고 하늘거리는 무의(舞衣)를 말한다.

5 절강(浙江) : 원문은 '제(淛)'로, 절강의 옛 이름이다.

6 고부인(顧夫人) : 진회 일대의 명기 고미(顧媚)를 말한다.

7 이부인(李夫人) : 역시 진회의 명기였던 이십낭(李十娘)을 말한다.

나는 몇 년 동안 전당시(全唐詩)를 모을 생각에 전집을 구매했다. 일사(逸事)를 분류하고, 여러 평들을 모아서 사람과 연대의 순서대로 차례를 매긴 다음 동소완에게 맡기며 보관하게 했다. 연대를 편찬하고 사람을 논평하는 방식은 『당서(唐書)』를 따랐다. 동소완은 종일토록 나를 도와 내용도 찾고 베껴 적기도 하고, 또 세심하게 교정도 하느라 밤이고 낮이고 서로 말하는 것조차 잊었다. 시를 읽으면 이해하지 못하는 것이 없었고, 뛰어난 해석을 내어 시를 풀이하기도 했다. 특히 초사(楚詞)・두소릉(杜少陵 : 杜甫)・이의산(李義山 : 李商隱)의 시와, 왕건(王建)・화예부인(花蕊夫人)[8]・왕규(王珪) 세 사람의 궁사(宮詞)를 좋아해 숙독했다. 키만큼이나 되는 책을 주위에 쌓아놓고 한밤중 잠자리에서까지 읽었으며, 그러고도 수십 가(家)의 당시(唐詩)는 끌어안고 누웠다. 지금 비각(秘閣)이 먼지 쌓인 채 닫혀 있는데도 차마 열지 못하고 있으니, 장차 이 내 마음을 뉘와 더불어 같이 할 수 있을까? 탄식에 부칠 뿐이다.

을유년(1645) 염관현(鹽官縣)에서 객지살이 할 때 친구들에게 책을 빌려 읽은 적이 있었다. 기이하고 특이한 이야기를 발견하면 동소완에게 베껴두라고 했다. 이때 동소완은 규방에 관련된 이야기를 따로 묶어서 한 질로 만들었는데, 고향으로 돌아와 함께 여러 책들을 두루 뒤져서 속집을 만들고 『염염(奩艶)』이라 이름 붙였다. 이 책은 아름답고 기이하며 정교하고 비밀스러워서, 고금 여자들의 머리부터 발끝까지, 또 복식과 기물, 누대와 가무, 바느질과 재주에서부터 아래로는 조류・어류・금수 및 초목처럼 무지한 것들까지도, 조금이라도 정(情)에 관련된 이야기가 있으면 모두 아름다운 부류에 귀속시켰다. 붉은 종이에 쓴 작은 글자로 매우 상세하게 분류하였는데, 지금은 모두 상자 속에 들어있다. 작년 봄에 고부

8 화예부인(花蕊夫人) : 오대(五代) 후촉주(後蜀主) 맹창(孟昶)의 부인. 성은 비(費)이고 청성(青城) 사람이다. 시문을 잘 지었으며 왕건(王建)을 모방하여 궁사 100수를 지었다.

인이 멀리 있는 동소완에게서 이 책을 빌려가 읽고는 공봉상(龔奉常 : 龔鼎孳)[9]과 함께 그 오묘함을 극찬하면서 간행할 것을 재촉했다. 그래서 나는 아픔을 참아가며 그녀를 위해 이 책을 판각함으로써 그녀의 뜻을 이루어주었다.

동소완은 오문(吳門 : 蘇州)에 있을 때 미처 완성하지는 못했지만 그림을 배운 적이 있어서, 작은 꽃떨기와 겨울나무 정도는 그릴 줄 알았는데, 필묵이 청초했다. 가끔씩 책상 위에 벼루를 펼쳐 놓고 직접 그림을 그리기도 하였으며, 고금의 회화에 관해 남다른 기호가 있었다. 어쩌다가 긴 첩자나 작은 두루마리, 혹은 대나무 상자 안에 담아둔 옛 서화작품을 손에 넣게 되면, 자주 펼쳐놓고 감상하느라 손에서 놓지 않았다. 피난 갈 때도 화장 도구는 버릴지언정 서화는 묶어서 싣고 다녔다. 결국 표구[10]는 다 없어지고 종이나 비단만 달랑 남게 되는 상황을 면할 수 없었으니, 서화에게 있어서는 재난이지만 그녀의 그림 좋아함이 이렇게도 진실하고도 지극했던 것이다.

동소완은 술을 잘 마셨으나 우리 집에 들어온 이래로 내가 작은 술잔[11] 한 잔도 감당하지 못하는 것을 보고는 술을 끊고 그저 밤늦게 집사람과 몇 잔 기울일 뿐이었다. 그러나 차를 좋아하는 것은 나와 같았고, 둘 다 개차(岕茶)[12]를 좋아했다. 매년 반당(半塘)의 고자겸(顧子兼)이 최상품

9 공봉상(龔奉常) : 공정산(龔定山)을 가리킨다. 청나라 시인으로 강좌삼대가(江左三大家) 중 하나이다. 고미를 첩으로 맞아들였다. 봉상은 태상(太常)으로 예의(禮義)에 관련된 일을 맡아보았다.

10 표구 : 원문은 '장황(裝潢)'으로 그림이나 글씨를 표구하는 것을 말한다. 옛날에 글과 그림을 표구할 때 황벽나무 즙으로 만든 종이를 사용했다고 해서 황지(潢紙)라고도 한다.

11 작은 술잔 : 원문은 '초엽(蕉葉)'으로, 속이 얕은 납작한 작은 은 술잔을 말한다.

12 개차(岕茶) : 절강성(浙江省) 장흥현(長興縣) 경내에 있는 나개산(羅岕山)에서 나기 때문에 '개차'라고 부르는데, 차 가운데 상품이다.

의 차를 골라 부쳐왔는데, 편갑(片甲)이나 선익(蟬翼)[13]과 같은 것도 있었다. 작은 솥에 좋은 샘물을 붓고 약한 불[14]로 은근히 끓일 때면 반드시 직접 끓이고 물을 부었다. 내가 좌사(左思)의 「교녀시(嬌女詩)」 중 "둘이 찻주전자 바라보며 후후 입김을 부네"[15] 구절을 읊으면 동소완은 고개를 끄덕였으며, "끓어오르는 샘물에는 게의 눈, 물고기 비늘이 보이고,[16] 건네주는 찻잔에는 달의 영혼, 구름의 혼백 담겨 있네"[17]라는 구절을 읊으면 너무 훌륭하다며 감탄했다. 매번 꽃 핀 달밤에 조용히 마주보며 차를 마실 때면 푸르고 짙은 차의 향기가 퍼져 진실로 목란(木蘭)이 이슬을 머

13 편갑(片甲)이나 선익(蟬翼): 청성산(青城山)에서 나는 차는 산차(散茶) 중의 으뜸인데, 편갑과 선익은 청성차 품종의 이름이다. 오대 모문석(毛文錫)이 지은 『다보(茶譜)』에, "미강과 청성에는 작설·조췌·맥과·편갑·선익이 있다. 청성차는 산차 중의 상품이다. 횡아와 작설, 오췌와 맥과는 여린 싹을 따서 만드는데 싹의 모양이 그것들과 닮았다하여 그리 이름 붙은 것이다. 편갑은 이른 봄에 누런 싹이 트고, 선익은 잎이 부드럽고 얇은 것이 꼭 매미 날개 같다. 모두 산차 중의 최상품들이다[味江青城有雀舌·鳥嘴·麥顆·片甲·蟬翼. 青城茶爲散茶之上品. 其橫芽·雀舌·鳥嘴·麥顆, 盖取其嫩芽所造, 以其芽似之也. 又有片甲者, 早春黃芽, 蟬翼也, 其葉軟薄, 如蟬翼也. 皆散茶之最上者]"라는 기록이 보인다.

14 약한 불: 원문은 '문화(文火)'로, 약한 불을 말한다.

15 둘이 …… 부네: 「교녀시(嬌女詩)」에서는 좌사가 두 딸 좌방(左芳)과 좌원(左媛)의 활달하고 아리따운 일상 모습을 매우 생동적으로 묘사해내고 있는데, 여기 인용한 부분은 둘이 찻물을 끓이는 장면을 묘사한 것이다. 원래 구절은 "찻물 끓이느라 마음이 급해서, 둘이 찻주전자 마주 보며 후후 입김을 부네[止爲茶荈據, 吹噓對鼎鑩]"이다. 정복보(丁福保)는 『태평어람(太平御覽)』에 의거하여 첫 구절을 "心爲茶荈劇"로 고쳤다. 물이 왜 안 끓지? 하고 조급해하면서 솥을 향해 쉴 새 없이 입김을 불고 있는 모습을 형용한 것이다

16 끓어오르는 …… 보이고: 당나라 시인 피일휴(皮日休)가 지은 「차를 끓이다[煮茶]」 시에, "향긋한 샘물은 우유와도 같은데, 끓이면 이내 구슬 구슬 피어오르네. 때론 게 눈이 퍼지고, 얼핏 보면 물고기 비늘이 일어나네. 소리는 비 맞는 소나무 같고, 찻잔에서는 비취빛 김이 오를 것만 같네. 중산에서 나는 천일주를 마셔도 천일 동안 취하지 않을 것이네[香泉一合乳, 煎作連珠沸. 時有蟹目濺, 乍見魚鱗起. 聲疑松帶雨, 餑恐烟生翠. 儻把瀝中山, 必無千日醉]"라는 구절이 나오는데, 이 시구를 인용하여 시를 지은 듯하다. 구슬 구슬이라든지 게의 눈이라든지 물고기 비늘이라든지 모두 물이 막 끓어오를 때 생기는 기포를 두고 한 말이다.

17 건네주는 …… 담겨 있네: 역시 피일휴의 『다중잡영(茶中雜詠)』 중 「다구(茶甌)」에 보면, "둥글기는 달의 영혼 떨어진 것 같고, 가볍기는 구름의 혼백이 일어난 듯하네[圓似月魂墮, 輕如雲魄起]"라는 구절이 나오는데, 이 시를 인용한 듯하다.

금은 듯, 요초(瑤草)가 물결을 만난 듯, 노동(盧仝)·육홍점(陸鴻漸)[18]의 즐거움이 다 갖추어졌다. 소동파(蘇東坡)가 "내 복에 옥그릇 들고 시중들 미인은 없네"[19]라고 했다더니, 나의 일생의 큰 복은 [동소완과 생활했던] 9년이 모두이고, 그 복마저 9년 만에 끝이 났구나!

동소완은 매번 나와 함께 조용히 규방에 앉아 명향(名香)과 관향(官香) 등 여러 향을 맡고 감별했는데, 특히 침수향(沈水香)을 좋아했다. 사람들은 침향을 불 위에 올려놓는데, 그러면 연기가 뭉게뭉게 피어오르다 순식간에 향이 사라진다. 이렇게 하면 침향 고유의 본성을 드러낼 방법도 없거니와, 이것을 소매 속에 넣으면 탄내와 비린내가 난다. 침향 가운데서도 견고하고 치밀하면서도 무늬가 가로로 나 있는 것을 '횡격침(橫隔沈)'이라 하는데, 네 종류의 침향 가운데 가로무늬가 있는 '혁침향문(革沈香紋)'[20]이 바로 그것으로, 향기가 특히 오묘하다. 또 침수향 무늬가 있으나 채 완성되지 않았으며, 작은 삿갓이나 커다란 버섯처럼 생긴 것도 있는데, 이것이 바로 '봉래향(蓬萊香)'으로 내가 많이 가지고 있다. 매번 모래를 깔고 약한 불에 피워 연기가 나지 않게 해주면 규방에서 바람에 실려 오는 가남향(伽楠香),[21] 이슬을 머금은 장미향, 뜨겁게 문질렀을 때 나

18 노동(盧仝)·육홍점(陸鴻漸): 노동은 당나라 때 시인으로 차 달이기를 좋아한 것으로 유명하고, 육홍점은 다신(茶神)으로 통하며 『다경(茶經)』을 지었다.

19 내 복에 …… 없네: 소식의 「식원전차(試院煎茶)」에 나오는 구절이다.

20 혁침향문(革沈香紋): 향에는 세 가지가 있는데, 침향(沈香)·잔향(棧香)·황숙향(黃熟香)이 그것이다. 침향은 물에 들어가면 가라앉는데, 그 종류에도 숙결향(熟結香: 나무 내부에서 자연적으로 형성된 수지)·생결향(生結香: 침향수에 상처를 입혀 인위적으로 수지가 응집되게 한 것)·탈락향(脫落香: 말라 죽은 침향수에서 형성된 수지)·충루향(蟲漏香: 침향수에 곤충의 상처로 인해 수지가 응집된 것) 네 가지가 있다. 그 가운데 생결향이 가장 좋고, 숙결향과 탈락향이 그 다음이다. 침향 가운데 단단하고 검은 색깔의 침향이 가장 좋고 황색을 띤 것이 그 다음으로 좋으며, 가로로 무늬가 나 있는 것을 혁침향이라고 한다.

21 가남향(伽楠香): 침향 가운데 가장 탁월한 향이다. 가남향은 침향수의 뿌리 부분에서 아주 소량 생성되며 약성과 향기가 탁월해 침향 중에서도 가장 귀한 것으로 취급된다. 점성이 없어 뭉쳐지지 않는 일반 침향에 비해 뭉치면 환이 된다.

는 호박향, 술이 일렁이는 재기에서 나는 향내가 진동했다. 오랫동안 이 부자리에서 봉래향을 쐬었더니 동소향의 살내와 합쳐져 아주 달콤하고 요염한 향이 생겨나서 혼이 다 달아날 것 같았다. 이것 이외에도 진서양향(眞西洋香)이 있는데, 내부(內府)에서나 겨우 구할 수 있는 것으로, 일반 가게에서 만드는 것과는 아주 다르다. 병술년(1646)에 해릉(海陵 : 江蘇省 해릉)에서 객지생활 하고 있을 때 동소완과 함께 직접 100알 정도를 만들었는데, 진실로 규방의 진기한 물건이었다. 이것을 피울 때에도 연기가 나지 않게 하는 것이 좋다. 동소완의 세심함과 빼어난 경지가 아니었다면 나는 이런 지식을 터득할 수 없었을 것이다.

황숙(黃熟)은 외국에서 나며 그 중에서도 진랍국(眞臘國 : 지금의 캄보디아)에서 나는 것이 상품이다. 껍질이 단단한 것으로 황숙 담는 통을 만들면 향기가 더욱 좋다. 그리고 전체가 검은 것은 '협잔황숙(夾棧黃熟)'이라고 한다. 근자에 남월(南粤 : 지금의 廣東과 廣西)의 동완(東莞) 다원촌(茶園村) 사람들이 심었다는 황숙은 강남의 예차(藝茶)처럼 나무의 키가 작고 가지가 무성하며, 그 향기는 뿌리에 있다. 이 방면에 지식이 풍부했던 한 오문(吳門) 사람이 뿌리를 벗기고 흰 속을 잘라냈더니, 엉성하고 지저분한 부분은 다 잘려나가고, 가장 정수만이 흘러나왔다. 동소완과 반당에 있을 때 김평숙(金平叔)이 그 기술에 정통한 것을 알고 고가로 그것을 몇 번이나 사들였다. 덩어리진 것은 깨끗하고 촉촉했으며, 길고 굽은 것은 뱀이나 나뭇가지처럼 생겼다. 뿌리가 엉켜 있는 곳을 보면 주름진 무늬를 따라 누런 구름이나 보랏빛 자수가 생겨나는데, 자고새의 얼룩무늬가 반쯤 섞여 있어서 가지고 놀며 완상할 만 했다. 겨울 밤 작은 규방 사방에 옥 휘장을 치고 담요를 몇 겹으로 두른 다음 2척(尺) 남짓 되는 붉은 양초 두세 개를 피워 늘어놓고 살랐다. 대(臺)를 교차시켜 진열한 다음 크고 작은 몇 개의 화로를 그 위에 올려놓았는데, 간밤에 피워둔 불이 남아 있어서 금과 옥이 들어 있는 듯 빛이 났다. 꺼지지 않은 재를 1촌 정도 꺼내고 그 위에 모래를 깔고 좋은 향을 골라 피웠다. 시간이 지나 한밤중이 되면 향기가 그윽해서 더 이상 타지도 않고 꺼지지도 않은 채 달콤하고 따뜻한 향기가 가득했다. 간간이 매화나 반쯤 핀 연꽃, 그리고 배와 꿀 향기가 살며시 코 안을 찔렀다. 생각해보니 우리는 둘 다 1년 내내 그 향기와 그 분위기가 좋아, 늘 새벽종이 울릴 때까지 눕지도 않았다. 우리는 함께 규원 여자들이 향로[22]에 하릴 없이 기대 꺼져 버린 화로를 끝도 없이 들추던 괴로움을 생각해보았다. 우리 두 사람, 마치 예주궁(蕊珠宮)[23]이나 중향국(衆香國)[24]에 있는 듯 하였더니, 향기도 사람도 모두 흩어져버린 지금, 어떻게 하면 한자락 영혼이라도 불러와서 자물쇠로 잠긴 이 깊은 방에서 일어나게 할 수 있을까?

우리 집과 정원에는 공터만 있으면 매화나무를 심었다. 봄이 오면 아침저녁으로 출입하면서 모두 매화[25]향기에 취했다. 동소완은 매화에 꽃봉오리가 맺힐 때면 먼저 가지의 뻗은 모습과 꽃을 꽂아둘 책상 위 화병[26] 모습을 가늠해두었다가 섣달에 미리 적당하게 가지치기를 했는데, 꽃이 피어 꽃병에 꽂아보면 기가 막히게 잘 어울렸다. 사시사철 초목과 대나무 잎에까지 모두 빼어난 감각을 발휘해 자연의 아름다움을 일일이 표현해내서 맑고 그윽한 향기가 늘 내실에 가득했다. 그러나 너무 농염하고 화려한 것은 좋아하지 않았다.

---

22 향로 : 원문은 '훈람(薰籃)'이다. 뚜껑이 있는 향로를 가리키며, 주로 옷에 향을 입힐 때 사용한다.

23 예주궁(蕊珠宮) : 도교에서 신선이 살고 있다는 궁전을 말한다.

24 중향국(衆香國) : 『유마경(維摩經)』에 나오는 국가 이름으로, 향기가 그윽한 극락세계를 가리키는 말로 사용된다.

25 매화 : 원문은 '향설(香雪)'로, 특히 서계(西溪)에서 나는 매화를 가리킨다.

26 화병 : 원문은 '군지(軍持)'로 깨끗한 병을 뜻하는 범어다. 승려들이 늘 물을 담아 가지고 다니면서 마시거나 손을 씻는다. 후에는 양 옆에 귀가 달린 도자기 물병을 가리키는 말로 사용되었다.

가을이 오면 국화에 빠졌다. 지난 가을 병중에 있을 때 한 손님이 내게 '전도홍(剪桃紅)'이라는 국화를 보내주었는데, 커다란 꽃이 잔뜩 피었고, 잎이 마치 물들여 놓은 것처럼 푸르렀다. 짙은 줄기가 매우 아름다워서 가지마다 구름에 가려 바람에 흔들리는 자태를 지니고 있었다. 당시 동소완은 병이 난 지 이미 석 달이었지만 웬 만큼은 몸단장을 하고 지냈는데, '전도홍'을 보고는 몹시 맘에 들어 하며 그것을 침대 곁에 놓아두었다. 매일 밤에 향초[27]를 가득 사르고, 흰 비단 부채로 여섯 구비를 돌려 휘감고 삼면에 휘장을 친 다음 꽃 사이에 작은 자리를 마련했다. 그곳에 놓은 국화 그림자가 어른거려 아름다움이 극에 달할 때 휘장 안으로 들어가면, 사람이 국화 속에 있고 국화와 사람이 그림자 속에 한데 어른거렸다. 동소완이 병풍을 돌아보며 내게 말했다.

"국화의 아름다운 모습은 다 드러낼 수 있지만, 사람이 야위어가는 것이야 어찌하겠습니까!"

지금 생각해보니 그림처럼 그 모습이 밝고 아름다웠다.

동소완은 달구경을 가장 좋아해 뜨고 지는 달을 따라다녔다. 여름이면 작은 뜰에서 더위를 식히면서, 어린 아들과 함께 당나라 시인들의 달을 읊은 시나 반딧불 시, 흰 비단 부채 시 등을 읊었다. 그때마다 늘 상과 걸상을 여러 번 옮겨가면서 온전한 달의 모습을 보려고 했다. 한밤중이 되어 규방에 돌아와서도 창문을 열고 이부자리로 달빛을 불러들였다. 달이 사라지면 다시 휘장을 걷고 창에 기대어 바라보면서 내게 이렇게 말했다.

"제가 사장(謝莊)[28]의 「월부(月賦)」를 적다 보니, 고인들이 '새벽의 즐거움은 싫고, 밤에 열리는 잔치가 좋네!'라는 구절이 있던데, 아마도 밤의

---

27 향초: 원문은 '취랍(翠蠟)'으로, 향기 나는 초를 말한다.

28 사장(謝莊: 421~466): 자는 희일(希逸), 진군(陳郡) 양하(陽夏) 사람이다. 남조 송나라 때의 문학가로 작품 중 「월부(月賦)」가 유명하다.

빼어남과 달의 고요함은 마치 푸른 바다와 푸른 하늘, 눈같이 흰 서리나 차가운 얼음과도 같아, 햇볕 따가운 빛나는 속세와 비교해볼 때 신선 세계와 범계처럼 멀리 느껴지기 때문일 것입니다. 사람들은 정신없이 지내며 밤이 와도 쉴 줄을 모르고, 개중에는 달이 뜨기도 전에 코를 골며 자는 사람도 있습니다. 이런 사람들은 계수나무 모습이나 이슬의 그림자도 누릴 복이 없습니다. 나는 당신과 오랜 세월 사계절을 함께 보내면서 깨끗하고 빼어난 것들의 그윽한 향기를 다 느낄 수 있으니, 신선이 다니는 길이나 선실(禪室)도 이 고요함 속에서 다 얻은 셈입니다!"

동소완은 엿을 발효시켜 음료를 만들 때면 소금에 절인 매실을 함께 넣었다. 또 색과 향이 있는 꽃술은 막 피자마자 따서 담갔는데, 1년이 넘도록 맛과 향, 색깔이 변하지 않았다. 꽃은 막 따낸 것처럼 색깔이 붉고 선명하며, 맛은 진하고도 향기로워서, 음료를 한 모금만 마셔도 향기가 코를 찔렀다. 그렇게 기이한 향기와 뛰어난 맛은 어디나 다 있는 것이 아니었다. 그 중에서도 가장 맛 좋은 것이 가을철 해당화로 담근 음료였다. 본래 해당화는 향기가 없는데, 동소완이 만든 가을 해당화 즙에서만은 그윽한 향기가 발했다. 해당화는 속명이 '단장초(斷腸草)'라 먹지 않는데, 이 음료의 맛만은 여러 꽃 가운데서 으뜸이었다. 그 다음으로 매화 · 들장미 · 장미 · 단계(丹桂) · 감국(甘菊) 등으로도 음료를 만들었다. 등황(橙黃) · 귤 · 불수감나무 등은 흰 실을 제거하면 색과 맛이 더욱 좋았다. 술 마신 뒤에 수십 종의 음료를 꺼내줬는데, 흰 자기에 오색이 떠다니는 것이 숙취도 해소해주고 갈증도 풀어주어 선장(仙掌)[29]이나 금경(金莖)으로 받은 이슬[30]도 이것과 맛을 다투기 힘들 정도였다.

29 선장(仙掌) : 신선이 되고자한 한나라 무제가 건장궁(建章宮) 신명대(神明臺)에 구리 쟁반과 옥잔을 든 신선을 만들어 천상의 이슬을 받아먹었는데, 후에는 이슬을 받고 있는 구리 동상을 지칭하는 말로 쓰였다.

30 금경(金莖)으로 받은 이슬 : 금경은 이슬을 받는 쟁반을 받치는 구리 기둥이다. 전설에 따르면 이렇게 받은 이슬과 옥가루를 복용하면 신선이 될 수 있다고 한다.

겨울과 봄 사이에는 소금물에 야채를 넣고 절였는데, 누런 채소는 황랍색을 띠었고, 푸른 채소는 이끼처럼 부드러워졌다. 부들·연근·죽순·고사리 등, 신선한 꽃과 야채, 구기(枸杞)나 쑥,[31] 연꽃이나 국화 같은 것들도 모두 음식으로 만들 수 있어서, 향기롭고 맛난 음식이 한 상 가득했다.

불에 고기를 오래 구우면 기름이 없어져 소나무 맛이 나고, 바람에 생선을 오래 말리면 불에 구운 고기처럼 되어 사슴고기 맛이 났다. 대합조개를 술에 담가두면 복숭아꽃처럼 발개졌고, 철갑상어 머리의 연골을 술에 담가두면 백옥처럼 하얘졌다. 고슴도치를 기름에 튀기면 철갑상어 맛이 났고, 새우를 말려 찢으면 소면처럼 가늘어졌다. 토끼를 굽고 꿩을 바삭하게 만들면 전병처럼 되어 싸서 먹을 수 있었다. 버섯말림은 닭고기 같았고, 두부탕은 우유 같았다. 동소완은 식보(食譜)를 상세히 살펴, 이름난 주방[32]에 기이한 음식이 있다는 말을 들으면 즉시 찾아가 그것을 구해왔으며, 또한 영민하게 변화를 줘서 기묘하지 않은 것이 없었다.

5월에 복숭아와 수박에서 즙을 내고 조금의 건더기도 일일이 다 걸러낸 뒤에 약한 불에서 7, 8푼이 되도록 졸였다. 설탕을 넣고 휘저은 다음 세심하게 고았다. 복숭아 엿은 아주 붉은 호박색깔을 띠었고 수박 엿은 금사내당(金絲內糖)에 비교할 만했다. 한 여름이 되면 동소완은 그 즙을 가져와서 깨끗하게 거른 다음 직접 화롯가에 앉아 불을 지키며 엿이 타지 않게끔 고았다. 또한 고형상태의 농도에 따라 몇 가지 종류로 나누었는데, 이것은 특히 남다른 색과 맛을 지니고 있었다.

---

31 쑥: 원문은 '고(篙)'인데, '호(蒿)'의 오기로 보인다.

32 이름난 주방: 원문은 '순주(郇廚)'이다. 당나라 위척(韋陟)은 순국공(郇國公)에 봉해졌는데, 그는 천성적으로 사치스러워 주방에 온갖 맛있는 음식을 다 갖추어 놓고 사람들을 대접했다고 한다. 그래서 순국공의 주방은 산해진미를 뜻하는 말로 사용되었다.

장산래가 말한다.

나의 치고(雉皐)에 있는 별장이 모벽강과 이웃하고 있었기에 모벽강이 늘 내게 동소완의 일을 아주 자세하게 이야기 해주었고, 또 「억어(憶語)」도 내게 보여 주었다. 나는 모벽강의 타고난 복을 아주 부러워했다. 계해년(1683) 가을에는 우리 집안사람 장공량이 지은 「모희동소완전」을 가지고 와 『우초신지』 안에 넣어달라고 부탁했다. 얼른 한번 읽어보고 나서 글 솜씨를 갖춘 문인이라 저런 복을 누릴 수 있었음을 알게 되었다. 그리고는 나는 박복해서 이런 기이한 인연을 가질 수 없나보다 탄식했다. 한숨이 안 나올 수 있겠는가?

壬午淸和晦日, 姬送余至北固山下, 堅欲從渡江歸里. 余辭之力, 益哀切不肯行, 舟泊江邊. 時西先生畢今梁寄余夏西洋布一端, 薄如蟬紗, 潔比雪艷, 以退紅爲裏. 爲姬製輕衫, 不減張麗華桂宮霓裳也. 偕登金山, 時四五龍舟衝波激盪而上. 山中遊人數千, 尾余兩人, 指爲神仙. 遶山而行, 凡我兩人所止, 則龍舟爭赴, 廻環數匝不去. 呼詢之, 則駕舟者, 皆余立秋澍回官舫長年也. 勞以鵝酒, 竟日返舟. 舟中宣磁大白盂盛櫻珠數升, 共啖之, 不辨其爲櫻爲脣也. 江山人物之盛, 照映一時, 至今譚者侈美.

秦淮中秋日, 四方同社諸友, 感姬爲余不辭盜賊風波之險, 間關相從, 因置酒桃葉水閣. 時在坐爲眉樓顧夫人, 寒秀齋李夫人, 皆與姬爲至戚, 美其屬余, 咸來相慶. 是日新演『燕子箋』, 曲盡情艷. 至霍・華離合處, 姬泣下, 顧・李亦泣下. 一時才子佳人, 樓臺烟水, 新聲明月, 俱足千古, 至今思之, 不異游仙枕上夢幻也.

余數年來, 欲裒集四唐詩, 購全集. 類逸事, 集衆評, 列人與年爲次第, 付姬收貯. 至編年論人, 準之『唐書』. 姬終日佐余稽查抄寫, 細心商訂, 永日終夜, 相對忘言. 閱詩無所不解, 而又出慧解以解之. 尤好熟讀楚詞·少陵·義山, 王建·花蕊夫人·王珪三家宮詞. 等身之書, 周旋座右, 午夜衾枕間, 猶擁數十家唐詩而臥. 今秘閣塵封, 余不忍啓, 將來此志, 誰克與終? 付之一歎而已.

乙酉客鹽官, 嘗向諸友借書讀之. 凡有奇僻, 命姬手抄. 姬於事涉閨閣者, 則另錄一帙, 歸來與姬遍搜諸書續成之, 名曰『奩艷』. 其書之瑰異精秘, 凡古今女子, 自頂至踵, 以及服食器具, 亭臺歌舞, 針神才藻, 下及禽魚鳥獸, 卽草木之無情者, 稍涉有情, 皆歸香麗. 今細字紅箋, 類分條悉, 俱在奩中. 客春顧夫人遠向姬借閱此書, 與龔奉常極讚其妙, 促繡梓之. 余卽當忍痛爲之校讐鳩工, 以終姬志.

姬於吳門, 曾學畫未成, 能作小叢寒樹, 筆墨楚楚. 時於几硯上輒自圖寫, 故於古今繪事, 別有殊好. 偶得長卷小軸, 與笥中舊珍, 時時展玩不置. 流離時, 寧委奩具, 而以書畫捆載自隨. 末後盡裁裝潢, 獨存紙絹, 猶不得免焉, 則書畫之厄, 而姬之嗜好, 眞且至矣.

姬能飮, 自入吾門, 見余量不勝蕉葉, 遂罷飮, 每晚侍荊人數杯而已. 而嗜茶與余同, 性又同嗜片界. 每歲半塘顧子兼擇最精者緘寄, 具有片甲·蟬翼之異. 文火細煙, 小鼎長泉, 必手自炊滌. 余每誦左思「嬌女詩」"吹噓對鼎鑠"之句, 姬爲解頤, 至"沸乳看蟹目魚鱗, 傳瓷選月魂雲魄", 尤爲精絶. 每花前月下, 靜試對嘗, 碧沈香泛, 眞如木蘭霑露, 瑤草臨波, 備極盧·陸之致. 東坡云: "分無玉椀捧蛾眉", 余一生淸福, 九年占盡, 九年折盡矣!

姬每與余靜坐香閣, 細品名香·宮香諸品, 淫沉水香. 世俗人以沈香著火上, 煙撲油膩, 頃刻而滅. 無論香之性情未出, 卽著懷袖, 皆帶焦腥. 沈香有堅緻而紋橫者, 謂之‘橫隔沈’, 卽四種沈香內‘革沉香紋’者是也, 其香特妙. 又有沉水結而未成, 如小笠大菌, 名‘蓬萊香’, 余多蓄之. 每慢火隔砂, 使不見烟, 則閣中皆如風過伽楠, 露沃薔薇, 熱磨琥珀, 酒傾犀斝之味. 久蒸衾枕間, 和以肌香, 甛艶非常, 夢魂俱適. 外此則有眞西洋香, 方得之內府, 迥非肆料. 丙戌客海陵, 曾與姬手製百丸, 誠閨中異品. 然爇時亦以不見煙爲佳. 非姬細心秀致, 不能領略到此.

黃熟出諸番, 而眞臘爲上. 皮堅者爲黃熟桶氣佳. 而通黑者, 爲‘夾棧黃熟’. 近南粤東莞茶園村土人種黃熟, 如江南之藝茶, 樹矮枝繁, 其香在根. 自吳門解人剔根切白, 而香之鬆朽盡削, 油尖鐵面盡出. 余與姬客半塘時, 知金平叔最精於此, 重價數購之. 塊者淨潤, 長曲者如枝如虬. 皆就其根之有結處, 隨紋縷出黃雲紫繡, 半雜鷓鴣斑, 可拭可玩. 寒夜小室, 玉幃四垂, 毾㲪重疊, 燒二尺許絳蠟二三枝, 設參差. 臺几錯列, 大小數宣爐, 宿火常熱, 色如液金粟玉. 細撥活灰一寸, 灰上隔砂選香蒸之. 歷半夜, 一香凝然, 不焦不竭, 鬱勃氤氳, 純是糖結熱香. 間有梅英・半舒荷・鵝梨・蜜脾之氣靜參鼻觀. 憶年來共戀此味此境, 恒打曉鍾, 尙未着枕. 與姬細想閨怨有斜倚薰籃撥盡寒爐之苦. 我兩人如在蕊珠衆香深處, 今人與香氣俱散矣, 安得返魂一粒, 起於幽房扃室中也?

余家及園亭, 凡有隙地皆植梅. 春來蚤夜出入, 皆爛熳香雪中. 姬於含蕊時, 先相枝之橫斜, 與几上軍持相受, 或隔歲便芟剪得宜, 至花放恰採入供. 卽四時草木竹葉, 無不經營絶慧, 領略珠淸, 使冷韻幽香, 恒霏微于曲房斗室. 至穠艶肥紅, 則非其所賞也.

秋來猶耽晩菊. 卽去秋病中, 客貽我‘剪桃紅’, 花繁而厚, 葉碧如染. 濃條婀娜, 枝枝具雲罨風斜之態. 姬扶病三月, 猶半梳洗, 見之甚愛, 遂留榻右. 每晩高燒翠蠟, 以白團迴六曲, 圍三面, 設小座於花間. 位置菊影, 極其參積妙麗, 始以身入, 人在菊中, 菊與人俱在影中. 廻視屛上, 顧余曰 : “菊之意能盡矣, 其如人瘦何!” 至今思之, 澹秀如畫.

姬最愛月, 每以身隨升沉爲去住. 夏納凉小苑, 與幼兒誦唐人詠月, 及 “流螢紈扇”詩. 半榻小几, 恒屢移以領月之四面. 午夜歸閣, 仍推窗延月於枕簟間. 月去, 復捲幔倚窗而望, 語余曰 : “吾書謝莊「月賦」, 古人‘厭晨歡, 樂宵宴!’, 蓋夜之時逸, 月之氣靜, 碧海青天, 霜縞氷淨, 較赤日紅塵, 迥隔仙凡. 人生攘攘, 至夜不休, 或有月未出已齁睡者. 桂華露影, 無福消受. 與子長歷四序, 娟秀浣潔, 領畧幽香, 仙路禪關, 於此靜得矣!”

釀飴爲露, 和以鹽梅. 凡有色香花蕊, 皆於初放時採漬之, 經年香味顔色不變. 紅鮮如摘, 而花汁融液露香, 入口噴鼻. 奇香異艶, 非復恒有. 最矯者爲秋海棠露. 海棠無香, 此獨露凝香發. 又俗名“斷腸草”, 以爲不食, 而味美獨冠諸花. 次則梅英·野薔薇·玫瑰·丹桂·甘菊之屬. 至橙黃·橘紅·佛手·香櫞, 去白縷絲, 色味更好. 酒後出數十種, 五色浮動白瓷中, 解酲消渴, 金莖仙掌難與爭衡也.

冬春水鹽諸菜, 能使黃者如蠟, 碧者如苔. 蒲藕筍蕨, 鮮花野菜, 枸篙蓉菊之類, 無不採入食品, 芳旨盈席.

火肉久者無油, 有松栢之味, 風魚久者如火肉, 有麂鹿之味. 醉蛤如桃花, 醉鱘骨如白玉. 油蜎如鱘魚, 蝦鬆如龍鬚. 烘免酥雉如餠餌, 可以籠食. 菌脯如鷄??, 腐湯如牛乳. 姬細考之食譜, 四方郇廚中, 一種偶異, 卽加訪求, 而又以慧巧變化爲之, 莫不異妙.

取五月桃汁·西瓜汁, 一穰一絲漉盡, 以文火煎至七八分. 始攪糖細煉. 桃膏如大紅琥珀, 瓜膏可比金絲內糖. 每酷暑, 姬必手取其汁示潔,坐爐邊靜看火候成膏, 不使焦枯. 分濃澹爲數種, 此尤異色異味也.

張山來曰 : 予雉皐別業與辟疆相鄰, 辟疆常爲予言宛君事甚悉, 復以「憶語」見示. 予深羨辟疆奇福如許. 癸亥秋, 又以家公亮傳來, 諄屬入選. 快讀一過, 乃知慧業文人固應有此. 因自嗟命薄, 不能一締如此奇緣. 能無浩歎?

술파는 사람 이야기[賣酒者傳]

빙숙(冰叔) **위희**(魏禧)

만안현(萬安縣 : 지금의 江西省 중남부에 위치)에 술파는 사람이 있었는데, 술을 잘 빚어 많은 재산을 모았다. 그는 평생 남을 속이지 않았다. 간혹 어린 하인이나 계집종을 보내 술을 받아오게 하면 늘 “너 술 마실 줄 아느냐?”고 묻고는 술을 달아 따라주면서, “괜히 병 안의 술을 훔쳐 마셨다가 주인한테 매질이나 당하지 말고”라고 말했다. 어쩌다 넘어져서 술병이라도 깨뜨리면, 집에서 병을 가져다 다시 술을 부어주며 가지고 가게 했다. 이로 인해 원근에서는 그를 ‘어진 양반’이라 불렀다.

마을 사람들은 술 마실 일이 생기면 반드시 그 술집에서 만났다. [한번은] 몇몇 마을 사람이 여러 번 모여 술을 마셨으나, 무슨 일을 의논하다 결정을 내리지 못하고 서로 마주보고 탄식하는데, 대부분 어두운 얼굴빛을 하고 있었다. 이를 본 술파는 사람이 물었다.

“여러분들은 무엇 때문에 자주 모여 술을 마시며, 일을 의논하다가는 결정을 내리지 못하고서 서로 탄식하고만 계십니까?”

모여서 술 마시던 사람들이 말했다.

"우리들은 갑의 보증을 서서 을의 돈을 꾸어줬는데, 갑이 기한이 넘도록 돈 갚을 생각도 하지 않아 [을이] 소송을 걸려 하고 있습니다. 소송을 걸면 [갑은] 집안이 망할 것이고, 또 일이 우리에게까지 연루될 터이니, 적잖은 사람들이 편치 못하게 되겠지요."

술파는 사람이 말했다.

"얼마나 되는데요?"

"원금과 이자를 합쳐 모두 400냥입니다."

술파는 사람이 말했다.

"걱정할 게 무어 있습니까?"

그리고는 바로 400냥을 꺼내 갚아주면서 차용증서도 달라고 하지 않았다. 을은 돈을 받고 기뻐하면서 갑이 끝내 자신을 배신하지 않았구나 생각했다. 그로부터 4년 뒤에야 갑은 술파는 사람에게 400냥을 겨우 다 갚았다.

많은 재물을 자루에 넣고 길 가던 한 객이 폭설을 만나 발이 묶였다. 그는 술파는 사람이 어질다는 소문을 듣고 그곳으로 가 투숙했다. 눈이 며칠이고 계속 내리자 술파는 사람은 날마다 객을 불러 함께 노름을 했는데, 거기서 딴 돈으로 술과 고기를 사서 함께 마시고 먹었다. 객이 주로 졌기 때문에 그는 속으로 화를 내며 말했다.

"술파는 사람이 무슨 어진 양반이란 말인가? 그러나 내 비록 지긴 했어도 그 돈으로 잔뜩 마시고 먹었으니, 본전은 찾은 셈이지."

눈이 그치자 손님은 노름에서 진 돈을 갚고 떠날 채비를 했다. 그러자 술파는 사람이 웃으면서 말했다.

"주인이 설마하니 손님 돈으로 술과 고기를 사먹겠습니까? 날은 그리 추운데, 도박이라는 명분이 아니었으면 손님께서는 술 마시고 고기 먹으려 하지 않으셨을 겁니다."

그리고는 노름에서 딴 돈을 모두 꺼내 돌려주었다.

점쟁이가 오행(五行)을 따져보면서 사람의 수명을 가늠해보고는, 장차 죽게 될 사람 여섯 명을 알려주었다. 술파는 사람은 죽을 날이 다가오자 술상을 차려놓고 자신이 사들인 전답의 [원래] 주인들을 모두 불러들여 이렇게 말했다.

"제가 이전에 당신들의 전답과 집을 사들였는데, 속으로 그걸 원하셨습니까? 밑지지는 않으셨습니까?"

그리고는 집과 전답을 되찾고자 하는 사람에게는 증서를 보여주고, 싼 값에 사들인 전답 주인에게는 돈을 보상해주었다. 또 돈을 빌려간 여러 사람들을 불러 말했다.

"당신들이 빌려간 돈이 얼마이고, 원금과 이자는 얼마입니다."

갚을 수 있는 사람에게는 이자를 덜어주고, 가난한 사람에게는 그 즉시 증서를 돌려주며 말했다.

"내 자손이 당신들 때문에 골치 아파서는 안 되겠지요."

드디어 때가 되자 친척과 친구들을 모두 불러 모으고는, 관을 정비하고 옷을 갈아입은 다음 죽음을 기다렸다. 그날, 그의 얼굴은 여전히 밝았다. 친척과 친구들은 지켜보다 한밤중이 되서야 흩어졌다. 그 뒤에 여덟 번째 사람 이하는 모두 죽는다던 그 날에 죽었으나 술파는 사람은 7년을 더 살았다.

위자(魏子 : 魏禧)가 말한다.

듣자니, 술파는 사람은 노름을 좋아해서 일이 없으면 세 아들과 종일토록 노름하고 시끄럽게 떠들어대며 아비로서의 예의라곤 찾아볼 수 없었다고 한다. 어떤 사람이 그 이유를 묻자, 그는 이렇게 대답했다.

"아이들과는 장난으로 하는 것이오. 만약 그렇지 않으면 다른 사람들과 노름하여 내 집 재산을 축내야 할 것 아니오."

아! 술파는 사람은 어진 양반일 뿐만 아니라 지혜로운 선비이기도 하구나! 술파는 사람은 성은 곽(郭)이고 이름은 절(節)로, [여기 기록한 것 외에] 다른 선행도 적지 않다. 나는 구양개암(歐陽介庵)에게서 이 이야기를 들었다.

장산래가 말한다.

예로부터 이인(異人)들은 주로 백정이나 술파는 사람들 틈에 숨어 지냈다.[1] 술파는 사람은 마침 태평시절을 만나 어진 양반이라 이름났을 따름이다. 숙자(叔子 : 魏禧)는 "어진 양반일 뿐만 아니라 지혜로운 선비!"라고 했는데, 참으로 사람 보는 안목이 있구나!

萬安縣有賣酒者, 以善釀致富. 平生不欺人. 或遣童婢沽, 必問 : "汝能飮酒否?" 量酌之, 曰 : "毋盜瓶中酒, 受主翁笞也." 或傾跌破瓶缶, 輒家取瓶, 更注酒, 使持以歸. 由是遠近稱長者.

里有事醵飮者, 必會其肆. 里中有數聚飮, 平事不得決者, 相對咨嗟, 多墨色. 賣酒者問曰 : "諸君何爲數聚飮, 平事不得決, 相咨嗟也?" 聚飮者曰 : "吾儕保甲貸乙金, 甲逾期不肯償, 將訟. 訟則破家, 事連吾儕, 數姓人不得休矣." 賣酒者曰 : "幾何數?" 曰 : "子母四百金." 賣酒者曰 : "何憂爲?" 立出四百金償之, 不責券. 乙得金欣然, 以爲甲終不負己也. 四年, 甲乃僅償賣酒者四百金.

客有橐重貲於途, 甚雪, 不能行. 聞賣酒者長者, 趨寄宿. 雪連日, 賣酒者日呼客同博, 以贏錢買酒肉相佽噉. 客多負, 私怏怏曰 : "賣酒者乃不長者耶? 然吾已負, 且大飮噉, 酬吾金也." 雪霽, 客行償博所負. 賣酒者笑曰 : "主人乃取客錢買酒肉耶? 天寒甚, 不名博, 客將不肯大飮噉." 盡取所償負還之.

術者談五行, 立決人死, 疏先後宜死者六人矣. 賣酒者將及期, 置酒, 召所買田舍主畢至, 曰 : "吾往買若田宅, 若中心願之乎? 價毋虧乎?" 欲贖者視券, 價不足者, 追償以金. 又召諸子貸者曰 : "汝貸金若干, 子母若干矣." 能償者損其息, 貧者立券還之, 曰 : "毋使我子孫患苦汝也."

1 예로부터 …… 지냈다 : 원문은 '도고(屠沽)'로 백정과 술장수를 지칭한다. 구체적으로는 『사기』 「자객열전(刺客列傳)」에 나오는 지(軹) 땅 사람 섭정(聶政)을 염두에 두고 한 말로 추정된다.

及期, 賣酒者大會戚友, 沐棺更衣待死. 是日也賣酒者顏色揚揚如平時. 戚友相候視, 至夜分, 迺散去. 其後第八人以下各如期死, 賣酒者活更七年.

魏子曰 : 吾聞賣酒者好博, 無事則與其三子終日博, 喧爭無家人禮. 或問之, 曰 : "兒輩嬉. 否則博他人家, 敗吾產矣." 嗟乎! 賣酒者匪惟長者, 抑亦智士哉! 賣酒者姓郭名節, 他善事頗衆. 予聞之歐陽介庵云.

張山來曰 : 自古異人, 多隱於屠沽中. 賣酒者時値太平, 故以長者名耳. 叔子謂"匪惟長者, 抑亦智士", 誠具眼也!

일표자전(一瓢子傳)

평자(平子) **엄수승**(嚴首升)

일표(一瓢) 도사는 이름이 뭔지 모른다. 술을 좋아하고 용을 잘 그렸다. 헤진 옷을 입고 머리를 풀어헤친 채 맨발로 다녔으며, 공죽장(筇竹杖)[1]에 표주박을 달아 메고 악저(鄂渚 : 鄂州. 지금의 湖北省 武昌縣 長江 안쪽에 위치) 사이를 떠돌았다. 길 위에서 노래 부르고 질펀하게 욕설을 늘어놓았으며, 온갖 새소리를 흉내 냈다. 아이들이랑 장난치고 떼를 지어 다니며 욕하는 것을 낙으로 삼았다. 그러나 정신은 맑고 멀쩡했으며, 기이한 생김새에 수염이 숭숭 나있었다. 또 말을 하면 커다란 종처럼 목소리가 쩌렁쩌렁 울렸다. 가끔씩 그가 새로 지은 강의(絳衣)[2]를 입고 사람들에게 말을 빌려 타고서 햇빛 가리개를 든 채 저자거리를 왕래하기라도 하면 구경꾼이 담을 두른 듯 에워쌌다.

1 공죽장(筇竹杖) : 공죽으로 만든 지팡이를 말한다. 공죽은 마디가 굵고 속이 꽉 차 있어 지팡이 중에서도 상품 지팡이를 만들 때 사용한다.

2 강의(絳衣) : 진홍색깔의 옷으로, 고대의 무관(武官)들이 입던 복장이다.

융경(隆慶) 정묘년(1567)에 그는 예수(澧水 : 湖南省 소재의 물 이름) 북쪽에 살고 있었는데, 그때 나이가 일흔 정도 되었다. 예주(澧州) 사람들은 그를 남다르게 생각했다. 개중에는 술상을 차리고 먹물을 준비해 일표자에게 그림을 부탁하는 자도 있었지만 그림을 얻지는 못했다. 하루는 효렴(孝廉) 공(龔) 아무개의 정원에서 술을 마시고 곤드레만드레 취했는데, 잠자코 한참동안 앞을 똑바로 응시하니, 자리에 있던 사람들이 "저게 바로 일표자가 그림 그릴 때 나오는 자세요"라고들 말했다. 일표자는 골상이 기이해서 마치 교룡이나 용 같았다. 그는 옷을 벗고 자리에서 일어나 춤을 추면서 좌중의 손님들을 돌아보며 말했다.

"나를 위해 목청껏 「입새곡(入塞曲)」이나 「출새곡(出塞曲)」을 불러주시오."

또 아이들에게 뛰며 고함치면서 사방에서 공격해보라고 했다. 그런 다음 손가는 대로 마구 먹물을 뿌려대니, 공중에는 안개가 자욱하고 좌중에서는 찬 기운이 일었으며, 용이 나타났다 숨었다하면서 움직이는 대로 그림이 완성되었다. 그는 그림 끝머리에 '우순경(牛舜耕)'이라고 서명했다. 사람들이 그게 무어냐고 물었지만, 그냥 웃기만 할 뿐 대답하지 않았다.

일표자에게 술대접을 한 지 1년이 넘도록 그림을 얻지 못한 사람이 있었다. 한참 뒤에 일표자는 맨 상투 맨 발의 어떤 남자가 땅에 쪼그리고 앉아 대변을 보는데 뼈마디까지 슬쩍 튀어나올 정도로 힘을 주고 있는 모습을 그려 그에게 주었다. 장난치기 좋아함이 이와 같았다. 또한 아무렇게나 내뱉어도 시가 되었는데, 그 안에 적힌 의미를 알 수 없는 말들은 기이하게도 대부분 적중되곤 했다. 이에 예주 사람들은 점점 그를 공경하면서 다투어 물건을 가져와 이것저것 물었다. 일표자는 그때마다 물건을 받긴 받았으나 곧 버렸다.

화양국(華陽國) 장정왕(莊靖王)[3]이 집을 옮길 것을 청하자 일표자는 그럴 수 없다고 했다. 그는 거처가 일정하지 않았는데, 한번은 문창사(文昌祠)[4]

에서 묵으면서 문창 동상에게 예를 올리고 염불을 외던 중 문창 동상이 떨어져 머리를 내리쳤다. 그는 장정왕에게 편지를 보내 이렇게 청했다.

"속히 관을 마련해주십시오. 죽을 때가 된 것 같습니다."

장정왕은 일표자의 말대로 그를 위해 나무를 마련하고 관을 짰다. 관이 준비되자 일표자는 그 안으로 들어가 앉아 관 뚜껑을 연 채 사람을 시켜 관을 매고 저자거리로 가자고 하더니, 두 손을 모으고 큰 소리로 사람들에게 작별을 고했다. 온 거리를 다 돌고나서 교외의 보현암(普賢菴)으로 옮겨가더니 사람들에게 이제 관 뚜껑을 덮어도 좋다고 했다. 사람들은 감히 관 뚜껑을 덮지 못했는데, 안을 들여다보았더니 그는 이미 죽어있었다. 관 뚜껑을 덮고 관을 묻으려고 들어보니 너무 가벼워서 마치 빈 관 같았다. 예주 사람들은 그를 위해 예수교(澧水橋) 어귀에 있는 돌에다 '화룡도인(畫龍道人) 일표자의 무덤'이라 적어 넣었다. 이때가 융경연간 신미년(1571) 7월이었다.

혹자가 말했다.

"일표자는 젊어서 글을 읽었으나, 뜻을 얻지 못하자 세상을 버리고 바닷가로 갔다. 그 뒤 종군하여 왜구를 정벌하는 데 공을 세워 비장(裨將 : 副將)까지 되었다. 후에 군율을 어기고 도적들 사이에 몸을 숨긴 채 오초(吳楚) 지역에 나타났다 사라지곤 했다. 그러다 기생 십여 명을 사들여 회양(淮陽)에서 술장사를 했는데, 벌어들인 돈은 전부 자기가 가지고, 기생들에게 돌아가며 자기를 모시게 했다. 또 날마다 가희와 무희를 옆에 끼고, 호의호식하며 지냈다. 그렇게 십여 년을 지내다 도망친 후, 호남(湖南) 일대[5]에서 걸식하다가 예주에서 죽었다."

---

3 장정왕(莊靖王) : 주승작(朱承爝)이다. 명나라 주원장(朱元璋)이 자신의 11번째 아들 주춘(朱椿)을 촉왕(蜀王)에 봉했는데, 화양국은 촉왕 계열에 속했다.

4 문창사(文昌祠) : 호북성(湖北省)에 있는 문창묘(文昌廟)를 말한다. 문창은 녹적(祿籍)과 문장(文章)을 주관하는 신이다.

5 호남(湖南) 일대 : 원문은 '호상(湖湘)'으로, 지금의 호남성 일대를 가리킨다.

一瓢道人, 不知其姓名. 性嗜酒, 善畫龍. 敝衣蓬跣, 擔筇竹杖, 挂一瓢, 遊鄂渚間. 行歌漫罵, 學百鳥語. 弄羣兒聚詬以爲樂. 顧其神明映徹, 怪準奇顔, 髯疎疎起. 吐語作洪鐘聲. 有時衣新絳衣, 從人假騶馬, 擁大盖, 往來市中, 觀者如堵.

隆慶丁卯, 居澧陽, 年可七十. 澧人異之. 或具酒, 蓄墨汁, 乞一瓢子畫, 不能得. 一日飮龔孝廉園中, 頽然以醉, 直視沉吟久之, 座中顧曰 : "此一瓢子畫勢也." 一瓢子骨相旣奇, 如蛟人龍子. 更卸衣衫, 贏而起舞, 顧謂座客 : "爲我高歌「入塞」·「出塞」之曲." 又令小兒跳呼, 四面交攻. 已, 信手涂潑, 烟霧迷空, 座中凜凜生寒氣, 飛潛見伏, 隨勢而成. 署其尾曰 : "牛舜耕." 問其故, 笑而不答.

有飮一瓢子酒, 年餘不能得其畫者. 久之, 畫一人科頭赤脚, 踞地而遺, 節骨隱起, 作努力狀, 以贈之. 其善謔如此. 信口輒成詩, 間有異語, 多奇中. 澧人漸敬之, 競饋問. 皆受而棄之.

華陽莊靖王請改館, 一瓢子不可. 所居無定處, 一日宿文昌祠中, 禮文昌像, 作梵咒, 像落壓其腦. 乃遺書莊靖, 請 : "速營棺具. 吾將老焉." 王如言爲治木. 木具, 一瓢子坐其中, 不覆, 令人舁而過市, 拱手大呼, 與人言別. 周遍街巷, 遷郊外普賢菴, 命衆曰 : "可覆我." 衆不敢覆, 視之, 已去矣. 遂覆而埋之, 擧之甚輕, 如空棺然. 澧人爲題石於澧水橋頭, 署"畫龍道人一瓢子之墓". 蓋隆慶辛未七月也.

或曰 : "一瓢子, 少讀書不得志, 棄去走海上. 從軍征倭寇有功, 至裨將. 後失律, 匿於羣盜, 出沒吳楚間. 乃以資市妓十餘人, 賣酒淮揚, 所得市門貲悉以自奉, 諸妓更代侍之. 日擁歌舞, 具飮食以自豪. 凡十餘年, 始亡去, 乞食湖湘間, 終於澧."

부록 유일표전(游一瓢傳)

이유(二游) 진주(陳周)

천계연간(天啓年間 : 1621~1627)과 숭정연간(崇禎年間 : 1628~1644) 사이에 초호(楚湖)의 남쪽 예주(澧州 : 지금의 湖南省 澧水 유역)에서 떠돌며 걸식하는 도사가 한 명 있었는데, 누더기에 구멍 난 신을 신고 다녔으며 악취가 진동해서 가까이 갈 수가 없었다. 그는 저자거리에서 구걸하면서 매일 한 바가지의 술을 얻어 마셨다. 비바람 속에서도 술 취한 채 노상에 드러누웠는데, 그가 하는 말은 알아들을 것도 같고 못 알아들을 것도 같고, 영험하기도 하고 그렇지 못하기도 하여 남들과 별 다를 바 없었으며, 남들도 그를 특이하게 생각하지 않았다. 그저 떠돌며 구걸한다 하여 '떠돌이 도사'라 불렀고, 한 바가지 술에 기뻐한다 하여 '떠돌이 한 바가지[游一瓢]'라고도 불렀다. 한번은 그가 취중에 이렇게 소리쳤다.

"나는 용을 잘 그린다네."

누군가가 그에게 종이를 주면서 한번 해보라 했더니, 그는 바가지 가득 먹을 간 다음 미친 듯 종이에 뿜어댔다. 또 옷소매에 먹물을 적셔 짙게 먹칠을 한 다음 공중에 종이를 펼쳤는데, 먹물이 마르고 나니 안개가 피어오르고 용 비늘이 살아 움직이는 것이 옥벽을 부수고 승천할 것만 같은 기세였다. 이 그림을 얻은 사람은 지금까지도 보배처럼 아낀다.

한번은 화양국(華陽國) 장정왕(莊靖王)이 저자거리를 지나가다 유일표와 마주쳤는데, 앞에서 벽제(辟除)하던 하인이 '물렀거라!' 소리쳐도 일어나지 않았다. 그러자 왕이 말했다.

"술을 마시고도 온전한 사람이라면 하늘도 그를 온전케 돌볼 것이다. 하늘이 온전케 돌봐주는 사람이라면 보통 사람은 아니다."

그리고는 그를 수레에 태워 궁으로 데려와 정성을 다해 받들었다. 어느 날 갑자기 손을 들어 왕에게 감사하며 말했다.

"제 명이 이미 다했습니다. 뒷일을 부탁드립니다."

그리고는 홀연 세상을 떠났다. 왕은 두 말들이 항아리에 시신을 넣어 매장했다. 그로부터 반년 뒤에, 도성에서 온 어떤 사람이 도성에 있는 유일표를 만났다고 하면서 왕에게 편지 한 통을 주었는데, 정말로 그의 필체였다. 왕이 이를 이상하게 생각해 항아리를 열어 보니 속이 텅 비어 있었다. 이에 왕은 신선이 인간세계에 놀러왔는데도 사람들이 그를 알아보지 못했다며 탄식했다.

독졸화상(獨拙和尙)은 예주 사람으로 유일표의 기이함을 직접 보았고, 또 그가 지은 사언 절구 네 수도 기록해놓았다. 첫째 수는 다음과 같다.

> 잘 드는 호미로 고삼(苦參) 캐느라,
> 산 아래 흰 구름 깊은 줄도 몰랐네.
> 오랜 적막 속에 인가도 없으니
> 매화를 꼭꼭 씹으며 허기를 채울 밖에.

둘째 수는 다음과 같다.

떠돌며 걸식한지 오래라 부끄러운 줄 모르더니,
이번엔 도시에 와서 기생집을 기웃거리네.
봄바람은 빈천한 사람에게도 불어오지만,
저 꽃들도 언젠가는 백발이 되겠지.

셋째 수는 다음과 같다.

중도 없는 무너진 절은 표주박 걸어놓기 딱 좋아,
한가할 때면 가무 즐기고 술 취해 피리도 부네.
황혼 무렵 가을 강에 달빛 떨어져도,
찾아와 적막하냐고 물어보는 이 없네.

넷째 수는 다음과 같다.

누가 문 밖에서 늙은 나그네를 부르나?
늙은 나그네는 하릴없이 계곡 물 소리 듣고 있네.
지금 세상에는 험난한 일 하도 많아,
낙엽 날아와 내 머리에 부딪힐까 두렵네.

장산래가 말한다.

나는 『문곡(文瀫)』에서 엄평자가 지은 「일표전」을 보았는데, 그 작품을 선록한 뒤에 뇌강(瀨江)의 진이유(陳二游)가 다시 이 작품을 보내왔다. 내용이 대동소이하기에 함께 기록해 놓고 유(瑜)·량(亮)[1]을 드러내고자 한다.

---

1 유(瑜)·량(亮): 적벽대전의 두 주인공인 주유(周瑜)와 제갈량(諸葛亮)을 가리킨다. 여기서는 우열을 가린다는 의미로 사용되었다.

啓·禎之時, 楚湖之南澧州, 有游食道人, 衣結履穿, 臭穢不可邇. 求乞市中, 每日得酒一瓢. 風雨中輒醉臥道上, 其言在可解不可解之間, 或驗或不必驗, 無甚異於人, 人亦不之異. 以其游食, 謂之'游道人', 以其喜酒一瓢, 又謂之'游一瓢'也. 嘗醉中大言曰 : "我善畫龍." 人或以紙試之, 磨墨滿瓢, 狂噀著紙. 又以被袖漬墨濃塗, 張紙空中, 俟墨乾時, 烟雲吞吐, 鱗甲生動, 有飛騰破壁之勢. 得者至今寶之.

偶華陽王過市, 前驅訶斥不起. 王曰 : "得全於酒者, 得全於天也. 天全之人, 自非凡品." 輿致宮中, 供養致敬. 一日, 忽擧手謝王曰 : "吾祿食已盡. 後事累王矣." 奄然長逝. 王以兩石缸函其尸, 葬之. 半載後, 有自都門來者, 見游在都, 附書於王, 果一瓢手蹟. 王異之, 發其缸, 空如也. 因歎神仙之游戲人間, 而人不之識也.

獨拙和尙, 澧州人, 目擊其異, 幷識其詩四絶. 一曰 : "磨快鋤頭挖苦參, 不知山下白雲深. 多年寂寞無煙火, 細嚼梅花當點心." 二曰 : "游食多年不害羞, 也來城市看粧樓. 東風不管人貧賤, 一樣花花到白頭." 三曰 : "破寺無僧好挂瓢, 閒時歌舞醉吹簫. 黃昏月落秋江裏, 沒個人來問寂寥." 四曰 : "門外何人喚老游? 老游無事聽溪流. 而今世事多荊棘, 黃葉飛來怕打頭."

張山來曰 : 予於『文瀫』中見嚴作, 選後而瀨江陳子二游, 復以是作見寄. 所紀事大同小異, 因並錄之, 以彰瑜·亮云.

송연벽전(宋連壁傳)

상선(象先) 이환장(李煥章)

송연벽은 자가 옥오(玉梧)이고 오승(吾乘) 북쪽 성곽 사람이다. 명문대가 출신으로 집안사람들은 모두 순박하고 조심스러웠지만, 송연벽만은 의협심이 강한 행동으로 마을 사람들을 놀래켰다. 그는 성품이 효성스러웠다. 홍려승(鴻臚丞)으로 있던 그의 부친은 만년에 이상한 병에 걸려 날마다 배꼽에서 녹색물 몇 홉이 흘러나왔는데, 의원도 고치지 못했다. 헤진 솜옷 입은 한 도사가 집으로 찾아와 송연벽에게 말했다.

"이것은 새끼 곰 고기가 아니면 치료 할 수 없소. 다만 산동(山東) 어디에서 구할 수 있겠소? 그저 하늘의 뜻을 따를 밖에요."

그 말에 송연벽이 외쳤다.

"그게 하늘에 있는 물건이라도 된답니까?"

그리고는 곧장 걸어서 진(秦) 땅으로 들어갔다가 깊은 산중에서 호랑이를 만났다. 호랑이가 거의 송연벽을 잡아먹으려는 순간 마침 사냥꾼들이 우르르 몰려와 호랑이는 그 길로 달아났다. 송연벽은 날마다 고요한 대숲이나 잡초더미, 관목숲이나 수목이 우거진 사당을 살피다가 드디어 곰의 굴을 찾아냈다. 곰이 밖으로 나가자 그는 몰래 새끼 곰 두 마리를 죽여 품에 품고 나왔다. 그러나 곰이 돌아오자 그는 당황한 나머지 계곡 아래로 떨어졌다. 두 발을 다쳐 걸을 수가 없었지만, 여전히 곰 새끼를 품에 꼭 안고 있었다. 밤에 무너진 사당에서 묵었는데, 사당 밖에서 나막신 끄는 소리가 들려오는 것 같아 "사람 살려! 사람 살려!" 하고 소리쳤다. 나막신 소리가 사당 안으로 들어왔다. 한 사람이 소매에서 풀을 꺼내 비비자 곧 불꽃이 일었다. 자세히 살펴보니 그는 다름 아닌 지난 날 만났던 도인이었다. 송연벽이 깜짝 놀라 말했다.

"선사께서는 어떻게 이곳에 오셨습니까?"

도사가 말했다.

"그대를 기다린 지 오래되었소."

이윽고 다리에 약을 붙여주니, 그는 곧장 걸을 수 있었다. 도사가 책 한권을 주었는데, 모두 부술(符咒)에 관한 것이었다. 도사가 말했다.

"잘 쓰도록 하시오. 40년 뒤에 그대와 나는 구자(鳩茲 : 지금의 安徽省 蕪湖縣)의 저자거리에서 만날 것이오."

송연벽은 마침내 집으로 돌아왔다. 부친은 새끼 곰 고기를 먹고 바로 병이 나았다.

몇 년 뒤 부친이 다른 병으로 세상을 뜨자 송연벽은 세상에 염증을 느끼고 오악(五嶽)을 유람하고 싶어졌다. 전날 도인이 자신에게 주었던 책을 조금씩 읽어 터득해나간 끝에 은형술(隱形術)을 행할 수 있게 되었고, 비바람과 천둥을 부릴 수 있게 되었으며, 종이를 잘라 병사와 병마, 그리고 갑옷과 무기 등을 만들 수 있게 되었다. 그는 시어(侍御) 유(游) 아무개의 막부에서 식객 노릇을 했다. 최(崔) 아무개 · 위(魏) 아무개는 시어를 미워했는데, 이 원수 같은 놈들이 시어가 요망한 인물을 숨겨주고 있다며 조정에 고발해 체포관[1]이 와서 시어와 송연벽을 포박했다. 죄인 호소용 수레를 타고 가다 하서(河西)의 한 술집[2]에 도착했을 때 송연벽이 말했다.

"번거롭겠지만, 여러 공들께서 내관께 말씀 좀 드려주십시오. 저는 본디 야인인지라 호족 생활에는 익숙하지 않아 다른 곳으로 가고자 한다고."

체포관이 급히 보았더니 수레 안에는 아무도 없었다. 송연벽은 시어와 함께 회(淮) 땅으로 달아났다. 송연벽이 말했다.

"당신은 초(楚) 땅으로 돌아가셔도 좋습니다."

그리고는 부적 한 장을 꺼내 시어에게 주면서 말했다.

"급한 일이 생기면 태우십시오."

이때 송연벽은 이미 장사임(張思任)이라 이름을 바꾸었기 때문에 조정에서 잡아들이려고 하는 도망자 장사임이 누군지 그의 가족들은 알지 못했다.

송연벽은 아무개 종백(宗伯)의 집에 숨어 지냈는데, 종백은 그를 후하게 대접했다. 당시 조정의 권세가와 종백 사이에 틈이 생기자 송연벽이 말했다.

"그는 나라의 역적입니다.!"

그리고는 곧장 장안(長安)으로 달려가 상소를 올려 권세가들의 죄상을 탄핵하면서, 저들이 선한 사람들을 박해하고 반역도당을 위해 복수를 하였으니, 저들을 마땅히 감옥에 가두고 변방 수자리 형벌[3]에 처해야 한다고 주장했다. 황제는 대노하여 송연벽을 잡아들이고 서시(西市)에서 참수하려고 했다. 그러나 차꼬가 갑자기 땅에 떨어지더니, 죄인은 조용히 사라지고 없었다. 이때 송연벽은 다시 이포진(李抱眞)이라 이름을 바꾸었기 때문에 조정에서 체포하고자 하는 이포진이라는 자가 누군지 그의 가족들은 알지 못했다.

---

1 체포관 : 원문은 '제기(緹騎)'로, 붉은 군복을 입은 기마병을 말한다. 원래는 고관대작의 수행원을 말하나, 후에는 범인을 체포하는 관리로 사용되었는데, 명나라의 금의위(錦衣衛) 교위(校尉)에 해당한다.

2 술집 : 원문은 '무(務)'로, 옛날에 술집을 '무'라 불렀다.

3 변방 수자리 형벌 : 원문은 '사구(司寇)'이다. 형벌 이름으로, 변방에서 수자리서는 것을 말한다.

송연벽은 전날 도인과의 약속을 기억해내고 구자의 저자거리로 가서 그곳에서 세 들어 살면서 도인을 기다렸다. 삼년 째 되던 어느 날, 어떤 사람이 담장 밖에서 이렇게 소리쳤다.

"이 안에 있는 도망자 세 명, 송연벽 · 장사임 · 이포진은 속히 나오너라!"

그 소리에 기겁한 송연벽이 어쩌지 못하고 있을 때, 그 사람이 이미 문을 열어젖히고 들어오는데, 보았더니 바로 지난 날 헤어졌던 도인이었다. 도인이 꾸짖으며 말했다.

"그대가 도(道)와의 인연을 일찍이 타고났기에 그대에게 책을 주었거늘, 어찌하여 정치싸움에 휘말려 천하의 도망자가 되었단 말이오? 이 때문에 내가 삼년이나 늦게 겨우 오게 된 것이오."

송연벽은 머리를 조아리고 사죄하며, 앞으로는 선사와 함께 있으면서 영원히 속세와의 인연일랑 끊고, 더 이상 처와 자식에 연연해하지 않겠다고 했다. 그러자 도사가 말했다.

"안되오! 그대는 고향으로 돌아가 다시 가족과 만나야만 하오."

송연벽은 마침내 약 자루를 메고 집으로 돌아왔다. 아내는 이미 오래 전에 죽었고 아들 송몽서(宋夢瑞)는 그가 겨우 한살일 때 송연벽이 떠났기 때문에 송연벽을 알아보지 못했다. 송연벽은 한 사당에 머물렀다. 그가 말했다.

"내가 장사임으로, 그 다음에는 이포진으로 개명했지만 이 마을과 인연이 있어 다시 온 것이다."

송연벽의 아우 송주(宋珠)는 장사임과 이포진의 체포령이 떨어졌을 때 혹 형이 아닐까 의심했지만, 끝내 다른 사람에게는 감히 말하지 못했다. 그러나 이때에 이르러 마음이 뒤숭숭해 그곳으로 찾아가 급히 문을 여니, 형제는 서로를 알아보았다. 송연벽은 아들을 다독여 자초지종을 모두 말하고는, 며칠 묵은 뒤 떠나갔다.

장산래가 말한다.

송연벽이 비록 도인의 기대를 저버려서는 안 되었지만, 정치싸움을 중재한 대목을 보면 그의 호협 기질을 족히 알만하다.

宋連璧者, 字玉梧, 吾乘北郭人也. 巨族, 諸家率淳謹, 璧獨以俠行驚里中. 性至孝. 父鴻臚丞, 晚得異疾, 日臍出綠汁數合, 醫不治. 有道士衣破絮, 至其家, 謂璧曰 : "是非鸞乳熊, 莫能療也. 顧山左何從得? 君其聽之而已." 璧叱曰 : "是豈天上物耶?" 乃徒走入秦中, 深山遇虎. 幾啀璧, 會獵人大至, 虎逸去. 璧日伺幽篝伏莽, 灌木叢祠, 踪跡熊穴. 窺熊出, 潛刃其乳熊, 懷之出. 熊至, 璧倉皇驚墮岸谷下. 傷兩趾, 病不能步, 而持乳熊如故也. 夜宿廢廟中, 疑戶外有拖屐聲至, 璧曰 : "援遠人命! 援遠人命!" 屐聲入. 取袖中草捏之, 卽爇. 璧察之, 乃曩所遇道人也. 璧大駭 : "師何至是?" 道士曰 : "待爾久矣." 乃以藥傅璧足, 輒能立. 道士授一書, 皆符呪. 曰 : "爾善用. 後四十年, 與爾會鳩茲之市." 璧遂至家. 父呑乳熊肉, 瘥.

後數年, 父以他病歿, 璧愈厭棄世俗, 欲爲五嶽遊. 乃稍稍理前道人所遺書, 能隱形, 驅風雷雨, 又剪紙爲人馬甲盾器械. 客侍御游公幕府. 崔・魏忌侍御, 禍家又以侍御匿妖妄報. 緹騎至, 縛侍御與璧. 檻車至河西務, 璧曰 : "煩諸公致詞中貴. 我野人不習豪家, 欲他往." 諸緹騎急視之, 檻車寂無人矣. 璧與侍御亡之淮上. 璧曰 : "君可歸楚中." 取一符付侍御 : "急則焚之." 是時璧變姓名爲張思任, 於是朝廷捕亡者張思任, 而璧之家人不知也.

璧乃潛某宗伯家, 遇之厚. 時權要與宗伯隙, 璧曰 : "國賊也!" 乃走長安, 上書劾權貴險, 狠傾善類, 爲逆閹復讎, 宜下司寇請室. 上大怒, 執之, 就斬西市. 桎梏忽脫地, 寂無人矣. 是時璧又變姓名爲李抱眞, 於是朝廷捕亡者李抱眞, 而璧之家人不知也.

璧輒憶前道人約, 至鳩茲市, 僦居候道人. 且三載, 一日, 人大呼牆外曰:“此中匿亡者三人, 曰宋連璧·張思任·李抱眞, 可速出!” 璧大駭無措, 其人已排闥入, 則昔所與別道人也. 責之曰:“以爾夙有道契, 故售之書, 爾奈何與黨錮事, 爲天下逋逃客耶? 吾以是遲三年始至.” 璧頓首謝, 願自此與師永絶世緣, 不復戀妻孥矣. 道人曰:“不可! 爾還里, 當再與家人見.”

璧遂携藥囊抵家. 其妻已喪久, 兒夢瑞, 璧去方周歲, 見不復認. 則棲一廟中. 曰:“我張思任, 後改李抱眞, 與玆村有緣, 故來.” 璧同母弟珠, 當捕張·李時, 亦疑其爲兄, 終未敢以告人也. 至是心動, 趣之, 急啓扉, 兄弟各相識. 因撫其子, 具告所以, 留數日去.

張山來曰: 宋連璧雖不當誤道人所期, 然排解黨錮處, 亦足見其豪俠.

우초신지 권4

의로운 호랑이를 기록하다[義虎記]

우일(于一) **왕유정**(王猷定)

신축년(1601) 봄에 나는 회계(會稽) 지역을 유람하다가 송여상(宋荔裳)의 집 서재 모임에 가게 되었다. 한 손님이 호랑이에 대해 말을 꺼내자 송공(宋公 : 宋荔裳)은 같은 고향사람 명경과 출신 손(孫) 아무개가 가정연간(嘉靖年間 : 1522~1565)에 산서성(山西省) 효의현(孝義縣 : 山西省 文水縣 남쪽 30리) 지현(知縣)으로 있을 때 의로운 호랑이를 보았는데, 그 일이 매우 기이하다고 말하면서 나에게 기(記)를 지어보라고 했다.

효의현의 성곽 밖 고당산(高唐山)·고기산(孤岐山) 등 여러 산에는 호랑이가 많다. 한 나무꾼이 아침에 대숲을 걷다가 그만 발을 헛디뎌 호랑이 굴에 떨어지고 말았다. 굴 안에는 새끼 호랑이 두 마리가 누워 있었다. 굴은 엎어놓은 솥 같이 생겼는데, 세 면은 돌 이빨처럼 날카롭고 앞 벽은 약간 평평했으며 깊이는 대략 한 길 남짓 되었다. 물에 쓸려나간 것처럼 이끼가 벗겨진 곳이 호랑이가 다니는 길이었다. 나무꾼은 뛰어올랐다가 넘어지기를 수차례 하다가, 왔다 갔다 벽을 맴돌면서 그저 울며 죽기만을 기다리고 있었다. 날이 저물자 바람이 일면서 호랑이가 포효하며 벽을 뛰어 넘어 들어왔다. 호랑이는 입에 산 사슴을 물고 와서 새끼 두 마리에게 나눠 먹였다. 그러다 쭈그린 채 엎드려 있는 나무꾼을 보고 발톱을 세우며 달려들었다. 잠시 후 호랑이는 나무꾼 주위를 돌면서 무엇인가 생각하는 듯싶더니, 도리어 남은 고기를 나무꾼에게 주고는 들어와 새끼 호랑이를 안고 누웠다. 나무꾼은 속으로 호랑이가 배가 불러 그렇지 내일 아침이면 분명 죽게 될 것이라고 생각했다. 아침에 일어난 호랑이는 밖으로 뛰어 나갔다 정오 무렵에 다시 노루 한 마리를 물고 와서 새끼들을 먹이더니, 남은 고기를 또 나무꾼에게 던져주었다. 나무꾼은 매우 배가 고파서 허겁지겁 받아먹고는 목이 말라 자기 오줌을 마셨다. 그렇게 한 달을 지내니 나무꾼은 점차 호랑이와 친해졌다.

어느 날 새끼 호랑이들이 점점 자라나자 호랑이는 새끼호랑이들을 업고 밖으로 나갔다. 나무꾼은 다급해져 하늘을 우러러 큰 소리로 외쳤다.

"대왕님, 저를 구해주십시오!"

잠시 후에 호랑이가 다시 들어오더니 두 발을 구부리고 머리를 숙이고서 나무꾼에게로 다가갔다. 나무꾼이 호랑이 등에 올라타자 벽을 훌쩍 뛰어넘었다. 호랑이는 나무꾼을 내려놓고서 새끼들을 데리고 떠나갔다. 그곳은 초목만이 무성한 깊은 절벽이어서 새소리마저 들리지 않고 쏴— 하는 바람소리만이 어두운 숲 속에서 들려왔다. 나무꾼은 더욱 급하게 "대왕님!" 하고 소리쳤더니 호랑이가 돌아보았다. 나무꾼이 꿇어앉아 말했다.

"대왕님께서 저를 살려주셨지만 지금 버리고 가버리시면 다른 우환을 피하지 못할까 두렵습니다. 끝까지 살려주시는 셈치고 저를 큰 길까지 인도해주신다면 죽어서도 잊지 않고 보답하겠습니다."

호랑이는 고개를 끄덕이더니 그를 큰 길까지 데려다 주었다. 돌아서 나무꾼을 쳐다보니 나무꾼이 또 말했다.

"소인은 서관(西關)의 가난한 백성입니다. 이제 떠나면 다시는 볼 수 없을 터이니, 집에 돌아가거든 돼지 한 마리를 길러 대왕님께서 서관 3리 밖 역관(驛館)[1] 아래로 오시길 기다렸다가 아무 날 아무 시에 제사를 지내겠습니다. 제 말 잊지 마십시오."

호랑이는 고개를 끄덕였다. 나무꾼도 울고 호랑이도 울었다.

나무꾼이 집으로 돌아온 것을 보고 집안사람들이 놀라 물었다. 나무꾼이 자초지종을 말하자 모두 기뻐했다. 약속한 날, 나무꾼은 돼지를 가져다 막 잡고 있는 중이었다. 그러나 호랑이는 약속한 시간 보다 먼저 도착해, 나무꾼이 보이지 않자 곧 서관으로 들어왔다. 호랑이를 본 마을 사람들은 사냥꾼을 부르고 서관의 울짱을 닫은 다음, 창·몽둥이·총·쇠뇌를 전부 모아놓고 호랑이를 생포하여 읍재(邑宰 : 縣令)에게 바치고자 했다. [이 소식을 들은] 나무꾼이 달려가서는 사람들에게 고했다.

"저 호랑이는 내게 큰 은혜를 베풀었소. 제발 호랑이를 다치게 하지 말아주시오."

그러나 사람들은 기어이 호랑이를 사로잡아 현으로 갔다. 나무꾼이 북을 치며 크게 외쳐대니, 관리가 화내며 무슨 일이냐고 물었다. 나무꾼이 이전의 일을 자세히 고했으나 관리가 믿지 않았다. 이에 나무꾼이 말했다.

"한번 확인해 보십시오. 만약 거짓이라면 곤장을 맞겠습니다!"

관리가 직접 호랑이 있는 곳으로 갔더니, 나무꾼이 호랑이를 끌어안고 통곡하며 말했다.

"저를 구해주신 분이 대왕님이시죠?"

호랑이가 고개를 끄덕였다.

"대왕님께서는 약속을 지키려고 서관에 들어오셨지요?"

호랑이가 다시 고개를 끄덕였다.

"대왕님을 위해 살려달라고 빌겠습니다. 만약 이루어지지 않는다면

1 역관(驛館) : 원문은 '우정(郵亭)'으로, 문서를 전달하던 사람들이 머물던 곳이다.

저도 대왕님을 따라 죽겠습니다."

나무꾼이 말을 마치기도 전에 호랑이는 비 오듯이 눈물을 흘렸다. 구경하던 수천 명 중에 탄식하지 않는 사람이 없었다. 관리도 크게 놀라 급히 가서 호랑이를 풀어주었다. 역관 아래에 도착하여 나무꾼은 호랑이에게 돼지를 던져주었다. 호랑이는 꼬리를 세우고 덥석 물더니 나무꾼을 돌아보며 떠나갔다. 후에 그 역관을 '의호정(義虎亭)'이라 불렀다.

왕자(王子 : 王猷定)가 말한다.

내가 듣기에 당나라 때 정흥(鄭興)이라는 이 고을 사람이 있었는데, 효성과 의로움으로 이름이 나서 고을의 이름을 효의현이라 하였다고 한다. 그런데 지금 이곳 역관이 다시 호랑이로 인해 이름 붙었으니, 산천의 기세가 유독 이 마을에만 모였구나! 세상에서는 종종 사람을 죽인 일을 맹수의 탓으로 돌리는데, 의로운 호랑이의 이야기를 듣는다면 부끄러움을 알게 될 것이다.

장산래가 말한다.

사람들은 종종 호랑이를 흉악한 짐승으로 여긴다. 하지만 이 기록을 보니 세상에는 의로운 호랑이도 있거늘 오히려 사람은 이만 못함을 알겠다. 이것이 내가 「의호행(義虎行)」을 지은 이유이다.

辛丑春, 余客會稽, 集宋公荔裳之署齋. 有客談虎, 公因言其同鄕明經孫某, 嘉靖時爲山西孝義知縣, 見義虎甚奇, 屬余作記.

縣郭外高唐・孤岐諸山多虎. 一樵者朝行叢箐中, 忽失足, 墮虎穴. 兩小虎臥穴內. 穴如覆釜, 三面石齒廉利, 前壁稍平, 高丈許. 蘚落如溜, 爲虎逕. 樵踴而蹶者數, 傍徨遶壁, 泣待死. 日落風生, 虎嘯踰壁入. 口銜生麋, 分飼兩小虎. 見樵蹲伏, 張爪奮搏. 俄巡視若有思者, 反以殘肉食樵, 入抱小虎臥. 樵私度虎飽, 朝必及. 昧爽, 虎躍而出, 停午, 復銜一麀來, 飼其子, 仍投餕與樵. 樵餒甚, 取啖, 渴自飮其溺. 如是者彌月,浸與虎狎.

一日, 小虎漸壯, 虎負之出. 樵急仰天大號 : "大王救我!" 須臾, 虎復入, 拳雙足俛首就樵. 樵騎虎, 騰壁上. 虎置樵, 攜子行. 陰崖灌莽, 禽鳥聲絶, 風獵獵從黑林生. 樵益急, 呼 : "大王!" 虎却顧. 樵跽告曰 : "蒙大王活我, 今相失, 懼不免他患. 幸終活我, 導我中衢, 我死不忘報也." 虎頷之, 遂前至中衢. 反立視樵, 樵復告曰 : "小人西關窮民也. 今去將不復見, 歸當畜一豚, 候大王西關三里外郵亭之下, 某日時過饗. 無忘吾言." 虎點頭. 樵泣, 虎亦泣.

迨歸, 家人驚訊. 樵語故, 共喜. 至期具豚, 方事宰割. 虎先期至, 不見樵, 竟入西關. 居民見之, 呼獵者, 閉關柵, 矛梃銃弩畢集, 約生擒以獻邑宰. 樵奔救告衆曰 : "虎與我有大恩. 願公等勿傷." 衆竟擒詣縣. 樵擊鼓大呼, 官怒詰. 樵具告前事, 不信. 樵曰 : "請驗之. 如謊, 願受笞!" 官親至虎所, 樵抱虎痛哭曰 : "救我者大王耶?" 虎點頭. "大王以赴約入關耶?" 復點頭. "我爲大王請命. 若不得, 願以死從大王." 言未訖, 虎淚墮地如雨. 觀者數千人, 莫不歎息. 官大駭, 趨釋之. 驅至亭下, 投以豚. 矯尾大嚼, 顧樵而去. 後名其亭曰'義虎亭'.

王子曰 : 余聞唐時有邑人鄭興者, 以孝義聞, 遂以名其縣. 今亭復以虎名, 然則山川之氣, 固獨鍾於此邑歟! 世往往以殺人之事歸獄猛獸, 聞義虎之說, 其亦知所愧哉.

張山來曰 : 人往往以虎爲凶暴之獸. 今觀此記, 乃知世間尚有義虎, 而人不如. 此余所以有「義虎行」之作也.

정약원 외전(丁藥園外傳)

녹암(鹿庵) 임로(林璐)

정약원 선생은 이름이 팽(澎)이고 항주(杭州) 인화(仁和) 사람이다. 대대로 천방교(天方教)[1]를 믿어 술을 마시지 않았지만 정약원만은 아랑곳 않고 술을 좋아했다. 술 한 섬을 마시고도 모습은 더욱 단정해지고 말투는 더욱 조심스러워져 사람들이 모두 기이하게 여겼다. 시부(詩賦)나 고문(古文)으로 현달하기 전인 젊은 시절부터 강남에서 이름을 날렸다. 후에 둘째 동생 정경홍(丁景鴻)과 셋째 동생 정영(丁潆) 모두 시로 이름을 날려 세상에서는 그들을 가리켜 '삼정(三丁)'이라고 불렀다. 향렴체(香奩體) 시구[2]의 경우 사방 규수들은 유독 정약원의 시를 즐겨 읊조렸다.

집의 남운루(攬雲樓)는 세 형제가 독서하는 곳이었다. 한 객이 어쩌다

1 천방교(天方教) : 이슬람교의 옛 명칭이다. 명나라 때에는 아랍을 천방이라 일컬었는데, 이슬람교가 아랍에서 발생했기 때문에 천방교라 불렀다.

2 향렴체(香奩體) 시구 : 향렴은 원래 여인들이 화장품을 넣어두는 상자를 말한다. 시사(詩詞)에서는 전문적으로 여인들 주변의 자질구레한 일들을 제재로 삼아 화려하고 아름다운 언어로 지은 시들을 향렴체 또는 염체(艶體)라고 한다.

누대에 올라보니 정약원이 책상에 엎드려 있었다. 낮잠을 자는가 싶어 다가가 보았더니 한창 책을 읽는 중이었는데, 눈과 종이의 거리가 겨우 1촌밖에 되지 않았다. 그는 갑자기 고개를 들고도 누가 누군지 구분하지 못했다. 객이 그를 놀리며 말했다.

"그대는 정의(丁儀)[3]와 촌수가 어떻게 되시오?"

정약원은 장난으로 몽둥이를 들고 손님을 쫓았는데, 객이 병풍 뒤로 숨자 그만 하인을 그로 착각하여 쫓아내고 말았다. 정약원의 부인은 그 일을 듣고 크게 웃었다.

어느 날 밤 정약원은 작은 부인을 얻었는데, 가까이 가서 보니 눈부시게 아름다운지라 속으로 몹시 기뻤다. 밖으로 나가 객과 함께 정정시(定情詩)[4]를 짓고, 한밤중에 [돌아와] 휘장을 걷었더니 향기가 코를 찔렀다. 작은 부인은 끝내 아무 말도 하지 않았는데, 아침에 보았더니 부엌때기 하녀였다. 그제야 부인에게 속은 것임을 알고 또 크게 웃었다.

연릉(延陵 : 지금의 江蘇省 常州市)의 대갓집에서 첩 하나를 내보게 되었는데, 시에 능하여 오랫동안 정약원의 시를 읊조려온 터였다. 첩이 맹세하며 말했다.

"주인께서 저보고 맘대로 배필을 고르라 하신다면, 정군(丁君 : 丁藥園) 같은 사람만 얻을 수 있으면 좋겠습니다."

양선(陽羨 : 지금의 江蘇省 宜興市)의 오참군(吳參軍)은 정약원 친구의 후배[5]

---

3 정의(丁儀 : ?~220) : 삼국시대 위(魏)나라의 문학가로 자는 정례(正禮)다. 문학적 재주가 뛰어났고 정론(政論)에도 능했다. 조조가 그의 재능을 아껴 사위로 삼고자 했으나 용모가 추하고 눈이 좋지 않아 승상서조연(丞相西曹椽)으로 삼았다. 조식(曹植)과 친하여 그를 태자로 옹립하는 데 찬성했다가 조비(曹丕)가 왕위에 오른 후 죽임을 당했다.

4 정정시(定情詩) : 동한(東漢) 번흠(繁欽)의 「정정시」에서는 한 여인이 노리개를 연인에게 주며 마음을 전달했다고 서술하고 있는데, 후대에 오면서 남녀가 서로 신표를 주고받으며 서로의 애정이 변치 않음을 약속하는 것을 정정(定情)이라 했다. 정정시는 바로 약혼할 때 짓던 시를 말한다.

5 친구의 후배 : 원문은 '세강(世講)'이다. 세강은 원래 두 집안이 자손 대대로 같은 학문을 하는 것을 말하는데, 후대에는 친구의 후배를 가리키는 말로 사용되었다.

였는데, 정약원의 뜻인 척 속이면서 첩을 데려가게 해달라고 청하자 첩이 이를 허락했다. 정약원에게는 시녀가 한 명 있었는데 어릴 적 자가 동청(冬靑)이었으며 주인이 노래를 부르면 곧잘 금(琴)을 뜯었다. 정약원의 부인이 동청을 싫어해서 내쫓으려고 하자 부리(府吏)[6]가 천금(千金)을 주고 사갔다. 세상에서는 두 여자가 좋은 배필 찾은 것을 부러워했다. 한참 후에 연릉 첩이 배에 올라 울면서 말했다.

"내 아침저녁으로 정랑(丁郎 : 丁藥園) 섬기기만을 바랐는데, 막료(幕僚)에게 속아 궁중으로 들어가게 되었으니 이젠 인연도 끝이구나!"

뱃전을 두드리며 눈물을 떨어뜨리고 있을 때 갑자기 동청이 나타났다. 연릉 첩이 사연을 이야기하자 동청도 울며 말했다.

"[그 분은 바로] 제 옛 주인이십니다."

둘은 서로 바라보며 하염없이 눈물을 흘렸다. 호송하던 관리가 정약원에게 아뢰자 정약원은 여러 달 동안 침식을 잊었다. 정약원은 여러 번 어린 첩을 얻고도 원망이 많았다. 부인이 현명해서 집안사람들 대부분이 자기 편이 되어주지 않았기 때문이다.

정약원은 법조(法曹)에 있으면서 할 일이 없어 날마다 시를 지었다. 그는 관찰(觀察)[7] 송여상(宋荔裳), 대참(大參)[8] 시우산(施愚山), 황문(黃門)[9] 엄호정(嚴灝亭)과 더불어 '연대칠자(燕臺七子)'[10]로 불리며 시 짓는 명성이 도성에 자자했다. 한번은 하급관리가 그의 문장을 훔쳐 거위 구이와 바꾸었

---

6 부리(府吏) : 지방 관리의 속관(屬官)이다.

7 관찰(觀察) : 청나라 도원(道員)의 존칭이다.

8 대참(大參) : 참정(參政)이다. 각 도(道)에는 대참과 소참(小參)이 있었는데, 대참은 참정이고 소참은 참의(參議)이다.

9 황문(黃門) : 황문시랑(黃門侍郎)을 말한다. 문하성(門下省)에 속해 있었다.

10 연대칠자(燕臺七子) : 청나라 초기에 북경에 거주하던 시인 정팽(丁澎) · 송완(宋琬) · 시윤장(施閏章) · 엄항(嚴沆) · 진조명(陳祚明) · 장문광(張文光) · 조빈(趙賓)을 말한다. 이들은 모두 관적이 달랐지만 순치연간(順治年間 : 1644~1661)에 북경에 모여 시사(詩社)를 결성하고 '연대칠자사'라고 불렀다. 연대는 전국시대 연(燕)나라 소왕(昭王)이 지은 황금 누대인데 나중에 북경을 대신 가리키는 말로 사용되었다.

는데 요리사[11]도 맛을 좀 보려고[12] 하였으나 어디 있는지 찾지 못하자 다음날 관가에 고소했다. 정약원은 하급관리에게 다시 거위 구이를 내려 주었다. 정약원은 도성에서 관직을 맡고 있을 때에도 여전히 천방교를 믿었는데, 동료 관리가 일부러 돼지 간 한 조각을 그의 수저에 놓았다. 정약원은 근시였으나 하급관리가 알려주어 피할 수 있었다.

황제는 서궁(西宮)에서 책립되자 전례에 익숙한 사람이 없음을 염두에 두고 [정약원을] 동성(東省)[13] 겸 주객(主客)[14]으로 이직시켰다. 주객은 바로 고대의 전속국(典屬國)[15]이다. 지체 높은 사신이 도착하여 주객이 누구냐고 물었다. 잠시 후에 정약원임을 알고 자주색 담비와 은색 쥐, 아름다운 옥과 상아와 무소뿔을 가지고 와 하급관리를 통해 정약원의 시와 바꾸어 본국으로 돌아가니, 장안(長安) 사대부들은 이를 영광으로 생각했다. 새벽에 동성에 들어가던 길에 시랑(侍郎) 이석당(李奭棠)은 동쪽에서 나오고 정약원은 중간으로 들어갔는데, 정약원은 눈을 크게 뜨고 멀뚱멀뚱 바라보기만 하였다. 시랑이 추졸(騶卒)을 보내 안부를 묻자 정약원이 다가와 사과했다. 시랑이 웃으며 말했다.

"자네신가? 내 자네가 근시인 것을 알고 있으니, 사과할 게 뭐 있나?"

정약원이 물러나 웃으며 말했다.

"내가 근시라는 것이 시만큼이나 유명하구나."

동쪽으로 귀양 갈 때, 험하디 험한 삼천리 길 역관 벽마다 적혀있는

---

11 요리사 : 원문은 '조하양(竈下養)'이다. '조양'이라고도 하며 주방에서 일하는 사람을 가리킨다.

12 맛을 좀 보려고 : 원문은 '염지(染指)'이다. 원래는 맛보는 것을 가리키는 말인데, 더 나아가 얻어서는 안 될 이익을 나누어 가지는 것, 혹은 어떤 일에 끼어드는 것을 뜻하는 말로도 사용되었다.

13 동성(東省) : 남조(南朝) 시기에는 산기성(散騎省, 集書省)의 별칭으로 쓰였고 당나라 때는 문하성(門下省)의 별칭으로 쓰였다.

14 주객(主客) : 주객청리사(主客清吏司)로 주객사(主客司)라고도 한다. 주로 소수민족이나 외국의 사신 등 손님을 대접하는 일을 했다.

15 전속국(典屬國) : 진(秦) · 한(漢) 시대에 항복한 오랑캐들을 관장하던 관리이다.

귀양객들의 시를 읽으며 매우 기뻐했다. 어린 첩이 물었다.

"돌아오라는 조서라도 내려왔습니까?"

정약원이 말했다.

"성명하신 황제께서 내게 탕목읍(湯沐邑)[16]을 노닐고 오게 하셨구나. 관문을 나간 귀양객이 모두 재자들이니, 거기 가서 친구가 없을까 걱정하지 않아도 되겠다."

한참이 지난 뒤에 식량이 떨어져 굶주림에 흐느끼니, 어린 첩이 그를 위로하며 말했다.

"당신은 친구가 있으니 분명 소쿠리에 음식을 담아 당신을 맞이하러 올 것입니다."

정약원이 웃으며 말했다.

"정말 네 말처럼 된다면 나는 먼저 술로 갈증을 풀어야겠다."

막 정안(靖安 : 江西省 靖安縣)에 도착했을 때의 일이다. 정약원은 동쪽 언덕에 터를 잡아 집을 짓고 몸소 소를 먹이면서 목동들과 함께 기거했다. 그러다가 틈이 날 때면 시를 지었는데, 시가 더욱 온화하고 혼후해져서 좌천된 사람의 심경일랑 찾아볼 수 없었다. 국자(國子) 반공(潘公)이 정약원의 명성을 듣고 몸소 찾아보려 하였으나 차일피일 가지 못하고 있었다. 하루는 정약원이 소 수레를 타고 성으로 들어가면서 수레 위에서 『주역』을 들고 있다가 갑자기 반공의 행렬과 마주쳤는데, 고개를 숙인 채 『주역』을 읽고 있던 터라 미처 피하지 못했다. 반공이 돌아와서 육자연(陸子淵)에게 말했다.

"내 오늘에야 정약원 선생을 만났네!"

육자연이 자초지종을 묻자 반공이 말했다.

"이 곳에 수레에서 책을 보느라 감히 나 같은 사람을 쳐다보지도 않는 사람이 어디 또 있겠는가? 틀림없이 정약원이네."

---

16 탕목읍(湯沐邑) : 주(周)나라 때에 제후들이 천자를 뵈러 갈 때 머물기도 하고 목욕재개하기도 했던 봉지(封地)를 말한다.

그 후 손님을 불러 연회를 열 때면[17] 반드시 정약원을 초청하여 술 마시고 시 지으면서 상객으로 예우했다.

정약원은 매우 곤궁하였다. 변방의 찬바람이 뼈 속까지 파고들고 가을이면 눈비가 내려 산천초목이 온통 하얗게 변했으며 강물이 얼어 물을 길을 수도 없었다. 나무꾼이 오지 않아 닷새 동안 불도 때지 못하면 채 패지도 않은 수수와 좁쌀을 가져다 눈에 섞어 씹어 먹었다. 그 와중에 어린 첩은 아이를 낳았다. 이때 정약원은 초가 아래에 앉아 있었는데, 집안으로 비춰 들어오는 햇살이 마치 진한 술 빛이 젖어드는 것 같았다. 그러나 바람이 무서워 해도 못 보고, 해 지면 산귀신이 밤새 울어대고 굶주린 날다람쥐들이 목멘 소리를 냈다. 갑자기 손님이 문 두드리는 소리가 나기에 뛸 듯이 기뻐하면서 문틈으로 내다보면 호랑이가 꼬리로 문을 두드리고 있었다. 그러나 정약원은 태연자약 꼿꼿이 앉아있었다.

동쪽에 살면서 다섯 번이나 집을 옮겨 다녔는데, 집은 날로 가난해졌지만 시는 날로 풍부해졌다. 그는 높은 곳에 올라 경관을 내려다보다가 글을 지어 「귀사헌기(歸思軒記)」를 완성함으로써 뜻을 기탁했다. 친구 임로(林璐)가 그 글에 대해 듣고 말했다.

“약원, 돌아가려나 보오! 옛날 한단(邯鄲 : 지금의 河北省 邯鄲市)에 있던 여선사(呂仙祠)는 노생(盧生)이 베개를 받았던 곳[18]이오. 관리가 되어 그곳을 지나는 자들은 빨리 수레를 몰아 상서롭지 못한 일을 피하려고 하는데, 그대는 명을 받고 사당을 지나면서 수레를 멈추고 천천히 걸어 들어갔소. 한 도사가 부들방석에 앉아 일어나지 않는 것을 보고 그대는 이상

---

17 손님을 불러 연회를 열 때면 : 원문은 ‘서원비개(西園飛蓋)’인데, 이 말은 삼국시대 위나라 조식(曹植)의 「공연시(公宴詩)」의 “맑은 날 밤 서원을 노니니 문학(文學)·빈종(賓從)들의 수레가 서로 좇아 달려오네[淸夜遊西園, 飛蓋相追隨]”에서 나왔다. 서원은 문창전(文昌殿) 서쪽의 동작원(銅爵園)을 말하며 조조(曹操)가 세웠다고 전해진다.

18 노생(盧生)이 베개를 받았던 곳 : 당나라 전기(傳奇) 소설 「침중기(枕中記)」를 두고 한 말이다. 노생이 한단의 한 객점에서 도사 여옹(呂翁)을 만나 베개를 받고 꿈속에서 부귀영화를 누리다 돌아온다는 이야기이다.

하게 여겨 붓을 달라고 하여 벽에 '노인을 좇라 고향으로 돌아가는 꿈을 꾸게 해 달라 했더니, 높은 구름 주기에 학이 되어 날아갔네'라는 시구를 적었소. 이는 시로 예언한 것이 아니겠소?"

편지를 보내 정약원에게 알렸더니 정약원은 그제야 깨달았다. 다시 1년이 흐른 뒤에 돌아갈 수 있었으니, 과연 임생(林生 : 林璐)의 말처럼 된 것이다.

장산래가 말한다.

자질구레한 일을 마치 수염과 눈썹이 살아 움직이는 것처럼 표현했으니, 참으로 뺨에 솜털[19]까지 그려 넣었구나.

丁藥園先生, 名澎, 杭之仁和人也. 世奉天方教, 戒飮酒, 而藥園顧嗜酒. 飮至一石, 貌益莊, 言愈謹, 人咸異之. 詩賦古文辭, 自少年未達時, 卽名播江左. 其後仲弟景鴻, 季弟濚, 皆以詩名, 世目之曰'三丁'. 至香匳豔句, 四方閨秀, 尤喜誦藥園詩.

家有攬雲樓, 三丁讀書處也. 客乍登樓, 藥園伏案上. 疑晝寢, 迫而視之, 方觀書, 目去紙才一寸. 驟昂首, 又不辨某某. 客嘲之曰 : "卿去丁儀凡幾輩?" 藥園戲持杖逐客, 客匿屛後, 誤逐其僕. 藥園婦聞之大笑.

一夕娶小婦, 藥園逼視光麗, 心喜甚. 出與客賦定情詩, 夜半披幃, 薌澤襲人. 小婦卒無語, 詰旦視之, 爨下婢也. 知爲婦所紿, 藥園又大笑.

延陵大姓遣一姬, 能詩, 久誦藥園詩. 誓曰 : "主人令吾自擇配, 願得如丁君足矣." 陽羨吳參軍, 與丁世講也, 詭以藥園意請約姬, 姬許之. 丁有侍兒, 小字冬靑, 主謳, 善鼓琴. 主婦不悅, 將遣, 府吏納千金聘之. 世方企羨兩女子已得所. 久之, 延陵姬登舟, 泣曰 : "吾旦夕冀事丁郞, 爲幕府紿入掖庭, 緣已矣!" 方扣舷墮水, 冬靑忽至. 延陵姬道故, 冬靑

19 솜털 : 원문은 '호수(毫手)'로 되어 있으나 호모(毫毛)의 오기로 보인다.

亦泣曰 : "吾故主人翁." 相對泣不輟. 護騎以告藥園, 廢寢食者累月. 然藥園數得孺子妾, 猶鞅望. 主婦賢, 家人多不直丁君.

藥園居法曹, 無事, 日作詩. 與宋觀察荔裳·施大參愚山·嚴黃門灝亭稱 '燕臺七子', 詩名滿京師. 吏人竊其牘換鵝炙, 竈下養思染指, 不獲, 明日訟於庭. 藥園復賜吏人鵝炙. 時藥園官京師, 猶守天方敎, 同官故以猪肝一片置匕箸. 藥園短視, 吏人以告, 獲免.

上方冊立西宮, 念無嫺典禮者, 調入東省兼主客. 主客卽古典屬國也. 重使至, 譯問主客爲誰. 廉知公, 持紫貂銀鼠美玉象犀, 從吏人易公詩歸國, 長安縉紳以爲榮. 晨入東省, 侍郎李公奭棠從東出, 藥園從中入, 瞠目相視. 侍郎遣騶卒問訊, 藥園趨謝. 侍郎笑曰 : "是公耶? 吾知公短視, 奚謝爲?" 藥園退而笑曰 : "吾短視與詩名等".

謫居東, 崎嶇三千里, 郵亭驛壁, 讀遷客詩, 大喜. 孺子妾問曰 : "得非聞賜環詔耶?" 藥園曰 : "上聖明, 賜我遊湯沐邑. 出關遷客皆才子, 此行不患無友." 久之, 糧盡, 餒而啼, 孺子妾慰勞曰 : "卿有友, 必簞食迎若." 藥園笑曰 : "恐如卿言, 當先以酒療吾渴."

初至靖安. 卜築東岡, 躬自飯牛, 與牧竪同臥起. 然暇輒爲詩, 詩益溫厚, 無遷謫態. 國子藩公聞其名, 欲枉見藥園, 遲不往. 一日, 乘牛車入城, 藥園車上執『周易』, 驟遇藩公節, 低頭讀『易』不及避. 藩公歸, 語陸子淵曰 : "吾今日得遇藥園先生矣!" 子淵問故, 藩公曰 : "此間安有車上讀書, 傲然不顧若此人者乎? 必藥園無疑也." 嗣此西園飛蓋, 必延藥園, 飮酒賦詩, 禮爲上客.

然藥園亦困甚. 塞上風刺入骨, 秋卽雨雪, 山川林木盡白, 河水合, 嘗不得汲. 樵蘇不至, 五日不爨, 取蘆粟小米, 和雪嚼之. 然孺子妾輒生子. 當爾時, 坐茅屋下, 日照戶, 如渥醇酒. 然畏風不能視日, 日晡, 山鬼夜啼, 饑鼯聲咽. 忽聞叩門客, 翩然有喜, 從隙中窺之, 虎方以尾擊戶. 藥園危坐自若.

居東凡五遷, 家日貧, 詩日富. 登臨眺覽, 供其筆墨, 作『歸思軒記』以寓意. 友人林璐聞之, 曰: "卿歸矣! 曩者邯鄲道上呂仙祠, 卽盧生受枕處也. 仕宦過者, 疾驅去以避不祥, 卿銜命過其下, 停車徐步入. 道人方坐蒲團不起, 卿異之, 索筆題壁曰: '向翁乞取還鄉夢, 留得凌雲化鶴飛'之句. 得非詩讖耶?" 貽書報藥園, 惘然悟. 又一年始歸, 果如林生言.

張山來曰: 敍瑣屑事, 鬚眉活現, 是頰上添毫手也.

기창원에서 노래 들은 일을 기록하다[寄暢園聞歌記]

담심(澹心) 여회(余懷)

오문(吳門 : 지금의 江蘇省 蘇州市)의 서군견(徐君見)[1]은 곡(曲)을 잘 지어 사방에 이름이 났다. 그는 나와 친해서 『남곡보(南曲譜)』[2]를 지은 뒤 내게 서문을 지어 달라 부탁했다. 나는 그를 위해 서문을 지었는데, 그 중 다음과 같은 내용이 있다.

남곡은 곤산(崑山 : 지금의 江蘇省 崑山市)의 위양보(魏良輔)[3]에게서 시작되

1 서군견(徐君見) : 서우실(徐于室)이다. 생평은 자세히 알 수 없으나 『남곡구궁정시(南曲九宮正始)』의 작가로 알려져 있다.

2 『남곡보(南曲譜)』 : 서우실이 지은 『남곡구궁정시』를 말한다.

3 위양보(魏良輔) : 명나라 희곡작가이다. 자는 상천(尙泉)이고 예장(豫章 : 지금의 江西省 南昌市) 사람이다. 주로 태창(太倉 : 지금의 江蘇省에 위치)에서 활동했다. 가정연간(嘉靖年間 : 1522~1565)에 장야당(張野塘) · 과운적(過雲適) 등의 도움으로 해염강(海鹽腔)과 여요강(餘姚腔) 및 강남의 민가소조(民歌小調)의 일부 특징을 흡수하여 당시 곤산 일대에서 유행하던 희곡 강조(腔調)를 정리하고 가공함으로써 곤강(崑腔)이라고 부르는 일종의 새로운 강조를 만들어 후대 희곡 음악의 발전에 커다란 영향을 미쳤다. 저서로는 곤강 창법을 논한 『곡율(曲律)』이 있다.

었다고 한다. 위양보는 처음에 북음(北音)을 배웠으나, 북쪽 출신인 왕우산(王友山)만 못했다. 이에 그만두고는 남곡에 전념하느라 십년 동안 누대를 내려오지 않았다. 당시 남곡은 단조롭고 멋이라곤 없었다. 위양보는 목청을 꺾어 소리 내고 음조를 눌러 발성하는 새로운 소리를 만들었는데, 빠르거나 느리거나 높거나 낮거나 맑거나 탁하거나 일체 본궁(本宮)[4]에 따랐다. 이와 입술 사이에서 발음을 취해 갑작스럽게 바꾸었다가 교묘하게 멈추었는데, 늘 깊고 오묘한 맛으로 처량한 분위기를 더욱 돋우었다. 오(吳) 땅의 원염(袁髥)이나 우타(尤駝) 같은 노련한 곡사(曲師)들도 눈이 휘둥그레져서 스스로 따라갈 수 없다고 여겼다. 위양보가 말했다.

"곡을 배우는 사람들이 [宮商角徵羽] 오음(五音)[5]과 십이율(十二律)[6]을 옮기고 바꾸는 것은 숙달된 뒤에나 할 일이다. 처음에는 잡다한 것을 경계하고 다양함에 힘쓰지 말아야 한다. 곡의 시작 부분에 박자를 치는 것과, 박판(拍板)을 친 뒤 목청을 굴리는 것이 조금도 순서가 어그러져서는 안 된다. 긴 음은 둥글고도 힘이 있어야 하고 짧은 음은 힘차되 사나워서는 안 된다. 오음은 사성(四聲)[7]을 따르되 소리를 꾸며서도 요염을 떨어서도 안 된다."

---

4 본궁(本宮) : 처음에 궁성(宮聲) 중심의 곡조로 시작함을 말한다. 원나라 왕실보(王實甫)의 『서상기(西廂記)』 제2본(本) 제4절(折)에 "이 편은 처음에는 궁조로 시작하였으나 처음과 끝이 다르다[這一篇與本宮, 始終不同]"라고 하였는데, 왕계사(王季思)는 왕백량(王伯良)의 말을 인용하여 "무릇 금곡(琴曲)은 저절로 궁조로 시작하고 끝내게 되는데, 처음에 연주하는 궁조를 본궁본조라고 한다[凡琴曲各宮調自爲始終, 初彈之宮調爲本宮本調]"라고 주를 달았다.

5 오음(五音) : 오늘날 도·레·미·솔·라의 다섯 음계에 해당하는 음이다. 당나라 때는 합(合)·사(四)·을(乙)·척(尺)·공(工)이었고, 고대에는 궁·상·각·치·우였다.

6 십이율(十二律) : 원문은 '여(呂)'로 아악(雅樂)에서 12율 중 음(陰)에 속하는 음이다. 십이율은 아악의 12음계로, 1옥타브의 음역을 12개의 음정으로 구분하여 각 음 사이를 반음 정도의 음정차로 율을 정한 것으로, 중국 주나라 때부터 사용되었다. 십이율은 음양의 원리에 따라 양을 상징하는 황종·태주·고선·유빈·이칙·무역 등 홀수의 육률(六律)과 또 음을 상징하는 대려·협종·중려·임종·남려·응종 등 짝수의 육려(六呂)로 나누어진다.

7 사성(四聲) : 고대 한자의 평(平)·상(上)·거(去)·입(入)의 네 가지 성조를 말한다.

또 말했다.

"입을 열기가 어렵고 발음을 내기가 어렵고 한 곡조에서 다른 곡조로 넘어가기가 어렵다. 높은 음은 어렵지 않고 낮은 음이 어려우며 곡조가 있는 것은 어렵지 않고 곡조가 없는 것이 어렵다."

또 말했다.

"쉬는 것이 어렵고 멈추는 것이 어렵다."

이것은 전수되지 않는 비결인데 위양보가 모두 털어놓았다. 같은 시기 누동(婁東 : 江蘇省 太倉) 사람 장소천(張小泉)과 해우(海虞 : 지금의 江蘇省 常熟市 소재) 사람 주몽산(周夢山)은 다투어 그를 따라했다. 그러나 양계(梁谿 : 지금의 江蘇省 無錫의 별칭) 사람 반형남(潘荊南)만이 그 기법에 정통하여, 지금까지도 양계에는 전수자가 끊이지 않고 있다. 합곡(合曲)[8] 할 적에는 반드시 퉁소와 피리를 사용해야 하는데, 오 땅의 장매곡(張梅谷)이라는 사람이 퉁소를 잘 불어 퉁소로 반주했고, 비릉(毘陵)의 사임천(謝林泉)이라는 사람이 피리를 잘 불어 피리로 반주했다. 이들은 모두 위양보와 교유하던 사람들이었다. 양계 사람 진몽훤(陳夢萱)·고위빈(顧渭濱)·여기위(呂起渭) 등도 모두 퉁소와 피리로 명성을 떨쳤다. 곡 짓는 일이 옥봉(玉峰 : 江蘇省 崑山)에서 시작되어 양계에서 흥성하는 데 이르기까지 거의 100년은 되었을 것이다. 이 기예가 면면히 이어져 오다가 서생(徐生 : 徐君見)이 오문에서 다시 일어나 위양보의 적치(赤幟)를 뽑아내고 한치(漢幟)로 바꾸어 놓았으니,[9] 위양보가 서생을 보지 못한 것이 한스러울 뿐 서생이 위양보를 보지 못한 것은 한스럽지 않구나!

서생은 예순이 넘었지만 목청은 꾀꼬리 새끼나 정숙한 여인네 같다. 그가 소나무 사이의 돌 위에서 박자에 맞춰 노래를 부를 때면, 부드럽고 가는 소리가 주위를 맴돌고, 내뱉고 삼키는 소리가 맑고 깨끗하여, 날아

---

8 합곡(合曲) : 여러 가지 악기를 가지고 함께 연주하는 것을 말한다.

9 적치(赤幟)를 …… 놓았으니 : 한치(漢幟)란 한나라의 깃발을 말하는데, 유방이 항우를 물리치고 한나라를 세운 이야기로 서생이 위양보를 대신한 것을 비유하고 있다.

가던 새들도 소리를 멈추고 헤엄치던 물고기들도 나와 들었으며 문인이나 시인들도 그 소리를 듣고 넋이 나가고 가슴 아파했다. 절묘하구나! 기교가 이러한 경지에 이르렀다니! 하루는 서생이 나에게 말했다.

"나도 늙었소! 아마도 다시는 젊은 시절의 간드러진 기교를 부릴 수 없을 것 같소. 내 비법을 전수받을 자는 바로 양계에 있소. 지금 태사(太史)이신 진유선(秦留仙)[10]의 존친 이신(以新) 공께서 기르고 있는 가수가 예닐곱인데, 만약 구천(九泉)과 용천(龍泉) 사이를 유람하게 된다면 반드시 그들을 만나 곡을 듣도록 하시오."

이 말씀을 내 마음에 새긴지 오래되었다.

경술년(1670) 9월에 나는 양계를 지나가다가 영주(潁州) 고공(考功)으로 있던 유공용(劉公勇)[11]을 만났다. 그는 서문 밖에 큰 배를 가지고 있었는데, 나를 붙잡아 놓고 나란히 배에 올라[12] 혜산(惠山)을 유람했다. 명부(明府) 오백성(吳伯成), 헌사(憲使) 진보념(秦補念), 효렴(孝廉) 고수원(顧修遠)과 그의 아들인 문학(文學) 고천석(顧天石), 공자(公子) 주자보(朱子葆), 처사(處士) 유진수(劉震修)도 모두 자리에 있었다. 태사 진유선은 가수 예닐곱을 데리고서 놀잇배에 올라 악기를 안고 물결을 가르며 도착했다. 우리들은 기창원[13]에 모였다. 때는 가을에서 겨울로 접어들던 시절이라 나뭇잎이 조금씩 떨어지고 있었다. 우리는 긴 복도를 돌며 고요한 물을 바라보고, 절벽 아래 기대 샘물 소리를 들었다. 가수 예닐곱은 푸른 모시옷을 입고 오색 신을 신고 있었는데, 서생처럼 공손하고 처녀처럼 아리따웠다. 그들은 무늬 있는 돌에 줄지어 앉아, 어떤 사람은 악기를 뜯고 어떤 사람

10 진유선(秦留仙) : 진송령(秦松齡)이다. 무석(無錫) 사람으로 자는 한석(漢石)·차초(次椒)이고 호는 유선이다. 순치연간에 진사가 되었으며 국사원검토(國史院檢討)를 지냈다. 집은 기창원(寄暢園)이었는데, 경치가 매우 빼어나기로 이름난 곳이었다.

11 유공용(劉公勇 : 1624～?) : 청나라 시인으로 원래 이름은 유체인(劉體仁)이다.

12 나란히 배에 올라 : 원문은 '방주(方舟)'로 나란히 맨 두 척의 배를 말한다.

13 기창원 : 진원(秦園)이라고도 하며 지금의 강소성 무석현(無錫縣) 혜산사(慧山寺) 동쪽에 있다.

은 악기를 불었다. 잠시 후에 목청이 갑자기 꺾이기 시작하더니 꿰어진 구슬처럼 줄줄 이어지는데, 가던 구름도 흐르지 않고 온갖 소리가 다 잦아들었다. 이에 내가 미친 듯 소리쳤다.

"서생! 서생! 그대가 어찌 나를 속이겠는가!"

가수 예닐곱이 각자 이름을 말하고 나서 옷매무새를 가다듬고 눈을 내리깔고 있으니, 자리에 있던 손님들은 그들에게 온통 마음이 기울었다. 생황·피리·삼현(三弦)·퉁소·북 등의 십번악(十番樂)[14]은 이생(李生)에게서 전수받았다고 했다. 이생도 오 땅 사람이다. 그날 밤에 각자 운(韻)을 나누어 시를 짓다가 삼경(三更)이 되서야 술자리를 마쳤다. 다음날 다시 헌사[秦補念]의 집에 모여 연회를 열었는데, 가수 예닐곱도 함께 와서 각자 연주를 했다. 나는 노래를 지어 그들에게 줌으로써 서생의 말이 틀리지 않았음을 보여주었다. 위양보의 기예는 결국 양계에서 흥한 것이다. 태사 진유선 부자의 풍취와 자유분방함은 구천과 용천 사이를 훤히 비추었으니, 산처럼 높고 물처럼 맑구나! 이에 여기 기록한다.

장산래가 말한다.

오 땅에서는 추석날 밤에 노래 잘하는 사람들이 모두 호구(虎丘)의 돌 위에 모여 차례대로 솜씨를 겨루는데, 최후까지 남은 한 사람이 노래를 가장 잘하는 사람이다. 듣는 사람은 단지 몇 명뿐이지만 할 말도 잊고 칭찬하는 것도 잊는다. 내 이를 동경해온 지 오래라! 지금 이 글을 읽고 나니 더욱 조용히 생각나고 아득히 그립다.

吳門徐生君見, 以度曲名聞四方. 與余善, 著『南曲譜』, 索余序. 余爲之序, 有曰 : 南曲蓋始於崑山魏良輔云. 良輔初習北音, 絀於北人王友

14 십번악(十番樂) : 원문은 '십번(十翻)'으로 되어 있는데, 번(翻)은 번(番)의 오기로 보인다. 적(笛)·관(管)·소(簫)·현(弦)·제금(提琴)·운라(雲鑼)·탕라(湯鑼)·목어(木魚)·단판(檀板)·대고(大鼓) 등 10가지 악기를 가지고 함께 연주하는 합주곡을 말한다.

山. 退而鏤心南曲, 足迹不下樓十年. 當是時, 南曲率平直無意致. 良輔轉喉押調, 度爲新聲, 疾徐高下淸濁之數, 一依本宮. 取字齒唇間, 跌換巧掇, 恒以深邈助其悽淚. 吳中老曲師如袁髯·尤駝者, 皆瞠乎自以爲不及也. 良輔之言曰 : "學曲者移宮換呂, 此熟後事也. 初戒雜, 毋務多. 迎頭拍字, 徹板隨腔, 毋或後先之. 長宜圓勁, 短宜遒, 然毋剽. 五音依於四聲, 毋或矯也, 毋艶." 又曰 : "開口難, 出字難, 過腔難. 高不難低難, 有腔不難無腔難." 又曰 : "歇難閣難." 此不傳之祕也, 良輔盡洩之. 而同時婁東人張小泉, 海虞人周夢山, 競相附和. 惟梁谿人潘荊南獨精其技, 至今雲仍不絶於梁谿矣. 合曲必用簫管, 而吳人則有張梅谷, 善吹洞簫, 以簫從曲, 毘陵人則有謝林泉, 工擫管, 以管從曲. 皆與良輔遊. 而梁谿人陳夢萱·顧渭濱·呂起渭輩, 並以簫管擅名. 蓋度曲之工, 始於玉峰, 盛於梁谿者, 殆將百年矣. 此道不絶如線, 而徐生蹶起吳門, 搴魏赤幟易漢幟, 恨良輔不見徐生, 不恨徐生不見良輔也!

徐生年六十餘, 而喉若雛鶯靜女. 松間石上, 按拍一歌, 縹緲遲迴, 吐納瀏亮, 飛鳥遏音, 游魚出聽, 文人騷客, 爲之惝怳, 爲之神傷. 妙哉! 技至此乎! 一日徐生語余曰 : "吾老矣! 恐不能復作少年狡獪事. 得吾之傳者, 乃在梁谿. 今太史留仙秦公尊人以新公, 所蓄歌者六七人是也, 君倘游九龍二泉間, 不可不見此人, 聞此曲." 余心識之久矣.

庚戌九月, 道經梁谿, 適潁州劉考功公勇. 擁大航西門外, 留余方舟同游惠山. 而吳明府伯成·秦憲使補念·顧孝廉修遠及其子文學天石·朱公子子葆·劉處士震修皆在席. 太史留仙則挾歌者六七人, 乘畵舫, 抱樂器, 凌波而至. 會於寄暢之園. 於是天際秋冬, 木葉微脫. 循長廊而觀止水, 倚峭壁以聽響泉. 而六七人者, 衣靑紵衣, 躧五絲履, 恂恂如書生, 綽約若處子. 列坐文石, 或彈或吹. 須臾歌喉乍轉, 纍纍如貫珠, 行雲不流, 萬籟俱寂. 余乃狂叫曰 : "徐生! 徐生! 豈欺我哉!" 六七人者, 各道姓名, 斂袖低眉, 傾其座客. 至於笙笛三弦, 十翻簫鼓, 則授之李生. 李生亦吳人. 是夕分韻賦詩, 三更乃罷酒. 次日復宴集憲使家, 六七人又偕來各奏技. 余作歌貽之, 俾知徐生之言不謬. 良輔之道, 終盛於梁谿. 而留仙父子, 風流跌宕, 照映九龍二泉間者, 與山俱高, 與水俱淸也! 是爲記.

張山來曰 : 吳俗於中秋夜, 善歌者咸集虎丘石上, 次第競所長, 唯最後一人爲最善. 聽者止數人, 不獨忘言, 幷不容贊. 予神往久矣! 今讀此記, 益令我穆然以思, 悠然以想也.

진소련전(陳小憐傳)

우황(于皇) 두준(杜濬)

진소련은 담성(郯城 : 지금의 山東省 소재 縣 이름) 여자다. 열넷에 난리를 만나 살 곳을 잃고는 기녀[1]가 되었다. 어떤 귀공자가 진소련을 아껴 천금을 주고 사서는 별실에 두고 첩으로 삼았다. 서로 좋아 지낸 지 일 년쯤 되었을 때, 본처가 그 사실을 알고 심히 노하여 시퍼렇게 칼날을 갈면서 잡아들여 분풀이를 하고자 했다. 공자는 어쩔 수 없이 매파를 불러 [다른 집에 시집] 보낼 방법을 상의했다. 중매쟁이는 진소련을 빼어난 물건라고 여겨 진소련을 데리고 연(燕) 땅[2]에 들어가 서하(西河) 옆에 살았다. 서하 옆 역시 기방이었다.

진소련은 비범한 자태와 지혜로 곧 도성 인사들의 마음을 흔들어 놓아, 그 이름값이 높이 치솟았다. 그래서 높은 벼슬아치나 부자라 할지라

1 기녀 : 원문은 '협사(狹斜)'이다. 협사는 원래 좁은 길의 골목들을 가리키는데, 옛날에는 좁은 골목에 기녀들이 많이 거주했기 때문에 기녀들이 사는 곳을 협사라고 부른다.
2 연(燕) 땅 : 당시의 도성을 말한다. 즉 지금의 북경시 일대이다.

도 귀빈을 모시고 화려한 축하연을 열 때 만약 진소련을 불러 술시중을 들게 하려면 반드시 먼저 뜻을 알리고 정성을 표시해야할 뿐 아니라, 열흘쯤 먼저 약속해 두어야만 한번 불러올 수 있었다. 당시 연 땅으로 사방의 선비들이 모여들어 자리에는 종종 젊고 멋진 사람들도 많았는데, 의복을 아름답게 차려입고 온갖 교태를 떨면서 분명 진소련의 마음을 얻을 수 있으리라 생각했지만, 진소련은 눈길조차 주지 않았다.

전당(錢唐 : 지금의 浙江省 杭州市)의 이름난 선비 범성화(范性華)는 나이 많고 덕망 있는 사람으로, 연 땅에 잠시 머물고 있었다. 하루는 아무개 공의 연회에 갔다가 진소련을 만났는데, 자태가 매우 뛰어나다고 생각하긴 했지만 그저 담담하게 대할 뿐이었다. 범성화는 당시에 쉰 남짓으로, 인품도 출중하려니와 이미 나이도 지긋했던 터라 경박한 것에는 마음이 없었다. 그런데 진소련은 범성화를 한번 보자마자 혼자 그에게 마음을 빼앗겨 눈을 떼지 못하고서 바라보았으며, 술자리에 들어가서부터 끝날 때까지 다른 사람일랑 쳐다보지도 않았다. 범성화가 일어나면 그가 일어나는 것만 보았고 범성화가 걸으면 그가 걷는 것만 보았으며 범성화가 다시 자리로 돌아오면 그가 자리로 돌아오는 것만 보았다. 그가 나가면 눈으로 배웅했고 그가 다시 들어오면 눈으로 맞이했다. 자신은 가끔씩 일어나 몇 걸음 걷는 것 외에는 행여 그가 사라지기라도 할까봐 두려운 듯 반드시 고개를 돌려 범성화를 쳐다보았다. 본디 조용하고 조심스러웠던 진소련이 갑자기 이처럼 행동하자 자리에 있던 사람들은 모두 의아해했다. 범성화도 이 때문에 불편해서 웃으며 좌우를 돌아보았지만 진소련은 태연하기만 했다. 떠날 무렵, 진소련은 범성화의 이름이며 자를 자세히 물어보고는 돌아와 아침저녁으로 그 이름을 읊조렸다.

반생(潘生)이라는 사람이 진소련의 집을 드나들었는데, 평소에 범성화와 안면도 있고 해서 진소련에게 이렇게 말했다.

"범군(范君 : 范性華)이 그리도 그립다면 한번 찾아가보지 그러느냐?"

그러자 진소련이 정색하며 말했다.

"저는 이미 평생토록 제 마음을 범군께 바치기로 했습니다. 만약 경솔히 찾아간다면 이는 정분이 나 도망가는 것이나 다름없습니다. 일단 기다려보면 범군이 저를 데리러 올 것입니다."

반생은 이 말을 범성화에게 전했다. 범성화는 진소련을 불러들이기가 쉽지 않을 것이라 생각하여 일단 심부름꾼을 보내 마음을 떠보게 했다. 이날은 마침 진소련이 높은 사람과 약속이 있어 가마꾼들이 문 앞에 있었는데, 즉시 방향을 돌리면서 기생어미에게 말했다.

"아무개 공과의 약속은 어머니께서 어떻게 해서든 알아서 거절해 주세요. 저는 지금 범군의 부르심에 응해야 해서 [다른 일은] 살필 겨를이 없습니다."

진소련은 범군이 있는 곳에 도착했다. 서로 이야기를 주고받다가 범군에게 말했다.

"일전에 제가 술자리에서 눈을 떼지 않고 당신을 바라본 이유를 알고 계신지요?"

범군이 말했다.

"전혀 모른다."

진소련이 말했다.

"저의 옛 남편과 너무 닮아보였습니다. 그래서 눈을 뗄 수가 없었지요!"

당시 진소련은 겨우 열일곱이었다. 범군이 대답했다.

"당신처럼 아름답고 지혜로운 여자가 좋은 짝을 찾아가는 것은 진실로 잘 된 일이나, 마땅히 나이가 비슷한 사람을 골라야지 내가 어떻게 당신의 짝이 될 수 있겠소?"

진소련이 말했다.

"틀렸습니다! 서른도 안 된 사람 중에 제 마음을 터놓고 얘기할 만한 대상이 어디 있겠습니까?"

범군은 이 말을 매우 기이하게 여겨 이것저것 묻고서야 진소련이 책을 읽어 주희(朱熹)의 『통감강목(通鑑綱目)』을 대략 꿰고 있음을 알게 되었다. 범군은 처음에는 별 마음이 없었으나 이때에 이르러서는 이미 마음이 흔들렸다. 이에 진소련을 열흘 동안 머물게 하여 서로 사랑을 맹세한 후 떠나보냈다.

진소련이 알고 지내던 한 벼슬아치가 마침 범군과 사이가 좋지 않았는데, [진소련과 범성화가 서로 좋아한다는] 소문을 듣고서 줄곧 마음이 편치 않았다. 그래서 계략을 써서 진소련을 밀실로 불러들인 다음 밖으로 나가 방문을 잠그고 가두어버렸다. 방안을 둘러보다가 길이가 1장(丈) 남짓 되는 칠기 탁자가 있기에 진소련은 붓에 먹을 묻혀 '범성화'라는 세 글자를 탁자 가득 수천 번 수백 번 썼다. 돌아와 탁자 위의 글씨를 본 벼슬아치는 얼굴색이 변하며 아무 말도 하지 못했다. 한번은 연 땅에서 성대한 연회가 열려 손님과 친구들을 널리 초대했는데, 건달과 기녀들까지도 모두 참여했다. 술자리가 무르익을 즈음, 한 손님이 주령(酒令) 놀이를 하자면서 명령하기를, 각자 한잔 가득 술을 따라 마신 다음 자신이 마음에 두고 있는 사람은 누구라고 말하되, 사실대로 말하지 않는 사람에겐 벌주를 내리겠다고 했다. 진소련 차례가 되자 어떤 사람이 놀리며 말했다.

"너는 마음에 두고 있는 사람이 하도 많아서 누구라고 콕 찍어 말하지 못하겠구나!"

그러자 진소련이 화를 내며 말했다.

"그게 무슨 말이오? 한 사람뿐입니다!"

그리고는 일어서서 큰 잔을 들고 술을 가득 따르게 한 뒤 단숨에 한 방울도 남김없이 마시고서 술잔을 엎으며 크게 소리쳤다.

"범성화!"

자리에 있던 사람들은 서로 쳐다보며 이 여자는 숨기는 바가 없다고 여겼다. 그 진지함이 이 정도였다.

그러나 오랫동안 둘은 맺어지지 못했다. 이에 범군은 하늘을 우러러 탄식하며 말했다.

"주령에서 보인 진소련의 행동은 진정 대장부가 아닌가? 그런데 난 어째서 아녀자 하나 얻어올 능력이 없어 차마 저버린단 말이냐? 소련과 나와의 약속은 그다지 지키기 어려운 것도 아니었건만, 나의 허물을 책망하고 기약 어긴 것을 나무라자면 입이 다 헐 지경이다. 도성[3]에 나 범성화를 아는 사람 많지만 도와주는 사람[4]은 하나도 없으니, 저들을 사귀어 무엇하리?"

그리고는 시를 지어 자신의 슬픈 감정을 읊조렸다.

세상에 누런 도포 입은 객이 없어,
이익(李益)이 결국 무정한 사람이 되어버릴까 근심이구나.[5]

정말로 무정한 사람이 되었구나! 진소련은 일이 쉽사리 성사되지 못해[6] 결국 권세가에게 억지로 끌려갔는데, 가는 길에 그래도 범군에게 편지를 남겨 다음과 같이 이야기했다.

"결코 소첩이 당신을 저버린 것이 아닙니다. 소첩 영원히 당신을 저버리지 않겠습니다."

아! 슬프구나!

이에 앞서 진소련은 며칠 동안 범군을 만나지 못할 때면 식음을 전폐하곤 했다. 그러다가 범군이 오면 또 단정한 말투로 대의(大義)로써 그를

3 도성 : 원문은 '금대(金臺)'로 도성을 말한다. 즉 지금의 북경시 일대이다.

4 도와주는 사람 : 원문은 '장백지조(將伯之助)'이다. 이 말은 『시경 · 소아』「정월(正月)」의 "어르신을 청해 나를 돕게 하리라[將伯助予]"에서 나왔다.

5 세상에 …… 근심이구나 : 당나라 전기인 장방(蔣防)의 「곽소옥전(霍小玉傳)」을 두고 한 말이다. 「곽소옥전」을 보면 이익(李益)이라는 남자가 젊었을 때 곽왕(霍王)의 딸인 소옥(小玉)과 장래를 약속하지만, 후에 모친의 권유로 사촌인 노씨(盧氏)를 아내로 맞아들인다. 얼마 후 이익은 누런 도포 입은 객의 주선으로 상심한 나머지 병상에 눕게 된 소옥의 거처를 방문하지만, 소옥은 원망의 말을 남기고 죽는다. 누런 도포 입은 객은 이야기 속 인물로 이익을 데리고 곽소옥의 거처로 가서 두 사람을 다시 만나게 해주는 매개자이다.

6 일이 쉽사리 성사되지 못해 : 원문은 '하청난사(河淸難俟)'이다. 황하가 천년에 한 번씩 맑아지는 것을 기다리는 것만큼 일이 성사될 가능성이 희박함을 말한다.

독려했다. 또 이런 말도 했다.

"벼슬에 나갈 때나 물러날 때나 조금이라도 삼가지 않으면 당신의 문장마저도 아깝게 되어버리고 말 것입니다."

이 말을 들은 사람들은 이것은 기방 기녀[7]가 할 수 있는 말이 아니라고 여겼다. 또한 범군에게 그의 아내를 연 땅으로 불러오도록 힘써 권하며 말했다.

"제가 훗날 당신을 섬길 수 있다면, 기꺼이 소실이 되겠습니다."

범군은 그 말을 따른 덕에 그의 아내가 병이 들어 죽었을 때 후한 예로 장사 지내줄 수 있었다. 이는 진소련의 한 마디 덕분인지라 범군은 특히나 이에 감사해 했다고 한다.

서무산인(徐無山人 : 杜濬)이 찬(贊)한다.

옛날 진(晉)나라의 양황후(羊皇后)[8]는 옛 남편을 모욕하면서 유총(劉聰)[9]에게 아첨했다. 양황후가 죽어서 환생한 수억 수만의 남자가 이 세상에 가득하다. 그런데 진소련은 대체 어떤 사람이기에 혼자 옛 남편을 싫다 하지 않고 내 친구 범성화가 옛 남편과 닮았다는 이유로 그를 받아들였단 말인가! 양황후의 가르침이 도리어 여자에게 통하지 않았단 말인가! 아! 이에 진소련을 위해 전(傳)을 쓴다.

장산래가 말한다.

한 층 한 층 이야기가 꺾이면서 절묘한 경지에 들지 않은 곳이 없는데,

---

7 기방 기녀 : 원문은 '항중인(巷中人)'이다. 항중인은 기방의 사람 즉 기녀를 뜻하는데, 기방이 대부분 좁은 골목에 위치하고 있었기 때문에 이렇게 말한 것이다.

8 양황후(羊皇后) : 『진서(晉書)』 권31에 보면 양황후는 태산(泰山) 남성(南城) 사람으로 이름은 헌용(獻容)이다. 진나라 혜제(惠帝)의 황후였는데, 낙양(洛陽)이 유요(劉曜)에게 함락되어 유요가 왕위를 찬탈하자 다시 유요의 황후가 되었다. 한번은 유요가 양황후에게 자신이 사마(司馬)집안의 남자와 같은 점이 무엇이냐고 묻자 양황후가 유요는 나라를 세운 성군이고 사마집안의 남자는 망한 나라의 무리여서 비교할 수 없다고 대답했다. 그 뒤로 유요가 그녀를 총애했다고 한다.

9 유총(劉聰) : 『진서』 권31에 따르면 유요(劉曜)의 오기인 듯하다.

옛 남편이라는 한 마디가 특히나 절묘하다. 여기서만 보일 뿐 더 이상 다른 곳에서는 보이지 않으니, 품위 있는 문장이다.

陳小憐, 郯城女子也. 年十四, 遭兵亂, 失所, 落狹斜. 有貴公子暱之, 購以千金, 貯之別室, 作小妻. 相好者彌年, 大婦知之, 恚甚, 磨勵白刃, 欲得而甘心焉. 公子不得已, 召媒議遣. 居間者以爲奇貨, 遂將小憐入燕中, 住西河沿. 西河沿, 亦狹斜也.

小憐姿彗不凡, 遂傾動都人士, 聲價翔貴. 雖達官富人, 有華筵上客, 欲得小憐一佐酒, 必先致意, 通慇懃, 爲期旬日之後, 然後得其一至. 時燕聚四方之士, 座中迬迬多年少美姿容者, 結束濟楚, 媚態百出, 自謂必得當於小憐, 小憐不睇也.

而錢唐知名士范性華者, 老成人也, 館於燕. 一日以赴某公讌, 遘小憐, 雖頗異其姿, 然平澹遇之耳. 范時年五十餘, 人地固自軒軒, 顧貌已蒼然, 意不在佻達. 而小憐一見, 獨爲之心醉, 注目視范, 自入座以至酒闌, 目不他視. 凡范起則視其起, 范步則視其步, 范復就座, 則視其就座. 往則目送, 旋則目迎. 已則時起, 數步之外, 必回頭視范, 如恐失之. 小憐固素謹, 忽如此, 擧坐咸詫異. 范反爲之跼蹐不自得, 笑而左右顧, 而小憐自如也. 將別, 則詳問范姓字, 歸而朝夕誦之.

有潘生者, 往來於其家, 又素識范, 謂小憐曰 : "爾念范君如此, 盍往訪之?" 小憐正色曰 : "吾旣已心許范君終身矣. 若猝往, 是奔也. 姑少待, 范君相迎, 斯可矣." 潘以其言白范. 范猶恐其難致, 試走伻探之. 值小憐是日有鉅公之約, 肩輿在門矣, 立改其所向, 語其嫗曰 : "某公之約, 一惟汝多方辭絶之. 我赴范君召, 不顧矣." 小憐至范所. 語次, 謂范君曰 : "君知我日者席間注目視君之故乎?" 范曰 : "初不知." 小憐曰 : "吾見君之酷似我故夫也. 吾不能舍君矣!" 是時小憐年始十七. 范答曰 : "以子之姿慧, 從良固甚善, 然當擇年相若者, 吾豈若偶耶?" 小憐應曰 : "君誤矣! 三十年以內所生之人, 豈有可與論吾心者哉?" 范大奇其言, 叩之,知嘗讀書, 粗通朱子『綱目』. 范初無意, 至是固已心動矣. 因留連旬朔, 相與定盟, 然後去.

而小憐所與一時宦方與范相忌, 聞之, 雅不能平. 輒計致小憐曲室中, 出而扃其戶以困之. 小憐顧室中, 有髹几長丈餘, 遂泚筆於几上, 書'范性華'三字, 幾千百滿之. 時宦歸而覩几上字, 色變不能言. 燕中嘗作勝會, 廣召賓友, 及狎客妓女皆與. 酒酣, 客爲觴政, 下令人各引滿, 旣酌, 自言其心上人爲某, 不實者, 有如酒. 次第至小憐, 或戲之曰 : "爾心上人多矣, 莫適言誰也!" 小憐謓曰 : "是何言? 一人而已!" 起持巨觥命滿酌, 一飮絶瀝, 覆觴大呼曰 : "范性華!" 擧座相顧, 以爲此子無所引避矣. 其篤摯至於此.

然久之無成事. 范於是仰天歎曰 : "醇政獨非丈夫乎? 何獨力不能擧一女子, 而忍負之也? 且小憐與我約者, 極不難耳, 督過愆期, 至於舌敝. 金臺之下, 識范性華者多矣, 而將伯之助寂然, 又安事交游爲?" 乃爲詩自傷云 : "只愁世少黃衫客, 李益終爲薄倖人." 信乎其爲薄倖人矣! 小憐以河淸難俟, 竟爲有勢者强劫以去, 猶留書與范云 : "非妾負君. 妾終不負君也." 噫! 是可悲矣!

先是小憐每數日不晤范, 輒廢眠食. 及范至, 則又莊語相勉以大義. 且曰 : "出處一不愼, 則君之詞翰, 俱可惜矣." 聞者以爲此非巷中人語. 又力勸范迎其室人來燕中, 曰 : "小憐異日得事君子, 固甘爲之副." 范用其言, 得與室人病訣, 厚殯成禮. 小憐一言之力也, 范尤感之云.

徐無山人贊曰 : 昔晉羊皇后, 醜詆故夫以媚劉聰. 其死也化爲千百億男子, 滔滔者皆是也. 陳小憐何人, 獨不以故夫爲諱, 而吾友范性華, 以似其故夫見許! 豈羊皇后之敎反不行於女子乎! 噫! 是爲立傳.

張山來曰 : 層次轉折, 無不入妙, 尤妙在故夫一語. 一見不復再見, 是文之有品者.

꽃 파는 노인 이야기[賣花老人傳]

정구(定九) 종원정(宗元鼎)

꽃 파는 노인은 어디 사람인지 모른다. 유양(維揚 : 揚州의 별칭. 지금의 江蘇省 揚州市) 경화관(瓊花觀)[1] 뒤에 살고 있었고 초가삼간 옆에는 작은 누각이 있었다. 집안에는 다기(茶器)며 부뚜막이며 책상이며 침대며 모두 정갈하기 그지없었다. 사립문 안에는 너비가 두 이랑 정도 되는 땅이 있어서 화초 심는 것을 업으로 삼았다. 집에는 오색과(五色瓜)도 있었는데, 옛날에 광릉(廣陵 : 지금의 江蘇省 揚州市 서북쪽) 사람 소평(邵平)[2]이 심은 것이라고 했다. 그가 심은 꽃으로는 작약 · 장미 · 우미인(虞美人)[3] · 양귀비 · 모

1 경화관(瓊花觀) : 서한 원연연간(元延年間 : B.C. 12~9)에 지어졌으며 지금의 강소성 양주시 성 밖에 있다. 처음에는 경화(瓊花 : 잎은 부드럽고 윤이 나고 꽃잎은 두텁고 담황색이며 밤에만 꽃이 피는 진귀한 꽃. 모양이 八仙花와 비슷함)로 이름을 지었으나 당대(唐代)에는 당창관(唐昌觀)으로 이름이 바뀌었고 북송 정화연간(政和年間 : 1111~1117)에는 번리관(蕃釐觀)으로 이름이 바뀌었다.

2 소평(邵平) : 진(秦) 나라 때 광릉사람이다. 진나라가 망한 이후에 장안성 동쪽 청문(青門) 밖에서 오이를 심으며 살았는데, 오이의 맛이 달았다고 한다.

3 우미인(虞美人) : 1년 또는 2년생으로 초여름에 꽃이 핀다. 줄기는 가늘고 길며 잎은

란[4]・야합(夜合)[5]・훤초(萱草)[6]・호접(蝴蝶)[7]・야락금전(夜落金錢)[8]・전춘라(剪春羅)[9]・전추라(剪秋羅)[10]・주란(朱蘭)[11]・남국(藍菊)[12]・백추해당(白秋海棠)[13]・안래홍(雁來紅)[14] 등 합쳐서 십여 종이나 되었다. 이른 아침이면 꽃을 짊어지고 홍교(紅橋)[15]로 가서 팔았는데, 문인들을 만나면 꽃을 주고 시와 바꾸어 돌아왔다. 간혹 시정배가 꽃을 사려고 하면 반드시 원래 가격의 몇 배를 받았다. 돈을 벌면 술을 사먹어 진탕 취한 다음, 남은 돈을 거지들에게 나누어 주었다. 시장 사람들은 그를 꽃에 미친 사람이라고 비웃었다.

한번은 중양절에 강을 건너가더니 열흘이 지나도 돌아오지 않았다. [그가 돌아온 다음] 사람들이 어디 갔었냐고 묻자 다음과 같이 대답했다.

깃털모양으로 갈라져 있다. 꽃잎은 둥글고 자홍색, 분홍색 등이다.

4 모란 : 원문의 '낙양(洛陽)'은 모란의 별칭이다. 당송 시기에 낙양에서 모란이 많이 생산되었기 때문에 이렇게 부른다.

5 야합(夜合) : 합환화(合歡花)라고도 한다. 낙엽관목(落葉灌木)으로 잎은 타원형이고 꽃은 흰색이며 매우 향기롭다.

6 훤초(萱草) : 금침채(金針菜)・황화채(黃花菜)라고도 부른다. 뿌리는 매우 크고 잎은 총생(叢生)으로 가늘고 길다. 꽃은 깔대기 모양으로 주황색을 띠며 향기가 없다.

7 호접(蝴蝶) : 팬지이다. 속칭 자호접(紫蝴蝶)이라고도 부른다.

8 야락금전(夜落金錢) : 금전은 선복화(旋覆花)・금불초(金佛草)를 말한다.

9 전춘라(剪春羅) : 전홍라(剪紅羅)・쇄전라(碎剪羅)・웅황화(雄黃花)라고도 한다. 다년생 초본(草本) 식물로 석죽(石竹)과에 속한다. 잎은 마주보고 자라며 계란 모양의 타원형이다. 여름에 꽃이 피는데, 꽃은 주황색이다. 열매는 콩만 한데 약으로 쓰인다.

10 전추라(剪秋羅) : 전추사(剪秋紗)・한궁추(漢宮秋)라고도 한다. 다년생 초본 식물로 석죽과에 속한다. 가는 털로 덮여 있다. 잎은 마주보고 자라며 긴 계란 모양이다. 여름과 가을에 꽃이 피는데, 꽃은 진홍색도 있고 흰색도 있다.

11 주란(朱蘭) : 백급(白芨), 혹은 자란이라고도 한다. 난초과에 속하는 다년생 풀로, 5~6월에 빨갛게 피는 꽃이 아름다워 정원에 더러 심는다.

12 남국(藍菊) : 과꽃. 취국(翠菊)이라고도 한다.

13 백추해당(白秋海棠) : 해당은 장미과의 갈잎좀나무이다. 줄기에는 가시가 많고, 잎은 깃꼴겹잎이며 어긋나게 난다. 꽃은 5~7월에 줄기 끝에 1~3개씩 핀다. 바닷가 모래땅에 나며 화초로도 심는데, 꽃은 향수 원료로 쓰고 열매는 먹거나 약재로 쓴다.

14 안래홍(雁來紅) : 색비름이다. 비름과의 한해살이풀로 잎은 어긋나게 나고 노랑・빨강의 얼룩무늬가 있다. 8~9월에 엷은 녹색 또는 누르스름한 잔 꽃이 핀다.

15 홍교(紅橋) : 홍교(虹橋)라고도 한다. 지금의 강소성 양주시 북문 밖에 있다.

"철옹성(鐵甕城)[16]으로 친구 은칠칠(殷七七)[17]을 찾아갔었네."

그리고는 소매에서 두견화 한 가지를 꺼냈는데, 분홍빛이 사랑스러웠다. 그는 필도인(筆道人)·각도인(珏道人)과 왕래하면서 바둑 두고 차 마시는 것을 낙으로 삼았다. 각도인은 당나라 때 광릉 사람 이각(李珏)[18] 같은데, 쌀장사를 생업으로 삼다가 신선이 된 인물이다. 필도인은 아마도 송나라 건염연간(建炎年間 : 1127~1130)의 안필선(顏筆仙)인 듯하다. 옛날 경화관에서 어떤 도사가 그림 한 축을 가져와 지주(知州)에게 바쳤는데, 글자가 온통 운장(雲章)[19]·조전(鳥篆)[20]이어서 읽을 수 없었다. 사람을 시켜 뒤쫓게 하니, 경화관 뒤 우물 속에 있는 옥구통천(玉勾洞天) 깊은 곳으로 들어갔다. 전하는 말에 따르면 노인은 동자로 변했다가 누런 학으로 변했다가 하면서 천년 동안 그곳에 살고 있다고 한다. 식자들은 그가 바로 도사의 후신(後身)이라고 말한다.

장산래가 말한다.

빼어난 흥취가 넘쳐흐르고 담백하면서도 질탕하여 그 모습이 다양하다.

賣花老人者, 不知何許人. 家住維揚瓊花觀後, 茅屋三間, 傍有小閣.

---

16 철옹성(鐵甕城) : 강소성 진강(鎭江)에 있는 옛 성의 이름이다. 삼국시대 손권(孫權)이 지었다고 한다.

17 은칠칠(殷七七) : 당나라 도사이다. 이름은 천상(天祥)이고 또 다른 이름은 도전(道筌)인데, 자칭 칠칠이라고 한다. 환술을 잘 부리는 것으로 유명하다.

18 이각(李珏) : 『태평광기(太平廣記)』 권31 「신선(神仙)」에 보인다. 그는 쌀장사를 하면서 쌀을 사러 오는 사람에게 스스로 그 양을 재어 가져가게 해서 덕을 쌓았고 나중에 태식법(胎息法 : 도가에서 행하는 호흡 수련법)을 연마하여 신선이 되었다.

19 운장(雲章) : 일반적으로는 도교의 전적(典籍)을 가리키나 여기서는 도교의 전적에 쓰인 난삽한 서체를 지칭하는 말로 추정된다.

20 조전(鳥篆) : 원래는 전체(篆體)의 고문자로, 서체가 새의 발자국과 비슷하다고 해서 붙여진 이름이다. 여기서는 조충문(鳥蟲文)처럼 알아보기 어려운 서체를 지칭하는 말로 추정된다.

室中茗椀·丹竈·經案·繩牀, 皆楚楚明潔. 柴門內, 方廣二畝, 以種草花爲業. 家嘗有五色瓜, 云卽昔之廣陵人邵平種也. 所種芍藥·玫瑰·虞美人·鶯粟·洛陽·夜合·萱草·蝴蝶·夜落金錢·剪春羅·剪秋羅·朱蘭·藍菊·白秋海棠·雁來紅, 共十數種. 早晨擔花向紅橋坐賣, 遇文人墨客, 卽贈花換詩而歸. 或遇俗子購之, 必數倍其價. 得錢沽酒痛醉, 餘者卽散諸乞兒. 市人笑爲花顚.

嘗九日渡江, 經旬不歸. 人問之, 答曰: "吾訪故人殷七七於鐵甕城中耳." 袖中出杜鵑花一枝, 紅芬可愛. 所往來者有筆道人·珏道人, 圍棋烹茗爲樂. 珏道人, 疑卽唐廣陵人李珏, 以販糴爲業成仙者. 筆道人, 疑卽宋建炎中顔筆仙耳. 昔瓊花觀中, 有黃冠持畫一軸獻帥守, 字皆雲章·鳥篆不可識. 使人尾之, 乃入觀後井中玉勾洞天深處. 相傳老人或爲童子, 或爲黃鶴, 千年於玆矣. 識者謂卽黃冠後身云.

張山來曰: 逸趣橫溢, 澹宕多姿.

신의 도끼를 기록하다[神鉞記]

중광(仲光) **서방**(徐芳)

경진년(1640) 여름에 아무 마을에 살던 불효자 왕(王) 아무개는 아버지가 일찍 돌아가시고 노모 한 분만이 계셨는데, 노모를 하녀처럼 부렸다. 그는 매일 새벽 아내를 끌어안고 달게 자면서 노모에게는 밥을 하라고 시켰으며, 밥이 다 되면 그제야 일어났다. 아침마다 이렇게 하면서 조금이라도 마음에 들지 않는 것이 있으면 노모에게 닥치는 대로 욕을 해댔다.

그에게는 겨우 몇 개월 된 아들 하나가 있었는데, 노모가 아이를 안고 끓는 솥을 지키고 있던 중 아기가 갑자기 솥에 빠지고 말았다. 노모는 손자를 구할 수 없음을 알고는 도망가 숨었다. 불효자가 아들의 울음소리를 듣고 일어나 보았으나 아이는 이미 죽어 있었다. 그는 크게 슬퍼하며 "할망구가 내 아들을 죽였다!"라고 말하더니, 부엌을 뒤져 칼을 찾아 나왔다. 집에서 백 걸음쯤 떨어진 곳에 관제묘(關帝廟)가 있었는데, 노모는 불효자가 오는 것을 보고 얼른 사당으로 들어가 신상 아래에 엎드려 숨었다. 불효자가 칼을 휘두르며 들어오자 갑자기 관제 옆의 주장군(周將

軍)[1] 상이 자리에서 뛰어내려와 칼로 불효자를 쳐 쓰러뜨리고 정통으로 목을 찔렀다. 묘축(廟祝)[2]이 챙! 하는 칼 소리를 듣고 얼른 나와 보았더니, 불효자는 땅 가득히 피를 흘리고 있었고 주장군은 한쪽 발이 문지방 밖에 나와 있었다. 묘축이 노모를 불러 물어보니, 노모가 어찌된 사연인지 모두 말했다. 거의 모면할 수 없는 지경인 것을 신이 도운 것이었다.

이때부터 원근에 관제묘의 주장군이 영험하다는 소문이 떠들썩하게 퍼져 모두들 다투어 금으로 장군의 동상을 겹겹이 칠했는데, 발은 여전히 이전처럼 문밖에 나와 있는 채로였다. 신주(信州 : 지금의 江西省 上饒市 서북쪽)의 백성 중에 그 마을 가까이 사는 사람들은 날마다 양식을 싸들고 참배하러 왔다. 내가 회옥산(懷玉山)을 지날 때 객주집 섭칠십(葉七十)이 그 기이함에 대해 말해주었다.

관제묘는 사형장[3]이 아니고, 신의 칼은 도끼가 아니다. 나무로 깎은 장군상은 혈기도 없고 감각도 없으며 손가락과 팔도 움직이지 않는다. 그러나 이변에 자극받으면 쇠붙이도 날게 할 수 있고 흙도 튀어오르게 할 수 있으며 아무 감각 없는 손과 발도 문지방을 뛰어넘어 붙잡을 수 있다. 신이 그 아들을 베지 않았다면 노모는 죽음을 피할 수 없었을 것이다. 신이 만일 아들이 칼로 노모를 죽이는 것을 보고도 구하지 않았다면 존귀한 신이 될 수 없을 것이다. 그러나 그런 일은 절대 일어날 수 없으니, 설령 노모가 다른 사당으로 들어갔다 해도 신의 도끼는 마찬가지로 솟아올라 아들을 베었을 것이다. 소자첨(蘇子瞻)[4]은 "우물을 파서 샘물을 얻는 것은 물이 그곳에만 있기 때문은 아니다"고 했다. 그런데도 세

---

1 주장군(周將軍) : 『낭적속담(浪蹟續談)』에 따르면 관우의 비장(裨將) 가운데 한 사람인 주창(周倉)을 말한다. 그러나 정사(正史)에서는 실제 그런 인물을 찾아볼 수 없다.

2 묘축(廟祝) : 사당에서 향불을 관리하는 사람을 말한다.

3 사형장 : 원문은 '서시(西市)'이다. 명청 시기에 북경에서 죄인을 처결했던 사형장을 말하는데, 여기에서는 북경 지방은 아니지만 사형장의 의미로 쓰인 것 같다.

4 소자첨(蘇子瞻) : 송나라 문학가이자 정치가인 소식(蘇軾)을 말한다. 자첨은 그의 자이다.

상에서는 [이러한 이치를] 제대로 알지 못하고서, 혹자는 황당무계한 이야기라 의심하고 혹자는 장군상이 이처럼 영험하구나 여기며 분주히 찾아온다. 이는 모두 대나무 구멍으로 하늘을 보고 배에 검이 떨어진 자리를 표시하는 꼴[5]이니 감응의 뜻을 제대로 이해하지 못한 자라 하겠다.

몇 십 년 전에 우리 고을에서 한 할머니가 손자를 안고 있다가 그만 연못에 떨어뜨려 죽인 일이 있었는데, 아들이 성낼까 두려워 아들을 피해 도망쳤다. 아들은 후미진 길 돌 틈에 미리 몽둥이를 숨겨놓고 집으로 돌아오라고 노모를 유인했다. [노모가] 그곳을 지날 때 몽둥이를 찾았으나 갑자기 돌이 닫히는 바람에 손을 빼낼 수 없었다. 또 벼락이 내리쳐 얼굴을 다 태우자 그제야 자신의 죄를 뉘우치고 돌 틈에서 몸부림쳤으나, 며칠 만에 죽고 말았다. 이치로 따지자면 돌이 설마하니 열리고 닫혀 사람을 무는 물건이겠는가? 죄가 극악무도하면 마주치는 물건마다 모두 그를 해치는 것이다.

장산래가 말한다.

불효자가 노모를 죽이려 하는 대목을 읽을 때는 머리카락이 곤두서고 눈언저리가 찢어질 것 같더니,[6] 신이 도끼로 목을 내리치는 대목을 읽을 때는 책상을 치며 쾌재를 부르게 되는구나! 감히 패륜을 저지르는 자들은 모두 인과응보라는 게 꼭 있는 것은 아니라고 여긴다. 어찌하여 이 문

---

5 대나무 …… 표시하는 꼴 : 원문은 '규관각검(窺管刻劍)'이다. 규관은 규관려측(窺管蠡測)으로 대나무 구멍으로 하늘을 보고 표주박으로 바닷물의 양을 재어 본다는 뜻. 식견이 좁아 깊은 도리를 알지 못함을 비유한다. 각검은 각주구검(刻舟求劍)으로 배에서 칼을 떨어뜨리자 배에 그 자리를 표시해 놓는다는 뜻. 융통성 없이 사태의 변화를 모름을 비유한다.

6 머리카락이 …… 같더니 : 원문은 '발지자열(髮指眦裂)'로 머리카락이 곧추서고 눈언저리가 찢어질 정도로 매우 분노한 모습을 나타낸다. 이 말은 원래 『여씨춘추(呂氏春秋)』「필기(必己)」의 "맹분이 눈을 부릅뜨고 뱃사공을 째려봤는데, 그의 머리털은 위로 곧추섰고 눈은 옆으로 째졌으며 턱수염은 뻣뻣해졌다[孟賁瞋目而視船人, 髮植, 目裂, 鬢指]"에서 나왔다.

장을 가져다가 한번 읽어보지 않는가?

또 말한다.

우리 마을에 어떤 사람이 있는데, 가까운 친척을 배신한 것이 한두 가지가 아니었다. 그것도 부족하다 여겨 협박을 하면서 강제로 돈을 빌리려고 했다. 가까운 친척들은 더 이상 묵과할 수 없어서 그 사람을 고소했다. 그러자 그 사람은 마구 욕을 퍼부어대면서 어미를 위협하여 가까운 친척 집에서 죽으라고 했다. 그 어미는 과부로 살면서 그의 행동을 눈감아주며 살아왔었다. 비록 그 자 말대로 되지는 않았지만 그 자가 한 말 또한 신의 도끼를 피하기 어려울 것이다. 나는 세상의 어미 된 자들이 절대 [자식의 죄를] 눈감아주어 화를 자초하지 말기를 바란다.

庚辰夏, 某鄕有不孝子王某, 父早喪, 僅一老母, 婢畜之. 每晨擁妻酣睡, 而役母使炊, 俟熟方起. 旦旦如是, 小不如意, 卽恣口誶罵.

生一子, 甫數月, 母抱之, 視釜沸候, 兒忽騰跳墮釜中. 母知不救, 卽潛竄. 不孝子聞兒叫, 起視已死. 乃大悵曰:"媼殺我子!" 捫廚得刀, 遂出. 離家百武, 有關帝廟, 母見不孝子至, 閃入廟, 伏神座下. 不孝子撚刀入, 忽帝傍周將軍像, 從座躍下, 提刀砍不孝子倒, 正中其項. 廟祝聞刀聲錚然, 趨出, 則不孝子流血滿地, 而周將軍一足尙在門限外未入. 呼問老母, 具述其事. 蓋幾不免而神救之也.

自是遠近喧傳其廟周將軍靈爽, 競以金重裝其像, 足仍門外如故. 信州居民, 近是鄕者, 日裹糧走謁. 予過玉山, 居停葉七十爲道其異.

夫帝廟, 非西市也, 神之刀, 非鈇鉞也. 木偶之將軍, 非有血氣知覺指臂運動也. 然異變所激, 則金可使飛, 土可使躍, 塊然之手足可使踰閾而搏. 假令神不馘是子, 其母且不免. 神視子之剚刃其母而不之救, 無爲貴神矣. 然必無是也, 卽使更入他廟, 神之鈇亦皆能躍而馘之也. 蘇子瞻云:'掘井得泉, 水非專在於是.' 而世不察, 或疑爲誕, 或以爲像之靈爽若是而奔走之. 皆窺管刻劍而不達於感應之義者也.

數十年前, 吾郡有祖母抱孫墮池中死者, 畏其子之怒, 避去. 子藏椎僻徑石罅中, 誘其母歸. 過之索椎, 手旣入, 石輒合不可出. 雷火下焚其面, 乃自聲罪, 宛轉石間, 數日死. 以理言, 石豈開闔齧人之物哉? 罪逆之至, 凡其所觸皆爲難矣.

張山來曰 : 閱至不孝子弑逆處, 令人髮指眦裂, 讀至神鉞砍頸處, 令人拍案稱快! 世之敢於悖逆者, 皆以爲未必卽有報應耳. 則曷不取是篇而讀之也?

又曰 : 吾鄕有一人, 負其至戚者, 已非一端. 而猶謂未足, 又欲挾强而貸. 至戚不能緘默, 因訴其族人. 此人遂大詬, 遽逼其母死於至戚之家. 其母固孀居而姑息者也. 雖未如其言, 而此言則亦難逭於神鉞者矣. 吾願世之爲母者, 愼毋姑息而自貽伊戚也.

분금자전(焚琴子傳)

천석(天石) **고채**(顧彩)

분금자는 성이 장씨(章氏)이고 민(閩) 땅의 제생(諸生)이다. 인품이 호탕하여 얽매임이 없었으나, 상심하면 울기를 잘해서 옛날의 당구(唐衢)[1]나 사고(謝翱)[2]와 비슷했다. 그러나 재주는 그들보다 뛰어나서 시문(詩文)을 지을 때면 천 마디 말을 줄줄 써내려갔는데, 한결같이 사람들의 심금을 울리는 그런 글들이었다.

---

1 당구(唐衢) : 당나라 중엽의 시인으로 여러 번 진사시에 응시했으나 합격하지 못했기에 시에 슬픔이 많이 묻어났다. 비애를 쓴 다른 사람의 시를 읽은 후에는 반드시 울었다. 일찍이 태원(太原)에 놀러갔다가 친구들과 함께 연회를 열었는데, 술이 달아오르자 크게 울었다. 그래서 당시 사람들은 당구가 잘 운다고 말했다. 이 일은 당나라 이조(李肇)의 『당국사보(唐國史補)』 중권과 백거이(白居易)의 「당구를 슬퍼하다[傷唐衢]」 시 두 수, 『구당서(舊唐書)』 「당구전」에 보인다. 후대에는 슬프고 실의한 전고로 많이 사용되었다.

2 사고(謝翱) : 송나라 때 장계(長溪) 사람으로 문천상(文天祥)과 친했는데, 문천상이 죽었다는 소식을 듣고 슬픔을 참지 못하고 세상을 떠돌아 다녔다. 성품이 아름다운 산수를 좋아하여 서대(西臺)에 올라 「서대통곡기(西臺慟哭記)」를 지었다.

그는 젊었을 적 향시(鄕試)에 응시했다. 주 시험관은 그의 문장이 대단히 마음에 들었지만 오책(五策)을 보니 시사(時事)를 진술함에 과한 점이 있었다. 변방의 오랑캐를 가리켜 반역의 뜻을 감추고 있다고 한 대목을 읽고 주 시험관은 너무 두려워 감히 그를 합격시키지 못했다. 그래서 분금자는 결국 낙방했다. 이에 제생 되기를 포기하고는 고산(鼓山)의 이른바 천풍해도정(天風海濤亭)[3]에 올라 북으로 도성을 바라보며 목 놓아 통곡하며 말했다.

"천하에 장차 난리가 일어날 판이다. 나와 같은 사람 몇 명을 얻어 군사와 농경과 재정과 조세 등 큼직한 정무를 맡긴다면 그래도 진압할 수 있을 터이거늘, 답답하게도 저 젊은 서생[4]들이 영웅을 곤궁하게 만들고, 젖내 나는 애들이 조정에 올라 고기를 먹고 있으니,[5] 대체 뭐 하는 짓이란 말인가! 뭐 하는 짓이란 말인가! 내 장차 시서(詩書)를 불태우고 붓을 부러뜨려 다시는 글을 짓지 않으리라!"

얼마 후 변방에서 변란이 빈번히 발생하여 민 땅도 전쟁에 피폐해졌다. 모두 분금자가 예측했던 대로 된 것이다.

분금자는 뜻을 얻지 못하고서 조주(潮州 : 지금의 廣東省 潮州市)로 유람을 나섰다. 조주자사(潮州刺史) 한문공(韓文公)의 사당을 지날 때, 그가 지은 「악어를 쫓아버리는 글」[6]을 읽고 통곡했다. 소주(韶州 : 지금의 廣東省 韶關市 남쪽) · 혜주(惠州 : 지금의 廣東省 惠州市) · 광주(廣州 : 지금의 廣東省 廣州市) · 뇌

3 천풍해도정(天風海濤亭) : 남송 순희연간(淳熙年間 : 1174~1189)에 지어졌다. 지금 복건성(福建省) 복주시(福州市) 고산(鼓山) 정상에 있다.

4 젊은 서생 : 원문은 '청금자(靑衿子)'로, 젊은 서생들을 가리킨다.

5 고기를 먹고 있으니 : 원문은 '식육(食肉)'으로 높은 관직에 오르는 것을 말한다. 이 말은 원래 『좌전(左傳)』 「장공(莊公)10년」의 "고기를 먹는 사람이 어리석어 멀리 꾀할 수 없구나[肉食者鄙, 未能遠謀]"에서 나왔는데, 두예(杜預)는 "고기를 먹는 사람은 관직에 있는 사람이다[肉食, 在位者]"라고 주를 달았다.

6 조주자사(潮州刺史) …… 글 : 한문공은 당나라 문인 한유(韓愈)이다. 그는 조주자사로 폄적되어 왔을 때, 악어가 백성들에게 해악을 끼치는 것을 보고 「악어에게 올리는 제문[祭鰐魚文]」을 지어 악어를 쫓아냈다.

주(雷州 : 廣東省 雷州市) 등을 거치면서는 풍토병으로 인해 고통 받는 영해(嶺海 : 嶺南. 지금의 廣東省 · 廣西省 · 海南省과 베트남 북부 지역) 지방을 보고 가슴 아파했다. 구래공(寇萊公)[7]이 뇌주로 폄적되었을 때 마른 대나무에서 죽순이 돋고[8] 촛농이 언덕을 이루었다더니[9] 그 풍류가 여전히 남아있구나 생각하며 슬피 곡했다. 자고새가, "형, 가면 안 되요[行不得哥哥]"[10]라고 내는 소리를 들으면 목메어 울면서 자고 소리를 어지럽혔다.

한참 뒤에 분금자는 혜주의 스님 상진(上振)에게서 거문고를 배워 음절의 절묘함을 깨달았다. 귀향길에 올라 이름을 바꾸고 거문고를 연주하면서 이리저리 떠돌다 민 땅으로 들어왔다. 왕공대인들이 다투어 모셔다가 그의 거문고 연주를 들었다. 그에게서 배우기를 원하는 사람도 있었는데, 잘하기는 했지만 끝내 그의 수준에는 미치지 못했다. 한참 뒤에 어떤 장군이 변방에서 와서 민성(閩省)에 주둔했는데, 거문고를 좋아하여 후한

---

7 구래공(寇萊公) : 북송의 정치가 내국공(萊國公) 구준(寇準)을 말한다. 구준은 자가 평중(平仲)으로 경덕(景德) 원년(1004)에 거란족이 침공할 때 재상에 임명되었다. 왕흠약(王欽若)의 무리가 남쪽으로 수도를 천거할 것을 주장하자 이에 반대하여 거란족과 싸울 것을 적극적으로 주장했다. 진종(眞宗)에게 단주(澶州)에서 싸울 것을 재촉하여 결국 요(遼)와 단연지맹(澶淵之盟)을 맺었다. 얼마 되지 않아 왕흠약의 무리들에 의해 재상의 직책에서 물러났다. 천희(天禧) 원년(1017)에 다시 재상에 복직되어 내국공에 봉해졌으나 4년 뒤에 다시 왕흠약의 무리에 의해 관직을 박탈당했다. 후에 뇌주(雷州)에 폄적되어 그곳에서 죽었다. 시에 능하였고 지금 『구충민공시집(寇忠湣公詩集)』 3권에 세상에 전한다.

8 마른 대나무에서 죽순이 돋고 : 원문은 '고죽생순(枯竹生筍)'이다. 구준은 사후 낙양(洛陽)에 안장키로 했다. 구준의 장례 행렬이 호북성(湖北省) 공안현(公安縣)을 지나갈 때 그곳 백성들은 길가에서 구준을 위해 제를 올리고 절을 하면서 대나무 가지 하나를 땅에 꽂고 지전을 걸었다. 몇 개월 뒤에 대나무가 말랐는데, 마른 대나무 아래에서 죽순이 돋아나고 있었다고 한다. 그것을 본 백성들은 이에 감동하여 그곳에서 사당을 짓고 매년 제사를 올렸다고 한다.

9 촛농이 언덕을 이루었다더니 : 원문은 '납루성퇴(蠟淚成堆)'이다. 이 말은 사마광(司馬光)이 아들 사마강(司馬康)에게 근검절약이 미덕임을 가르칠 때 「훈검시강(訓儉示康)」이라는 글에서 구준을 예를 들어 말하면서 사용했다. 구준은 젊어서 귀해져서 평소에도 사치를 일삼아 화장실에도 촛불을 켜두었는데, 이 때문에 촛농이 언덕을 이루었다고 한다.

10 "형, 가면 안되요" : 자고의 울음소리를 흉내 낸 것으로 가는 길이 험난함을 말한다.

예를 갖추어 분금자를 초대해서는 군영에서 연주하게 했다. 장군은 상석에 자리 잡고 앉아 옆에 자리 하나를 마련해 분금자에게 앉혔다. 그러자 분금자가 화난 눈으로 장군을 보며 말했다.

"저는 만 권의 책을 두루 통달하였으나 명공(明公)께서는 단지 말 위에서 검과 창을 쓰는 법만 아시니, 제가 어찌 문하의 사람이 될 수 있겠습니까? 어찌하여 손님의 예로 대해주지 않고 옆자리의 모욕을 주십니까? 저는 거문고를 연주할 수 없습니다!"

그리고는 옷자락을 떨치며 뒤도 돌아보지 않고 곧장 나가버렸다. 장군은 부끄러워하며 내려가 대등한 예[11]로써 사죄하고 억지로 그를 붙잡았다. 이에 그는 윗자리에 앉아 거문고를 연주했다. 장군은 훌륭하다고 칭찬했고 좌우의 사람들도 모두 공손히 경청했다. 그러나 소리가 처량하면서도 급박한 것이 진음(秦音)[12]처럼 들렸다. 분금자가 말했다.

"거문고는 천하에서 지극히 조화로운 물건입니다. 저의 거문고 소리는 조화롭기가 마치 난새와 봉황의 소리 같았습니다. 그런데 지금은 나뭇가지에 매미 잡는 사마귀가 있는 것도 아닌데 거문고 줄에서 갑자기 서북쪽의 싸늘한 바람소리가 나니, 어째서 일까요? 혹 군중에 장차 경계해야할 일이 생기려는 것 아닐까요?"

연주를 마치자 삼군(三軍)의 병사들이 모두 탄식했고 눈물을 흘리는 병사도 있었다. 분금자는 진탕 취해서 통곡하며 말에 올라 떠나갔다. 장군이 그에게 금을 주었지만 받지 않았다. 후에 이 군대는 해징(海澄 : 지금의 福建省 龍海市 海澄鎭)에서 패배했다.

오랜 시간이 지나자 민 땅 사람들은 분금자를 금사(琴師)로 여겼으며 강절(江浙) 일대의 사람들 중에도 그의 명성을 들은 자가 많았다. 그러나 권세가라 해도 예로써 대우하지 않으면 불러도 가지 않았고 가도 오래

11 대등한 예 : 원문은 '항례(抗禮)'로 대등하고 평등한 예로써 상대하는 것을 말한다.

12 진음(秦音) : 서북 지역은 원래 진(秦)나라 땅이었기 때문에 진음이라고 불렸다. 음조가 높고 격동적이며 반주가 분명해서 비장하고 처량한 감정을 잘 나타낼 수 있다.

머물지 않았다. 술을 마시고 귀까지 벌게질 때면, 거문고를 땅에 내던지고 큰 술잔 가득 술을 따르고선 고담준론을 늘어놓아 손님들을 놀라게 했다. 고금의 득실을 말할 때면 노학자나 뛰어난 유학자, 그리고 세상을 다스리는 이치에 깊이 통달한 사람이라 할지라도 반박하지 못했다.

가장 아끼는 하인 중에 금란(金蘭)이라는 아이가 있었는데, 거문고를 잘 연주해서 홀로 분금자의 기예를 전수받았다. 그는 항상 시(詩) 자루[13]를 짊어지고 분금자를 따라 수십 리 밖을 유람했다. 분금자가 시를 완성하면 금란은 곧 베껴 써서 한 질 가득 엮었다. 손님이 분금자를 찾아왔다가 만나지 못하면 금란이 대신 정성껏 대접하며 분금자가 쓴 훌륭한 시구도 보여주었다. 이 때문에 사람들은 자못 기이하게 여기면서, 분금자가 비상한 재주를 가졌으나 뜻을 얻지 못하고서 거문고를 연주하며 숨어 산다고 생각했다. 그러나 당시 세도가들 중에 끝내 그를 추천하는 사람이 없어 그는 미친 척 하며 살다가 죽었다.

분금자는 부부사이가 돈독했다. 부인 진씨(陳氏)는 생보다 열 살이 적었지만 제법 글도 읽었고 음악도 좋아했다. 분금자가 안에 들어가 부인을 위해 거문고를 연주할 때면, 차 향기가 창문 틈으로 새어 들어오고 어른거리는 머리카락 그림자[14]가 서로 바라보며 즐거워했는데, 이것이야말로 규방의 고상한 일과[15]이자 인생의 운치라고 여겼다. 어느 날 갑자기 부인에게 말했다.

---

13 시(詩) 자루 : 원문은 '해낭(奚囊)'이다. 당나라 이상은(李商隱)의 「이장길소전(李長吉小傳)」에 보면 "이하(李賀 : 이장길)는 매일 아침 나가 여러 선비들과 노닐 때면 항상 남자 서동(書童)을 따르게 하고는 나귀를 타고 등에는 낡은 비단주머니를 메고서 감흥을 얻는 바가 있으면 즉시 글로 써서 주머니에 담았다[每旦日出, 與諸公遊, 恒從小奚奴, 騎距驢, 背一古破錦囊, 遇有所得, 卽書投囊中]"라고 했는데, 후에 시를 담은 주머니를 해낭이라고 불렀다.

14 머리카락 그림자 : 원문은 '빈영(鬢影)'으로 머리카락 그림자를 말한다. 이 말은 본래 당나라 낙빈왕(駱賓王)의 「옥중에서 매미를 읊다[在獄詠蟬]」 "어찌 감히 네 검은 머리 그림자로 나의 흰 머리 노래를 대적할꼬[那堪玄鬢影, 來對白頭吟]"에서 나왔다.

15 고상한 일과 : 원문은 '청과(淸課)'이다. 원래는 불교에서 날마다 하는 수양과목인데, 후에 고상한 수업을 가리키기도 했다.

"내 들으니 미인박명이라 합디다. 당신은 재주가 이와 같고, 점쟁이들 대부분이 묘(卯)년에 죽게 될 것이라 말하고 있으니, 혹 당신이 저 하늘나라 사람이라 이제 곧 떠나야하는 게 아닐까 싶소."

그리고는 슬픔에 겨워 「별곡이란(別鵠離鸞)」이란 곡을 연주하며 말했다.

"거문고 소리가 조화로운 걸 보니 나와 당신은 그래도 별 탈 없을 것 같은데, 일곱 번째 줄이 뜬금없이 끊어지는 걸 보니, 젊고 지혜로운 자가 일을 당할 것 같소."

며칠 후에 금란이 죽었다. 분금자는 시신을 어루만지며 통곡하면서 슬픔을 이기지 못해하다가 몇 말의 피를 토해냈다. 분금자가 말했다.

"내가 죽으면 「광릉산(廣陵散)」[16]도 끊기겠구나."

그리고는 끝내 거문고를 불살라버리고 다시는 연주하지 않았으며 이로 인해 스스로를 '분금자'라 불렀다. 강희(康熙) 정사년(1677)[17]에 마흔 아홉의 나이로 죽었다. 듣기에 그의 아내는 그가 죽기 1년 전에 먼저 죽었다고 한다.

고자(顧子 : 顧彩)가 말한다.

나는 분금자의 일을 장주(漳州 : 지금의 福建省 雲霄縣) 별가(別駕) 진(陳) 아무개에게서 들었다. 별가는 나에게 매우 상세히 말해주면서, 어서 그를 위해 전기를 지어주라고 했으니, 별가는 아마도 옛날의 이른바 정 깊은 사람인가 보다. 분금자는 젊어서 문장을 잘 지었으나 문장으로 뜻을 얻지 못하자 유람을 다녔다. 그러다가 한편으로는 거문고에 마음을 의지하고, 다른 한편으로는 통곡에 마음을 의지했다. 하지만 죽을 때까지 그의

16 「광릉산(廣陵散)」: 금곡(琴曲) 이름이다. 『진서(晉書)』「혜강전(嵇康傳)」에 보면 삼국시대 위(魏)나라의 혜강이 이 곡을 잘 연주했는데, 다른 사람에게 전수하지 않았다. 후에 참소를 당해 죽게 되자 형장에서 금을 연주하며 "「광릉산」이 이제 끊어지는구나!"라고 말했다고 한다. 그래서 후에 전수자가 없는 것을 '광릉산'이라고도 말했다.

17 정사년 : 원문에는 '을사년(乙巳年)'이라고 되어 있으나 강희연간(康熙年間 : 1662~1723)에 을사년이 없는 것으로 보아 정사년(丁巳年)의 오기인 듯 하다.

재주를 알고 등용해 주는 사람이 없었으니, 그가 상심하여 거문고를 부순 것도 당연한 일이다. 그러나 분금자가 남긴 풍류와 운치는 붉은 산 푸른 물 사이에 고스란히 남아, 지금까지도 고산의 정자에 오르면 그의 통곡소리가 들리는 듯하다. 학으로 변하여 돌아온 것인가? 바람 이는 솔숲에서 들리는 밤에 뜯는 거문고 소리, 텅 빈 산에서 울리는 귀신의 울음소리, 그 어디엔들 분금자가 없으리요? 슬프구나!

장산래가 말한다.

내 불우했던 문인들을 살펴보니, 종종 원망하고 실의에 빠져 불평의 소리를 내었다. 나는 속으로 그들을 비난하면서, '너희들이 설사 뜻을 얻었다 하더라도 반드시 공을 세웠으리라는 법은 없으며 고기나 먹는 사람[18]과 똑같아졌을지도 모를 일이다'라고 생각했다. 그런데 지금 분금자의 도량과 식견을 살펴보니, 실로 일반사람을 뛰어넘는 바가 있다. 불우했던 문인들 중에 인재가 없다고 말해서는 안 된다.

焚琴子者, 姓章氏, 閩之諸生也. 爲人磊落不羈, 傷心善哭, 類古之唐衢・謝翶. 而才情過之, 爲詩文, 下筆累千言, 皆感人心脾.

少應鄕試. 文已爲主司所賞, 及觀五策, 指陳時事太過. 至斥邊藩以爲包藏叛志, 主司乃懼不敢錄. 遂下第. 生遂棄諸生不爲, 登鼓山所謂天風海濤亭者, 北望神京, 痛哭失聲曰: "今天下將有變. 得如余者數輩, 委以兵農財賦諸大政, 猶可鎭定, 顧乃鬱鬱以靑衿子困英雄, 俾兒曹口臭者登廊廟而食肉, 誠何爲哉! 誠何爲哉! 余且燒其詩書, 絶筆不爲文矣!" 旣而疆埸多故, 閩亦疲於兵革. 悉如生所料云.

生旣不得志, 出遊於潮. 過潮刺史韓文公廟, 讀其「逐鰐文」, 哭之. 又歷韶・惠・廣・雷諸郡, 悲嶺海之烟瘴. 思寇萊公謫雷時, 枯竹生笋,

---

18 고기나 먹는 사람: 주석 5를 참조하시오.

蠟淚成堆, 風流如在也, 則又哭之哀. 聽鷓鴣作"行不得哥哥"聲, 則抗音而哭以亂其鳴.

久之, 學琴於惠州僧上振, 得其音節之妙. 遂歸, 變姓名, 以琴遊入閩. 王公大人爭延致而聽其琴. 有願從而學者, 雖善, 然終莫能及也. 久之, 有將軍自塞上來, 駐防閩省, 嗜琴, 厚禮延生, 使鼓琴於幕下. 將軍據上坐, 而置一座於旁, 命生坐. 生怒目視將軍曰 : "吾博通萬卷書, 而明公惟知馬上用劍槊, 吾豈爲若門下士耶? 奈何不以賓禮見而屈於傍? 吾不能鼓琴矣!" 奮衣徑出, 不顧. 將軍慚, 下與抗禮謝罪, 强留之. 乃踞上坐爲一鼓琴. 將軍稱善, 左右無不竦聽. 然其聲凄愴噍殺, 有秦音焉. 生曰 : "琴者, 天下之至和也. 吾琴雝雝如鸞鳳鳴. 今枝上無螳螂捕蟬, 而絃中忽變西北肅殺聲, 何也? 豈軍中殆將有警耶?" 撫琴畢, 三軍之士皆爲嗟歎, 有流涕者. 生盡醉, 痛哭上馬而去. 將軍贈之金, 不受. 後此軍淪於海澄焉.

久之, 閩人目生爲琴師, 雖江浙間, 頗多聞其名者. 然當道不以禮遇, 招亦不往, 往亦不爲久留. 常酒後耳熱, 捽琴於地, 引滿大卮, 放言高論, 驚其座賓. 談古今得失, 雖老師宿儒, 深通經濟者, 不能難也.

其最愛童子曰金蘭, 亦善琴, 獨得生傳. 常負奚囊從生遊數十里外. 生詩成, 金蘭輒繕錄之盈帙. 客訪生不遇, 金蘭代爲款接, 以生驚人句示人. 由是人頗異之, 以爲抱負非常之士, 不得志而隱於琴. 然當事卒莫有薦之者, 竟佯狂以卒云.

生篤於伉儷. 婦陳氏, 少生十歲, 亦頗知書嗜音. 生嘗入爲其妻鼓琴, 茶香入牖, 鬢影蕭疏, 顧而樂之, 以爲閨房淸課, 亦人生韻事. 忽一日謂其婦曰 : "吾向聞紅顔薄命. 卿才情如此, 而推命者多言歲行在卯當死, 豈汝亦天上人, 不久當去耶?" 因感慨悲傷, 爲彈「別鵠離鸞」之曲, 曰 : "琴音和, 吾與汝尙無恙, 然第七弦無故忽絶, 少而慧者當之." 居數日, 金蘭死. 生撫屍一哭, 不勝其悲, 吐血數斗. 曰 : "吾死後, 「廣陵散」絶矣." 遂焚其琴, 不復鼓也, 因自號'焚琴子'. 生至康熙乙巳, 年四十九,竟卒. 聞其婦先亡一歲云.

顧子曰 : 焚琴子之事, 余蓋聞之漳州陳別駕云. 別駕爲余言最詳, 因囑余急爲立傳, 殆古之有心人也. 觀生之少而肆於文, 文不得志而遊. 一寄於琴, 再寄於哭. 卒之無有識生之才而用之者, 宜其傷於情而碎於琴也. 然生流風餘韻, 宛在丹山碧水之間, 迄今登鼓山之亭, 如聞其哭焉. 生其化鶴而來歸乎? 松風夜弦, 空林鬼哭, 生何往而不在也? 悲哉!

張山來曰 : 予嘗觀文人之不得志者, 往往怨尤侘傺作不平之鳴. 心竊議之, 以爲'若輩卽使得志, 亦未必能有所樹立, 僅與肉食者等耳'. 今觀焚琴子之器識, 誠有度越尋常者. 未可謂此中無人也.

사씨자전(四氏子傳)

금목(琴牧) 장명필(張明弼)

사씨자는 만력연간(萬曆年間 : 1573~1619) 초에 살았던 오(吳 : 지금의 江蘇省 남부와 浙江省 북부 일대) 땅 사람이다. 원래 성과 이름이 있었지만 사람들이 사씨자라고 불러서 이것이 이름이 되었다. 사씨자는 비록 집안이 가난했지만 양반 가문[1] 출신이었기 때문에 처음에는 선비의 무리들이 그와 더불어 사귀었다.

그의 몸속에는 총명함과 미치광이 기질이 반반씩 있었는데, 각각 드러날 때가 달랐다. 총명함이 드러날 때면 시문도 지었는데, 직접 짓고 직접 쓰고 직접 읊기도 하여서 마치 걸작[2]이라도 나온 양 사방에 명성이 자자했다. 그러나 그가 미치광이 기질이 드러날 때면 천지도 뒤바뀌고

1 양반 가문 : 원문은 '청문(淸門)'으로 지위는 높으나 권력을 쥐고 있지 않은 가문이나 학자 집안을 말한다.

2 걸작 : 원문은 '금석(金石)'으로 시문(詩文)의 어조가 아름답고 문사(文辭)가 훌륭한 것을 나타낼 때 사용된다.

흑백도 뒤집으며, [자기와] 가깝고 먼 사이, 원수와 은인을 모두 거꾸로 대하여서, 처자식들 중에도 뜻이 맞는 사람이 없었다. 그의 아비가 호되게 꾸짖었지만 사씨자는 말을 듣지 않았다. 그래서 그를 때렸더니 그 또한 아비를 되받아쳤다. 한참 후에는 늘 아비를 때렸다. 그리고는 논(論)을 지어 말했다.

"아비와 아들 사이는 사랑을 주로 하는 관계인데, 아비가 아들을 때린다면 손을 드는 순간 사랑이 이미 끊긴 것이니, 아들이 어떻게 되받아치지 않을 수 있겠는가? 또한 임금과 아비는 하나다. 임금이 죄를 짓자 탕왕(湯王)과 무왕(武王)[3]은 그들을 쳐서 성인으로 칭송받았다. 그러니 아비에게 죄가 있어 아들이 때렸다면, 현인이라 불릴 수 있지 않겠는가?"

그리고는 또 이론을 세웠다.

"고금을 통틀어 진정한 명인(名人)은 없으니, 남을 욕하고 비난해야만 명성을 얻을 수 있다. 맹자는 양주(楊朱)와 묵적(墨翟)을 비난했고 장주(莊周)는 공자를 비난했으며 한유(韓愈)는 불교를 비난했는데, 저들이 어찌 남 비난하길 좋아해서였겠는가? 명성을 얻기 위해서였을 뿐이다."

사씨자는 양곡(暘谷)[4]을 거쳐 몽사(濛汜)[5]에 이를 정도로 명성이 자자한 당대의 대학자를 만날 때마다 힘을 다해 욕하고 헐뜯었다. 또 웃는 얼굴에 대고 주먹을 휘두르며 말했다.

"이 사람은 재주가 나만 못한데 명성이 내 위에 있으니, 어째서인가?"

간혹 그를 만났다가 큰 욕을 당한 사람도 있었다.

사씨자는 부모를 때리고 형과 형수를 욕했으며, 당대의 훌륭한 사람

---

3 탕왕(湯王)과 무왕(武王) : 은(殷)나라 탕왕은 하(夏)나라의 폭군인 걸왕(桀王)을 내쫓고 은나라를 세웠으며 주(周)나라 무왕은 은나라의 폭군인 주왕(紂王)을 죽이고 주나라를 건설했다.

4 양곡(暘谷) : 해가 뜬다는 상상의 지역이다.

5 몽사(濛汜) : 해가 진다는 상상의 지역이다. 장형(張衡)의 「서경부(西京賦)」에는 "해와 달이 여기에서 들고 나 부상과 몽사를 상징하네[日月於是乎出入, 象扶桑與濛汜]"라는 말이 있는데, 설종(薛綜)은 『초사(楚辭)』를 인용하여 "양곡에서 뜨고 몽사에서 진다[出自陽谷, 入於濛汜]"라고 주를 달았다.

들까지도 헐뜯었기 때문에 온 나라 사람들은 모두 그를 천하게 여기며 점점 그와 교유하지 않았다. 사씨자는 친구가 없어졌다. 형이 자신의 재산을 떼어 그를 먹여주었으나 사씨자는 만족하지 못하고서 조금이라도 고생스러우면 더욱 조급하고 방자하게 굴었다. 그는 책을 내던진 채 읽지 않았는데, 『세설신어(世說新語)』와 『수호전(水滸傳)』만은 즐겨 읽었다. 한번은 어떤 사람이 사씨자 집 문을 두드리자 화를 내며 말했다.

"누가 감히 대감 집 문을 두드리느냐?"

그러자 그 사람이 말했다.

"나요!"

사씨자가 말했다.

"누가 나고 나가 누구냐?"

그리고는 급히 큰 몽둥이를 가져다가 그의 정강이를 내리쳤다. 사씨자는 밖에 나갔다가 그에게 머리를 숙이는 사람을 만나면 "나를 피하는구나!"라고 말하면서 욕을 했으며, 상대가 맞서 욕하면 서로 치고받고 싸움을 벌였다. 머리를 쳐든 사람을 만나면 "나에게 으스대는 것이냐!"라고 말하면서 또 욕을 했으며, 상대가 맞서 욕하면 또 서로 치고받고 싸움을 벌였다. 이러다보니 사씨자가 가는 곳마다 사람들은 문을 걸어 잠갔다. 사씨자는 사람들 앞에서 자기랑 싸운 사람에게 죄를 뒤집어씌우며 말했다.

"저 사람 자기 마누라가 나에게 잘 대해 준다고 나를 원수 취급하는 것이오. 설령 그렇기로서니, 그게 내 죄요?"

그리고는 소매에서 물건 하나를 꺼내며 말했다.

"이것은 아무개 마누라의 팔찌인데, 이걸로 나를 유혹했소."

경박한 사람들은 다투어 말을 전하면서 저마다 심한 말과 모진 말을 이 사람 저 사람에게 뒤집어 씌우는 통에, 마을에 고결한 집안이라곤 거의 남아나지 않았다. 사씨자의 아내는 치우침이 없는 사람이었다. 아내가 [그러지 말라고] 말리면 그는 주먹다짐하며 말했다.

"내가 그 마누라한테 잘해주었다고 너도 그 남편 편을 드는 게냐!"

아들들은 나이가 들면서 속으로 아비를 비난했으나 감히 말로 하지는 못했다. 이윽고 온 마을 사람들이 그의 거짓됨을 알게 되어 집집마다 서로 단속하며 "절대 사씨자와 어울리지 마라. 그 놈과 서서 이야기를 하면 반드시 죽을 날이 올 것이다!"라고 말했다. 원수끼리라도 "그 놈은 더러운 돼지요! 옛날에 개돼지가 측간 속에 엎드려 있다가 사자가 지나가는 것을 보고는 똥물을 덮어쓰고 사자를 모욕하니 사자가 감히 다가가지 못했다 하오. 지금 사씨자는 오물을 덮어쓴 돼지나 마찬가지니 그냥 피할 뿐 그와 상대하지 마시오"라며 주의를 주었다. 그래서 사씨자는 성시에 살면서도 빈 오두막에 사는 꼴이 되어버렸다. 저자거리로 나가도 닭과 개, 그리고 초목만 보일 뿐, 사람은 단 한 명도 만날 수 없었다. 그리하여 사씨자는 더더욱 어울릴 사람이 없어졌다. 그는 『세설신어』 속 조정(祖珽)이 상투에서 파라(叵羅)[6]를 얻고 소매에서 금 그릇을 얻은 부분을 읽고는 물건을 보면 곧 품에 넣었다.[7] 간혹 무리를 이끌고 빼앗긴 물건을 찾으러 쫓아와 수천 명 앞에서 이름 부르며 손가락질을 해도, 다른 사람 같으면 부끄러워 쥐구멍에라도 들어가고 싶겠지만 사씨자는 태연하게 천천히 걸으면서 전혀 개의치 않았다. 또 남당(南塘)을 밤에 다녀온 일[8]과 양산(梁山)에 울짱 쌓는 일[9]을 해보고 싶어 한 해가 다 지나도록 사람을 모았다. 그러나 아무도 그와 함께 일을 하고 싶어 하지 않았다.

---

6 파라(叵羅) : 서역 말을 음역한 것으로 서역에서 사용되던 술잔을 말한다. 입구가 넓으며 속은 깊지 않다.

7 그는 『세설신어』 …… 넣었다 : 『세설신어』에는 보이지 않고 『북제서(北齊書)』 「조정전(祖珽傳)」에 이와 관련된 기록이 보이는데, 조정이 연회에 참가했다가 파라와 금 그릇을 탐내어 상투와 소매 속에 그것을 숨겨 돌아왔다는 내용이다.

8 남당(南塘)을 밤에 다녀온 일 : 『세설신어』 「임탄(任誕)」을 보면 조적(祖逖)은 원래 검소하여 좋은 물건들이 없었는데, 남당에 다녀온 후로 진귀한 물건이 많아졌다고 한다.

9 양산(梁山)에 울짱 쌓는 일 : 『수호전』에서 108명의 영웅들이 양산박(梁山泊)에 모인 일을 말한다.

이렇게 십여 년이 지나자 사씨자는 퍽 후회스러웠다. 한 친척이 그에게 조용히 말했다.

"선비가 되어 부모를 때린 것은 어째서인가?"

그가 대답했다.

"부모님께 장난친 것일 뿐 언제 힘껏 때린 적이 있습니까? 게다가 때린 것을 뉘우치고[10] 있으니 반드시 술을 사서 맺힌 한을 풀어드리겠습니다."

"형과 형수를 욕한 것은 어째서인가?"

그가 대답했다.

"역시 장난쳤을 뿐입니다! 당신이 내 형과 형수의 몸에서 내가 욕보인 흔적을 발견한다면 저는 죄를 받아 마땅할 것입니다."

"가족이나 친구들과의 관계를 모두 끊은 것은 또 어째서인가?"

그가 대답했다.

"애초에 모두 장난이었을 뿐입니다. 하지만 친척과 친구들 중에 사물의 이치에 통달한 사람이 하나도 없어서, 저만 봤다하면 물건 취급하면서 어울리려 하지 않았으니, 저들이 저를 끊은 것이지 어찌 제가 그들을 끊은 것이겠습니까?"

친척이 말했다.

"자네는 매번 박식한 사람이나 사물의 이치에 통달한 선비를 비난하며 그들이 자네보다 못하다고 여겼는데, 이것은 또 어째서인가?"

사씨자가 말했다.

"모두 장난입니다. 장난으로 저 강물이 내 집 연못만 못하다고 말했던 것입니다. 강과 연못은 서로 위치가 바뀔 수 없으니, 어찌 장난이 아니겠습니까?"

친척이 말했다.

10 뉘우치고 : 원문은 '모(侮)'로 되어 있으나 회(悔)의 오기인 듯 하다.

"만약 자네가 장난친 것이라면 그만이지만, 이제 명예도 망치고 몸도 욕되어 아비와 형도 자네를 아들과 동생으로 여기지 않고, 교유하는 사람도 친구로 여기지 않네. 누추한 집에 머물며 위로는 비새고 아래로는 습기 차며 밥 짓는 연기도 끊어지고 양식도 바닥났는데, 어찌하여 모두 장난이었다며 잘못을 빌어보지 않고 이처럼 원망하고 낙담하며 지내는가?"

사씨자는 묵묵히 아무런 대답도 하지 못했다.

얼마 지나지 않아서 어려서부터 총명했던 큰 아들 아무개가 약관이 될 무렵 갑자기 광질(狂疾)을 앓더니 온종일 중얼거리며 사람을 욕했다. 그가 욕하는 소리를 들어보면 모두 그 아비 사씨자를 욕하는 것이었다. 사씨자가 오면 아들은 그의 죄를 일일이 열거하며 때렸다. 사씨자는 울부짖었지만 피할 수 없었다. 어떤 사람이 말하길 사씨자의 아비가 매질당할 때보다 더 비참했다고 했다. 사씨자가 아들을 묶어 방에 가두면 아들은 나무 하나를 아비로 삼아 그것을 꾸짖으며 말했다.

"부모를 때릴 수 있느냐?"

또 대신 대답하며 말했다.

"안됩니다!"

아들이 말했다.

"매 맞아 마땅하구나!"

그리고는 하루에 수백 대씩 매질했다. 나머지 죄목도 모두 이런 식으로 묻고 대답하며 매질했다. 몇 년 후에 아들은 결국 미쳐 죽었다.

외사씨(外史氏)가 말한다.

나 또한 사씨자를 알고 있다. 키는 채 4척이 못되고 눈은 먹이를 찾는 소리개처럼 번뜩이며 턱과 뺨은 싸움닭처럼 매섭고 기세는 깨진 기와를 품고 가시를 안고 있다가 닿기만 하면 쏘아댈 것만 같았다. 마을 사람들은 그가 어리석고 간사하여 벗 삼을 수 없는 것은 혼돈(渾敦)[11] 같고, 교화할 수 없고 말을 알아듣지 못하는 것은 도올(檮杌)[12] 같으며, 나쁜 말을 하고 착한 사람을 멸시하며 재물을 탐하는 것은 궁기(窮奇)나 도철(饕餮)[13]과 비슷하다고 말했다. 그는 네 가지 흉수(凶獸)의 특징을 골고루 갖추고 있다고 여겨져 '네 짐승의 아들[四氏子]'이라고 불리게 되었다. 그러나 사씨자는 죄를 수긍하지 않고 "내가 한 행동은 모두 장난이었을 뿐이다!"라고 말했다. 비록 그렇다 쳐도, 사씨자는 장난이었다지만 그의 아들이 나무에게 죄를 일일이 열거하면서 날마다 매질한 것이 어찌 또한 장난으로 미친 것이었겠는가? 설마 장난으로 풍간하는 것인가? 그 아들이 죽

11 혼돈(渾敦) : 혼돈(渾沌)으로도 쓰인다. 『산해경(山海經)』「서산경(西山經)」에 보면 "이곳의 어떤 신은 그 형상이 누런 자루 같은데, 빨간 불꽃처럼 붉고, 여섯 개의 다리와 네 개의 날개를 갖고 있으며 얼굴이 전연 없다[有神焉, 其狀如黃囊, 赤如丹火, 六足四翼, 渾敦無面目]"라고 되어 있다. 또한 『좌전(左傳)』「문공(文公)18년」에는 "옛날에 제홍씨(帝鴻氏)에게 못난 아들이 있었는데, 의로운 사람을 억누르고 도적을 감싸주며 악업을 일삼고 못생기고 악한 것들 또는 사리에 통하지 않는 어리석은 것들 그리고 사람 같지 않은 것들과 친밀히 지내니 천하의 사람들이 그를 혼돈이라 불렀다[昔帝鴻氏有不才子, 掩義隱賊, 好行凶德, 醜類惡物, 頑嚚不友, 是與比周, 天下之民謂之渾敦]"라는 문장이 보인다.

12 도올(檮杌) : 중국 전설상에 나오는 '사흉(四凶)'의 하나이다. 어떤 사람은 곤(鯀)이라고도 한다. 『좌전』「문공18년」에는 "전욱씨(顓頊氏)에게 못난 아들이 있었는데, 사람 되게 가르칠 수가 없고, 좋은 말을 분별할 줄 몰라 좋은 말을 해주어도 거부하며 받아들이지 않고, 제멋대로 하게 놓아두면 허튼 말을 지껄이고 큰 덕을 지닌 사람을 무시하면서 하늘의 도를 어지럽히니, 천하의 사람들이 그를 도올이라 불렀다[顓頊氏有不才子, 不可教訓, 不知話言, 告之則頑, 舍之則嚚, 傲很明德, 以亂天常, 天下之民謂之檮杌]"고 했는데, 두예(杜預)의 주를 보면 "곤이라고 한다[謂鯀]"라고 되어있다.

13 궁기(窮奇)나 도철(饕餮) : 중국 고대 악인(惡人)의 호칭이다. 『좌전』「문공 18년」에 따르면 "소고씨(少皞氏)에게 못난 아들이 있었는데, 신의를 망치고 충성을 어지럽히며 악담을 좋아하여 말을 꾸며하고, 남한테 나쁜 말을 듣고도 아무렇지 않게 여기며 말은 그럴싸하게 하면서 이치에 맞지 않는 행동을 하고 남을 헐뜯고 나쁜 사람을 숨겨주면서 덕 있는 훌륭한 사람을 무고하니, 천하의 사람들은 그를 궁기라 불렀다[少皞氏有不才子, 毁信廢忠, 崇飾惡言, 靖譖庸回, 服讒蒐慝, 以誣盛德, 天下之民謂之窮奇]"고 한다. 도철은 사흉의 하나이자 원래 중국 전설 속에 나오는 탐욕스럽고 잔학한 괴물이다. 『신이경(神異經)』「서남황경(西南荒經)」에 보면 "서남쪽에 있는 어떤 사람은 몸에 털이 많으며 머리 위에는 돼지를 쓰고 있다. 탐욕스럽고 포학해서 재물을 쌓아두는 것을 좋아했지만, 곡식은 먹지 않았다. 강할 때는 노약자를 강탈하고 무리가 두려우면 혼자 있는 사람을 덮치는데, 그를 도철이라 부른다[西南方有人焉, 身多毛, 頭上戴豕. 貪如狠惡, 好自積財, 而不食人穀. 彊者奪老弱者, 畏群而擊單, 名曰饕餮]"고 한다.

은 것도 장난으로 죽었다고 말할 수 있는가? 그 아비가 미친 것인데 도리어 아들이 미쳤다고 부르짖었고, 아들이 나무를 아비 삼아 매질한 것이 장난인데 아비는 또 자신의 모든 죄가 장난이었다고 했다. 모두 미혹된 짓이다. 하늘도 오랫동안 고민했나보구나![14] 아들의 입과 손을 하늘의 입과 손 삼아, 날마다 아비의 죄를 열거하고 날마다 그를 매질하였으니, 잔혹하고도 교묘하도다! 아아! 하늘이야말로 진짜 장난을 쳤구나! 어찌 사씨자가 장난을 쳤겠는가?

장산래가 말한다.

세상에 이런 사람이 어디 진짜로 있겠는가? 그러나 '내가 또한 그를 안다'고 말한 것을 봐서는 정말로 그런 사람이 있었던 것도 같다. 하늘이 이러한 사람을 낸 것이야 말로 장난에 가까운 것이라, 후회[15]가 없을 수 없었을 것이다. 나중에 그 아들의 손을 빌려 교묘하게 갚은 것은 하늘[16]이 자신의 잘못을 덮은 것이었음을 알겠다.

四氏子, 萬歷初吳人也. 有姓名, 四氏子者, 人名之, 因以爲名焉. 氏子家雖貧, 亦産淸門, 凡纓緌之徒, 初皆與游.

顧其體中, 癡黠各半, 亦復各時. 方其黠也, 能作詩文, 自作自書自諷, 聲滿四鄰, 若出金石. 及其癡也, 天地變, 黑白質, 親疏怨德皆相反, 妻孥無協志者. 其父痛諭之, 不從. 則撾之, 氏子亦報撾焉. 久之, 恒撾其父. 既而著爲論曰: "父子主親, 父若撻子, 當其擧手之時, 親誼已絶, 子安得不報撻? 又且君父一也. 君有罪, 湯武誅之, 可以稱聖. 父有罪,

14 고민했나보구나: 원문은 '궤궤(憒憒)'로 번민하고 걱정하는 모양을 가리킨다.

15 후회: 원문은 '모(侮)'라고 되어 있으나 회(悔)의 오기인 듯 하다.

16 하늘: 원문은 '피창(彼蒼)'이다. 『시경 · 진풍(秦風)』「황조(黃鳥)」를 보면 "저 푸른 하늘이여, 우리 훌륭한 사람을 죽이도다[彼蒼者天, 殲我良人]"란 구절이 있는데, 공영달(孔穎達)의 소(疏)에서 "저 푸르고 푸른 것은 위에 있는 하늘이다[彼蒼蒼者, 是在上之天]"라고 했다. 후에 피창은 하늘을 대신 지칭하게 되었다.

子撻之, 容得不號賢乎?" 又立論 : "古今無眞名人, 但能訶詆人則名歸之. 孟子詆楊 · 墨, 莊周詆孔子, 韓愈詆佛, 豈好詆人哉? 自爲名焉耳." 故氏子遇當世大儒, 其聲名經暘谷 · 達濛汜者, 皆極力疵詬之. 且作嗔拳笑面曰 : "是才不如我, 而名居吾上, 何也?" 或相見至有受其大詬者.

氏子旣撾父母, 詈兄嫂, 詆題當世之嶽立者, 國人皆鄙之, 漸不與游. 氏子游甚困. 其兄割貲食之, 氏子未厭, 有所如皆枳棘, 則益卞急自恣. 棄書不讀, 但好『世說』·『水滸』. 嘗有人扣其門, 氏子則怒曰 : "誰敢扣若爺門耶?" 曰 : "我也!" 曰 : "誰爲我, 我爲誰?" 急取大棒擊其脛. 出行, 見人有頫首者, 曰 : "避我耳!" 詈之, 答詈則相搏. 見仰首者, 曰 : "驕我耶!" 亦詈之, 答詈亦相搏. 故氏子有所之輒挂閡. 旣乃以所搏人自嫁於衆曰 : "彼爲彼妻之厚我也, 而讐我. 雖然, 豈予罪哉?" 因出袖中一物曰 : "此某妻之臂飾, 誂我者也." 輕薄者競傳之, 劇言苦語, 各以加人, 遂令邑少潔門. 其妻, 中庸人也. 稍勸之, 氏子則手格之曰 : "吾厚其妻, 爾乃厚其夫乎!" 其子年長, 皆心誹之, 不敢言. 已而邑之人皆知其詭也, 則家相告曰 : "愼毋與四氏子游. 有與立談者, 死期必至矣!" 其怨家亦相告曰 : "此穢豕也! 昔有犬豕臥偃厠中, 見獅子過, 則負溲溺以侮之, 獅子不敢近也. 今氏子負穢來, 謹避之而已, 勿與角也." 於是氏子居都會中, 若空廬. 行巷市間, 惟逢雞犬草木, 不能逢一人也. 氏子游益困. 則念『世說』中祖珽獲髻上叵羅, 袖中金疊, 因遇物卽懷之. 人或率衆追奪, 指名於千百人之前, 他人醜之, 思入壁罅, 氏子坦然徐步, 不以屑意也. 又欲作南塘夜出, 梁山築柵之事, 終歲召人. 人無肯與同役者.

如此十餘年, 頗自悔. 其所親因從容語之曰 : "若爲儒, 而撾父母, 何也?" 曰 : "吾與父母戲耳, 何嘗盡力撻之哉? 且侮撾之, 必沽酒以釋之." "若詈兄嫂, 何也?" 曰 : "吾亦戲耳! 且子視吾兄嫂之身, 有吾詈跡者, 吾當罪." "子之盡絶六親百朋, 又何也?" 曰 : "吾初皆戲耳. 乃吾六親百朋, 無一達人, 見我輒物而不化, 彼絶我, 我寧絶彼耶?" 其人曰 : "子每詆通人達士, 以爲不如子, 又奈何?" 氏子曰 : "盡戲也. 吾戲言江水不如吾沼. 江與沼不移位, 豈非戲耶?" 其人曰 : "若子戲則盡然矣, 今日者, 名敗身辱, 父兄不以爲子弟, 交游不以爲朋友. 處環堵之室, 上漏下濕, 烟斷糧絶, 子何不盡以戲周旋之, 顧怨尤侘傺乃爾耶?" 氏子默然無以應.

無何, 其長子某, 少亦韶令, 將弱忽得狂疾, 終日喃喃詈人. 然聽其所詈, 則皆其父也. 其父至, 則枚數其罪而撻之. 氏子號叫, 不得免. 或言慘於氏子父被撻時. 氏子械子囚諸室, 則以一木爲其父, 詰之曰 : "父母可撾乎?" 又代應之曰 : "不可!" 曰 : "是宜撻!" 日撻至百數. 其餘罪皆然. 數年, 竟狂死.

外史氏曰 : 吾猶及識四氏子. 身短不盈四尺, 其目瑩然若攫食之鴟, 頤頰矜張若索鬪之鷄, 其氣如含瓦礫, 抱荊棘, 有觸卽摘射. 邑人謂其頑嚚不友, 似渾敦, 不可敎誨, 不知話言, 似檮杌, 惡言誣善, 貪冒貨賄, 又似窮奇·饕餮. 以爲兼有四氏之長, 故目爲 '四氏子'. 而四氏子不肯受也, 曰 : "凡吾所爲皆戲耳!" 雖然, 四氏子戲, 其子數木之罪而日撻之, 豈亦戲狂耶? 或以戲諫耶? 今死矣, 亦可云戲死耶? 夫其父則狂, 而反號其子爲狂, 其子父木而撻之則戲, 而其父反以諸罪爲戲. 皆惑也. 吾疑天公之憒憒久矣! 今乃以其子之口與手, 作天之口與手而日數之, 日撻之, 又酷巧! 嗟乎! 天公則誠戲耳! 四氏子烏乎戲?

張山來曰 : 世豈眞有若人耶? 然觀 '吾猶及識之' 云云, 則是眞有其人矣. 乃知天生若人, 誠近於戲, 當亦未嘗不侮之耳. 後乃假手其子以巧報之, 則彼蒼之文過也.

우초신지 권5

유부인 소전(柳夫人小傳)

중광(仲光) 서방(徐芳)

유부인[1]은 자(字)가 아무개로 우산(虞山) 사람 목재(牧齋) 전종백(錢宗伯 : 錢謙益)[2]의 애첩이다. 지혜롭고 아름다우며 글 솜씨도 빼어났다. 화류계[3]

---

1 유부인 : 유여시(柳如是)를 가리킨다. 유여시는 이름이 시(是), 자가 여시(如是)이며 '하동군(河東君)' · '미무군(蘼蕪君)'으로도 불린다. 가흥(嘉興) 사람으로 기루에 들어가 뛰어난 외모와 재주로 진회(秦淮)의 유명한 기녀가 되었다. 복사(復社) 출신의 유명한 문인들과 왕래하였고 숭정 14년(1641) 스무 살 때 반백이 넘은 전겸익(錢謙益)의 애첩이 되었다.

2 전겸익(錢謙益 : 1582~1664) : 자는 수지(受之), 호는 목재(牧齋) · 어초사(漁樵史) · 우산종백(虞山宗伯). 강소성(江蘇省) 상숙(常熟) 사람이다. 1610년 진사에 급제한 뒤 예부상서(禮部尚書)가 되었으나, 후에 청군에게 항복하여 예부우시랑(禮部右侍郎)이 되었다. 그러나 곧 병을 핑계로 고향으로 돌아가 그곳에서 죽었다. 그의 처세에는 절조가 결여된 면이 있었으나, 시작(詩作)에는 뛰어나 붓끝에 막힘이 없었으며, 그의 박학은 불전 연구에까지 미쳤다. 저서로 『초학집(初學集)』 · 『유학집(有學集)』 등이 있었으나, 건륭제(乾隆帝) 때 그의 변절이 크게 문제되어 일체의 저작이 금서로 지정되었다.

3 화류계 : 원문은 '장대(章臺)로 기방을 가리킨다. 한나라 때 장안에 있던 장대가가 기방이 모여 있던 것인 데서 유래했다.

에 있을 때는 재색이 당시 최고여서, 재능 출중한 인재들이 기방[4]으로 분주히 달려오느라 수레와 말이 끊이지 않았으며, 이 글재주 뛰어난 여자[5]와 한 번 옆에서 놀아보는 것을 최고로 여겼다. 어떤 이가 미끼를 던져 유혹하며 '옥황전의 글씨 쓰는 신선'[6] 시구를 흉내 냈지만 글이 아주 저급하여 유씨는 그를 경멸했다. 넓디넓은 오월(吳越) 지역에 마땅한 자가 없었으나, 오직 우산(虞山 : 錢謙益)에게만은 마음을 허락하며 "한 고조 유방(劉邦)의 명성이 지금까지 전해지니, 또한 영웅을 당황스럽게 만들었던 한 시대의 인물이지요"[7]라고 말했다. 종백(宗伯 : 錢謙益) 역시 유씨를 매우 소중히 여기며 "옛 사람이 봉래산에서 노닐고 도화원에서 잔치 하는 것이 온중규(溫仲圭)[8] 한 번 보느니만 못하다고 하더니만, 내가 세상에

---

4 기방 : 원문은 '비파화하(枇杷花下)'이며 '비파문항(枇杷門巷)'과 같은 의미로 기녀들이 사는 곳을 말한다.

5 글재주 뛰어난 여자 : 원문은 '소매재자(掃眉才子)'로 원래는 당나라 때 글솜씨와 미모로 문인들 사이에 인기가 드높았던 설도(薛濤 : 768~832)를 가리키던 말이었다. 후에는 재색을 겸비한 여자를 일러 '소매재자'라고 하였다.

6 옥황전의 글씨 쓰는 신선 : 『정사유략(情史類略)』 권19 정의류(情疑類)의 「서선(書仙)」에 의하면, 장안의 기녀 조문희(曹文姬)는 글씨를 잘 써서 '서선(書仙)'이라 불리며 인기가 있었다. 그녀는 자신에게 보낸 시를 보고 배우자를 고르겠다고 하였는데, 임생(任生)이 자신을 빗대 "옥황전의 글씨 쓰는 신선, 세속의 정을 품어 구천으로 귀양 왔네[玉皇殿上掌書仙, 一點塵心謫九天]"라는 시를 보내오자, 그 시에 감격해 부부의 연을 맺었다고 한다.

7 한 고조 …… 인물이지요 : 융준공(隆準公)은 한 고조 유방의 콧대가 높았다고 하여 붙여진 별명이다. '영웅을 당황스럽게 만들다[顚倒英雄]'는 구강왕(九江王) 영포(英布)와의 고사에서 나왔다. 유방은 영포를 설득하여 한나라에 투항하게 했다. 영포은 한참 망설인 끝에 동의하고 유방을 만나러 들어갔는데, 의자에 거만하게 앉아 발을 씻고 있는 유방을 보고 화가 단단히 나서 투항한 것을 후회하며 자살까지 생각했다. 그러나 숙소로 돌아가 보니 휘장이며 음식이며 수종하는 신하며, 모두 유방의 처소와 똑같이 배치되어 있었다. 이를 본 영포는 매우 기뻐하였다고 한다. 송나라 학자 여동래(呂東萊)는 이 일을 평하면서 뜻밖의 모욕과 은총으로 영웅호걸을 당황스럽게 만들어 어쩔 줄 모르게 하였다고 했다.

8 온중규(溫仲圭) : 북송 인종 때 살았던 여류시인 온완(溫琬). 어려서 아버지를 여의고 어머니 밑에서 자랐다. 집이 가난하여 섬서(陝西)로 이사와 봉상(鳳翔) 매부 곽상(郭祥)의 집에 맡겨졌다. 여섯 살부터 시서를 익혀 하루에 천 마디를 외웠고, 열다섯에는 붓글씨를 잘 써 그녀의 글씨를 구하려는 자가 많았다. 『맹자』에 특히 밝았고, 이

나서 어찌 이 사람을 잃을 수 있겠는가?"라고 말했다. 그리고는 마침내 인연을 맺어 납채 예물을 보냈다.

종백에게 시집간 후 둘은 너무도 행복해하며 거의 하루도 빼놓지 않고 꽃을 읊고 버들개지를 노래했다. 종백은 시를 다 짓고 나면 매번 시녀 편에 자신의 시를 보냈다. 그러면 눈 깜짝할 사이에[9] 만전(蠻箋)[10]에 적은 유씨의 시가 도착했는데, 바람 몰아치고 번개 치듯 조금의 양보도 없었다. 어떤 때는 유씨가 먼저 시를 지어 역시 시녀 편에 종백에게 보냈다. 그러면 종백은 온 기력을 다해 고심 고심하며 답시를 지었는데 시상(詩想)에 있어서는 유씨를 능가했으나 나란히 놓고 보면 역시 필적할 만 했다. 종백 시의 창망한 기세와 백 척 키의 용수(榕樹)와도 같은 역동감은 유씨가 따라가지 못했다. 또 유씨 시의 곱게 피어오르는 그윽함과 화사함, 가을 못에 핀 연꽃과도 같은 자연스러움과 아름다움은 종백도 간혹 못 미치곤 했다. 이에 그 막상막하의 실력으로 규방 여인들 사이에서 아주 중요한 인물[11]로 거론되었다. 종백은 유씨의 자를 부르지 않고, 제(題)나 지(識)를 쓸 때면 대부분 '유군(柳君)'이라 적었다. 오중(吳中 : 蘇州) 사람들도 유씨의 지위를 인정하여 바로 '유부인(柳夫人)'이라 칭했다.

종백은 평소에 진 빚이 많아 만년에 어려움을 많이 겪었고, 갈수록 더 곤궁해졌다. 자제인 효렴 아무개는 본래 유약해서 마을의 힘세고 교활한 건달들에게 업신여김을 당했다. 그들은 또한 종백의 높은 도량과 엄준함이 싫어 작당해서 분쟁을 일으킬 기회를 노렸다. 병오년(1664) 어느 달, 종백이 세상을 떠났다. 그러자 그들은 벌떼 같이 일어나 빚을 구실로 소

백과 두보의 시에 조예가 깊었으며 시문 또한 빼어났다. 당시 재상이던 사마광(司馬光)이 특히 그녀를 칭찬했다고 한다.

9 눈 깜짝할 사이에 : 원문은 '격발지경(擊鉢之頃)'으로 동으로 된 사발을 쳐서 그 소리가 그치기 전에 시를 완성했다는 이야기에서 나온 말이다. 시를 짓는 재주가 뛰어남을 비유하는 것으로 『남사(南史)』 「왕승유전(王僧孺傳)」에 기록이 보인다.

10 만전(蠻箋) : 옛날 사천성(四川省)에서 생산되었던 편지지의 일종이다.

11 아주 중요한 인물 : 원문은 '은약적국(隱若敵國)'으로, 그 일거수일투족이 나라에 중대한 영향을 미치는 인재를 말한다.

란을 떨며 종백의 집 문 앞을 에워쌌다. 그리고는 문을 두드리고 욕 하며 극도의 행패를 부렸다. 효렴은 혼이 빠져 어쩔 줄을 몰랐다. 유부인은 종백이 임종하던[12] 날, 이미 따라 죽을 작정을 했기에 이러한 일을 당하자 눈물을 흘리며 일어나 말했다.

"내가 상대하지!"

그리고는 건달들에게 좋게 말했다.

"상서께서 설마 너희들 모두에게 빚을 졌단 말이냐? 빚을 졌다 하더라도 그건 상서의 일이니 자식과는 상관없네! 내가 여기 있으니 좀 기다려주게."

건달들은 유부인의 말을 듣고 원하던 바를 얻겠구나 싶어 공격의 기세를 약간 누그러뜨리기는 했지만 여전히 문을 에워싸고 있었다. 유부인은 한 밤중에 혈서를 써서 걸음 빠른 사람을 시켜 군읍(郡邑)에 가서 이 어려움을 알리도록 했다. 그리고는 스스로 비단 끈으로 목을 매어 상서 옆에서 자결했다. 다음 날, 군읍에서 그 편지를 받고 또 유부인이 죽었다는 소식을 듣고는 포졸들을 사방으로 풀어 건달들을 체포하여 살인죄를 물었다. 그들은 모두 허둥지둥 도망치면서 다시는 감히 그 땅에 발을 들여놓을 생각도 못하고 죄에서 벗어날 방법만 궁리했다. 효렴은 유부인에게 감동하여 슬퍼하면서 배우자의 예를 갖춰 아무 곳에 상서와 함께 묻어주었다. 오 땅의 인사들이 그 절개를 아름답게 여겨 다투어 시와 뇌문(誄文)을 지어 찬미하니, 그 글로 여러 권질을 이루었다고 한다.

동해생(東海生 : 徐芳)이 말한다.

유부인은 우산을 저버리지 않았다고 할 수 있으리라! 어떤 이는, 사랑이란 것이 살아서는 애틋할지 몰라도 죽으면 내다 버린다고 한다. 그러나 연리지(連理枝)나 치조비(雉朝飛) · 쌍원앙(雙鴛鴦)[13]처럼 한 목숨 다하도

12 임종하던 : 원문은 '역궤(易簣)'로 화려한 자리를 바꾼다는 의미인데 병이 심해져 곧 죽게 됨을 말한다.

13 연리지(連理枝) …… 쌍원앙(雙鴛鴦) : '연리지'는 뿌리가 각기 다른 두 나무가 하나로

록 사랑하는 예도 때로는 있는 것이다. 그래도 우산에 대한 유씨의 정에 비할 바가 있겠는가? 7척의 몸은 썩으면 모두 다 사라지게 마련이다. 의롭게 목숨을 던지면, [신릉군을 도운] 후영(侯嬴) 덕에 약한 조(趙)나라가 살아남았고,[14] 공손저구(公孫杵臼)로 인해 고아가 무사히 생존했으며,[15] 단수실(段秀實) 덕분에 [德宗은] 봉천(奉天 : 지금의 遼寧省 沈陽市)에서의 위기에서 구출되었고,[16] 기신(紀信) 덕분에 [고조 유방은] 형양(滎陽)의 난에서 벗어났다.[17] 어떤 죽음은 기러기 깃털보다 가볍고 어떤 죽음은 태산보다 무거운 법, 각각 그 쓰임을 보아야 한다. 유부인은 목매 자살함으로써 상서에게 보답하고 사후에 남겨질 화근을 없앴으니, 무거운 죽음이라 아니 할

합쳐져 자라는 나무로 당나라 시인 백거이(白居易)는 「장한가(長恨歌)」에서 '하늘에서는 비익조가 되길 원하고, 땅에서는 연리지가 되길 원하네[在天願作比翼鳥, 在地願爲連理枝]'라고 하며 부부간의 사랑을 표현했다. '치조비'는 암수 꿩이 사이좋게 나는 것을 말한다. 전국시대 제나라 사람인 목독자(牧犢子)는 나이 오십에 아내가 없었는데 나무하러 들에 나갔다가 장끼와 까투리가 함께 나는 것을 보고 느낀 바가 있어 「치조비조(雉朝飛操)」를 지었다고 한다. 이백 · 한유 등의 시에도 「치조비」가 있다. 원앙 역시 늘 암수가 함께 붙어 다니기 때문에 흔히 금슬 좋은 부부로 비유된다.

14 후영(侯嬴) …… 살아남았고 : 후영(?~B.C. 257)은 전국시대 위(魏)나라 사람으로 처음에는 대량(大梁 : 지금의 河南省 開封) 이문(夷門)의 문지기였으나 70세가 되어서 신릉군(信陵君)의 상객이 되어, 신릉군이 군사를 이끌 때마다 선봉에 섰다. 힘이 약했던 조(趙)나라가 진(秦)나라의 공격을 받아 위나라에 구원을 요청했을 때 후영이 기지를 발휘해 신릉군을 도움으로써 조나라를 구할 수 있었다.

15 공손저구(公孫杵臼) …… 생존했으며 : 기군상(紀君祥)의 희곡 『조씨고아(趙氏孤兒)』의 내용에 나오는 것으로 이 작품은 『사기』에 나오는 춘추시대 진(晉)나라의 장군 도안가(屠岸賈)에 관한 고사를 극화한 것이다. 조씨의 은혜를 입은 공손저구와 정영(程嬰)이 함께 사사로운 원한으로 300여 명이 몰살당한 조순(趙盾) 일족 중에서 단 하나 살아남은 고아를 지키다가 공손저구는 목숨을 잃는다.

16 단수실(段秀實) …… 구출되었고 : 단수실은 일찍이 고선지(高仙芝)와 봉상청(封常淸)을 섬기며 전공을 세웠으며 토번 평정에 공을 세워 북정(北庭) 절도사가 되었다. 후에 주차(朱泚)가 장안에서 난을 일으키며 조정의 안위를 위협하자 덕종은 봉천으로 옹진갔는데, 주차와 손을 잡기를 거절하고 공격했다가 죽임을 당했다. 『신당서(新唐書)』 「단수실전(段秀實傳)」에 기록이 있다.

17 기신(紀信) …… 벗어났다 : 기신(?~B.C. 204)은 초나라와 한나라가 싸울 때 한나라의 장군으로 활약했다. 항우가 형양을 포위하여 유방이 위태로워지자 기신이 유방의 복장을 하고 동문으로 나가 초나라에 항복하고 그 사이에 유방을 서문으로 달아나게 했다. 이에 항우가 노하여 그를 죽였다.

수 있는가? 이른바 죽음을 무겁게 잘 쓴 사람이라고 하겠다. 서릉(西陵)의 송백(松柏)을 노래한 소소소(蘇小小)[18]도 재주가 뛰어났으나 자신이 모실 사람을 골랐다는 말은 들어보지 못했다. 기경(耆卿)과 월선(月仙),[19] 제구(齊丘)와 산화녀(散花女)[20]는 따르고자 하는 사람을 얻기는 했으나 절개에 관한 이야기는 들은 바가 없다. 한향(韓香)·유옥(幼玉)·장홍홍(張紅紅)·나애애(羅愛愛)[21] 등의 인물은 절개는 기록할 만하지만 실제 있었던 사람은 아니다. 천추에 향기로운 자취 중에 오직 장상서(張尙書)의 연자루(燕子樓)[22]만이 필적할 만하지만, 발갛던 얼굴 먼지가 된 것은 백양나무가 기

18 소소소(蘇小小) : 전당(錢塘 : 항주)의 유명한 기녀로 남제(南齊) 때의 인물이다. 「서릉가(西陵歌)」를 지어 "소첩은 유벽거를 타고, 낭군은 청총마를 타고. 어디서 동심결 맺을까, 서릉 송백나무 아래서[妾乘油壁車, 郎騎靑驄馬. 何處結同心, 西陵松柏下]"라고 노래했다.

19 기경(耆卿)과 월선(月仙) : 『청평산당화본(淸平山堂話本)』 「유기경이 시와 술로 강루를 가지고 논 기록[柳耆卿詩酒玩江樓記]」에 나오는 고사. 후에 풍몽룡(馮夢龍)의 『고금소설(古今小說)』에 「뭇 명기들이 춘풍 속에 유칠을 애도하다[衆名姬春風吊柳七]」로 개작되었다. 유기경이 주월선(周月仙)을 마음에 두었으나 주월선이 황원외(黃員外)를 연모하여 시집오려 하지 않자 재상의 지위를 이용해 뱃사공에게 주월선을 우선 범하게 함으로써 손에 넣는다는 이야기이다.

20 제구(齊丘)와 산화녀(散花女) : 원 잡극 「도학사가 취하여 좋은 풍광을 쓰다[陶學士醉寫風光好]」에 나오는 이야기. 도곡(陶谷)이 송나라 초에 명을 받들고 남당(南唐)에 사신으로 갔는데, 남당의 승상 제구가 한희재(韓熙載)에게 명해 잔치를 열고, 기녀 진약란(秦弱蘭)을 보내 도곡을 유혹했다. 처음에는 거절하였으나 진약란이 역졸 아내로 분장해 다시 유혹하자 넘어가 「풍광호(風光好)」라는 사를 지어주었다. 제구가 다시금 잔치를 열어 진약란에게 「풍광호」를 부르게 하니, 도곡은 부끄러워 관직을 버리고 도망갔다가 후에 진약란과 결혼했다.

21 한향(韓香) …… 나애애(羅愛愛) : 한향은 풍몽룡의 『정사(情史)』 「정정류(情貞類)」에 나오는 기녀로, 대장군 섭씨(葉氏) 집 자제와 사랑을 맹서하고 평생을 지켰다. 유옥은 「왕유옥전(王幼玉傳)」의 여주인공인 기녀 왕유옥을 가리킨다. 유부(柳富)와의 사랑을 이루지 못해, 결국 죽고 마는 인물. 장홍홍은 당나라 때 위청(韋靑)과 사랑을 나누었던 음악에 뛰어난 가기였고, 나애애는 가흥(嘉興)의 명기로 조자승(趙子乘)을 위해 절개를 지키려고 목매 자살했다.

22 장상서(張尙書)의 연자루(燕子樓) : 장상서는 당나라 무녕군절도사(武寧軍節度使)이자 교검공부상서(校檢工部尙書)였던 장음(張愔)이며, 연자루는 장음의 집 후원에 있던 작은 누각으로 애첩 관반반(關盼盼)과 즐기던 곳이다. 806년 장음이 병으로 죽자 그 사랑에 대한 보답으로 홀로 연자루에서 외부와 인연을 끊고 지냈다. 후에 장음에 대한 정을 시로 읊어 그의 친구였던 백거이에게 보였는데, 백거이가 순절하지 않음

둥이 다 된 뒤였을 뿐이다.[23] 옥 같은 몸이 흙 속에 묻히는 것 아깝지 않으나, 순절했다는 명분이 저승에 누가 될까 걱정되어 죽지 않았다니, 황당하도다.[24] [관반반은] 사인(舍人)[25]에게 은밀하게 황천길을 따라가겠다고 말했지만 꼭 그럴 것 같지는 않다. 사람은 진실로 알 수가 없어 천 길이나 되는 지조도 때로는 생각 하나에 무너지기도 하고 평생의 오점도 때로는 만년의 절개로 가려지기도 한다. 뜻을 이루고 의로움에 나가는 것은 한 순간에 결정된다. 유부인이 살았더라면 칭송받았을지 확실하지 않지만, 향기롭게 죽고 미련 없이 목숨을 버렸으니 어찌 장하지 않은가!

장산래가 말한다.

전반부는 버드나무 꽃 사이에서 웃음소리 들리는 듯 하고, 후반부는 호가(胡笳) 소리와 검 울림이 들리는 듯하다. 유부인은 이로써 죽지 않을 수 있는 것이다!

柳夫人字某, 虞山錢牧齋宗伯愛姬也. 慧倩工詞翰. 在章臺日, 色藝冠絶一時, 才雋奔走枇杷花下, 車馬如煙, 以一厠掃眉才子列爲重. 或投竿銜餌, 效玉皇書仙之句, 紙唧尾屬, 柳視之蔑如也. 卽空吳越無當

을 시로 풍자하자 연자루에서 투신 자결하려 했다. 시녀의 만류로 실패한 후에 식음을 전폐하다 죽었다.

23 발갛던 얼굴…… 뿐이다: 이 말은 백거이가 관반반에게 보낸 시 「연자루」의 한 구절이다. 시는 다음과 같다. '오늘 아침 낙양에서 온 객에게 물어보니, 장상서의 집에 다녀왔다고 하네. 무덤가 백양나무 기둥이 다 되었으니, 발갛던 얼굴 어찌 회 먼지가 되지 않을 수 있으랴[今朝有客洛陽問, 曾到尙書家上來. 見說白楊堪作柱, 爭教紅粉下成灰]!'

24 옥 같은…… 황당하도다: 이 내용은 풍몽룡의 『경세통언(警世通言)』 제10권 「전사인이 연자루에서 시를 짓다[錢舍人題詩燕子樓]」에 나온다. 백거이가 관반반이 순절하지 않음을 풍자하자 그녀는 원래 장음이 죽었을 때 따라 죽고 싶었지만 그렇게 하면 다른 사람들이 장음이 호색가였다고 비난할까 걱정되어 죽지 않았다고 말했다.

25 사인(舍人): 백거이가 관반반을 처음 만났을 때 관직이 중서사인(中書舍人)이었다.

者, 獨心許虞山, 曰："隆準公卽未敻絶古今, 亦一代顚倒英雄手." 而宗伯公亦雅重之, 曰："昔人以遊蓬島, 宴桃溪, 不如一見溫仲圭, 吾可當世失此人乎?" 遂因緣委幣.

柳旣歸宗伯, 相得歡甚, 題花咏柳, 殆無虛日. 每宗伯句就, 遣鬟矜示柳. 擊鉢之頃, 蠻箋已至, 風追電躡, 未嘗肯地步讓. 或柳句先就, 亦走鬟報賜. 宗伯畢力盡氣, 經營慘淡, 思壓其上, 比出相視, 亦正得匹敵也. 宗伯氣骨蒼峻, 虯榕百尺, 柳未能到. 柳幽艶秀發, 如芙蓉秋水, 自然娟媚, 宗伯公時亦孫之. 於是旗鼓各建, 閨閣之間, 隱若敵國云. 宗伯於柳不字, 凡有題識, 多署'柳君'. 吳中人寵柳之遇, 稱之直曰'柳夫人'.

宗伯生平善逋, 晩歲多難, 益就寠甓. 嗣君孝廉某故文弱, 鄕里豪黠頗心易之. 又嗛宗伯公墻宇孤峻, 結侶伺釁. 丙午某月, 宗伯公卽世. 有衆驟起, 以責逋爲口實, 譟而環宗伯門. 搪撞詬誶, 極於虓辱. 孝廉魂魄喪失, 莫知所出. 柳夫人於宗伯易簀日, 已蓄殉意, 至是泫然起曰："我當之!" 好語諸惡少："尙書寧盡負若曹金? 卽負, 固尙書事, 無與諸兒女! 身在, 第少需之." 諸惡少聞柳夫人語, 謂得所欲, 鋒稍戢, 然環如故. 柳中夜刺血書訟牘, 遣急足詣郡邑告難. 而自取縷帛結項死尙書側. 旦日, 郡邑得牘, 又聞柳夫人死, 遣隷四出, 捕諸惡少, 問殺人罪. 皆雉竄兎脫, 不敢復履界地, 搆盡得釋. 孝廉君德而哀之, 爲用匹禮, 與尙書公並殯某所. 吳人士嘉其志烈, 爭作詩誄美之, 至累帙云.

東海生曰：柳夫人可謂不負虞山矣哉! 或謂情之所鍾, 生憐死捐. 纏綿畢命, 若連理枝・雉朝飛・雙鴛鴦之屬, 時有之矣. 然柳於虞山豈其倫耶? 夫七尺腐軀, 歸於等盡. 而擲之當, 侯嬴以存弱趙, 杵臼以立藐孤, 秀實以緩奉天之危, 紀信以脫滎陽之難. 或輕於鴻羽, 或重於泰山, 各視其所用. 柳夫人以尺組下報尙書, 而紓其身後之禍, 可不謂重與? 所云重用其死者也. 夫西陵松柏, 才矣, 未聞擇所從. 耆卿・月仙・齊邱・散花女, 得所從矣, 而節無聞. 韓香・幼玉・張紅紅・羅愛愛之流, 節可錄矣, 又非其人也. 千秋香躅, 惟張尙書燕子一樓, 然紅粉成灰, 尙在白楊可柱之後. 夫玉容黃土之不惜, 而顧以從死之名爲地下慮, 荒矣. 微曰舍人, 泉臺下隨, 未敢必其然也. 人固不可知, 千尋之操, 或以一念隳, 生平之疵, 或以晩節覆. 遂志赴義, 爭乎一決. 柳夫人存不必稱, 而沒以馨, 委脫如遺, 豈不壯哉!

張山來曰 : 前半如柳縈花笑, 後半如笳響劍鳴. 柳夫人可以不死矣!

심장 바꾼 일을 기록하다[換心記]

중광(仲光) 서방(徐芳)

만력연간(萬曆年間 : 1573~1619) 휘주(徽州)의 진사 아무개의 아버지는 성격이 조급했고, 집안에 본디 재산은 많았으나 친족들과 화목하지 못했다. 또한 다리며 허벅지는 비쩍 말라 살이라곤 없었기에 어떤 이가 비웃으며 "이 사람은 거지 상이로군"이라고 말했다. 아무개의 아버지는 속으로 그를 미워했다. 그가 아들을 하나 보았으니, 바로 진사다. 그에게 글 읽는 것을 가르쳤으나, 아둔하기 짝이 없어 별로 어려운 책이 아니건만 열 몇 번을 읽어도 도통 구두조차 떼지 못했다. 어떤 이는 더욱 그를 조롱하며 말했다.

"그래도 이 아이는 부자이니, 살다보면 사람 비슷하게는 되겠지."

아버지는 이 말을 듣고 더욱 화가 났다.

먼 친척 조카 아무개는 문장으로 소문이 나서, 진사의 아버지는 그에게 두둑한 사례비를 주고 모셔와 아들을 가르쳐 달라고 하며 말했다.

"이 아이를 가르칠 수 있거든 가르치고, 절대 가르칠 수 없을 것 같거든 내게 솔직히 말하게. 오래 매어있지 말고."

조카는 명을 받고 백방으로 가르쳐보았으나 멍청하기는 여전했다. 연말에 그는 하직을 고하며 말했다.

"저는 해볼 만큼 해봤습니다. 숙부님께서는 재산이 많으니, 아우가 아무리 어리석어도 지주 정도는 될 수 있을 터인데, 무엇 때문에 억지로 공부를 시키려 하십니까?"

아버지는 "그래!"라고 대답하고는 돌아와 아내에게 화를 내며 말했다.

"못난 놈을 낳았으니, 그 애비인 나는 진정 거지로구나!"

그리고는 선생을 위한 송별연을 준비해놓고 몰래 큰 몽둥이를 찾아다 마치 뭔가 벼르는 것이 있는 듯 벽 사이에 기대놓았다. 아버지는 아들이 자신을 욕보인 것이 미워서, 그를 때려죽이고 재산은 모두 절에 시주하여 노후 대책으로 삼고자 했던 것이다. 어머니는 자기 남편이 돌이킬 수 없을 만큼 노한 것을 알고는 아들을 불러 몰래 피하라고 말해주었다.

진사는 그때 막 장가를 들었다. 그날 밤 방문을 잠그고서 의논을 했는데, 집에 그대로 머무르자니 예측할 길 없는 화가 두렵고, 떠나자니 갈 곳이 없어서 부부는 서로 붙잡고 대성통곡했다. 어느덧 한 밤중이 되었는데, 진사는 너무 피곤하여 옷을 입은 채 잠깐 잠이 들었다. 꿈에 금갑신(金甲神)[1]이 큰 도끼를 들고 문을 거칠게 열고 들어오더니, 진사의 가슴을 내리쳐 가르고 심장을 도려낸 후 다른 심장을 그 안에 집어넣었다. 진사는 크게 놀라 잠에서 깨어났다.

다음 날, 아버지는 조카를 모셔와 이별주를 마시고 헤어졌다. 아버지가 먼저 돌아가고 진사가 몇 리를 더 전송했는데, 마지막에 옷깃을 잡고 눈물을 흘리며 말했다.

"측은지심은 누구나 가지고 있습니다. 그런데 스승님께서는 어찌 차마 저를 이대로 돌려보내 죽게 하십니까?"

---

1 금갑신(金甲神) : 갑옷을 입고, 손에는 악마를 물리치는 무기를 지닌 무신(武神)을 말한다.

스승은 놀라 말했다.

"유식한 사람이나 하는 말을 어디서 배웠느냐?"

진사가 말했다.

"이것은 제 머리에서 나온 것입니다. 저는 지금 가슴이 탁 트이는 것만 같습니다. 원컨대 다시 스승님을 따라 학업을 마치게 해주십시오."

그리고는 간밤의 꿈 이야기를 해 주었다. 스승이 자신이 가르쳐 주었던 내용을 물어보았더니 그것들을 모두 암송해냈다. 스승은 크게 놀라 급히 그와 함께 돌아왔다.

아버지는 똑똑 문 두드리는 소리를 듣고 몽둥이를 들고 문에서 기다렸는데 뜻밖에 스승이 돌아왔다는 소리를 듣고 안으로 모셨다. 스승이 도중에 들은 말을 모두 고했으나 아버지는 거짓이라고 여겼다. 그러나 그를 시험해보니 과연 정말로 그러한지라 매우 기뻐했다. 그때부터 진사는 크게 영민함을 드러내어 몇 해 지나지 않아 읍의 제생(諸生)이 되었다. 다시 몇 해가 지나서는 연달아 시험에 합격해 진사가 되었다. 진사합격 소식이 들리던 날, 아버지는 호상(胡牀)[2]에 앉아 크게 웃으며 말했다.

"애비는 이제 거지신세를 면하였구나!"

그러고는 입을 벌리고 웅얼거리다 죽었다.

친척 조카 아무개는 군의 종사(從事)로 있다가 경진년(1640)에 산동(山東)에서 나와 우연히 만났는데, 그때 이 이야기를 들려주었다. 고금을 통해 심장을 바꾼 자가 있었다는 말은 아직 들어보지 못했으니, 있다면 여기서 비롯되었을 것이다. 지성이면 감천이라, 사람이 궁해지면 신이 응답한다. 진사의 기이한 영민함은 기이한 우둔함이 끝에 내몰린 결과 나온 것으로, 이른바 덕과 지혜가 우환 속에서 있다[3]는 것이 바로 이러한 경우라 하겠다. 어떤 사람이 말했다.

---

2 호상(胡牀) : 등받이와 팔걸이가 있고 다리를 접을 수 있는 옛날 의자를 말한다.

3 덕과 …… 있다 : 『맹자』 「진심상(盡心上)」의 "사람의 덕, 지혜, 기술, 지식은 항상 우환 속에 존재한다[人之有德慧術智者, 恒存乎疢疾]"에서 나온 말이다.

"지금 세상에는 심장을 바꿔야 할 사람이 실로 많다. 어떻게 하면 일일이 그 가슴을 가르고 잘라내어, 잔인한 사람은 인자하게, 탐욕스러운 사람은 청렴하게, 간사하고 아첨하는 사람은 충직하고 정직하게 바꿀 수 있을까?"

우산자(愚山子 : 徐芳)가 말한다.

그렇게 하려면 신의 도끼를 미처 다 대지 못할 것이다. 지금 세상 사람들의 마음은 한결같이 극악한데, 어디 가서 인자하고, 청렴하고, 충직한 심장을 얻어서 집어넣어 바꿀 수 있단 말인가?

장산래가 말한다.

유형의 심장은 바꿀 수 없지만 무형의 심장은 바꿀 수도 있다. 사람이 진정 무형의 심장을 바꾸고자 한다면, 신이 있어 그 유형의 심장까지 바꿔주지 않을지 또 어찌 알겠는가? 그러니 진사가 스스로 심장을 바꿨다고 여겨도 될 것이다.

萬歷中, 徽州進士某太翁, 性卞急, 家故饒貲, 而不諧於族. 其足兩腓瘦削無肉, 或笑之曰 : "此相當乞." 翁心恨之. 生一子, 卽進士公. 教之讀書, 性奇僿, 咿唔十數載, 尋常書卷, 都不能辨句讀. 或益嘲笑之曰 : "是兒富貴, 行當逼人." 翁聞益恚.

有遠族姪某, 負文名, 翁厚幣延致, 使師之, 曰 : "此子可教則教, 必不可, 當質語予. 無爲久羈." 侄受命, 訓牖百方, 而懵如故. 歲暮辭去, 曰 : "某力竭矣. 且叔產固豊, 而弟卽魯, 不失田舍翁, 奈何以此相强!" 翁曰 : "然!" 退而嗔語婦曰 : "生不肖子, 乃翁眞乞矣!" 趣治具餞師, 而私覓大梃, 靠壁間, 若有所待. 蓋公恨進士辱己, 意且撲殺之, 而以產施僧寺, 作終老計. 母知翁方怒, 未可返, 呼進士竊語, 使他避.

進士甫新娶. 是夜閤戶籌議, 欲留, 恐禍不測, 欲去, 無所之, 則夫婦相持大哭. 不覺夜半, 倦極假寐. 見有金甲神擁巨斧, 排闥入, 捽其胸,劈之, 抉其心出, 又別取一心納之. 大驚而寤.

次日, 翁延侄飮爲別. 翁先返, 進士前送至數里, 最後牽衣流涕曰: "惻隱之心, 人皆有之. 師何忍某之歸而就死?" 師矍然曰: "安得此達者言?" 進士曰: "此自某意. 且某此時, 頗覺胸次開朗. 願更從師卒業." 因述夜來夢. 師叩以所授書, 輒能記誦. 乃大駭, 亟與俱返.

翁聞剝啄聲, 掣梃門俟, 已聞師返, 則延入. 師具以途中所聞告, 翁以爲謬. 試之良然, 乃大喜. 自是敏穎大著, 不數歲, 補邑諸生. 又數歲, 聯捷成進士. 報至之日, 翁坐胡牀, 大笑曰: "乃公自是免於乞矣!" 因張口啞啞而逝.

族子某爲郡從事, 庚辰與予遇山左道中, 縷述之. 古今未聞有換心者, 有之自此始. 精誠所激, 人窮而神應之. 進士之奇穎, 進士之奇愚逼而出也, 所謂德慧存乎疢疾者也. 或曰: "今天下之心, 可換者多矣. 安得一一捽其胸剖之, 易其殘者而使仁, 易其汚者而使廉, 易其姦回邪佞者而使忠厚正直?"

愚山子曰: 若是, 神之斧日不暇給矣! 且今天下之心皆是矣, 又安所得仁者廉者忠若直者而納之, 而因易之哉?

張山來曰: 有形之心不能換, 無形之心未嘗不可換. 人果肯換其無形者, 安知不又有神焉, 幷其有形者而換之耶? 則謂進士公爲自換其心也可.

진회 건아전(秦淮健兒傳)

입옹(笠翁) **이어**(李漁)

가정연간(嘉靖年間 : 1522~1565)에 진회(秦淮)[1] 일대에 한 아이가 있었는데 체구가 크고 피부가 거무스름했다. 태어난 지 몇 개월 되지 않아 곧 젖을 끊고 어른들과 똑같이 먹고 마셨다. 돌이 되었을 때 연이어 부모님을 여의고 외가에 맡겨졌다. 자라서는 힘이 무척 세었고 주먹다짐을 잘하였는데, 일찍이 한 주먹에 개 한 마리를 때려죽인 일이 있어 모두들 그를 '건아'라고 부르게 되었다. 건아가 다른 아이들과 싸울 때면 피하지 않는 자가 없었다. 아이들 수십 명이 한꺼번에 달려들어도 건아가 주먹을 사방으로 휘두르면 울고불고 머리를 감싸 쥐고 돌아가 부형에게 하소연했다. 그 중 한 아비가 와서 꾸짖으며 말했다.

"뉘 집 개돼지인지 감히 나와 한 번 붙어보겠느냐?"

건아가 말했다.

1 진회(秦淮) : 남경 성안을 가로질러 흐르는 강으로, 옛날에는 강의 양쪽 기슭에 기루(妓樓)와 악관(樂館)이 많아 환락지대로 유명했다.

"어찌 감히 붙겠습니까? 어르신의 걷는 수고를 덜어드리는 일이라면 해드릴 수 있지요."

그리고는 그 아비 앞에 다가가 두 손으로 번쩍 들어 올렸는데, 두 다리가 땅에서 2척도 넘게 떨어졌다. 그렇게 들어 올린 채 걸었다 멈췄다 높이 들어 올렸다 아래로 내렸다 하니, 그 애비는 떨어질까 두려워 감히 어찌하지 못하고 그저 히히 웃을 뿐이었다. 이 일로 동리가 떠들썩했다.

건아는 몸 쓰는 것을 좋아하고 책 읽는 것을 싫어했다. 외가에서 선생을 찾아가 배우게 했지만 그는 선생님의 가르침을 따르지 않았다. 선생이 회초리를 치려하면 몽둥이를 빼앗고 눈을 부라리며 "공명이라면 맨손으로 얻어야지 이깟 장구(章句) 따위나 외워 무엇 합니까?"라고 대들었다. 선생이 출타하기만 하면 곧 동문수학하는 벗들과 싸워서 몸이 성한 아이들이 없었다. 또 이따금 외가의 장신구나 옷들을 훔쳐 술집에 가서 술을 마셨으며, 취하면 미쳐 날뛰며 사고를 쳤다. 외가에서는 너무도 골치가 아픈 나머지 밖으로 쫓아냈다. 그는 남의 집 양을 방목했는데, 매번 양을 훔쳐 술과 바꿔 마시고는 [주인에게] 갈림길이 많아 양을 잃어버렸다고 말했다. 주인이 노하여 그를 쫓아냈다. 그때 그는 이미 약관의 나이였다.

왜구가 침략했다는 말을 듣고 그는 크게 흥분하여 말했다.

"뜻을 이룰 때가 왔다!"

그리고는 곧 바다로 가서 종군했는데, 소교에서 시작하여 전공을 세우고 비장이 되었다. 그러다 동료와 술을 마시고 술김에 싸우다가 그만 그를 때려죽이고 말았다. 이는 사형 당할 죄였기에, 관직을 버리고 사주(泗州 : 지금의 安徽省 泗州)로 도망가 이름을 바꾸고 백정노릇을 하며 숨어 지냈다. 한 민가에서 송아지를 길렀는데, 한 밤 중에 그것을 훔쳐 끌고 나오면서 "당신 집 소는 내가 타고 가오!"라며 도리어 크게 외쳤다. 그리고는 소 등에 거꾸로 앉아 도끼로 소의 엉덩이를 내리쳤다. 소가 아픈 게 무서워 바람처럼 잽싸게 뛰어가는 통에 도저히 따라잡을 길이 없었다. 다음 날 소를 잃어버린 이가 시장을 찾아가 수소문하자 건아가 그 사람에게 말했다.

"어제 당신 집에 가서 소를 가져온 사람은 나요. 먼저 알리고 가진 것은 도(道)이지 어찌 도둑질[盜]이겠소?"

소 주인이 소를 내놓으라고 했으나 이미 육포가 되어버려 증명할 길이 없었다. 시장의 무뢰배들이 그를 맹주로 추대하니, 낮에는 도박을 일삼고 밤에는 기녀들과 노닐며 그 오만방자함이 날로 심해졌다. 그는 늘 탄식하며 말했다.

"세상 사람들은 모두 나의 적수가 되지 못하는구나! 천 년 뒤에 태어난 탓에 산을 뽑고 정(鼎)을 들던 영웅과 승부를 겨뤄보지 못한 것이 정말 한스럽다!"

지방장관이 소 잡는 것을 금하자 건아는 할 일이 없어졌다. 그래서 예전에 잡은 소가죽과 뼈, 그리고 뿔 등을 가지고 과주(瓜州 : 江蘇省 양주 관할 지역)와 양주(揚州 : 지금의 江蘇省 양주시) 일대로 가서 팔아서 돈 30냥을 얻었다. 돌아가는 길에 여관에서 술을 마시면서 돈 주머니를 풀어 상 위에 놓았다. 술집 주인이 그것을 보고 말했다.

"앞길에 도적들이 많으니 이 물건은 잘 감춰두어야 할게요."

그러자 건아가 잔을 던지고 상을 부수며 말했다.

"천하를 누비고 다닌 것이 30년이지만 아직 적수를 만나지 못했소. 만약 내 허리춤의 물건[2]을 빼앗아 갈 수 있는 자가 있다면 머리를 조아리고 그에게 항복하겠소."

이때 젊은이 몇 명이 왼쪽에서 술을 마시다가 그 말을 듣고 깜짝 놀라 일어나 그의 이름과 고향을 물었다. 건아가 말했다.

"내 이름이 유명하지는 않지만, 예전에 변방에서 공을 세운 바 있소. 지금은 관직에서 물러나 평민으로 지내지만 사주의 뭇 영웅 사이에서

2 허리춤의 물건 : 원문은 '요문물(腰門物)'로 되어 있으나 '요간물(腰間物)'의 오기로 보이며, 여기에서는 허리에 찬 돈주머니를 말한다.

맹주의 지위에 있소이다."[3]

젊은이가 그에게 몇 명이나 대적할 수 있냐고 묻자 건아가 말했다.

"만 명을 만나면 만 명을 대적하고 천 명을 만나면 천명을 대적하오. 사람 수를 세면서 대적하는 것은 하수들이나 하는 짓이오!"

그 말에 젊은이들은 더욱 놀라움을 감추지 못했다.

건아는 술을 다 마신 후 짐을 꾸려 말에 올랐다. 채 2~3리를 못 갔을 때 말 탄 사람 하나가 매우 빠르게 그를 따라왔다. 건아가 속으로 추측하였다.

"술집 주인이 말하던 도둑인가 보다!"

가까이 다가오기에 보았더니 한 젊은이에 불과한지라, 건아는 곧 개의치 않았다. 젊은이는 그에게 어디로 가느냐고 물었다. 건아가 말했다.

"사주로 돌아가오."

젊은이가 말했다.

"저 역시 사주 사람인데, 돌아가다 길을 잃었으니 형님께서 길잡이가 되어주십시오."

그리하여 건아는 앞에 가면서 말 위에서 담소를 나누었는데 퍽 마음이 잘 맞았다. 건아가 젊은이에게 말했다.

"자네는 활과 화살을 차고 있는데 활을 잘 쏘는가?"[4]

젊은이가 말했다.

"익히기는 했습니다만 아직 잘은 못합니다."

건아가 활을 당겨 쏴 보려고 했으나 있는 힘껏 당겨도 활이 끝까지 당겨지지 않자 집어 던지며 말했다.

---

3 맹주의 지위에 있소이다: 원문은 '우이(牛耳)'이다. 옛날 제후들이 맹약을 할 때, 맹주가 소의 귀를 잘라 그 피를 각자 나누어 마신 데서 나온 말로 '집우이(執牛耳)'라고도 하며 주도권을 잡은 지도자의 위치에 오르는 것을 말한다.

4 활을 잘 쏘는가?: 원문은 '결습(決拾)'이다. 결(決)은 결(抉)과 통하며, 활 쏠 때 오른쪽 엄지손가락에 끼던 깍지를 말한다. 습(拾)은 왼쪽 어깨에 메던 어깨보호대이다. 더 나아가 활쏘기를 가리키는 용어로도 사용된다.

"쓸모도 없는 물건을 뭐 하러 차고 다니는가?"

젊은이가 말했다.

"물건에는 모두 각각의 쓰임이 있습니다. 물건을 사용하는 자가 쓸모없을 뿐이지요."

그리고는 활을 당겨 시험해 보았다. 마침 집오리가 울며 공중을 날고 있었는데, 젊은이가 한 발에 날개를 맞추자 집오리[5]는 말 앞에 떨어졌다. 건아는 젊은이를 심상치 않게 여겼다. 젊은이가 말했다.

"당신은 허리에 단도를 차고 계신데 분명 격자술에 뛰어나시겠지요."

건아가 말했다.

"그렇소! 내가 잘 다루는 것은 그것이 아니라 바로 이것이오."

그가 단도를 풀어 보여주자 젊은이가 그것을 보고 크게 웃으며 말했다.

"닭이나 개 잡을 때 쓰는 물건을 대체 어디에 쓰시려 하십니까?"

하면서 두 손으로 꺾었더니 마치 갈고리처럼 칼이 휘었고, 다시 두 손으로 폈더니 원래대로 돌아왔다. 건아는 낯빛이 하얗게 질려 허리춤의 물건도 더 이상 내 것이 아니겠구나 생각했다. 함께 가면서도 다리가 후들거려 점점 주체하지 못했는데, 젊은이가 도리어 따뜻한 말로 그를 안심시켰다.

다시 몇 리를 갔을 때 사방을 둘러보아 아무도 없는 곳에서 젊은이가 크게 고함을 치자 건아는 말에서 떨어졌다. 젊은이는 먼저 말을 베더니 "오늘부터 내 명령에 따르지 않는 자는 이 말처럼 될 것이다!"라고 말했다. 건아가 엎드려 기면서 원하는 게 뭐냐고 물었다. 젊은이가 말했다.

"이 쓸모없는 놈! 어찌하여 허리춤에서 풀러 바치지 않느냐!"

건아는 돈주머니를 풀어 건네주면서 머리를 조아리며 목숨만 살려달라고 청했다. 젊은이가 말했다.

---

5 집오리 : 원문은 '무(鶩)'로 되어 있으나 '목(鶩)'의 오기로 보인다.

"한 보따리의 돈을 얻었으니, 한 열흘은 취하도록 마실 수 있겠군. 자네는 하찮은 잡초와도 같으니 어찌 죽일만한 가치가 있겠는가?"

그리고는 말을 몰아 온 길로 되돌아갔다. 건아는 기가 꺾이고 낙담하여 발이 제대로 떨어지지 않았다. 그리고 스스로 생각하였다.

'30냥의 돈은 별 것 아니지만 반평생 영웅으로 자처해 온 내가 젖비린내 나는 아이의 손에 패했으니 무슨 면목으로 뭇 형제들을 다시 볼 것인가!'

그리하여 결국 그는 사주로 돌아가지 않고 어느 시골 마을로 가서 오두막을 짓고 술을 팔며 살았다. 옛 일을 생각하기만 하면 부끄러워 죽고 싶었다.

봄바람이 일렁이던 어느 날, 젊은이 몇 명이 술을 찾았는데, 가죽 옷이며 말이 매우 화려한 것이 부귀한 집 자제들[6] 같기도 했고, 기세가 매우 호탕한 것이 장안의 유협 같기도 했다. 그들은 술상을 치며 제멋대로 노래 부르면서 옆에 마치 아무도 없는 듯이 행동하다가 이렇게 말했다.

"그릇 씻는 저 노인장이 평범해 보이지 않으니, 함께 어울리세."

그리고는 건아를 끌고 와 자리에 앉게 했다. 건아가 보았더니 아홉 명 모두 약관이었고, 한 총각만은 얼굴이 희고 부드러운 것이 마치 처녀 같았다. 그는 조용해질 때까지 한 마디도 하지 않았는데, 일단 말을 시작하자 아홉 사람이 모두 경청했다. 앉을 때는 상석에 앉게 하였고 술 마실 때는 먼저 마시게 했다. 건아는 그 까닭을 알 수가 없었다. 그런데 맨 끝에 관을 쓰고 앉은 자는 일찍이 본 적이 있는 것 같았는데, 옆으로 힐끗 보니 예전에 말을 베어 죽이고 돈을 빼앗아 간 사람이었다. 그가 건아에게 말했다.

---

6 부귀한 집 자제들 : 원문은 '오릉공자(五陵公子)'로 도성의 부호집 자제를 말한다. 오릉은 섬서성 함양시(咸陽市) 부근의 장릉(長陵)·안릉(安陵)·양릉(陽陵)·무릉(茂陵)·평릉(平陵)을 합쳐 부르는 말로, 한나라 때 이곳에 부귀한 신분의 가문이 많이 모여 있었다.

"주인장께서는 옛 친구를 알아보시겠소?"

건아는 감히 대답하지 못했다. 젊은이가 말했다.

"옛날에 길에서 돈주머니를 풀어 나에게 준 사람이 당신이 아니고 누구겠소? 우리가 어찌 물건이나 빼앗는 도적무리겠소? 다만 역참 옆 한 술집에서 당신이 허풍을 떨며 사람들을 놀라게 하는 것을 듣고, 당신과 자웅을 겨뤄보고자 한 것인데, 뜻밖에도 나보다 한 수 아래더군요! 오늘 당신의 보물[7]을 돌려주러 왔소이다."

왼쪽 소매에서 30냥을 꺼내 술 상 위에 올리며 말했다.

"이것은 원금이오. 지금까지 1년이 되었으니 이자도 그만큼 될 것이오."

또 오른쪽 소매를 더듬어 30냥을 꺼내 전부 건아에게 주었다. 건아가 감히 받지 못하자 옆에 있던 한 젊은이가 검을 뽑아 쏘아보며 말했다.

"물건을 남에게 빼앗기고도 찾아가지 못하고, 그것을 돌려주는데도 감히 가져가지 못하니, 이런 겁쟁이를 어디에 쓰겠는가?"

건아는 두려워하며 급히 그것들을 소매 속에 넣었다. 그리고는 닭을 잡고 밥을 지어 즐겁게 해주려 했으나 젊은이들은 머무르려고 하지 않았다. 돈을 돌려준 젊은이가 "주인장도 가련하게 되었는데, 그 호의까지 매몰차게 거절하면 너무 난감할 것이오"라고 말하자 그제야 모두들 자리에 머물렀다. 마침 부뚜막에 땔감이 다 떨어져 건아가 이웃에 가서 구해오려고 하자 젊은이가 집 옆의 고목을 가리키며 말했다.

"도끼를 가져오지 그러시오?"

건아가 말했다.

"하필 도끼가 없어 그럽니다."

젊은이가 한참 주저하다가 말했다.

"이 일은 열 번째 아우에게 시켜야지 우리 아홉은 할 방도가 없겠소."

---

7 당신의 보물 : 원문은 '조벽(趙璧)'으로, 전국시대 조나라의 화씨벽(和氏璧)을 말한다.

총각이 두 손으로 나무 밑동을 안고 좌우로 여러 번 흔들었더니 나무가 쓰러졌다. 검을 뽑아 옆 가지를 쳐낸 다음 그것으로 불을 땠다. 얼마를 마셨는지 모르게 술을 마신 후 떠나갔는데, 도대체 그들이 어떤 사람인지 알 수 없었다.

건아는 이로부터 절대로 다른 사람과 힘을 겨루지 않았으며 다른 사람이 때려도 손을 그대로 넣은 채 맞받아치지 않았다. 어떤 사람이 말했다.

"당신의 지난 날 영웅스럽던 모습은 어디 갔소?"

건아는 늙어 힘도 다 빠졌다며 사양했다. 후에 천수를 누리고 죽었으니, 그 젊은이 덕분이라 하지 않을 수 없다.

장산래가 말한다.

예전에 본 소설 중에 조동산(趙東山)이 순성문(順城門)에서 재주를 자랑하는 이야기[8]가 있었는데 그것이 이 이야기와 비슷하다. 심하도다! 진(秦) 땅에 인재가 없다고 여기지 말라![9]

嘉靖中, 秦淮民間有一兒, 貌魁梧, 色黝異. 生數月, 便不乳, 與大人同飮啜. 周歲怙恃交失, 鞠於外氏. 長有膂力, 善拳擊, 嘗以一掌斃一犬, 人遂呼爲'健兒'. 健兒與羣兒鬪, 莫不辟易. 羣兒結數十輩攻之, 健兒縱拳四揮, 或啼或號, 各抱頭歸, 愬其父兄. 父兄來叱曰 : "誰家豚犬, 敢與老子相觸耶?" 健兒曰 : "焉敢相觸? 爲長者服步武之勞, 則可耳."

---

8 조동산(趙東山) …… 이야기 : 능몽초(凌濛初)의 『초각박안경기(初刻拍案驚奇)』 권3의 「유동산이 순성문에서 재주를 자랑하고, 열여덟째 형이 시골 주점에서 기이한 행적을 남기다[劉東山誇技順城門, 十八兄奇踪村酒肆]」를 말한다. 원문에서 '조동산'이라고 한 것은 '유동산'의 오기로 보인다. 유동산이 자기 재주를 뽐내다 혼이 나서 다시는 무예를 자랑하지 않게 되었다는 이야기가 건아의 이야기와 매우 비슷하다.

9 진(秦) 땅에 …… 말라 : 상대편에 뛰어난 인재가 있을 수 있으니 조심하라는 의미로 쓰인다. 『좌전(左傳)』 「문공(文公)13년」에 진(秦) 대부(大夫) 요조(繞朝)가 사회(士會)에게 "그대는 진나라에 인재가 없다고 여기지 마시오. 그저 내 계책이 쓰이지 않았을 뿐이오[子毋謂秦無人. 吾謀適不用也]"라고 한 말에서 나왔다.

乃至父兄前, 以兩手擎父兄, 兩脛去地二尺許. 且行且止, 或昂之使高, 或抑之使下, 父兄恐顚仆, 莫敢如何, 但咭咭笑. 鄕人鬨焉.

健兒性善動, 不喜讀書. 外氏命就外傅, 不率教. 師夏楚之, 則奪撲裂眦曰 : "功名應赤手致, 焉用瑣瑣章句爲?" 師出, 卽與同塾諸兒鬪, 諸兒無完膚. 又時盜其外氏簪珥衣物, 向酒家飮, 醉卽猖狂生事. 外氏苦之, 逐於外. 爲人牧羊, 每竊羊換飮, 詐言多歧亡. 主人怒, 復見擯. 時已弱冠矣.

聞倭入寇, 乃大快曰 : "是我得意時也!" 卽去海上從軍, 從小校擢功至裨將. 與僚友飮, 酒酣鬪力, 斃之. 罪當死, 遂棄官, 逃之泗, 易姓名, 隱於庖丁. 民家有犢, 丙夜往盜之, 牽出, 必劇呼曰 : "君家牛我騎去矣!" 呼竟. 倒騎牛背, 以斧砍牛臀. 牛畏痛, 迅奔若風, 追之莫及. 次日亡牛者適市物色之, 健兒曰 : "昨過君家取牛者我也. 告而後取, 道也, 奚其盜?" 索之, 則牛已脯矣, 無可憑. 市中惡少, 推爲盟主, 晝縱六博, 夜遊狹斜, 自恃日甚. 嘗歎曰 : "世人皆不足敵! 但恨生千載後, 不得與拔山擧鼎之雄一較勝負耳!"

邑使者禁屠牛, 健兒無所事事. 取向所屠牛皮及骨角, 往瓜揚間售之, 得三十金. 將歸, 飮於館中, 解金置案頭. 酒家翁見之, 謂曰 : "前途多豪客, 此物宜善藏之." 健兒擲杯砍案曰 : "吾縱橫天下三十年, 未逢敵手. 有能取得腰門物者, 當叩首降之." 時有少年數人, 醵於左席, 聞之錯愕, 起問姓名里居. 健兒曰 : "某姓名不傳, 向嘗豎功于邊陲. 今挂冠微服, 牛耳于泗上諸英雄." 少年問能敵幾何輩, 健兒曰 : "遇萬萬敵, 遇千千敵. 計人而敵, 斯下矣!" 諸少年益錯愕.

健兒飮畢, 束裝上馬. 不二三里, 一騎追之甚迅. 健兒自度曰 : "殆所云豪客耶!" 比至, 則一後生, 健兒遂不介意. 後生問何之. 健兒曰 : "歸泗." 後生曰 : "予小子亦泗人, 歸途迷失, 望長者指南之." 於是健兒前驅, 馬上談笑頗相得. 健兒謂後生曰 : "子服弓矢, 善決拾乎?" 後生曰 : "習矣, 而未閑." 健兒援弓試之, 力盡而弓不及彀, 棄之, 曰 : "此物無用,佩之奚爲?" 後生曰 : "物自有用. 用物者無用耳." 乃引自試. 時有鷲唳空, 後生一發飮羽, 鷲墮馬前. 健兒異之. 後生曰 : "君腰短刀, 必善擊刺." 健兒曰 : "然! 我所長不在彼, 在此." 脫以相示, 後生視而劇曰 : "此割鷄屠狗物, 將焉用之?" 以兩手一折, 刀曲如鉤, 復以兩手伸之, 刀直如故. 健兒失色, 籌腰間物非復我有矣. 雖與偕行, 而股栗之狀, 漸不自持. 後生轉以溫言慰之.

復前數里, 四顧無人, 後生縱聲一喝, 健兒墜馬. 後生先斬其馬, 曰 : "今日之事, 有不唯我命者, 如此馬!" 健兒匍伏請所欲. 後生曰 : "無用物! 盍解腰纏來獻!" 健兒解囊輸之, 頓首乞命. 後生曰 : "吾得此一囊金, 差可十日醉. 子猶草萊, 何足誅鋤?" 撥馬尋故道去. 健兒神氣沮喪, 足循循不前. 自思 : '三十金非長物, 但半世英雄, 敗於乳臭兒之手, 何顔復見諸弟兄!' 遂不歸泗, 向一村墅, 結廬賣酒聊生. 每思往事, 輒悒悒欲死.

一日, 春風淡蕩, 有數少年索飮, 裘馬甚都, 似五陵公子, 而意氣豪縱, 又似長安遊俠兒. 擊案狂歌, 旁若無人, 且曰 : "滌器翁似不俗, 當偕之." 遂拉健兒入座. 健兒視九人皆弱冠, 唯一總角者, 貌白皙若處子. 等閑不發一言, 一言則九人頃聽. 坐則右之, 飮則先之. 健兒不解其故. 而末坐一冠者, 似嘗謀面, 睇視之, 則向斬馬刦財之人也. 謂健兒曰 : "東君尙識故人耶?" 健兒不敢應. 後生曰 : "疇昔途中, 解囊纏贈我者, 非子而誰? 我儕豈攘攫者流? 特於郵旁肆中, 聞子大言恐世, 故來與子雌雄, 不意竟輸我一籌! 今來歸趙璧耳." 遂出左袖三十金置案頭, 曰 : "此母也. 於今一年, 子當肖之." 又探右袖, 出三十金, 共予之. 健兒不敢受, 旁一後生投劍怒目曰 : "物爲人攫而不能復, 還之又不敢取, 安用此懦夫爲?" 健兒懼, 急內袖中. 乃治鷄黍爲懽, 諸後生不肯留. 歸金者曰 : "翁亦可憐矣, 峻拒之則難堪." 衆乃止. 時爨下薪窮, 健兒欲乞諸鄰, 後生指屋旁枯株謂之曰 : "盍載斧斤?" 健兒曰 : "正苦無斧斤耳!" 後生躊躇久之, 曰 : "此事須讓十弟, 我九人無能爲也." 總角者以兩手抱株,左右數繞, 株已臥矣. 遂拔劍砍旁柯燃之. 酒至無算, 乃辭去, 竟不知其何許人.

健兒自是絶不與人較力, 人毆之則袖手不報. 或曰 : "子曩日英雄安在?" 健兒則以衰朽謝之. 後得以天年終, 不可謂非後生力也.

張山來曰 : 嘗見稗官中, 有趙東山夸技順城門, 其事與此相類. 甚矣! 毋謂秦無人也!

산동사녀사기(山東四女祠記)

정어(靜御) 황시(黃始)

병진년(1676) 시월, 도성 문을 나서 육로는 너무 힘들 것 같아 포기하고 배에 올랐다. 배로 6~7일 가서 황하 기슭에 거의 다다랐을 때였다. 어떤 마을을 지나가는데 바람이 하도 세게 불어 갈 수가 없어서 배를 정박했다. 어떤 사람이 말했다.

"이곳은 사녀진(四女鎭)입니다."

처음에는 '사녀(四女)'라는 이름이 왜 붙었는지 잘 몰랐다.

잠시 정박하는 동안 바람이 멎었다. 배에 누워 있으려니 너무도 답답하여 일어나 강기슭 사이를 거닐었다. 온통 황량한 모래밭뿐이고, 저자 사람들이 모두 문을 닫아걸어서 쉴 곳이 없었다. 저자 끝머리에 있는 오래된 사당까지 갔는데, 아무도 없는 것 같았다. 안으로 들어가 보니 고요했고, 마당에는 비석이 하나 있었는데 등나무 넝쿨과 이끼가 뒤덮여있었다. 비석 앞의 오래된 나무는 가지도 잎도 절반이나 떨어져서 헐벗은 용의 몸통 같았다. 오른쪽으로 돌아가니 길 하나가 나왔다. 들어가 보니 서까래 세 개뿐인 낡은 집이었다. 그 가운데에 자리한 동상이 두 개 있었는데, 하나는 노옹으로 희끗희끗한 눈썹에 옛 의관 차림이었고, 하나는 노파로 백발에 높이 틀어 올린 머리를 하고 있었다. 둘 다 요즘 복장은 아니었다. 그러나 양 옆에 시중들며 앉아 있는 네 사람만은 비록 유복(儒服)에 유관(儒冠) 차림이었지만 긴 눈썹이며 새하얀 이며 환하기가 마치 아름다운 여자 같았다. 속으로는 매우 궁금했으나 그것이 무언지 물어볼 데가 없었다. 그래서 등나무 넝쿨을 치우고 이끼를 벗겨낸 다음 글자를 문질러 읽어 보니, 대략 명나라 성화연간(成化年間 : 1465~1487)의 비석이었다.

비석에는 한나라 경제(景帝) 때의 일이 적혀있었다. 그 지역에 부씨(傅氏) 성을 가진 어르신이 살고 있었는데 선한 일을 많이 했지만 나이 쉰에 아들일랑 없고 딸만 넷을 두었다. 그러나 모두 지혜롭고 예법을 잘 알았다. 아비의 생신날 아비에게 술을 올렸더니 아비가 말씀하셨다.

"나이 쉰에 아들도 없는데, 축수는 해서 무엇 하겠느냐?"

네 딸이 정색하며 말했다.

"아버님께서 아들을 바라는 것은 노후에 봉양 받기 위해서입니다. 저희는 비록 딸이지만 아들을 대신하여 부모 공양을 할 수 있으니 부모님께서는 걱정하지 마십시오."

다음 날 남자 복장으로 갈아입은 네 딸은 시집가지 않기로 맹세하고 부모를 모셨다. 그때는 중국에 불교가 아직 전해지기 전이라, 그들은 오로지 오경(五經)과 제자백가서 등 주나라 진나라 윗대의 책만 읽었으며, 널리 읽고 그 뜻을 깊이 이해하기가 마치 대유학자 같았다. 또 때때로 선행을 하여 덕으로 마을을 감화시켰다. 그러자 마당 앞의 오래된 측백나무의 잎이 용 발톱 모양으로 나고 줄기에는 비늘이 생겨 금빛이 찬란했다. 마을 사람들은 모두 놀라, 하늘이 그들의 효심에 감응해서 생긴 일이라고 여겼다. 이렇게 30년이 지났다. 하루는 천신(天神)이 음악을 연주하며 마당으로 내려왔는데, 나무가 용으로 변하더니 노인과 노파 그리고 네 딸을 싣고 하늘로 올라갔다. 마을 사람들은 감동하여 마침내 그들을 위해 사당을 지었으니, 지금 나무 그루터기가 바로 그 유적이다.

오호라! 한나라 경제 때부터 지금까지 천 몇 백 년이 흘렀는지 모른다. 또 동국(東國)의 여지도(輿地圖)[1]에 기재된 것을 두루 살펴보아도 이른바 '사녀사'라는 것은 그 어디에서도 찾을 수 없다. 효심에 감응하여 내려준 하늘의 보답을 이 황량한 넝쿨풀 속에서만 찾았을 수 있을 뿐이다. 그러니 고금의 일사(軼事) 중에 사라지고 전해지지 않는 것이 적지 않으리라는 것을 알겠다.

장산래가 말한다.

옛날 한나라 때 제영(緹縈)[2]이 상소를 올려 아버지의 죄를 사함 받고 육형(肉刑)[3]을 면하게 하였다 하나, 제영은 혼자였기 때문에 자신의 뜻을 행하기가 어렵지 않았을 것이다. 지금 여기서는 네 딸이 한 마음이었으니, 더욱 드문 일이다.

丙辰十月, 出都門, 畏陸行之勞悴也, 舍而之舟. 舟行六七日, 將至黃河崖. 過一村, 風急不得行, 遂泊舟. 人曰 : "此四女鎭也." 初未詳'四女'何以名.

泊少間, 風息. 臥舟中, 悶甚, 起行崖岸間. 一望荒沙, 市人皆閉戶, 無憩立所. 迄市尾一古祠, 若無人焉者. 入門, 闃如也, 庭一碑, 藤蘚網

---

1 동국(東國)의 여지도(輿地圖) : 고대에는 동방에 있던 나라 즉 제(齊) · 노(魯) · 서이(徐夷) 등의 나라를 동국이라고 하였으므로 여기서는 지금의 산동성(山東省) 일대를 그린 지도를 가리킨다.

2 제영(緹縈) : 서한 때 인물로, 제군(齊郡) 임치(臨淄) 사람이며 성은 순우(淳于)이다. 아버지 순우의(淳于意)는 딸만 다섯이었는데 문제(文帝) 때 죄를 지어 형벌을 받게 되었다. 이때 제영이 아버지를 따라 장안까지 가서 상소를 올려 자신이 관비로 들어가는 대신 아버지의 죄를 용서해 주기를 청했고 이로 인해 육형의 벌을 면했다. 이 이야기는 『사기(史記)』 「효문본기(孝文本紀)」에 보인다.

3 육형(肉刑) : 옛날 신체에 가하는 형벌로 묵형(墨刑) · 비형(鼻刑) · 비형(剕刑) · 궁형(宮刑) 등이 있었다.

布. 碑前古樹, 半無枝葉, 禿而龍身. 右轉得一徑. 進則老屋三楹而已. 中座像二, 一老翁, 龐眉而古衣冠, 一老媼, 白髮高髻. 咸非近世飾. 獨兩旁侍坐者四人, 雖儒衣儒冠, 而修眉皓齒, 皎若好女子. 心頗疑之, 無從詢其說. 乃捫藤剝蘚, 拭其文讀之, 蓋明成化年碑也.

碑載漢景帝時. 地有傅姓長者, 好善, 年五十, 無子, 生四女. 皆明慧知禮. 壽日觴父, 父曰 : "吾五十無子, 奚壽爲?" 四女愀然曰 : "父期於子者, 爲終養計也. 兒卽女, 亦可代子職養父母, 父母其勿憂." 明日, 俱改男子裝, 四女共矢不嫁, 以侍其親. 時佛未入中國, 惟讀五經百家周秦以上書, 博鑑奧義如大儒. 間則行善事, 德化洽於鄕里. 庭前古柏樹, 葉生龍爪, 樹身生鱗, 金色燦然. 鄕里咸駭異, 以爲孝感所致. 如是者三十年. 一日, 天神鼓樂降於庭, 樹化爲龍, 載翁媼及四女上昇而去. 里人感之, 遂爲建祠, 今所樹趾, 遺迹也.

嗚呼! 自漢景帝迄今, 不知千幾百年. 及徧考東國輿圖紀載, 都無所謂'四女祠'者. 而孝感之報, 徒得之於荒烟蔓草中. 乃知古人軼事, 其湮沒不傳者槪不乏云.

張山來曰 : 昔漢緹縈上書贖父罪, 因除肉刑, 此祇一人耳, 不難自行其意. 今四女同心, 尤爲僅見也.

노전전(魯顚傳)

근수(近修) 주일시(朱一是)

노전은 어느 마을 사람인지 알 수 없다. 혼자 오월(吳越 : 지금의 江蘇省 · 浙江省 일대) 지역을 돌아다녔는데, 웃통을 벗은 채 홑겹으로 된 커다란 두건만 썼고 두건에는 구멍이 하나 뚫려 있었다. 아래 입고 있는 두꺼운 솜바지는 때가 겹겹이 꼈는데도 갈아입지 않았다. 또 봉두난발에 맨발로 뛰어다녔다. 손에는 거북 한 마리를 들고 다녔는데, 거북은 노전과 친해서 노전이 고개를 숙이면 언제고 머리를 빼들고서 콧김을 서로 부딪치곤 하였다. 노전이 지나가면 수많은 아이들이 그를 따라다녔다. 그러면 노전은 곧 땅에 다리를 쭉 펴고 앉아 두건을 쫙 펼치고는 구멍 사이로 머리를 내놓았는데, 그가 목을 내밀었다 집어넣었다 하면서 거북 흉내를 내면 아이들은 손가락질 하며 웃어댔다. 또 배를 쭉 내밀고 아이들에게 주먹으로 치게 했다. 그의 배는 무척이나 딱딱해서 아이들이 너도나도 주먹으로 쳐봤으나 주먹만 아팠다. 돌로 쳐보았더니 돌이 부서졌고 배에서는 탁탁 소리만 났다. 노전은 술을 좋아하였는데, 코로 마실 수도 있었다. 아이들은 노전이 코로 마시는 것을 보고 싶어서 집에 가 술을 가져다주었다. 술에 취하면 그는 밤에는 다리나 성가퀴[1]에 거꾸로 매달려 누운 채 코를 골았다.

횡강(橫江 : 江西省 吉安縣 서남쪽)의 서씨(徐氏)는 호사가였다. 서씨가 노전을 불러와 토납술(吐納術)과 수화술(水火術)[2]에 대해 물었으나, 대답하지 않고 예전처럼 날마다 아이들과 장난만 쳤다. 노전은 밥을 먹을 때면 늘 한 그릇을 다 비웠다. 서씨가 일부러 큰 그릇에 주었더니 양의 많고 적음을 따지지 않고 전부 먹어치웠다. 또 일부러 비계나 찬물 등 맛없는 음식물을 그릇에 담아 양도 따지지 않고 주어도 전부 먹어치웠다. 서씨가 노전에게 물었다.

"목욕하겠소?"

노전이 말했다.

"하겠소."

그리고는 제일 나중에 목욕을 했다. 그가 목욕하는 것을 몰래 훔쳐보았더니, 노전은 후후거리면서 수면에 머리를 숙인 채 앞서 목욕한 이의 때 국물을 마시고는, 자기 때는 벗겨내지 않았다. 밤에 다리나 성가퀴를 찾지 못하자 선반에 발을 걸고 머리를 아래로 늘어뜨리고 잠을 잤다. 한밤중이 되어 인적이 고요해진 후에 일어나 오줌을 누었다. 사람들은 노전이 일어난 틈을 타 안으로 들어가서 이것저것 물어보았다. 노전의 말투는 정중했는데, 일상의 자질구레한 이야기까지 세세하게 말했지만 끝내 토납술과 수화술에 관해서는 말하지 않았다.

오월 지역에 머문 지 10여 년이 되니 사람들은 모두 그를 알았다. 하루는 화정(華亭 : 지금의 상해시 松江縣 서쪽에 위치)을 지나는데, 태수 방악공

1 성가퀴 : 원문은 '여장(女墻)'으로 성벽 위에 요철 모양으로 되어 있는 낮은 담을 말한다.

2 토납술(吐納術)과 수화술(水火術) : 도가의 양생술로 '토납'은 나쁜 기운은 입으로 토하고 좋은 기운은 코로 들이마시는 일종의 호흡법이다. '수화'는 방중술을 말한다.

(方岳貢)[3]이 나왔다가 마을 아이 수 백 명이 소란스럽게 '노전 온다! 노전 온다!'하는 것을 보았다. 이를 이상히 여겨 노전에게 물었으나 노전은 대답하지 않았다. 다시 물어도 그는 또 대답하지 않았다. 그래서 백성을 현혹시키는 놈이라 여겨 잡아가 곤장을 치게 했는데, 곤장을 맞고 나서 노전은 죽었다. 후에 어떤 사람이 항주(杭州)에 있는 서산(西山)에 들어갔다가 노전이 지팡이를 끌며 절뚝절뚝 걷는 것을 보았다고 한다.

주자(朱子 : 朱一是)가 말한다.

노전, 나는 그가 죽지 않았다는 것을 알고 있노라.

장산래가 말한다.

세상 사람들은 노전을 보고 미쳤다고 했지만 내가 생각하기에는 노전이 분명 세상 사람들을 보고 미쳤다고 했을 것이다. 그러므로 노전이 거꾸로 누운 것이 아니라 세상 사람들이 거꾸로 누운 것이라 해도 안 될 것 없다.

顚不知何里人. 獨行吳越間, 體上裸, 披單大襆, 襆中圓一孔. 下體著絮厚裩, 汙重染, 不易也. 鬢飛蓬, 足跣而跳. 手一龜, 龜習顚, 顚俯首則龜昻, 鼻息相接以爲常. 顚所過, 羣兒什百怪隨之. 顚卽踞地展襆, 頭出中孔, 伸縮像龜行, 羣兒狎且笑. 又坦腹命羣兒拳. 腹堅, 羣兒爭拳之, 痛. 更擊以石, 石碎, 腹橐橐然. 顚喜酒, 酒鼻飮. 羣兒願觀顚鼻飮, 多就家索酒酒顚也. 夜倒懸橋梁或城女牆臥, 鼾鼾焉.

橫江徐氏者, 好事人也. 要顚歸, 問吐納水火之術, 不答, 惟日戲羣兒如故. 顚食盡一器. 徐故予大器, 無問多寡, 食輒盡. 又故以肥膩冷水諸不可口物內器, 無問多寡予顚, 顚亦食輒盡. 問顚"浴乎?" 曰 : "浴." 然

3 방악공(方岳貢 : ?~1644) : 호광(湖廣) 곡성(谷城) 사람으로 자는 사장(四長), 호는 우수(禹修)이다. 천계 2년(1622) 진사가 되었고, 숭정 원년(1628) 송강지부(松江知府)가 되어 민정을 잘 살폈고 이자성이 도성에 들어왔을 때 포로가 되어 죽었다.

殿人浴. 微窺之, 見顚方呼呼然, 俯水面飮前浴人垢, 不更去已垢也. 夜無橋梁城女牆, 則懸足架上, 垂首臥. 夜分人定, 卽溺. 人乘顚起, 入問之. 顚語莊, 微及日用細碎, 卒不答吐納水火事.

在吳越十餘年, 人皆識之. 一日過華亭, 太守方岳貢出, 見市兒數百譁曰'顚來! 顚來!' 怪問顚, 不答. 再問, 再不答. 以爲惑民, 繫且杖, 杖下而顚死矣. 後有人入杭之西山, 復見顚曳杖躄躄行.

朱子曰 : 顚, 吾知其不死.

張山來曰 : 世人謂顚爲顚, 吾知顚必以世人爲顚. 則謂顚非倒臥, 而世人爲倒臥, 亦無不可.

임사낭기(林四娘記)

서중(西仲) 임운명(林雲銘)

진강현(晉江縣 : 지금의 福建省 진강시)의 진보약(陳寶鑰)은 호가 녹애(綠厓)다. 강희(康熙) 2년(1663)에 산동(山東) 청주도(靑州道)의 첨사(僉事)로 부임했는데, 밤이면 공문 서신함에서 두드리는 소리가 났다. [누구냐고] 물으면 고요할 뿐 응답하는 소리가 없었다. 그의 노복은 몹시 걱정되어 창을 들고 지키면서 누군가 나타나면 찌르고자 했다. 그날 밤에는 화를 내며 욕하는 소리만 들려오기에 잠시 후 가운데 문을 밀어젖히고 쏜살같이 들어가 보았는데, 푸르뎅뎅한 얼굴에 날카로운 이를 드러낸 귀신이 알몸으로 꼿꼿이 서있고 머리는 처마에 닿아있었다. 노복은 너무 놀라 창을 떨어뜨리고 땅에 고꾸라졌다. 진보약이 급히 나와 귀신을 꾸짖으며 말했다.

"이곳은 조정의 공무를 처리하는 관청이거늘, 너는 어떤 요물이기에 감히 멋대로 이곳에 왔느냐?"

귀신이 웃으며 말했다.

"듣자하니 당신의 노복이 나를 찌르려한다기에 그 창을 맞으러 왔을 뿐이오."

진보약은 노여움에 겨워 어서 병사를 소집해 귀신을 격퇴해야겠다고 생각했다. 막 이러한 생각을 하는데, 귀신이 또 웃으며 말했다.

"병사들을 소집하여 나를 격퇴하겠다니, 계획이 어찌 그리 허술하오?"

이에 진보약은 더욱 노했다. 새벽에 그는 첨병 20명을 동원해 문을 지키게 했다. 저녁이 되자 귀신은 담 구석에서 나왔는데 키는 겨우 3척 남짓 지나지 않고, 머리는 수레바퀴만큼 컸다. 입은 키질하는 키처럼 크게 벌리고 있었고, 두 눈은 깜박일 때마다 빛이 번쩍였다. 땅에서 비척거리며 다니면 그 냉기가 사람을 엄습했다. 병사들은 크게 소리 지르며 대포와 화살을 발사하였지만 대포에는 불이 붙지 않았고 활 통의 화살을 살펴보니 하나도 남아 있지 않았다. 반대로 귀신이 활을 들고 화살을 쏘는데, 화살이 비 오듯 쏟아지며 병사들의 머리와 얼굴을 스쳐 지나갔지만 다치게 하지는 않았다. 병사들은 두려워 사방으로 달아났다.

진보약은 신통한 무당을 데려다 굿으로 귀신을 쫓게 하고는 자신은 관청에서 밤을 보냈다. 때는 섣달 엄동설한이었는데, 진보약이 막 잠이 들자 귀신은 곧바로 무당이 있는 곳으로 가서 이불과 요, 옷과 바지를 빼앗아 갔다. 무당이 다급하여 구해달라고 외치자 진보약은 어쩔 수 없이 나가서 무당을 위해 애원했다. 귀신이 웃으며 말했다.

"이 신통한 무당에게 대단한 법력이 있다고 들었는데, 기술이 이 정도뿐이었나?"

그리고는 빼앗았던 것들을 던져 주었다. 다음 날, 그 신통하다는 무당은 두려움과 부끄러움에 작별을 고하고 떠났다. 그 후 관청 안에는 포탄과 기와가 이리저리 날아다녀 아침부터 저녁까지 편안할 때가 없었다. 어떤 때는 담이 무너지고 용마루가 무너져 급히 피하기도 했다. 다른 변고는 없었지만 진보약은 이 때문에 늘 걱정이었다.

그 후 나와 같은 해에 급제한 동기 유망령(劉望齡)이 도성으로 가는 길에 청주를 지나다가 그와 같은 사정을 들어 알고는 진보약에게 말했다.

"그대는 사서 근심을 하는구려! 천하의 이치는 양이 있으면 음이 있소이다. 만약 귀신을 쫓는 데 급급해 하지 않았다면 이러한 지경으로 소란을 피우지는 않았을 것이오."

그의 말이 채 끝나기도 전에 귀신이 나와서 감사해했다. 유망령이 귀신의 모습이 험악하고 무서운 것을 보고 얼굴을 바꾸라고 권하자 귀신은 곧 물러나 어두운 방 안으로 들어갔다. 잠시 후 다시 나왔는데, 보았더니 절세미녀가 구름 같은 풍성한 머리에 곱게 단장을 하고 하느작거리며 다가왔다. 옷은 모두 얇고 고운 비단이었는데, 바느질 하여 꿰맨 자국이 없었으며 풍겨오는 향기는 뭐라 형용할 수가 없었다. 귀신은 스스로를 임사낭이라고 칭하였다. 실도(實道)라는 노복과 동고(東姑)라는 여종을 데리고 있었는데, 모두 그림자만 있고 형체가 없었으며, 오직 임사낭만이 살아 있는 사람과 다르지 않았다. 진보약은 매일 임사낭과 함께 즐겁게 술을 마시고 시를 지으며 온갖 스스럼없는 행동을 다 하였으되, 오직 음란한 짓만은 하지 않았다. 관청의 공문 서찰은 대부분 임사낭의 손에서 나왔고, 오래된 미결 사건은 그 시말을 깨끗이 조사해 주었으므로, 진보약이 한 번 심문하면 범인들은 모두 그 죄를 인정했다. 풍속을 관찰하고 선비들을 시험하며 인재를 등용함에 있어 모두 타당하였기에 진보약은 크게 명성을 떨쳤다.

이보다 앞서 진보약이 도성 근교에서 보직을 기다릴 때[1] 도성 상인에게 돈 이천 꿰미[2]를 빌린 적이 있었다. 상인이 돈을 빨리 돌려달라고 하기에 진보약은 다 갚을 수가 없으니 반만 갚겠다고 했다. 그러나 상인은 허락하지 않았다. 임사낭이 그 상인을 꾸짖으며 말했다.

"진공(陳公 : 陳寶鑰)이 설마 빚을 갚지 않을 분이겠소? 다만 일시에 갚을

1 보직을 기다릴 때 : 원문은 '수차(需次)'이다. 이는 옛날 관리들이 관직을 받을 때 경력에 따라 순서대로 공석에 충원되던 것을 말한다.

2 이천 꿰미 : 원문은 '이천민(二千緡)'으로 민은 끈에 꿴 1000문(文)의 동전 꾸러미를 가리킨다.

여력이 없을 따름이오. 만약 반드시 모두 갚으라고 하여 이윤을 도모하려 법을 어기는 지경에 빠지게 한다면, 당신인들 편하겠소? 나는 귀신이오. 내 말을 따르지 않으면 당신에게 화가 미치게 할 수도 있소."

도성 상인은 원래 귀신을 믿지 않았기에 웃으며 말했다.

"당신은 아름다운 여인이거늘, 귀신이라는 말로 나를 위협하려는 거요? 만약 정말 귀신이거든 도성에서 내가 어디 사는지, 무얼 하는 사람인지는 당연히 알겠지?"

임사낭이 말했다.

"거처와 하는 일을 상세히 말하는 것이 뭐 어려운 일이겠소? 당신은 최근에 어떤 곳에서 양심을 저버리는 일을 저질렀는데, 그 일을 발설하면 아마도 곧 죽게 될 것이오."

도성 상인은 크게 놀라 작별을 고하고 떠났다. 진보약이 은밀히 상인이 한 짓을 물었으나 끝내 발설하지 않았으니, 다른 이의 나쁜 점을 감춰주는 것이 이와 같았다.

임사낭은 시 읊조리기를 매우 좋아했는데, 지은 시에 감개에 젖은 처량한 내용이 많아 사람들이 차마 읽지 못했다. 내 고향 민(閩) 땅 사람 중에 진보약을 방문한 자가 있으면 임사낭은 언제나 허물없이 더불어 술을 마셨다. 이별할 때에는 시를 선물로 주었는데 그 가운데 적힌 은미한 말들이 훗날 들어맞는 경우가 많았다. 임사낭의 아리따운 용모에 반한 어떤 선비가 문득 음탕한 상상을 하자 임사낭이 노하여 "이런 짐승 같은 놈, 어찌 이리 무례할 수 있단 말이냐?" 하더니 곤장을 치라고 호령했다. 그 선비가 갑자기 땅에 엎어져 아프다고 소리치며 구해달라고 애원하는데, 보니 두 팔에 곤장 자국이 빙 둘러 나있었다. 자리에 있던 모든 사람들이 그를 용서해달라고 청했다. 이에 하녀 동고를 불러 약을 가져와 그에게 먹이라고 하니, 아픈 것이 싹 사라지고 방금 전처럼 더불어 즐겁게 술을 마셨다.

진보약이 임사낭에게 귀신이 된 연고를 묻자 이렇게 대답했다.

"저는 보전(莆田 : 지금의 福建省 莆田縣) 사람입니다. 옛 왕조 명나라 숭정 연간(崇禎年間 : 1628~1644)에 아버님께서 강녕부의 창고를 관리하는 관리로 계시다가 창고의 돈이 비어 하옥되었습니다. 저와 사촌 오라비 아무개는 아버지를 구명하는 일에 온 힘을 기울이느라 반 년 동안 함께 기거하였지만 [둘 사이에] 사사로운 감정이라곤 정말 없었습니다. 그러나 아버지께서는 옥에서 나오셔서 저희를 끊임없이 의심을 하셨습니다. 이로 인해 저는 자결하는 것으로 결백함을 밝혔는데, 제 뜨거운 혼이 흩어지지 않은 것뿐입니다. 저는 당신과 동향(同鄕)[3]이라는 인연이 있어 온 것이지, 결코 우연히 온 것이 아닙니다."

임사낭은 관청에서 18개월을 지내고 작별을 고했는데, 이별 후에도 진보약은 늘 그리워하며 잊지 못했다. 강희 6년(1667) 강남(江南) 역전도(驛傳道)[4]로 부임해 가는 길에 진보약은 내게 이 일을 이야기해주며 기록해 달라고 부탁했다.

임자(林子 : 林雲銘)가 말한다.

『좌씨전』에서 귀신에 대해 언급하고 있는데, 후세 유자들은 허튼 소리라며 질책했다. 하지만 생각하건대, 천하가 이처럼 큰데 240여년 동안 사람이 미처 보고 듣지 못한 인물이 어찌 한 둘쯤 없겠는가? 진녹애(陳綠厓 : 진보약) 공은 올곧은 선비로 말을 지어낼 사람이 아니며 우리 고향의 선비들 중에서도 종종 직접 본 사람들이 있다. 왕용계(王龍谿)[5]는 이렇게

---

3 동향(同鄕) : 원문은 '상재(桑梓)'이다. 『시경 · 소아(小雅)』 「소변(小弁)」에 "뽕나무와 가래나무도 반드시 공경하는 마음 있네[維桑與梓, 必恭敬止]"라는 구절이 있다. 옛날에 집 옆에 뽕나무와 가래나무를 심어 자손들이 양잠을 하고 기물을 갖출 수 있게 하였는데, 이 나무들은 부모님이 심으신 것이므로 그들에게 경의를 표해야 한다고 하였다. 후대에 '상재'를 고향이나 고향 어르신을 지칭하는 말로 사용하였다.

4 역전도(驛傳道) : 명나라 때 안찰사(按察司)에서는 부사(副使)나 첨사(僉事) 한 명에게 역참의 사무를 담당하도록 하고 이를 '역전도'라 불렀다. 청나라 때는 역참 사무뿐만 아니라 수리나 군사에 관련된 일 등을 겸했다.

5 왕용계(王龍谿 : 1498~1583) : 만명 때 양명학의 발전에 핵심적 역할을 했던 인물이다. 이름은 기(畿)이고 자는 여중(汝中)이며 호는 용계이다.

말했다. '신괴(神怪)는 공자께서는 말씀하시지 않으셨으나[6] 무력[力]과 혼란스러운 일[亂]은 분명히 존재한다. 그러니 괴이한 일[怪]과 귀신[神]만 없다고 어찌 말할 수 있겠는가?' 귀신은 그 모습을 드러내 사람의 일을 예지할 수 있으니 신괴가 아니라고 할 수 없다. 그렇기는 하지만 억지로 혼백을 잠시 인간 세상에 머물게 할 수는 있어도 결국에는 변화하여 사라지고 오랫동안 존재할 수 없다. 이것은 정기(精氣)가 외물이 되고, 떠도는 혼백이 변화한다는 이치 이외에 상리(常理)로써 궁구할 수 있는 바가 아니므로, 귀신이 있다 없다 말하는 것은 모두 미혹된 짓이다. 이것이 바로 공자께서 말씀하시지 않은 까닭인 것이다.

장산래가 말한다.

선친께서 명나라 말에 초(楚) 무군(撫軍)의 관청에서 묵으신 적이 있는데, 손님이 가득하여 방 안에 빈자리가 없었다. 그 옆에 있는 정원은 빗장이 매우 굳게 잠겨 있었다. 선친께서 여러 손님들에게 말씀하셨다.

"저 정원 안으로 옮겨 가서 편하게 있지들 그러시오?"

어떤 이가 대답했다.

"그 안에는 귀신이 있어 감히 들어가지 못합니다."

이에 그 상황을 물어보았다가, 전임 무군에게 딸이 하나 있었는데 시집갈 나이[7]에 죽어서 이곳에 묻혔다는 사실을 알게 되었다. 시원한 바람이 불고 밝은 달이 뜨는 밤이면 회랑 굽은 난간에 그 모습을 드러내고는 마치 자신의 감정을 이기지 못하는 듯 이리저리 배회하고 기대어 서있다고 했다. 사람들은 해코지 할까 두려워 늘 그곳을 잠가두었는데, 선친께서는 아주 즐거워하며 말씀하셨다.

---

6 신괴(神怪)는 …… 않으셨으나 : 『논어』 「술이(述而)」에 나오는 '공자께서는 괴이한 것, 무력을 쓰는 것, 혼란스러운 것, 귀신에 관한 것은 말씀하시지 않으셨다[子不語怪力亂神]'를 가리킨다.

7 시집갈 나이 : 원문은 '급계(及笄)'이다. 여자 나이 만 15세로 시집갈 나이를 가리킨다.

"정말 그러하다면 이것이야말로 내가 빌며 바라던 바요!"

그리고는 혼자 그곳에 머물겠다고 청하였다. 낮에는 두 어린 종에게 시중을 들게 하고 밤에는 내보내면서 귀신 만나볼 수 있기를 희망했으나 끝내 만나지 못했다. 이 일은 『천산루수필(天山樓隨筆)』에 실려 있다. 그런데 임사낭은 이처럼 변화하고 나타날 수 있었으니, 또한 어찌된 일인가? 죄 없이 억울하게 죽은 자라야 귀신이 될 수 있나?

晉江陳公寶鑰, 號綠厓. 康熙二年, 任山東靑州道僉事, 夜輒聞傳桶有敲擊聲. 問之, 則寂無應者. 其僕不勝憂, 持槍往伺, 欲刺之. 是夜但聞怒詈聲, 已而推中門突入, 則見有鬼, 靑面獠牙, 赤體挺立, 頭及屋簷. 僕震駭, 失槍僕地. 陳急出, 訶之曰: "此朝廷公署, 汝何方妖魅, 敢擅至此?" 鬼笑曰: "聞尊僕欲見刺, 特來受槍耳." 陳怒, 思檄兵格之. 甫起念, 鬼又笑曰: "檄兵格我, 計何疏也?" 陳愈怒. 遲明, 調標兵二十名守門. 抵夜, 鬼却從墻角出, 長僅三尺許, 頭大如輪. 口張如箕, 雙眸開合有光. 跘跚於地, 冷氣襲人. 兵大呼發炮矢, 炮火不燃, 檢韔中矢, 又無一存者. 鬼反持弓回射, 矢如雨集, 俱向衆兵頭面掠過, 亦不之傷. 兵懼奔潰.

陳又延神巫作法驅遣, 夜宿署中. 時臘月嚴寒, 陳甫就寢, 鬼直詣巫臥所, 攫去衾氈衣褲. 巫窘急呼救, 陳不得已, 出爲哀祈. 鬼笑曰: "聞此神巫乃有法者也, 技止此乎?" 遂擲還所攫. 次日, 神巫慙懼, 辭去. 自後署中飛炮擲瓦, 晨昏不寧. 或見牆覆棟崩, 急避之. 仍無他故, 陳患焉.

嗣余有同年友劉望齡赴都, 取道靑州, 詢知其故, 謂陳曰: "君自取患耳! 天下之理, 有陽則有陰. 若不急於驅遣, 亦未擾擾至此." 語未竟, 鬼出謝之. 劉視其獰惡可畏, 勸令改易顏面, 鬼卽辭入暗室中. 少選復出, 則一國色麗人, 雲鬟靚粧, 嫣嫣婷婷而至. 其衣鮫綃霧縠, 亦無縫綴之迹, 香氣飄揚, 莫可名狀. 自稱爲林四娘. 有一僕名實道, 一婢名東姑, 皆有影無形, 惟四娘則與生人了無異相也. 陳日與懽飮賦詩, 親狎備至,惟不及亂而已. 凡署中文牒, 多出其手, 遇久年疑獄, 則爲廉訪始末, 陳一訊皆服. 觀風試士, 衡文甲乙悉當, 名譽大振.

先是陳需次燕邸, 貸京商二千緡. 商急索, 不能應, 議償其半. 不允. 四娘出責之曰 : "陳公豈負債者? 顧一時力不及耳. 若必取盈, 陷其圖利敗檢, 於汝安乎? 我鬼也. 不從吾言, 力能禍汝!" 京商素不信鬼, 笑曰 : "汝乃麗人, 以鬼怖我? 若果鬼也, 當知我在京廬舍職業?" 四娘曰 : "廬舍職業, 何難詳道? 汝近日於某處行一負心之事, 說出恐就死耳." 京商大駭, 辭去. 陳密叩商所爲, 終不洩, 其隱人之惡如此.

性眈吟咏, 所著詩, 多感慨凄楚之音, 人不忍讀. 凡吾閩有訪陳者, 必與狎飲. 臨別輒贈詩, 其中廋詞, 日後多驗. 有一士人悅其姿容, 偶起淫念, 四娘怒曰 : "此獠何得無禮?" 喝令杖責. 士人欻然扑地, 號痛求哀, 兩臂杖痕周匝. 擧坐爲之請. 乃呼婢東姑持藥飮之, 了無痛苦, 仍與歡飮如初.

陳叩其爲神始末, 答曰 : "我莆田人也. 故明崇禎年間, 父爲江寧府庫官, 逋帑下獄. 我與表兄某悉力營救, 同臥起半載, 實無私情. 父出獄, 而疑不釋. 我因投繯以明無他, 烈魂不散耳. 與君有桑梓之誼而來, 非偶然也." 計在署十有八月而別, 別後陳每思慕不置. 康熙六年, 陳補任江南驛傳道, 爲余述其事, 屬記之.

林子曰 : 『左氏傳』言涉鬼神, 後儒病其誣. 余竊疑天下大矣, 二百四十餘年中, 豈無一二人出於見聞所不及乎? 今陳公綠厓, 正士也, 非能造言語者, 且吾鄉士人, 往往有親見之者. 王龍谿云 : '神怪之事, 聖人不語, 力與亂明明是有. 怪與神豈得云無?' 鬼能見形預人事, 不可謂非神怪矣. 然强魄暫留人間, 終歸變滅, 不能久存. 是在精氣爲物, 游魂爲變之外, 非可以常理推究, 言有言無, 皆惑也. 此聖人所以不語也夫!

張山來曰 : 先君明季時, 客楚撫軍署中, 賓客雜遝, 室無空虛. 旁有園, 扃鐍甚固, 先君謂衆客曰 : "曷不遷入此中, 俾稍稍舒眉乎?" 或答曰 : "此內有鬼, 是以未敢耳." 因詢其狀, 乃知前撫軍有女, 及笄而死, 遂葬此中. 每際清風明月, 輒見形於迴廊曲檻間, 徘徊徙倚, 如不勝情. 人懼其爲祟, 故常扃之. 先君大喜曰 : "審若是, 是故我所禱祀而求者也!" 遂請獨居其內. 日以二小童給侍, 夜則遣去, 冀有所遇, 而卒無所見聞. 事載『天山樓隨筆』. 今林四娘獨能變現若此, 則又何也? 豈必無罪而寃死者, 乃能爲厲耶?

거지 왕씨 이야기[乞者王翁傳]

중광(仲光) **서방**(徐芳)

쇄구(灑口 : 江西省 龍南縣 桃江鄉 灑口村) 왕씨(王氏)는 초군(樵郡 : 지금의 安徽省 亳縣)의 대성(大姓)이다. 그 조상 아무개 옹은 일찍이 나구(拏口) 진씨(陳氏) 어른 댁에 가서 구걸을 한 적이 있었다. 아직 이른 시간이라 문 앞에서 잠시 쉬고 있는데, 얼마 후 문이 열리더니 한 하녀가 대야에 물을 들고 나와 밖으로 쏟아 버렸다. 쨍그랑 하는 소리가 나면서 무엇인가가 물과 함께 떨어졌는데, 보았더니 금팔찌였다. 옹은 매우 기뻤으나, 다시금 생각했다.

'이 팔찌는 분명 주인마님이 세수할 때 대야에 둔 것인데 하녀가 그걸 몰랐던 게야. 주인마님이 팔찌를 찾다 못 찾고서 하녀가 훔쳤구나 오해라도 하게 되면 심하게 매질하다 무슨 변고가 생길지도 몰라. 나같이 가난한 사람이 귀중한 물건을 횡재로 얻었다 쳐도 그 복을 누리라는 법은 없지. 게다가 하녀에게 누를 끼쳐 예측할 수 없는 일이 터지기라도 한다면, 정말 불길한 일이야.'

그리고는 문 앞에 남아 하녀를 기다렸다. 한참 후 집 안에서 시끄러운 소리가 나는 것이 희미하게 들렸는데, 꾸짖고 다그치는 소리도 나는 것 같았다. 얼마 있다 아까 그 하녀가 얼굴에 피를 줄줄 흘리며 나오더니 냇가로 가서 몸을 던지려 했다. 옹은 급히 앞으로 가서 하녀를 붙잡으며 이유를 물었다. 하녀는 더욱 기를 쓰며 몸을 던지려고 하면서 말했다.

"주인마님이 팔찌를 잃어버리셨는데, 억울하게 저더러 도둑이랍니다. 어디 가서 팔찌를 찾겠습니까? 맞아 죽느니 차라리 물에 빠져 죽는 편이 낫습니다!"

옹이 말했다.

"그랬군요. 팔찌 여기 있으니 걱정 마시오."

그리고는 소매에서 팔찌를 꺼내 하녀에게 가지고 들어가라고 하면서, "여기에서 당신을 한참 기다렸소"라고 말했다. 하녀는 들어가 이 사실을 알렸다. 그러나 주인마님은 거짓말이라 여겨, 시동을 내보내 옹에게 물었다. 옹은 사실대로 대답했다.

그 일이 주인 어르신에게 알려지자 어르신이 말했다.

"세상에 그런 사람이 있다니!"

급히 옹을 불러들였는데, 뜻밖에도 건장한 남자인 것을 보고 이렇게 물었다.

"나를 위해 일해 줄 수 있느냐?"

옹이 대답했다.

"크나 큰 행운이옵니다!"

그에게 문지기 일을 시켰더니 곧잘 해냈다. 그래서 또 저자거리를 다니며 빚이나 토지세를 거두어들이도록 했더니 그것도 역시 만족스럽게 해냈다. 어르신은 더욱 흡족해하며 이전의 그 하녀를 아내로 주었다. 그런 다음 어떤 지역에서 소작인들을 관리하게 하니, 옹은 더욱 몸과 마음을 다해 삼가 보답했다. 어르신은 옹을 신임할만하다고 여겨 더욱 아끼면서 가족과 같이 대우했고 세금이나 회계 같이 중요한 일은 모두 옹에게 맡겼다.

일을 맡아 한 지 오래되다보니 옹은 재산이 점점 늘어 부유해졌다. 아내로 맞이한 하녀가 몇 명의 아들을 낳았는데, 하나 같이 영민했다. 자식들이 장성한 후 제각기 나가 장사를 하게 하니, 마침내 큰 부자가 되어 거만금을 모았다. 옹은 이에 진씨 집안의 일을 그만두고 아내와 아들을 데리고 쇄구로 돌아와 큰 부자[1] 가문이 되었다. 또 오래오래 장수한 덕에 손자와 증손자들 중 글공부를 하여 제생이 된 이가 십 여 명이나 되었는데, 그것을 모두 직접 볼 수 있었으며, 지금은 문벌이나 인재의 성대함이 거의 진씨 댁과 맞먹는다고 한다. 아! 걸인이 수십 냥 값어치 나가는 금팔찌를 얻었으면 배부르게 먹을 수도 있었을 텐데, 그것을 돌려준 것은 어째서인가?

우산자(愚山子 : 徐芳)가 말한다.

옹은 청렴할 뿐만 아니라 어질고 지혜로웠다. 자기 것이 아닌 물건을 가지지 않은 것은 청렴함이다. 또 주인마님이 하녀를 심하게 질책하면 하녀는 다급해져 죽으려 할 것임을 미루어 헤아려, 하녀 나오기를 기다렸다가 구해주고, 억울함을 밝혀 화를 면하게 해준 것은 어짊이다. 또 하녀를 구해 다시 그 하녀를 얻고, 그로써 거지 신세를 면한 것은 지혜로움이다. 만약 옹이 팔찌를 숨겨 돌아갔다면 십 수 냥의 돈을 얻는 데 지나지 않아 그저 일 년치 생활비로 끝났을 것이다. 이것에 비해 어느 쪽이 얻은 것이 많은가? 그가 집 밖에서 왔다 갔다 할 때야 어찌 생각이 여기까지 미쳤겠는가마는, 보답이 따랐다. 그러니 하늘이 무심하다고 할 수 있겠는가? 오늘날 책을 읽어 예의에 밝으면서 지위와 세력이 대단한 자 중에는, 긴 부리 날카로운 발톱으로 약한 자의 고기만 골라 먹으며, 누군가 원한과 고통으로 죽어가면서 눈앞에서 굴러도 돌아보지도 않는 자들이 분명 있을 것이다. 하물며 누군가가 버린 것을 내가 발견했다면,

---

1 큰 부자 : 원문은 '소봉(素封)'으로 벼슬이나 작위가 없지만 부가 그런 사람들에 비할 수 있을 만큼 많은 재산을 가진 부자를 일컫는다.

가지는 것이 자연스럽지 않은가? 나는 감히 거지라고 업신여기지 못하고 곧바로 옹이라 칭했으니, 거지라도 현명하다면 옹이라 불러도 될 것이다.

어떤 사람이 말했다.

"왕씨라면 명망 있는 성씨요. 그 조상이 가난하여 구걸하는 지경까지 이르렀다면, 그 자손들은 말하길 매우 꺼릴 것인데, 당신이 그 사실을 털어 놓는 것은 해서 안 될 짓 아니오?"

우산자가 말한다.

그렇지 않다! 사람은 오직 전해질만한 행동으로 인해 이름나고 존경받을만한 품행으로 인해 귀해진다. 명성과 고귀함은 그의 처지와는 무관하며, 그 사람이 현명한가 현명하지 않은가와 관련이 있다. 옹이 한 행동은 옛날의 위대한 현인과 다름없다. 그러니 왕씨 자손이라면 마땅히 대대로 그것을 모범 삼아할 터, 감출 것이 어디 있겠는가? 그의 청렴함과 어짊과 지혜로움을 본받아, 처지가 곤궁할 때는 몸을 지키고, 영달해서는 세상을 위해 좋은 일을 한다면 어떤 일인들 성공하지 못하겠는가? 구걸이 어찌 감출 일인가? 조조(曹操)·왕망(王莽)·장돈(章惇)·채변(蔡卞)[2]·노기(盧杞)[3]·진회(秦檜)가 제아무리 영달하고 존귀한 부류여도 그 행동이 도리에 맞지 않는다면 진짜 거지도 원치 않을 것이며, 그 자손도 조상이라 여기기 부끄러울 것이다!

장산래가 말한다

소동파는 '위로는 옥황상제와도 함께 할 수 있고, 아래로는 비천한 농부나 정원사, 거지와도 함께 할 수 있다'[4]고 했다. 그러므로 거지와 함께

2 장돈(章惇)·채변(蔡卞): 송나라 휘종(徽宗) 때 권력을 장악하고 여공저(呂公著)와 사마광(司馬光) 등을 핍박했다.

3 노기(盧杞): 『구당서(舊唐書)』 「노기전」에 보면, 그가 "나라의 법을 무너뜨리고, 나라를 위태롭게 만들었다[隳紊朝典, 致亂危國]"고 한다.

4 '위로는…… 함께 할 수 있다': 이 구절은 송나라 고문호(高文虎)의 『요화주한록(蓼

할 수 있는 사람은 모두 옥황대제와 함께하기에 족한 사람들이다. 거지라는 자들은 지극히 우매하고 쓸모없는 부류가 아니면 아주 큰 자비심을 가지고 절조를 지키는 부류다. 광대나 노예를 우습게 여기고 교묘한 속임수로 남의 재물 훔치는 짓 따위는 하려하지 않았기에, 구걸하는 길로 나서는 것밖에 달리 방법이 없었을 뿐이다. 왕옹의 고결한 행동을 보니 그는 이러한 부류 중에서도 특출한 존재[5]이다.

灑口王氏, 樵郡大姓也. 其先世某翁, 嘗行乞至拏口陳長者家. 日尙早, 小憩門首, 有頃戶啓, 一小鬟捧盆水, 向外傾灑去. 有聲鏗然, 隨水墮地, 視之, 金釧也. 翁大喜, 復念. '此釧必主婦洗妝寘盆中, 而鬟不知. 倘主婦索釧不得, 而疑鬟盜, 或撻之急, 且有變. 吾貧人, 橫得重資, 未必能享. 而貽鬟累, 以至不測, 大不祥.' 遂留以待. 久之, 微聞戶內喧聲, 似有所訶責. 斯須, 前鬟出, 流血被面, 望溪便擲. 翁急前, 持抱問故. 鬟擲愈力, 曰: "主婦失釧, 而枉予盜. 予何處得釧? 與撻死, 寧溺死!" 翁曰: "然. 釧在, 毋恐." 乃出諸袖中. 俾持入, 且曰: "待子於此久矣." 鬟入報. 主婦以爲謾, 遣童出問翁. 具以實對.

事聞長者, 長者曰: "世安得有此人!" 亟召入, 居然壯男子也. 因問: "若能爲我任奔走乎?" 對曰: "幸甚!" 於是使司門戶稽察, 輒勝任. 則又使出入市賈, 徵責租課, 又輒稱. 長者益喜, 遂以前鬟妻之. 而使主莊佃某所, 翁益殫竭心力以謹恪報. 長者知翁可任, 益親愛, 待以家人禮, 諸錢穀會計之重要者, 悉以寄之.

翁任事旣久, 橐漸裕. 而所娶鬟生數子, 皆穎敏. 旣長, 使之分道商販, 遂大富, 致產巨萬. 翁乃謝陳氏事, 携環與子歸灑口, 爲素封家. 享

花洲閒錄)』 등에 보인다. 소동파는 이 말에 이어 '천하에는 나쁜 사람이 하나도 없다[眼前見天下無一箇不好人]'고 말하며 신분에 상관없이 모든 사람과 왕래했다.

5 특출한 존재 : 원문은 '교초(翹楚)'이며, 원래 잡목 중 특출한 나무를 가리키는 것으로 특출한 인재를 비유한다.

年老耋, 孫曾輩讀書爲諸生者十餘人, 翁皆及親見之, 今門第人文之盛, 與陳頡云. 噫! 一乞人得金鐶値數十金, 可以飽矣, 返之奚爲哉?

愚山子曰 : 翁非特廉也, 仁且智也. 其不取非有, 廉也. 逆計主婦之重責鬟, 鬟急且死, 而候其出救之, 以白其枉而脫其禍, 仁也. 救鬟得鬟, 而免於乞, 智也. 使翁匿鐶而往, 十數金止矣, 卒歲之奉耳. 視此所得孰多乎? 方其逡巡戶外時, 豈嘗計及此哉, 而報隨之. 謂天之無心, 又安可也? 今之讀書明禮義, 據地豪盛, 長喙銛距, 擇弱肉而食之, 至於寃楚死喪, 宛轉當前而不顧者, 蓋有之矣. 況彼遺而我遇, 取之自然者乎? 吾故不敢鄙夷於乞而直翁之, 夫乞而賢, 卽翁之可也.

或曰 : "王氏, 大姓也. 而其祖貧至於乞, 此其子孫之所深諱, 而子暴之, 無乃不可乎?"

愚山子曰 : 不然! 人惟其行之可傳而名, 亦惟其品之可尊而貴. 名與貴不關其所遭, 關其人之賢不肖也. 若翁之所行, 是古之大賢. 王氏子孫當世世師之, 又奚諱乎? 師其廉仁且智者, 以窮則守身, 而達則善世, 何行之弗成焉? 乞, 寧足諱也? 彼行之不道, 雖榮顯貴勢, 若操·莽·惇·卞·杞·檜之流, 乃眞乞人之所不爲, 而其子孫所羞以爲祖父者也!

張山來曰 : 東坡有言, '上可以陪玉皇大帝, 下可以陪卑田院乞兒.' 然則可以陪乞兒者, 皆足以陪玉帝者也. 蓋乞人一種, 非至愚無用之流, 卽具大慈悲而有守者. 不屑爲倡優隷卒, 不肯爲機械以攫人財, 不得不出於行乞之一途耳. 至王翁之高行, 則又爲此中翹楚矣.

뇌주의 도적을 기록하다[雷州盜記]

중광(仲光) 서방(徐芳)

뇌주(雷州 : 지금의 廣東省 뇌주시)는 월(粵 : 지금의 廣東지역) 땅에서도 가장 먼 고을이다. 숭정연간(崇禎年間 : 1628~1635) 초에 금릉(金陵) 사람 아무개가 중앙 관직에 있다가 뇌주 태수로 부임해갔는데, 배가 강으로 들어설 때 도둑을 만났다. 도둑은 태수임을 알고는 그를 죽였으며, 따르던 무리들까지 모주 죽였으나 처와 딸만은 남겨두었다. 그리고는 자기들 중에서 가장 교활한 자를 가짜 태수로 꾸며, 임명장을 가지고 임지로 가게 하고, 나머지 도둑들은 하인인 척했는데, 아무도 그것을 알아차리지 못했다. 군(郡)에 도착한 지 한 달이 넘었을 때, 가짜 태수가 청렴하고 훌륭하게 일 처리를 잘 하여 마을이 잘 다스려지자 뇌주 사람들은 현명한 태수를 얻었다며 서로 축하했다. 부하 및 감사[1]도 모두 그를 칭송하며 존중했다.

---

1 감사 : 원문은 감사사(監司使)이다. 감사는 주현을 감찰하는 지방 장관의 총칭이다. 명나라의 안찰사(按察使)도 감찰을 담당하므로 감사라고 했다. 청나라 때는 포정사(布政司)・안찰사 및 각 도의 도원(道員)을 감사라고 했다.

얼마 후, 가짜 태수는 명령을 내려 외지의 유람객을 금지시키고 다스리는 지역 내에 금릉 사람은 한 발도 들이지 못하게 했다. 이를 어기면 비록 가까운 친척이라 하더라도 반드시 죄를 물었다. 이에 뇌주 사람들은 새로 온 태수가 이처럼[2] 엄격하고 강직하다는 데 더욱 깊이 탄복했다.

얼마 후, 태수의 아들이 도착했다. 그러나 뇌주 경내로 들어오니 감히 그를 묵어가게 해주려는 집이 하나도 없었다. 그 이유를 물어 [신임 태수가] 금지했다는 사실을 알고는 속으로 수상하게 여겼다. 다음 날 아침, 가짜 태수가 출타를 하는데, 진짜 태수의 아들이 길에서 보았더니 아버지가 아니었다. 태수의 고향과 이름을 물어보았더니 모두 자신의 아버지와 같았다. 아들은 사실을 알아채고 "아! 저 자는 도둑이다!"라고 말했다. 그러나 감히 폭로하지 못하고 은밀히 감사에게 이 사실을 고했다. 감사가 말했다.

"됐네! 내일 태수와 밥을 먹을 때 자네를 부르겠네."

감사는 부하들에게 명령하여 병사들로 하여금 태수가 사는 곳을 에워싸게 하고 밥을 먹는 곳에도 병사들을 매복시켰다. 다음날, 태수가 들어와 감사를 알현하자 그에게 술을 권하면서 그 아들을 불러와 대질시켰는데, 태수는 그를 알아보지 못했다. 입장이 곤란해진 가짜 태수가 소란을 일으키려 했으나 객실에 매복해 있던 병사들이 갑자기 튀어나와 그 자리에서 붙잡았다. 가짜 태수의 집을 포위하고 있던 병사들도 집으로 쳐들어갔다. 도둑 수십 명이 창졸간에 일어나 격투를 벌였는데, 모두 도망치고 겨우 일곱 명만 사로잡았다. 사건은 법대로 처리되어, 잡힌 도둑들은 형틀에 채워진 채 금릉으로 압송된 다음 처형당했다. 뇌주 사람들은 그제야 새로 온 태수가 진짜 태수가 아니고 도둑임을 알게 됐다.

동릉생(東陵生)이 이 소식을 듣고 탄식하며 말했다.

"기이하구나! 도둑이 이와 같이 태수 노릇을 잘 할 수 있단 말이냐?

---

2 이처럼 : 원문은 '자차(者此)'로 되어 있으나 하북인민출판사(1985)와 인민일보출판사(1997)에서 출판된 『우초신지』 교점본(校點本)에 의거하여 '약차(若此)'로 해석했다.

지금 태수된 자들은 비록 도둑은 아니지만 하는 짓은 거의 도둑이나 진배없으니, 차라리 도둑에게 태수를 맡기느니만 못하구나! 저 도둑 태수는 비록 도둑이었지만 태수노릇을 매우 훌륭하게 해냈으니, 다른 진짜 태수들보다 낫구나."

어떤 사람이 말했다.

"저 도둑 태수는 현명한 것이 아니다. 장차 기회를 엿보았다가 창고의 곡식과 그 지역 주민들의 재산을 모두 긁어낸 다음 달아나려 했던 것이다."

동릉생이 말했다.

"그랬을 수도 있다. 그러나 지금 태수 가운데 창고의 곡식과 재산을 긁어 달아나지 않는 자가 어디 있는가?"

우산자(愚山子 : 徐芳)가 말한다.

심하구나! 동릉생의 말이여! 그러나 그의 말뜻을 잘 헤아려 보면 태수된 자들을 수양시키기에 족하다.

장산래가 말한다.

국법으로 논하자면, 도둑의 무리는 모두 가차 없이 죽여 마땅하다. 그러나 민심으로 논하자면, 부하 도둑들이야 모두 죽여도 좋지만 태수 노릇한 자에게만은 관용을 베풀어 그의 치적에 조금이라도 보상을 해줘야 한다. 지금의 사대부들은 비록 국법에 걸려들지는 않았으나, 서민의 마음속에서는 이미 모두 사형을 당했다.

雷於粵爲最遠郡. 崇禎初, 金陵人某以部曹出守, 舟入江遇盜. 知其守也, 殺之, 幷殲其從者, 獨留其妻女. 以衆中一最黠者爲僞守, 持牒往, 而羣群爲僕, 人莫能察也. 抵郡踰月, 甚廉幹, 有治狀, 雷人相慶得賢太守. 其寮屬暨監司使, 咸誦重之. 未幾, 太守出示禁遊客, 所隷毋得納金陵人隻履. 否者雖至戚必坐. 於是雷人益信服新太守乃能嚴介若此也.

亡何, 守之子至. 入境, 無敢舍者. 問之, 知其禁也, 心惑之. 詰朝, 守出, 子道視, 非父也. 訊其籍里名姓, 則皆父. 子悟曰: "噫! 是盜矣!" 然不敢暴語, 密以白監司使. 監司曰: "止! 吾旦日飯守而出子." 於是戒吏, 以卒環太守舍, 而伏甲酒所. 旦日, 太守入謁, 監司飮之酒, 出其子質, 不辨也. 守窘, 擬起爲變, 而伏甲發, 就坐捽之. 其卒之環守者, 亦破署入. 賊數十人, 卒起格鬪, 胥逸去, 僅獲其七. 獄具如律, 械送金陵殺之. 於是雷之人乃知向之守, 非守也, 盜也.

東陵生聞而歎曰: "異哉! 盜乃能守若此乎? 今之守非盜也, 而其行鮮不盜也, 則無寧以盜守矣! 其賊守, 盜也, 其守而賢, 卽猶愈他守也." 或曰: "彼非賢也. 將間而括其藏與其郡人之資以逸." 曰: "有之. 今之守亦孰有不括其郡之藏若貲而逸者哉?" 愚山子曰: 甚哉, 東陵生言也! 推其意, 足以砥守.

張山來曰: 以國法論之, 此群盜咸殺無赦. 以民情論之, 則或盡殲群從. 而寬其爲守之一人, 差足以報其治狀耳. 若今之大夫, 雖不罹國法, 而未嘗不被殺於庶民之心中也.

화은도인전(花隱道人傳)

근수(近修) 주일시(朱一是)

도인은 성이 고(高), 이름이 용(瓏)이며, 자는 공단(公旦)이다. 조상 대에는 진(晉) 땅에 살았으나 양주(揚州)에서 장사하다가 그곳에서 살게 되었다. 도인 대에 이르러 집안이 가난해져서 장사를 그만두고 글을 읽었다. 그러나 기이한 책만 읽었지 문자에 얽매이는 것은 좋아하지 않았으며, 자기 생각으로 고금의 일을 판단할 수 있었다. 유생(儒生)의 관을 훔쳐 쓰고도 눈이 흐리멍덩한 이들을 보면 내치면서 그런 자들과 어울리는 것을 부끄러워했다. 주가(朱家)와 곽해(郭解)[1]의 인물됨을 흠모하여, 의협심을 숭상하고 재물을 가벼이 여겼으며 다른 이의 어려움을 도왔다. 또한 품행을 단정히 하고 교유하는 데 신중했다. 마을 청년 중 못된 짓을 한 자들은 처음에는 도인이 알까 두려워하다가, 일이 커지면 도인을 찾았다. 도인은 그들이 새롭게 변할 수 있게 해 주고 때때로 도움의 손길을

1 주가(朱家)와 곽해(郭解) : 『사기』 「유협열전(遊俠列傳)」에 등장하는 평민 출신 호협이다.

뻗쳤기에 양주 사람들은 그를 앙모했다. 사방에서 온 어진 선비나 호걸들도 도인의 명성을 듣고는 대부분 그와 친교를 맺었다.

갑신년(1644)에 그는 장차 난리가 일어날 것임을 알고 가족을 데리고 남서(南徐)[2]로 피난 갔다. 이때 강변에 운집해 있던 각 지방의 군사 통수들이 다투어 도인을 휘하로 초빙해갔다. 도인은 [지금 세상에선] 어떤 일도 할 수 없음을 알고, 몸을 낮춰 은거하여[3] 마침내 몸을 보존할 수 있었다. 을유년(1645) 양주에 참혹한 병화(兵禍)가 발생하여[4] 주민도 가축도 모두 흩어졌다. 그러나 도인은 홀로 앞장서 양주성 안으로 들어간 다음 친지를 방문했다. 또 죽은 이들을 조문하고 다친 이들을 도와주며 남몰래 많은 선행을 베풀었다.

도인은 그때 느낀 바가 컸다. 변란을 당하여 장년에 뜻이 꺾이고, 정처 없이 떠도는 고달픈 신세를 생각하니, 더 이상 풍진 속에서 분주하게 살고 싶지 않았다. 그리하여 황자호(黃子湖) 주변에 집을 짓고 살면서 생선이나 고기를 즐기던 평소의 습관을 버리고, 커다란 베옷 입고 대나무 껍질로 만든 모자를 쓴 채, 짚신을 신고 지팡이를 끌며 울타리 사이를 다녔다. 어부나 목동을 붙잡고 함께 술을 마셨으며, 술을 마셨다 하면 취하여 호숫가에서 크게 노래를 불렀다. 그러면 호수 물도 따라 끓어올랐는데, 마치 마음 속 불평을 소리 내 우는 것 같았다.

얼마 후 큰 홍수가 나서 살던 곳이 물에 잠겼다. 도인이 말했다.

"소보(巢父)가 산을 사서 은거했다는 말은 들어보지 못했으니, 왜 유독 지둔(支遁)만 질책을 당해야 하는가?[5] 옛날의 이름난 은사 중에는 저자거

2 남서(南徐) : 지금의 강소성(江蘇省) 장강(長江) 이남, 무석(無錫) 이북, 남경(南京) 동북부 일대를 가리킨다.

3 몸을 낮춰 은거하여 : 원문은 '확복자오(蠖伏自汚)'다. '확복'은 자벌레가 굽히고 있는 모양으로 사람이 뜻을 얻지 못함을 뜻하며, '자오'는 스스로 몸을 낮춤을 말한다. 즉, 몸을 낮춰 은거한다는 뜻이다.

4 을유년 …… 발생하여 : 이것은 순치 2년(1645) 4월 14일부터 열흘 간 청군이 양주성을 함락시키고 주민들을 살육한 '양주대학살' 사건을 말한다. 왕수초(王秀楚)의 『양주십일기(揚州十日記)』에 상세한 기록이 있다.

리에 은거한 이도 있었는데 나라고 어찌 그렇게 하지 못하겠는가?"

그리고는 양주성 동남쪽 구석으로 가서 터를 골라 집을 지었다. 몸소 삽을 메고 기와와 돌을 골라 초가 몇 칸을 세운 뒤, 안석 하나, 평상 하나에 거문고를 펼쳐 놓고 옛날의 서화를 늘어놓았다. 아내와 자식 둘을 데리고 그 안에서 생활하면서 유유자적 즐겁게 지냈다.

집 옆에 담장을 반듯이 쌓아 몇 무(畝)의 땅을 둘러치고, 국화 오백 송이를 심었다. 그에게는 긴 수염에 맨발로 다니는 노복이 있었는데 곽탁타(郭橐駝)처럼 나무 심는 기술이 뛰어났기에[6] 도인은 그를 데리고 국화를 심고 물을 주었다. 여름 날 정오 무렵이면 목이 길고 주둥이가 뾰족한 놈이 국화꽃을 망쳐놓았고, 가을이면 누에처럼 흰 놈이 국화 뿌리를 갉아먹었다. 도인은 늘 지키고 있다가 잡아 없애면서 그 둘을 악당 두목처럼 생각했다. 그 밖의 가지가지 다른 벌레들도 가차 없이 모두 잡았다. 도인이 해가 될 만한 것을 살펴 아침저녁으로 보호하니, 국화는 보통 것보다 풍성했다. 꽃봉오리 질 때부터 눈부시게 필 때까지, 병풍처럼 늘어서고 별처럼 흩어지고 비단처럼 겹쳐졌다. 그 빛깔은 옥 같고, 황금 같고, 노을 같고, 눈 같았다. 맛은 현주(玄酒)[7] 같고, 향은 치자 같았다. 도인이 문을 활짝 열어놓으면 마치 저자거리처럼 북적거렸고, 당을 비워놓으

---

5 소보(巢父)가 …… 하는가? : 이 고사는 『세설신어(世說新語)』「배조(排調)」 28에 나온다. 지둔(支遁 : 314~366)은 동진(東晉) 때의 고승이자 시인으로 자는 도림(道林)이며 진류(陳留 : 지금의 河南省 開封一帶) 사람이다. 그는 축도잠(竺道潛)의 도덕 학문을 흠모하여 그와 가까워지고픈 마음에 사람에게 부탁해 "산을 사서 은거하고 싶다[買山而隱]"는 뜻을 축도잠에게 전했다. 축도잠은 "오신다면 그냥 드리겠소. 허유와 소보가 산을 사서 은거했다는 말을 들어본 적 있소?[欲來當給. 豈聞巢由買山而隱]"라고 말했다.

6 곽탁타(郭橐駝)처럼 …… 뛰어났기에 : 도인의 노복을 유종원(柳宗元)의 「종수곽탁타전(種樹郭橐駝傳)」에 나오는 곽탁타에 비유한 것이다. 굽은 등 때문에 탁타라는 이름이 붙은 이가 나무를 아주 잘 가꿔서 다 죽어가는 나무도 살려냈는데, 사람들이 그 비결을 물어보니 그저 나무의 본성을 잘 발휘할 수 있게 해 주었을 뿐이라고 했다는 이야기이다.

7 현주(玄酒) : 원문은 '원주(元酒)'로 고대 제사 때에 술 대신 쓰던 물이다.

면 마치 가게처럼 붐볐다. 사람들의 왕래가 끊이지 않았고 구경꾼들로 담을 이루었다. 주인은 보이지 않고 '화은(花隱)'이라고 쓴 편액만 보였으므로 사람들은 모두 그를 '화은도인(花隱道人)'이라 불렀는데, 그가 옛날의 고공단이란 사실은 모두 잊은 듯 했다.

그의 친구인 매계(梅溪) 사람 주일시(朱一是)가 그를 책망하며 말했다.

"그대가 꽃 속에 파묻혀 은거한 것은 훌륭하오. 그러나 [그럴수록] '화은'이라는 이름이 더욱 드러나니, 그림자가 무서워 한낮의 태양 아래를 걷는 꼴이 아니겠소? 보아하니 그대가 걸을수록 그림자는 사라지지 않는구려!"

도인은 웃으며 대답하지 않았다.

장산래가 말한다.

예로부터 꽃 속에 파묻혀 은거하는 자는 대부분 뜻과 행동이 고결한 선비이거나 풍류 인사였는데 국화는 특히 은자와 잘 어울린다. 이 글의 묘미는 도연명의 글을 한 글자도 답습하지 않는 데 있으니, 그래서 더욱 훌륭하다.

道人姓高氏, 名龍, 字公旦. 其先晉人也, 商於揚, 家焉. 至道人, 貧矣, 徙商而讀. 顧讀異書, 不喜沾沾行墨, 能以己意斷古今事. 見世竊儒冠, 目瞶瞶然者, 棄去羞與伍. 慕朱家·郭解爲人, 尙俠輕財, 急人困. 然砥行, 愼交遊. 里中少年有不逞者, 始畏道人知, 旣事蹶張, 則又求道人. 道人予其自新, 亦時援手, 故揚人傾心. 四方賢豪來者, 聞道人名, 多結歡焉.

甲申, 知亂將作, 移家避南徐. 時閫帥鱗集江上, 爭羅致道人幕下. 道人知事不可爲, 蠖伏自汚, 卒得以全. 乙酉, 揚中兵禍慘, 民鳥獸散. 道人獨先衆入城訪親知. 弔死扶傷, 陰行善多.

然道人是時感念深矣. 自以遭時變亂, 年壯志摧, 流離困折, 無復風塵馳騾之思. 乃築室黃子湖中, 棄其鮮肥素習, 衣大布衣, 犨冠草履, 曳杖籬落間. 挽漁父牧兒與飮, 飮輒醉, 放歌湖濱. 湖水爲沸揚, 似鳴不平者.

未幾, 歲大澇, 居沉於水. 道人曰 : "未聞巢父買山而隱, 獨支遁見譏耶? 古之大隱, 有隱市者, 吾何爲不然?" 爰走揚城東南隅, 卜地宅之. 躬荷鍤撥瓦礫, 結廬數楹, 一几一榻, 張琴列古書畫. 携一妻二子婆娑偃息其中, 陶陶然樂也.

宅旁築匡墻, 圍地數畝, 植菊五百本. 一僕長鬚赤脚, 善橐駝之術, 道人率之藝植灌漑. 夏日當午, 蟲有長頸鳥喙寇菊顚者, 秋有白晳如蠶啖菊根者. 必伺而攻去之, 二爲渠魁. 他蟲種種咸治無赦. 道人察其患害, 而保護朝夕, 故菊茂於常. 始自蓓蕾以及爛熳, 其列也如屛, 散也如星, 疊也如錦. 其色如玉, 如金, 如霞, 如雪. 其味如元酒. 其香如薝蔔. 道人洞開其門, 門如市, 虛闢其堂, 堂如肆. 往來如織, 觀者如堵. 不見主人, 見其扁額曰'花隱', 咸謂之'花隱道人', 若忘其昔之爲高公旦者.

其友梅溪朱一是誚之曰 : "子隱於花, 則善矣. 然花隱之名益著, 得非畏影而走日中者耶? 吾見子之愈走而影不息也!" 道人嘻然, 笑而不答.

張山來曰 : 從來隱於花者, 類多高人韻士, 而菊則尤與隱者相宜. 妙在全不蹈襲淵明隻字, 所以爲高.